꿈을
살다

젊은 이상가들,
세계의 창조적 실천가들을 만나다

꿈을 살다

박용준과
인디고 유스 북페어
프로젝트 팀 지음

궁리
KungRee

세상을 향한 호기심과 열린 마음 그리고 지구 곳곳의 인문학적 가치들을 찾아다니는 그들은 자신만의 독특한 감성을 가진 매우 특별한 사람들이다. 그들과 같은 이들이 이 세상에 존재한다는 사실에 나는 행복하다. - 발레리 제나티

인디고 청년들의 프로젝트는 정말 중요한 의미를 지닌다. 뜻을 함께하는 사람들이 네트워크를 할 수 있게 그 장을 열어주기 때문이다. 그것도 전 지구적으로! 그들이 가진 이 열정과 꿈이라면 세상 어떠한 변화도 이루어낼 수 있을 것이다. - 올리비에 프뤼쇼

인류를 위한 내 꿈은 다양한 나라의 다양한 신념과 믿음을 가진 사람들이 '더 좋은 미래, 더 나은 세상'이라는 같은 목적을 향해 함께 나아가는 것이다. 나는 이 시대의 젊은이들이 이 새로운 장을 이끌어갈 주체라고 확신한다.

발레리 제나티

마튜 르루

올리비에 프뤼쇼

산토시 샤흐

누구든 서로를 돕고자 하는 의지만 있다면 세상의 변화는 반드시 일어날 수 있다. 그래서 중요한 것은 바로 공동의 장을 만들고 나아가 뜻을 함께하는 공동체를 형성하는 것이다. 그를 위해 용감히 앞으로 나아가는 인디고 아이들! 이제 그들에 의해 변화는 시작될 것이다. 아니, 이미 시작된 것인지도 모른다.

한국의 인디고 청소년들이 타인을 위한 하나의 실천적 발걸음을 옮긴 것은 매우 중요한 의미를 지닌다. 어떤 변화를 일으킬 것인가? '타인을 위해 우리는 무엇을 할 수 있는가?' 등 인디고 프로젝트의 실천적인 행보가 지속적인 투쟁으로 이어져 세상을 바꾸는 데 큰 역할을 할 거라 기대한다. - 피터 싱어

마크 호너

피터 싱어

애런 우드

세계의 창조적 실천가들이 보내온 축하 메시지

나와 비슷한 꿈을 가진, 아니 그 꿈을 훨씬 성
공적으로 이루어낸 한국의 젊은 이상가들. 인
디고 아이들이 가진 열정은 나를 완전히 사로
잡았다. 투쟁할 만한 가치가 있는 무언가를
찾아낸 이들을 만난 것은 나에게 있어 정말
큰 행운이다.

브라이언 파머

소중한 가치를 스스로 재정의하고 재창조하는 힘. 혁명적 변화
를 요구하는 지금의 시대에 마치 거울을 비추듯 나와 비슷한 정
신과 꿈을 가진 인디고 친구들을 만난 것은 나에게도 놀라운 인
연이다. 전 지구적인 정신의 네트워크를 만들고자 하는 인디고
팀의 행보에 함께할 수 있게 되어 행복하다. 이러한 정신의 네
트워크만이 인간의 미래를 지킬 수 있는 유일한 길이라 믿는다

알바로 레스트레포

4 | 모든 것의 근원, 인간HUMAN예술

5 | 창조적 실천가들의 삶, 희망HOPE교육

정의와 평등의 교육을 실천하는 진정한 교육자
: 아프리카 | 남아프리카공화국 2008.2.9 ~ 2008.2.15

가장 아름다운 길은 지도 어디에도 없었다.

1년이 넘는 시간 동안 우리의 발걸음이 향한 곳은 바로 희망의 근원지들이었다. 그곳엔 새로운 꿈을 꾸는 사람들이 있었다. 여기 쓴 글들은 우리가 만났던 아름답고 소중한 인간人間들에 대한 이야기이다. 이 여정을 통해 우리는 한 인간의 삶이 희망이 될 수 있다는 사실을 발견했다. 그들의 삶은 곧 보다 나은 세상을 향한 희망의 증거들이었기 때문이다.

이 여정의 애칭은 '6 프로젝트'. 우리가 걸어갈, 지도에 없는 이 새로운 길은 6개의 대륙에 흩어져 있고, 인디고 서원의 서가는 6개(문학, 철학, 역사 · 사회, 교육, 예술, 생태 · 환경)로 나뉘어 있기에, 우리는 이들 각각을 연결한 6개의 조합을 통해 새로운 가치망을 창조하고자 했다. 꿈, 책, 네트워크, 인간, 희망, 생명. 이렇게 만들어진 키워드들이 무한한 변주를 이루며 보다 나은 세상을 향한 새로운 이정표가 되기를 꿈꾸며.

인간은 늘 새로운 꿈을 꾼다. 오늘보다 나은 내일을 꿈꾸는 것은 인간의 근원적인 욕망이지 않던가. 그러고 보니 지난 여정 내내 우리의 가슴이 쉴 새 없이 뛰었던 것은 바로 이 꿈을 향한 열정 때문이었던 것 같다. 심장이 멎으면 생명은 끝을 맺듯, 우리를 매순간 깨어 있게 한 것은 다름 아닌 꿈이었다.

꿈은 그 자체로도 빛나는 것이지만, 그것이 삶의 장에서 실현될 때 그 빛은 더욱 강렬해진다.

꿈을 사는 것. 이 역설적인 표현은 창조적 실천의 다른 이름이다. 즉, 우리의 삶은 매번 새롭게 다시 태어나야 하고, 이 건강한 생명성은 곧 삶과 꿈의 근원적인 단절을 전복하는 힘이기 때문이다. 여기 글 속에 담긴 사람들과의 만남을 통해 우리는 진정한 삶의 생명성을 되찾을 수 있었다고 단언할 수 있다.

우리가 찾아다닌 것은 인간의 소중한 가치들이 삶의 순간들 속에서 아름답고 행복한 모습으로 생생하게 구현되고 있는 꿈의 현장들이었다. 원래 일상성은 자꾸만 우리에게 꿈을 배제하라 한다. 하지만 우리의 삶이 온전하게 행복할 수 있는 순간은 오직 이 꿈과 삶이 딱! 하고 부딪혀 서로 만나는 지점에서 시작되는 것이 아닐까. 그래서 우리는 이 꿈의 현현의 근원이자 원동력인 인간을 찾아 여정을 떠났다.

세계의 창조적 실천가들을 찾아가는 여정, 우리는 이를 '인디고 프로젝트'라 명명했다.

인디고 프로젝트 기획 의도

시대를 초월하여 휴머니즘이 요구하는 정신을 구현한다는 것은 곧 자본주의의 천박함에 매몰되지 않고, 개인의 주체성과 가치관을 올곧게 정립하는 것에 다름 아니다. 정의로운 신념을 가지고, 진실한 양심을 지키며, 새로운 희망을 품는 것, 그리고 내면의 가장 본질적인 가치들에 다가갈 수 있게 하는 것. 이 가치들이야말로 이 시대의 미래를 짊어지고 이끌어나갈 청소년들이 반드시 길러야만 하는 덕목이며, 나아가 이는 인류의 재산인 책과 당대의 지성들과의 소통을 통해 얻을 수 있는 빛나는 가치라 할 수 있다.

2008년 8월 20일부터 24일까지, 인디고 청소년 북페어가
대한민국 부산 인디고 서원에서 열리다

기존의 도서전$^{Book\ Fair}$과 같이 자본의 상업적 논리가 개입된 책의 판매 및 홍보 위주의 시장논리, 형식적인 교류, 배타적인 행사 진행방식을 거부하고, 새로운 방식으로 이루어진 문화의 장^{ground}을 창조하고자 한다. 시대정신을 길러내고 올곧은 세계관을 갖추는 것이 당대의 주역인 청소년의 임무라면, 청소년이 주체가 된 북페어(책을 비롯한 인문·문화의 소통 및 교류

꿈을
살다

행사)는 반드시 존재해야 함이 분명하다. 그럼에도 불구하고 아직 이 미완의 기획은 세상에 태어나지 않았다.

그렇다면 청소년이 주체가 되어 진실한 담론들을 공유하고, 이 세계의 새로운 변화를 이끌어낼 수 있는 창조적인 소통의 장은 왜 아직 없는가? 그것이 반드시 존재해야만 했던 것인데도 아직 이 땅에 탄생하지 못했다면, 누군가는 반드시 그 변화를 만들어낼 수 있어야 할 것이며, 이제 우리가 그 창조의 주체가 되고자 한다. 이는 오직 창조적 열정 하나만으로도 전 지구적인 변화의 물결을 만들어낼 수 있다는 꿈과 용기를 지구인들에게 보여주고자 하는 희망 때문이다. 이 프로젝트를 통해 우리는 더 많은 청소년들이 가난, 기아, 빈곤, 전쟁의 아픔을 뛰어넘어 자신의 꿈과 희망을 이룰 수 있는 공정하고 평등한 기회를 갖게 되기를 희망한다. 그와 동시에 우리 모두의 삶 곳곳에 이 많은 가치들이 스며들어 아름다운 꽃을 피울 수 있기를 기대한다.

바로 이 아름다운 가치를 찾아가는 과정이야말로 우리가 세상의 진실과 본질적인 가치를 향해 한걸음 다가가는 길이며, 이러한 문화적인 연대의 장場이야말로 오늘날 우리가 처한 전 지구적 문제들을 해결할 수 있는 유일한 길이라고 믿는다.

프로젝트 진행 방식

프로젝트는 우선, 전 세계 6개 대륙의 여러 나라 가운데 북페어에 참여할 6개국을 선정하는 것을 골자로 한다. 하지만 북페어 자체가 전혀 새로운 스타일이듯, 우리의 프로젝트 진행 또한 기존에 없었던 방식이 될 것이다. 모두가 다 그런 것은 아니지만 종래의 북페어는 대표작가의 선정 기준이 단순히 유명도나 대중적 인기도에 편향되어 있음을 부인할 수 없고, 이 땅의 미래를 이끌어나갈 젊은이들의 순수한 열정과 희망은 거대한 자본과 권력에 의해 가려져 있었던 것이 사실이다. 때문에 어떠한 집단에서, 어떠한 기준으로 당대를 대표하는 '책'과 '작가'를 선정했는지 우리는 알 수 없었고, 또 그것의 진행 방식 또한 민주적이거나 공정하지 못했다고 할 만하다. 다시 말해, 진정한 의미에서 주체가 되어야 할 우리는 항상 대상화된 타자일 뿐이었으며, 진정한 의미에서의 소통疏通은 전무했다고 보아도 과언이 아니다.

가슴 뛰게 하는 말, 꿈DREAM
또 하나의 세계, 책BOOK
진실한 사람들의 만남, 네트워크NETWORK
모든 것의 근원, 인간HUMAN
창조적 실천가들의 삶, 희망HOPE
아름답고 소중한 가치, 생명LIFE

INDIGO   YOUTH BOOK FAIR

본질적인 삶의 장, 인디고 서원INDIGOGROUND
2008년 8월 20일 ~ 24일

그래서 우리는 인터넷을 비롯한 신문, 잡지 등의 언론매체나 기존의 자본 및 권력에 의해 조성된 베스트셀러 작가(또는 도서)가 아닌, 인문학을 자신의 삶 속에서 풀어내고 있는 청소년들을 직접 찾아내고, 이 세계의 새로운 가능성을 찾고자 하는 노력과 함께 그 나라의 고유한 문화를 가장 깊이 있게 표현하면서도 동시에 인류 보편의 가치를 구현하고 있는 시대를 대표할 만한 작가를 직접 찾아내어 그들과 소통하기를 꿈꾼다. 각 나라에 직접 찾아가서 그들을 인터뷰하고, 자료를 수집하며, 정신적 가치를 공유함으로써, 2008년 8월에 다시 대한민국, 부산의 인디고 서원에서 인디고 유스 북페어Indigo Youth Book Fair에 함께하기를 기약한다. 각 나라를 대표하는 인문학자뿐 아니라 인문학적 삶을 살고 있는 청소년들도 함께 초대할 것이며, 나아가 책이라는 매개뿐만 아니라 그 나라의 영혼과 정신이 담긴 문화까지도 함께 교류하여, 이것이 일회적인 행사가 아닌 지속적인 네트워크의 형성과 전 지구적 인문·문화 인프라 구축으로까지 발전될 수 있는 것을 목표로 한다.

우리는 이번 프로젝트를 통해 인간의 아름다운 본성과 소중한 휴머니즘적 가치를 지켜

꿈을
살다

나가는 새로운 평화 네트워크가 형성될 것임을 믿는다. 지구의 미래를 이끌어나갈 젊은이들이 모여 함께 성장을 도모하고 세계와 소통할 수 있는 창의적인 장^{ground}이 탄생하는 것이다. 이 그라운드에서 우리는, 지금 우리 앞에 놓인 시급한 문제들의 지속가능한 해결방법을 찾고, 발명하고, 창조하고, 또 건설하고자 한다. 나아가 우리 삶의 근원적인 문제 상황과 생활 태도를 반성적으로 되돌아보는 동시에 새로운 꿈을 이루는 동력인 창조적 열정과 정의 그리고 인류에 대한 사랑을 가장 진실한 방식으로 풀어내고 또 이끌어내고자 하는 것이다.

이를 위해 우리는 각 나라의 문화와 정신의 산물이라고 할 수 있는 '책'을 통해 전 세계를 하나의 고리로 엮는다. 또한 인문학적 가치를 고양시키고 삶의 질을 높일 수 있는 축제의 장으로 인디고 청소년 북페어가 그 역할을 다하기를 희망한다. 하지만 우리의 이 프로젝트는 사실, 조그마한 결과물에 지나지 않을 뿐이며, 전 지구적 문제를 함께 모색하고 고민하는 연대를 이뤄나가는 첫 번째 발걸음이 되기를 꿈꾼다. 이 작은 시작으로부터 원대한 꿈을 이루어가는 모든 과정이 우리 프로젝트의 소중한 자산이 될 것임을 믿는다. 또한 프로젝트 진행의 궁극적인 목적도 바로 그 지점에 놓여 있다고 할 수 있다. 때문에 준비 과정과 기획, 그리고 실천 등 모든 우리의 여정을 기록으로 남기고자 한다.

무엇을 세상의 가장 중요한 가치로 둘 것인가. 오늘날 진정한 세계적 가치는 무엇인가. 우리의 가치를 우리의 발걸음으로 직접 찾아나서는 것. 시대의 분쟁을 해결하고 새로운 평화의 지평을 창조하는 우리의 여정이 21세기의 새로운 실크로드를 열게 될 것이며, 그것은 이미 그 자체로서 새로운 길이 될 것을 우리 모두는 확신하고 있다. 우리는 서로가 서로의 타자이지만 동시에 서로를 포용하고 사랑하며 이 세상을 향한 책임의식을 잊지 않는 당대의 건강한 청소년/청년이 될 수 있도록 꿈꾸고 또 실천할 것이다.

2007년 2월 15일
인디고 서원에서 박용준

세계의 창조적 실천가들을 만나러 가는 길은 쉽지 않았다. 처음은 늘 서툴게 마련인 법. 아람샘, 박용준, 윤지영, 천소희. 이렇게 네 명은 독서 문화(서적 인프라, 번역 및 출판문화, 인문-청소년 잡지 등 포괄) 강국이라 여겨지는 일본을 직접 체험하고자 무작정 길을 떠났다. 며칠 간의 준비를 통해 얻은 정보들과 몇 권의 책 그리고 오사카 인ⁱⁿ, 도쿄 아웃^{out} 티켓을 손에 쥔 채.

아무런 준비도 없이 도착했던 터라 호텔도 예약하지 않은 상태였는데, 2월은 성수기인지라 오사카 시내의 호텔 방이 거의 모두 예약이 된 상태였다. 거기다 비까지 내려 우리는 일본 도착 첫날밤부터 오사카의 밤거리를 헤매고 다녀야 했다. 하지만 우리 중 누구도 화를 내거나 짜증을 내지 않았다. 낯선 세계에 대한 설렘이 우리를 사로잡고 있었기 때문이리라.

이때, 아람샘의 기지가 빛을 발했다. 이건 일종의 여행 팁이기도 한데, 우선 관광안내시설이 있는 큰 호텔에 들어가 그곳에서 직접 방을 구하는 것이었다. 물론 그 호텔은 방이 없기도 했거니와 설사 빈방이 있었다 해도 결코 묵을 수 없는 비싼 호텔이었다. 이렇게 우리는 값비싼 호텔에서 제공하는 친절한 관광안내에 따라 호텔 근처의 작은 모텔로 안내를 받을 수 있었다.

그렇게 하루해가 저물었고, 우리는 짐을 푼 다음, 호텔에서 받은 지도를 갖고 내일 방문하기로 계획했던 서점들의 위치도 파악하고, 또 그곳에서 배워야 할 것들은 어떤 것들이 될지, 앞으로의 여정을 위해서는 어떤 준비를 사전에 해야 할 것인지 등에 대해 토론했다. 가방 가득 가져간 김치와 라면, 현지에서 산 닭꼬치를 먹으며.

그 다음날은 언제 비가 왔었냐는 듯 화창하게 개어 있었다. 우리가 들렀던 곳은 오사카 신사이바시 소재 예술 서적 전문 서점인 스탠다드 북스토어. 이 공간의 기획자이자 매니저이기도 한 나카가와 아키히코中川明彦를 만난 우리는 2008 인디고 유스 북페어 계획에 대해 소개했고, 그녀는 우리의 프로젝트에 물질적인 도움 및 지원을 해줄 것을 약속했다. 북페어 프로젝트에 직접 참여를 할 수 있는 그룹이 되기보다는 지리적

꿈을
살다

으로 한국과 가까운 이점을 살려 미국, 유럽, 서아시아를 비롯한 여러 국가의 문화 예술 서적을 구하는 데 좋은 협력자가 되고 싶다며 고마운 관심을 표현해주었다. 한켠에 마련된 카페에서 우리는 커피를 마시며 북페어 계획을 소개하고, 우리에게 영감을 줄 만한 예술서적들을 한아름 안고 돌아왔다. 기발한 책들을 보는 즐거움도 잠시, 우리는 다음날 해가 뜨자마자 도쿄로 이동했다.

방이 없기는 도쿄도 마찬가지였다(도쿄에 계신 아람샘의 친구분께 일단 전화를 드리고 상황을 설명했더니, 제정신이 아닌 사람들이라며 우리를 나무랐다. 어떻게 잠잘 방조차 예약하지 않고 타국에 올 생각을 했냐며). 오사카에서와 마찬가지로 우리는 공짜 안내를 통해 방을 잡은 뒤 거리로 나왔다.

우선 아람샘의 친구분 댁으로 향했다. 도쿄외국어대학교 한국어과 교수로 계신 조의성 선생님과의 만남을 통해 일본의 인문학계의 동향, 일본의 도서(출판) 문화 및 청소년(대학생)들의 독서 문화에 대한 시각 및 현지인으로서 피부로 느끼는 경험 등의 정보도 얻고, 또 이런저런 유용한 조언도 들을 수 있었다.

조 선생님은 독서 문화 강국이라 일컬어지는 일본에서 우리는 공공장소 어디에서나 책을 읽는 사람을 쉽게 발견할 수 있지만, 최근 일본은 탈독서 현상, 학력저하 현상, 출판계의 위기 등이 사회적 문제로 대두되고 있으며, 단순히 표면적으로 책을 읽는 사람의 숫자가 많다는 것이 그들이 내실을 갖춘 독서 문화를 갖추고 있다는 것을 의미하지는 않는다고 하셨다. 그리고 고질적인 학벌 중심 사회에서 벗어나지 못하는 일본은 갈수록 입시전쟁이 가열되면서 진정한 의미에서 독서를 하는 청소년들은 매년 줄어들고 있다고 한다.

대학의 사정도 마찬가지였다. 요즈음 대학에서는 학생들이 함께 모여 책을 읽고, 시대를 고민하며, 당대의 문제상황을 토론하는 모습은 거의 찾아볼 수가 없다고 한다. 과학기술의 과도한 발전 및 자본주의의 병폐 등의 문제가 복합적으로 얽혀 청소년들의 일상에 침투하게 됨으로써 갈수록 현상적이고 감각적인 것만을 추구하고 있다

는 것이 피부로 느껴질 정도라고 한다.

　　이러한 상황에서 우리의 이 작업이야말로 크게 보면 이 시대가 상실한, 작게 보면 '나'라는 개인이 잃어버린 본질적인 인간적 가치를 되살릴 수 있는 프로젝트로 새로운 희망이 될 것이라고 조 선생님은 격려하셨다. 다만 이렇게 전 지구적 네트워크를 구성할 수 있도록 해주는 기반이 과연 세계의 각국마다 잘 갖추어져 있을지, 어떻게 보면 그들이 속한 사회에서 소수자minority일 그들을 과연 우리가 어떻게 찾아낼 수 있을지에 대해서 진지하게 고민하고 또 적확한 방법을 강구해야 할 것이라는 충고도 잊지 않으셨다.

꿈을
살다

　다음날, 도쿄 오모테산도에 위치한 문화예술 복합공간 나디프NADIFF에 들렀다. 이곳의 특이한 점은 복합 예술 공간으로 신인 작가를 발굴하여 그들의 작품을 서점 한쪽에서 전시한다는 것이다. 많은 신인 예술가들이 이곳을 거쳐갔으며, 이곳에서의 전시 및 퍼포먼스 등은 일본 내에서도 많은 호응을 얻고 있다고 한다. 나디프의 이러한 참신한 시도와 또 일본 사회 내에서의 호응 및 관심과 관련한 나디프의 예술-문화 기획 아이디어 및 시스템은 충분히 공유할 가치가 있었다.

　나디프에서 나와 우리는 도쿄 시부야 및 신주쿠 거리의 서점들 거의 모두를 찾아다녔다. 그러다 노엄 촘스키의 사진이 담긴 한 포스터를 발견, 우리는 괜히 반가운

마음이 들었다. 하지만 그 순간 반가운 마음과 함께 무언가를 찾은 듯한 희열을 느꼈다. 우리는 그 포스터를 들고 그것이 무엇을 의미하는지, 또 출처는 어디인지, 그곳의 전화번호는 무엇이며, 우리가 일본을 떠나기 전에 한번 만날 수 있을지 무작정 여기저기에 물었다. 그래서 결국 이 포스터를 제작한 곳은 '지그로'라는 일본의 한 영화 제작 프로덕션임을 알아냈고, 조 선생님께 부탁을 드려 그곳에 전화를 걸어 다음날 만나자는 약속을 했다.

사실 지나고 보니 이것이 우리가 일을 진행하는 주된 방식이었던 것 같다. 진심은 통한다고 했던가. 우리는 늘 어떠한 식으로든 우리의 마음이 전달될 수 있다고 믿었다. 아직도 여전히 우리는 이 방식을 고수하고 있다. 만나야 할 사람은 어떻게든 만날 수밖에 없다고 스스로를 위안하면서. 아니, 어쩌면 이 세상의 원리가 바로 이런 우연과 필연 사이의 팽팽한 긴장 속에서 비롯되는 것 아닐까 하고 말이다.

우여곡절 끝에 찾아간 도쿄의 지그로 프로덕션은 〈촘스키 9/11 Power and Terror〉(2002), 〈에드워드 사이드를 추억하며 Memories of Edward Said〉(2005), 〈여론 조작 Manufacturing Consent〉, 영화 〈일본국 헌법 Japan's Peace Constitution〉(2005), 〈송환 Repatriation〉(2000) 외 다수의 다큐멘터리를 제작한 젊은 프로덕션이다. 다큐멘터리 기획 및 배급을 담당하는 오가와 마유 프로듀서는 우리가 하고자 하는 프로젝트에 매우 큰 관심을 보이며 적극적인 협력을 약속했다. 지그로와는 '시네마, 휴머니티를 가로지르다 Humanities across+ing Cinema, Cinema across+ing Humanities'(가제)와 같은 이름으로 인문학적 정신이 구현된 영상물을 통해 청소년들의 인문학에 대한 관심을 제고하고, 영상 매체가 지닌 장점을 충분히 활용할 수 있는 방식의 프로젝트를 진행하면 좋을 것 같다는 방향으로 논의를 좁혀나갔다.

오가와 프로듀서는 우리의 갑작스런 방문에도 불구하고 이 작업이 참으로 흥미있고 가치 있는 일이라며 칭찬을 아끼지 않았다. 인문 다큐멘터리를 제작하는 지그로도 내부적으로 힘든 실정은 마찬가지였다. 인문학에 대한 관심은 갈수록 줄어드는 것이 사실이고, 그러한 상황에서도 꾸준히 다큐멘터리를 제작하는 것은 무모한 시도(실험)로 여겨진다고 한다. 책 읽는 청소년이 갈수록 줄어드는 추세를 피할 수 없는 상황에서, 우리의 프로젝트가 시대의 흐름을 거스르고자 하는 전복적 시도로 새로운 변화를 만들어낼 수 있으리라는 믿음을 가져도 될 만한 것이라며 힘을 실어주었다. 그래서 우리의 이 전 지구적 네트워크 형성에 많은 부분 실질적인 기여를 하고 싶으며, 또 네트워크의 한 축이 되고 싶다고 전했다.

또한 인디고 유스 북페어 기간 동안 상영할 훌륭한 다큐멘터리 영화들을 검토하기 위해 샘플 필름들을 받아올 수 있었고, 인문정신의 구현과 창조적 열정creative passion이 잘 드러난 영화를 선택하여 다시 세부적인 정보를 교환하기로 약속했다(잠정적으로 인디고 유스 북페어에서 상시 상영을 확정한 영화는 〈에드워드 사이드를 추억하며〉와 노엄 촘스키의 이야기를 다룬 〈여론 조작〉).

나아가 우리는 인디고 서원에서 발행하는 청소년 인문교양지 《인디고잉 INDIGO+ing》과 같이 젊고 건강한 목소리를 내고자 하는 일본 내의 매체(잡지)를 찾아다녔다. 그들과 네트워크를 형성하여 전 지구적 문제를 함께 고민하고, 나아가 아시아적 정체성 및 우리만의 시각으로 세계를 바라보는 시도를 하기 위해서였다. 각각의 언론 매체가 주로 다루고자 하는 문제의식이 정확하게 일치하지는 않지만 그런 차이들 속에서 발생하는 새로운 역설적 가능성에 기대하고 있었기 때문이다.

하루 종일 서점을 뒤진 후 찾아낸 인문교양 잡지 《브이오엘VOL》의 경우 2006년 5월에 '상상-표현-투쟁의 새로운 패러다임을 만들기 위한' 목적으로 창간되었는데, 그들이 가진 문제의식은 우리와 일맥상통하는 점이 많았다. 'VOL은 의문을 던지는 자리입니다. (사회)운동, 예술 그리고 이론이란 무엇인지, 정치와 폭력 그리고 사회란 무엇인지, 미국과 자본주의란 무엇인지, 계급과 지배란 무엇인지, 사유와 문화란 무엇인지, 평등과 다수성은 무엇인지. VOL이라는 이름이 내포하고 있듯, VOL은 상

상-표현-투쟁의 새로운 패러다임을 창조하고자 하는 매체입니다."라는 그들의 문장에 이러한 문제의식은 잘 드러나 있다. 이렇게 다양한 장르와 의견들의 새로운 네트워크를 형성하여 문제의식을 공유하고 또 각각의 장점을 살려 혼용hybrid의 힘을 구현할수 있는 가능성은 무궁무진했고, 이는 늘 현재진행형으로 계속 진행 중이다.

　　1년이라는 긴 프로젝트의 여정이 끝난 지금, 일본에서의 프로젝트 진행은 그것이 첫 번째 기획이었음에도 불구하고 소박했던 목적에 비해 의외의 큰 수확을 많이 얻었던 여정이 아니었나 생각한다. 예리한 시각과 전투적인 추진력이 빛을 발했던 것이아닐까. 무거운 책짐을 들고 도쿄의 밤거리를 거닐던 추억, 혹시 길을 잃을지도 모른다는 우려에 택시를 타고 지그로 프로덕션을 찾아가려 했으나 택시 기사도 길을 잘 몰라 헤매던 기억, 이런저런 만남들을 통해 가지게 된 우리 프로젝트의 가능성에 대한확신 등 '시작이 반'이라고 하는데, 우리의 시작은 이미 그 끝을 예견이나 한듯, 무척이나 순조롭게 그리고 아름답게 진행되었던 것 같다.

　　이러한 프로젝트가 중요하고 또 가치 있는 일이라는 건 모두가 알고 있는데도아직 아무도 시도하지 않은 이유는 무엇일까? 변화란 도대체 어떻게 시작되는 것일까? 우리는 전통적이고 전형적인 방식을 탈피하여 보다 자유롭고 혁신적인 방식의 새로운 길을 가는 것만이 우리만이 가질 수 있는 힘이 될 것이다. 끊임없이 새로움을 추구하고, 기존의 틀로부터 탈주하고 탈영토화하는 것. 무모하게 보이는 젊은 우리들의 이 인문학적 실험은 또 하나의 역사가 될 것이라 믿는다.

2008년 7월

인디고 서원에서

박용준

꿈을
살다

1

가슴 뛰게 하는 말, 꿈 Dream

문학

프랑스

2007.4.22~2007.4.29

지구를 움직이는 사람들

올리비에 프뤼쇼

Olivier Fruchaud

유쾌한 청년,

올리비에를 만나다 이슬아 ● ● ●

✚ 2007년 4월 23일 월요일 오후 4시, 프랑스 파리, 샤틀레 역 생우스타쉬 성당 옆 카페에서

현재 프랑스의 친환경 회사 신기술 고문으로 있는 올리비에는 『에코토이, 지구를 인터뷰하다』의 공동저자이다. 그는 대학 시절, 하늘의 별을 보며 이곳의 별들을 지구 반대편에서도 볼 수 있을까라는 작은 물음으로 세계일주를 기획했다. 세계일주의 목적은 환경을 살리는 창의적인 아이디어를 통해 자신이 속한 사회에서 친환경적으로 살아가고 있는 사람들을 찾고 또 그들을 만나는 것.

사람들이 어떤 문제와 관련하여 연대하는 것, 특히 국제적인 네트워크를 조직하는 것은 정말로 의미 있는 일이라며, 나아가 그것이 한국의 젊은 청소년들에 의해 진행된다는 사실에 매우 놀랐다며, 인디고 프로젝트에 앞으로도 꼭 함께하고 싶다 했다.

올리비에
프뤼쇼

바쁜 와중에도 시간을 내준 올리비에에게 이 자리를 빌려 감사하다는 말을 전하고 싶다. 우리가 만난 올리비에는 정말이지 유쾌하고 또 자신의 생을 진정 즐길 줄 아는 사람이었다.

지구의 유토피아를
찾아 떠나다　● ●

시간 | 공간

누구라도 마음 맞는 친구를 만나면 무엇인가를 함께 공유하고, 실천하고, 공감하고 싶어진다. 특히 친구와 함께 하고 싶은 일 중에 빠지지 않는 것이 있다면 바로 여행일 것이다. 캠핑카를 빌려서 전 세계를 일주한다면? 그 여행이 단순히 관광지를 떠돌고 카메라를 연신 누르다 돌아오는 것이 아니라, 목적을 갖고 사람들을 만나며 많은 것을 배워나가는 여행이라면? 많은 청소년들이 이상적으로 생각하는 이 같은 여행을 실제로 한 사람들이 바로 『에코토이, 지구를 인터뷰하다』의 세 저자다. 리오넬 오귀스트, 올리비에 프뤼쇼, 토마 가이. 이 세 사람은 대학 시절 숙소 지붕 위에 올라가 별을 바라보며 '이곳의 별들을 지구의 다른 곳에서도 볼 수 있을까?'라는 작은 물음으로 세계일주를 기획하기 시작했다. 여행의 목적은, 환경을 살리는 새로운 아이디어를 실천하며 살아가는 사람들을 찾아내 직접 만나는 것. 그들은 도요타에서 나온 캠핑카를 사들여 '에코토이'라는 이름을 붙인 뒤 36개국을 여행했다.

전 세계 여섯 대륙에서 같은 꿈을 꾸고 있는 사람들을 하나하나 만나가는 여행을 하던 우리 팀은, 『에코토이, 지구를 인터뷰하다』 마지막 장을 덮자마자 세 저자의 연락처를 찾기 시작했다. 프랑스의 유명한 신문에서 기사를 검색해보기도 하고, 세 사람이 졸업한 대학의 홈페이지에서 흔적을 찾기도 했다. 그렇게 몇 시간쯤 흘렀을까.

'에코토이' 팀의 홈페이지를 발견했다. 그들이 여행을 하면서 만든 홈페이지였다. 그곳에서 우리는 그들이 여행한 모든 나라에서 찍은 사진과 글들을 볼 수 있었다. 재빨리 홈페이지 담당자에게 편지를 보냈지만, 홈페이지 계정의 사용기간이 만료되었다는 답장만 돌아왔을 뿐 별다른 소식이 없었다.

시간이 얼마간 흐른 후, 배우가 된 리오넬 오귀스트의 개인 홈페이지를 발견하였다. 그는 프랑스 어느 TV 프로그램에서 희극배우로 열연 중이었다. 에코투어를 했던 그 젊은 친구가 이제 유명한 배우라니! 놀라움 반, 기대 반으로 홈페이지를 열었을 때, 『에코토이, 지구를 인터뷰하다』에서와는 사뭇 다른, 깔끔하고 멋진 인상의 리오넬이 사진 속에서 우리를 맞았다. 메일을 보낼 수 있는 게시판을 발견하여 그를 알게 된 경위와, 4월 말에 파리에 갈 예정인데 꼭 만나고 싶다고 단숨에 편지를 써서 그에게 보냈다. 토마 가이는 베올리아 환경그룹에서 환경기술자문으로 일하고 있었지만, 연락처를 찾기는 힘들었다.

그러던 중 올리비에와 관련된 기사를 검색하게 되었고, 그곳에는 놀랍게도 올리비에의 전화번호가 적혀 있었다. 기쁜 목소리로 그에게 전화를 걸었다. "Hello?", "Hello." 마치 오래된 친구의 전화를 받은 듯한 친근함이 그의 목소리에서 느껴졌다. 여기는 한국이고, 인디고 서원이라는 서점이라는 말을 듣자 그는 깜짝 놀란 듯했다. 당신의 책을 읽고 당신을 만나고자 전화를 걸었다는 우리의 말에 그는 너무나 뜻밖이라며 우리와의 만남을 약속하고, 이메일 주소를 알려주었다. 성공이었다. 그때 올리비에의 목소리는 아직도 내 가슴속에 생생하게 남아 있다.

순간

2007년 4월 23일 월요일 오후 3시 30분. 따뜻하던 4월의 끝 무렵, 열세 시간의 비행 끝에 프랑스 파리에 도착했다. 공항에 도착하자마자 우리는 서둘러 올리비에를 만나러 이동했다. 비행 내내 그가 쓴 책을 읽으며 그에게 할 질문을 준비했다. 작은 에

피소드 하나하나 놓치지 않고 기억하려 애썼고, 세 명이 함께 쓴 책이었지만, 특별히 올리비에의 말과 행동의 흔적들을 찾아 질문을 써내려갔다.

열세 시간 동안 비행기를 타면서 우리는 이미 올리비에를 깊이 만나고 있었다. 올리비에는 그날 저녁 여덟 시 비행기로 자신의 새로운 직장이 있는 스위스 제네바로 가야 했기에, 우리는 다섯 시에 우리가 묵을 호텔 로비에서 만나기로 약속했다. 그러나 까다로운 입국절차를 비롯한 우여곡절을 겪으며 예상치 못한 시간을 공항에서 허비한 우리는 약속장소를 샤틀레 역으로 변경했다. 호텔에 미처 들르지 못해 모든 짐을 짊어진 채 약속장소에 도착한 우리는, 파리의 더위에 힘들어하며 또 다른 난관에 부딪혔다. 올리비에와 만나기로 한 샤틀레 역 앞의 생 유스타쉬 성당 광장은 그 규모가 굉장했던 것이다. 성당 앞에서 만나자는 말만 했던 우리는 성당 주위를 빙빙 돌며 올리비에와 비슷한 사람을 찾았다. 우리와 마찬가지로 트렁크 가방 하나를 끌고 주위를 둘러보고 있는 한 청년이 보였다. 몇 초 후, 우리와 눈이 마주친 그는 영화 속 한 장면처럼 환하게 웃으며 손을 흔들어주었다. 하얀 셔츠를 입고 손을 흔드는 그의 유쾌한 웃음. 그것이 올리비에의 첫인상이었다.

인간

지하철 역 근처 작은 카페로 자리를 옮겨 마주한 올리비에는, 삶을 온전히 즐기고 있다는 느낌이 연신 떠오르게 만드는 사람이었다. 그도, 우리도, 모국어가 영어가 아니었기에, 의사소통을 위해 어쩔 수 없이 영어를 사용해야 했지만 단어나 문법상의 문제는 소통하고자 하는 우리의 진실한 마음이 해결해줄 것이라는 이야기를 먼저 전했다. 올리비에는 에코토이 팀이 아프리카에 갔을 때는 그 누구도 영어나 프랑스어를 알아듣지 못했다며 그에 비하면 우리는 훨씬 상황이 좋으니 대화에는 아무런 지장이 없을 거라고 웃으며 답했다.

2008년 8월에 열릴 인디고 유스 북페어를 소개하고, 인디고 서원에 대해서도 설명했다. 그는 연신 "인상적이다 impressive", "멋지다 nice", "훌륭하다 great", "놀랍다 amazing", "흥미롭다 fascinating"를 외쳐댔다. 에코토이를 타고 본격적인 여행을 떠나기 전에 그는 '책가방에 가득한 생각들'이라는 프로젝트를 프랑스의 청소년들과 진행했었기에 누구보다 아이들과 청소년들의 잠재력에 대해 확신하고 있었다. 그래서 이렇게 전 지구적인 네트워크를 만드는 것은 정말 의미 있는 일이고 특히 청소년에 의해 진행된다는 사실이 매우 놀랍다며, 우리 프로젝트의 성공에 대한 확신을 심어주었다.

우리가 《인디고잉》1호에서 인터뷰했던 무하마드 유누스, 윌리엄 맥도너, 마튜 르 루를 이미 알고 있다고 반갑게 이야기하는 그의 모습을 보자 북페어를 꼭 열어야겠다는 생각이 들었다. 이 넓은 세상의 이곳과 저곳에 있는 같은 생각을 가진 사람들 사이에 다리를 놓아주는 일은 정말이지 중요하다는 확신이 섰기 때문이다. 직접 얼굴을 맞대고 만난 적은 없지만 서로의 생각

올리비에
프뤼쇼

을 이해하고, 뜻을 같이하는 사람들이 실제로 어떤 일을 함께 하게 되었을 때, 그 만남이 불러올 파장은 상상할 수조차 없을 것이다.

　　에코투어가 단지 일생의 한 사건이었는지 아니면 지속적으로 당신의 삶에 영향을 끼치는 결정적인 계기가 되었는지를 묻자 그는 "물론이죠! 내 삶에 지속적인 영향을 주고 있죠. 난 회사까지 바꿨는걸요!"라며 환하게 웃으며 대답했다.

　　쿠바에서 경영 컨설턴트로 일하던 그는 에코투어를 한 이후, 스위스 제네바에 있는 지속가능한 발전을 위한 여러 가지 대안적 기술들을 개발하는 회사에 취직했다. 과학책이나 언론정보들을 통해서 접하게 되는 떠도는 환경 이야기가 아니라, 무엇이 진짜 우리의 삶의 터전인 지구인지, 또 그것이 무엇에 의해 얼마나 파괴되고 있는지를 직접 경험하기 위해 여행을 떠난 그는 자신의 목적을 달성했다. 그리고 이 여정을 통해 환경보호의 시급함을 피부로 느꼈기에 회사를 옮기고, 직업을 바꾸어 환경을 보호하기 위한 일을 시작하게 된 것이다.

　　세계 유수의 기업들―심지어 한국타이어도 있었다!―로부터 후원받는 비결을 좀 알려달라는 익살스런 질문에, "누군가에게 미래의 일에 대한 확신을 심어주는 것은 무엇보다 힘든 일이기에 잘 짜인 프로그램을 준비해야만 하며, 그것이 가져올 성공

적인 결과에 대해서도 스스로 확신을 가져야 한다"고 충고했다.

올리비에와 에코토이 팀은 모든 일을 그만두고 여행 계획을 수립하는 데만 1년 이상을 보냈다고 한다. 우리는 아직 학생이고, 또한 많은 것이 아직 불확실하다는 이야기를 하자 그는 "바로 그 불확실성이 오히려 여러분 여정의 자양분이 될 것 *Uncertainty will nourish your trip!*"이라며 오히려 걱정하지 말라는 조언을 해주었다. 불확실성이야말로 우리의 도전을 풍요롭게 할 것이라는 믿음. 인디고 유스 북페어 프로젝트 팀의 첫 번째 인터뷰이로서 올리비에와의 만남은 우리에게 북페어 프로젝트의 중요성을 다시 한 번 생각하게 하고, 또 성공할 수 있으리라는 큰 믿음을 안겨준 아주 값진 자리였다.

발레리 제나티

Valérie Zenatti

영원한 소녀,

발레리를 만나다 김수영 ● ●

✚ 2007년 4월 23일 월요일 저녁 8시, 프랑스 파리, 튀렌 거리의 한 레스토랑에서

　　소설가, 번역가, 시나리오 작가, 평론가 등 파리에서 활발하게 활동하는 발레리 제나티는『가자에 띄운 편지』,『내일은 혁명』등으로 2005 프랑스 몽트뢰유 도서전에서 탐탐 상을 수상하고, 2007년 프랑크푸르트 도서전 프랑스 대표작가로 선정되는 등 주목받는 작가이다. 하지만 이런 화려한 수식과는 달리 그녀는 참으로 아름다운 미소와 따뜻한 가슴을 가진 평범한 한 사람이었다.

　　지구상에 '사랑하다, 꿈꾸다, 성장하다' 등과 같은 동사들이 어떤 의미를 지니는지에 관심이 많은 그녀는 문학의 힘이란 보고, 느끼고, 경험하는 것이며, 이러한 경험을 통해 끊임없이 고민하고, 또 그렇게 고민하는 개인들의 소통(마치 탈과 나임의 국경을 뛰어넘은 편지처럼)이 새로운 세상을 위해 중요하다는 이야기를 했다.

그녀는 어렸을 때 일생 동안 이루고 싶은 꿈들의 목록을 만들었으며, 그것을 아직까지도 간직하며 하나씩 실천하고 있다고 한다. 그리고 그 '꿈 리스트' 중 하나를 정말 훌륭하게 이루었는데, 그것은 바로 소설가가 되는 꿈이었다고 한다. 놀랍게도 그녀는 우리가 중요시하는 가치와 이를 실현하는 방법 면에서 매우 많은 지점을 이미 공유하고 있었다.

탈과 나임의 국경을
뛰어넘은 러브레터 ● ●

시간 | 공간

이스라엘과 팔레스타인은 전 세계 수많은 미디어가 가장 관심을 가지는 곳 중 하나이다. 전 세계의 뉴스를 통해 그곳의 전쟁과 폭력이 만들어내는 희생자들, 무고한 시민을 위협하는 완전 무장한 군인들, 갈등과 파괴, 분열 등 그곳의 이미지는 우리로 하여금 심각한 정신적 트라우마 상태를 겪게 한다. 인간의 존재 의미와 선한 본성에 대해 진지한 의심과 성찰을 하게 하기 때문이리라.

지금 이 순간에도 그곳에서 몇 명의 사망자들이 발생했는지, 몇 명의 군인이 징집되었는지, 어떤 테러가 일어났는지, 또 오늘은 얼마나 많은 무고한 희생자들이 발생했는지, 나아가 이 모든 잔혹함의 역사적 배경은 무엇인지 무수히 떠오르는 의문들, 하지만 부재하는 답변들. 이 답변의 부재 속에서 우리의 두려움과 공포는 갈수록 깊어만 간다. 그곳엔 오직 절망만이 존재하는 것처럼 보인다.

하지만 이스라엘 출신 소설가 발레리 제나티는 소설 『가자에 띄운 편지』를 통해 우리에게 다른 메시지를 이야기한다. 그녀는 한국 독자들에게 보내는 편지에서 이

꿈을
살다

렇게 말한다. "저는 지구 곳곳에서 사랑하다, 꿈꾸다, 성장하다 같은 동사들이 어떤 의미를 지니는지에 관심이 많습니다./백과사전을 펼쳐보면 한국에 대해 여러 가지를 알 수 있습니다. …… 하지만 그 어디에도 한국의 젊은이들이 어떤 꿈을 꾸는지, 역사를 어떻게 바라보는지에 대해서는 씌어 있지 않습니다./문학의 역할은 바로 거기에 있습니다. 교훈을 주는 것이 아니라 보고, 느끼고, 어쩌면 이해할 수 있도록 하는 것이지요." 그녀는 이렇게 우리가 알 수 없는 것으로부터 오는 두려움 속에서 희망을 발견한다. 그들의 삶을 관조하는 것이 아니라 진정으로 '겪는 것'. 거대한 정치·사회학적 역학관계들 속에 가려진 평범한 사람들의 소박한 일상과 그 속에서 움트는 희망의 모습을 그녀는 결코 간과하지 않는다. 그리고 이 증오와 원한의 감정을 뛰어넘어 우리가 어떻게 사랑하고, 꿈꾸고, 또 성장하는지 그녀는 탈^{Tal}과 나임^{Naim}이라는 두 친구의 국경과 경계를 뛰어넘는 사랑, 꿈, 성장의 모습을 통해 보여준다.

발레리
제나티

나는 도서관에서 모은 온갖 자료들 속에서 우리가 추구하는 가치와 가장 많은 부분을 공유하는 이 소설을 아주 운명적으로 발견했다고 생각한다. 우리는 그녀가 이 소설을 통해 끊임없이 말하는 슬픔과 고통을 뛰어넘는 희망의 힘을 실제로 느끼고 싶었다. 아니다, 그 울림은 단순한 느낌을 넘어 아픔을 이해하고 희망의 씨앗을 함께 뿌릴 수 있는 단계로 그 지평을 확장하고 싶었다. 경계를 뛰어넘은 두 아이의 네트워크가 만들어내는 평화와 화해의 메시지와 같이, 우리도 국경을 뛰어넘어 그녀와 함께 감동하고, 생각하고, 또 이야기하고 싶었다. 그래서 우리는 발레리에게 연락을 하지 않을 수 없었다.

순간

몇 차례의 메일과 전화 통화 끝에 우리는 2007년 4월 23일 저녁 8시에 그녀를

만났다. 우리는 다른 인물들과 만났을 때와 마찬가지로 우리를 소개하고, 지금까지 인디고 서원이 해온 일과 또 앞으로 추구하고자 하는 바에 대해 이야기했다. 그리고 우리가 지금 진행하는 프로젝트가 어떤 것이며, 오늘밤 인디고 서원과 발레리 제나티, 이 만남이 일으킬 수 있는 변화의 가능성들에 대해 말할 때, 그녀는 지금까지 자신도 이런 만남이 만들어낼 무한한 가능성에 대해 꿈꿔왔다며 이야기를 하기 시작했다. 그녀 역시 거대한 사회에 맞서 우리 개인들이 할 수 있는 것은, 해결책을 제시하고 커다란 변화를 일으키는 것에 앞서서, 그러한 문제를 끊임없이 고민하고 그렇게 고민하는 개인들이 네트워크를 형성하는 것이며, 또한 그것이 가장 중요한 시작이 될 것이라고 이야기했다. 우리는 우리가 중요시하는 가치, 그리고 그것의 실천방법 등 그녀가 이야기하는 것과 우리가 걸어가고자 하는 길의 모습이 매우 비슷해 서로 놀라며 계속 이야기를 이어갔다.

우리가 하고자 하는 일은 2008년 8월에 인디고 유스 북페어를 여는 것이며, 그곳에서 전 세계 각 대륙의 젊은 혁명가들과 청소년들이 모여 '더 나은 세계를 위한 창조적 열정' 이라는 주제로 자신들의 문화와 생각을 나누고, 그러한 개인들의 연대를 통해 더 큰 희망으로 발걸음을 내딛고자 함이라고 우리의 생각을 전달했다.

이에 대해 그녀는 기존의 북페어가 가진 상업적인 면을 비판하고는, 그것에 비해 우리의 북페어는 더욱 진정한 의미에서의 "북^{Book}, 페어^{Fair}"라고 했다. 그래서 그녀를 제1회 인디고 유스 북페어에 정식으로 초대하고, 프랑스의 순수하고 진실한 청소년들도 함께 왔으면 좋겠다는 말을 전했다. 그녀는 기꺼이 우리의 초대를 받아들였고, 우리가 마치 선물 같은 존재이고, 오늘밤 이 시간이 마치 꿈을 사는 것 같다고 말했다. 이렇게 꿈만 같은 시간은 그렇게 우리 앞을 지나고 있었다.

인간

　그녀와 헤어지고 나서 우리는 그녀와의 만남이 우리에게 가져다준 것에 대해 생각했다. 그녀는 정말 밝고 빛나는 생의 근원적 에너지를 가지고 있었고, 우리가 처음 만나서 헤어지는 순간까지 우리 팀원 모두를 세심하게 배려해주었다. 그리고 무엇보다, 지금까지 우리가 한국, 부산에서 꿈꾸고 추구하던 그 가치들을 지구 반대편에 살고 있는 한 작가의 정신 속에서 발견할 수 있었던 이 경험은, 우리에게 더할 나위 없이 큰 힘이 되었고, 우리의 이 걸음에 확신을 심어주었다.

interview

지금 내 앞에 있는 여러분이 제 삶의 선물이자
가장 아름다운 존재들입니다

　우리는 월요일 저녁을 프랑스 파리 튀렌 거리의 한 레스토랑에서 그녀와 함께 했다. 마치 『가자에 띄운 편지』처럼 자신의 책이 '한국에 띄운 편지'가 되어 그것을 읽고 우리가 이곳 프랑스 파리까지 자신을 만나러 온 것이 놀랍다며, 우리는 서로의 탈과 나임이 되어 이야기를 이어갔다.

　발레리 : 여러분이 나를 보기 위해 이렇게 찾아오다니, 이보다 큰 선물이 있을까요. (웃음)

　슬아 : 감사합니다. 저희도 한국에서 책을 읽으며 당신과 정말 만나고 싶었습

꿈을
살다

니다. 드디어 이렇게 만나게 되다니 저희도 무척이나 기쁩니다.

　　발레리 : 꿈은 이루어지나 봐요. 물론 저는 꿈은 꼭 이루어진다고 생각해요. 간절히 원하는 사람에게는 말이죠. 제가 열여섯 살 때, 소위 '꿈 목록' 100개를 만들었어요. 그중 하나가 '작가가 되는 것'이었어요. 지금 제가 30대 후반의 나이에 마흔 개 정도의 꿈을 이루었으니 많이 이룬 셈이죠?(웃음)

　　물론 나이를 먹고, 어른이 되면서 현실을 직시하게 되는 것 같아요. 더 이상 국가 간에, 혹은 사회 간에 완전한 평화가 이루어질 수 없다는 것을 이제는 알게 되는 거죠. 하지만 저는 정말로, 정말로 사람의 가능성을 믿어요. 한 사람 한 사람이 만나서 보다 나은 세상을 향한 꿈을 꾸게 되면 결국 꿈은 이루어진다고 생각해요. 꿈을 꾸는 사람들끼리 만나지 못한다면 이 세상은 참 슬플 것 같아요. 우리는 자본이나 권력이 세상을 움직이는 동력이 되도록 이 세상을 놓아두면 안 돼요. 물론 자본과 권력은 유용하죠. 하지만 이 지구의 변화는 그것들이 아니라 인간 사이의 진정한 관계를 회복하는 데서 시작된다고 생각해요. 모든 세대를 거듭하면서 우리는 계속해서 변화를 모색하고 또 시도해야 합니다. 그래야만 변화가 가능하게 되지요.

　　또한 인간의 존엄을 가장 중요한 가치로 둔다면 자본과 권력에 의한 불균형적 인간관계는 없어질 수밖에 없다고 생각해요. 제가 글을 쓸 때에도 팔레스타인 사람들이 이스라엘 사람들보다 더 착하거나 뛰어나다고 묘사한다거나 그 반대의 경우를 생각할 수는 없죠. 그건 사실이 아니에요. 인간은 누구나 그 자체로 동등하죠. 누군가가 더 뛰어난 존엄성을 갖고 있다고는 말할 수 없기 때문이죠.

　　슬아 : 네, 맞습니다. 우리가 인디고 유스 북페어에서 구현하고자 하는 것도 바로 그러한 가치의 회복입니다. 기존의 북페어가 자본의 거래와 책의 상업적 유통에 많은 초점을 맞추었다면, 우리는 그것을 완전히 뒤엎는 거죠. 책을 사고 파는 곳이 아니라 인간의 정신과 문화를 공유하고 또 함께 관계 맺는 장으로 북페어를 하고자 하는 것입니다.

발레리 : 굉장히 좋은 아이디어입니다. 저도 국제적인 북페어에 많이 초대되어 가보기도 했지만, 그곳을 지배하는 건 광고와 비즈니스의 논리입니다. 사고 파는 행위가 그 자체의 목적이 되는 곳이 많이 있죠. 특히 광고를 통한 수익은 엄청나다고 들었어요. 그러한 것들은 인간적인 것들이 아니라고 할 수 있습니다. 하지만 여러분의 프로젝트는 여러분의 마음으로부터, 가슴속에서부터, 진심 어린 고민에 의해 탄생한 매우 인간적인 모습을 가진 프로젝트라 할 수 있어요. 여러분의 마음mind과 가슴heart 으로부터 나온 것이기 때문에 그 자체로 매우 훌륭한 아이디어라 생각합니다.

아람샘 : 고마워요. 훌륭하다거나 대단하다고는 생각하지 않았습니다만, 다만 북페어라는 행사 동안은 그곳에 있는 모든 사람이 친밀하고 다정하게 따뜻한 인간의 마음을 느낄 수 있는 시간이었으면 하는 바람입니다. 그러면서 서로의 치열한 고민들을 털어놓는 것이죠. 함께 나누고 고민하고 그러면서 보다 나은 세상을 향한 꿈을 꾸는 것입니다.

그리고 또 제가 중점을 두고자 하는 부분 중 하나는 우리가 세계적인 북페어를 여는 전문가들처럼 잘할 수 있는 사람들이 아니라는 점입니다. 평범한 한 개인이죠. 우리가 무언가를 할 수 있다는 것을 보여주는 것도 그 자체로 큰 의미가 있다고 생각해요. 그리고 동아시아의 작은 나라 한국에서, 또 서울이 아닌 부산에서 이러한 전 지구적 연대를 만들어내는 행사를 여는 것도 큰 의미가 있을 것 같아요.

발레리 : 그럼요. 맞아요.

슬아 : 사실 어떻게 보면 저희도 그리 평범한 사람은 아닌 것 같아요. 다름이 아니라, 평범하다는 것은 어느 정도의 보편성을 담보하는 의미인데, 사실 저희와 같이 책을 읽고, 또 당신을 이렇게 찾아오고, 그리고 세계적인 행사를 치르고자 하는 꿈을 직접 실천으로 옮기는 것은 쉽지 않은 일이었습니다. 물론 저희는 그러한 것이 어렵다거나 대단하다는 생각을 한 번도 하지 않았지만, 인디고 서원에서 하는 일은 어떻게 보면 한국이라는 사회에서도 결국 굉장히 소수가 하는 일이거든요. 많은 사람들이

꿈을
살다

함께 책을 읽고, 또 토론의 장을 여는 모습을 저희는 상상하는데, 꼭 그것이 마음먹은 대로 이루어지지는 않는 것 같기도 해요.

발레리 : 그런데 저는 사람들이 늘 왜 책을 읽지 않을까, 또 책 읽는 사람들이 많지 않을까 하는 우려를 제기할 때마다 조금 다른 각도로 생각을 해봅니다. 물론 인터넷과 같은 매체들이 생겨나면서 시간을 들여야 하는 독서를 사람들이 꺼리게 된 것은 사실이죠. 책장을 넘기는 것보다는 마우스 버튼을 한 번 누르는 것이 훨씬 쉬우니까요. 하지만 어느 정도의 사람들은 아직까지도 책 읽기를 좋아하고 있고, 또 함께 꿈을 꾸고, 대화를 하는 것을 즐기고 있다는 거죠. 그게 얼마나 많은 수의 사람들일지는 잘 모르겠지만, 그러한 것의 필요성을 느끼는 사람들이 있다는 것도 중요한 사실인 것 같아요. 인류의 10퍼센트 정도가 책 읽기를 좋아한다고 하면 그로부터도 충분히 희망은 탄생할 수 있으니까요.

아람샘 : 그렇게 적은 수의 사람들이라 하더라도, 저희는 그들의 목소리를 모아 더 큰 목소리를 내고, 또 서로의 생각을 공유하는 장이 되었으면 하는 바람을 가지고 있어요.

발레리 : 그건 굉장히 중요한 시도라고 생각해요. 생각을 공유하고, 또 마음을 나눌 수 있는 가능성을 보여줄 수 있는 기회이기도 하니까요. 그로부터 더 큰 공명을 만들어내는 것도 충분히 가능하다고 생각합니다.

슬아 : 네, 오직 그러한 열정만 있으면 된다고 생각해요.

아람샘 : 이렇게 당신의 꿈과 열정, 그 속에 묻어나는 사랑이 당신을 참 아름다운 사람으로 만든다고 생각해요.

발레리 : 고마워요. (웃음) 하지만 여러분 모두도 저에겐 너무 아름다워요. 아름다움이라는 것은 감정, 영혼, 인생과 관계가 있다고 생각해요. 저는 제가 예쁘다고 생각하지는 않아요. 하지만 제 가슴속의 마음이 얼굴로 드러나기 때문에 저는 늘 제 마음을 아름답게 하려고 해요. 물론 제 삶도 아름다운 것으로 만들고자 하고요.

사실 오늘 아침에 아이들을 학교에 데려다주기 위해 문을 나섰는데 집 앞에 서 있던 나무가 짙은 푸른색으로 바뀐 것을 발견했어요. 그전엔 앙상했는데 어느덧 무성한 잎들이 자라서 정말 아름다운 나무가 되었더라구요. 그래서 그것을 보는 순간, 세상의 아름다움이 바로 여기 있다는 것을 느꼈어요. 바로 그 아름다움의 발견이 바로 제가 살아 있다는 증거가 되었던 거죠. 그 나무와 내 두 손을 잡고 걸었던 아이들 그리고 지금 내 앞에 있는 여러분이 모두 제 삶의 선물이자 가장 아름다운 존재들이에요.

용준 : 내일 저희는 스웨덴으로 가서 현재 웁살라 대학교의 브라이언 파머 교교수님을 만날 건데요, 그전에 파리 시내의 서점들을 몇 곳 들를까 합니다.

발레리 : 아, 네. 정말 좋죠. 그런데 많이 미안해요. 제가 여러분과 함께 파리 구경도 하고 해야 하는데, 내일 리옹 북페어에 초대되어서 아침에 비행기를 타야 합니다. 하지만 여러분이 꼭 가보면 좋을 만한 곳을 몇 군데 적어드릴게요. (웃음) 오늘 이렇게 여러분을 만난 것을 저는 결코 잊지 못할 거예요. 내년에 꼭 한국에서 여러분을 다시 만나 또 좋은 이야기를 나눌 수 있으면 좋겠습니다.

아람쌤 : 네, 그럼요. 오늘의 이 인연을 잊지 않고 저희도 남은 기간 동안 열심히 준비해서 내년에 당신을 한국에서 꼭 만날 수 있으면 좋겠어요. 오늘 정말 고마워요. 마지막으로 한국의 친구들에게 한마디 해주세요.

발레리 : 안녕하세요. 저는 발레리 제나티예요. 지금 저는 인디고 친구들과 함께 파리에 있습니다. (웃음) 오늘 매우 감동받았고, 무엇보다 한국의 이런 열정적인 친구들을 알게 되어 정말 영광입니다. 앞서 이야기한 것처럼, 오늘의 이 만남과 함께 새롭게 알게 된 인디고 친구들은 제게 선물과도 같아요. 자신의 삶을 위해서만 사는 것이 아니라, 보다 나은 세상을 향해 노력하는 사람들이 모두 모여 한국에서 새로운 꿈을 또다시 만드는 시간이 어서 찾아오길 기대합니다. 그럼 한국에서 곧 다시 만나요. 감사합니다. (웃음)

꿈을
살다

대니얼 바렌보임과
에드워드 사이드의 바이마르 워크숍 허아람 ● ● ●

우리에게 이스라엘과 팔레스타인은 대니얼 바렌보임과 에드워드 사이드의 '서동시집 오케스트라West-Eastern Divan Band(*괴테의 시집 이름) : 바이마르 워크숍'을 연상시킨다. (이 이야기는 『평행과 역설』이라는 책에 자세히 나와 있다.)

1999년, 한때 유럽의 문화수도로 불렸던 독일의 바이마르에서 '바이마르 워크숍'이 열렸다. 괴테 탄생 250주년을 기념하며, 괴테와 밀접한 관련이 있는 바이마르라는 도시에서 독일 음악가들은 물론 아랍과 이스라엘의 음악가들이 한자리에 모여 하나의 오케스트라를 구성했다. 그것을 이끌었던 사람은 이스라엘과 팔레스타인을 대표하는 세계적인 지성, 대니얼 바렌보임과 에드워드 사이드였다. 이 프로그램은 팽팽한 긴장과 대립 속에서 새로운 평화를 가져오는 하나의 대안적 실험이었고, 서로 배타적인 문화권의 사람들이 함께 융화해 나가는 기회의 자리이기도 하였다.

그들은 음악을 통해 우리 시대의 정치, 문화, 역사 등의 대립 구조 속의 화합과 혼용의 가능성을 발견했다. 서로의 차이를 이해했고 포용할 수 있었다. 그래서 우리는 이들의 정신을 존중하여 우리가 추구하고자 하는 또 하나의 목표로서 통섭의 시대 속에 다양한 학문과 문화의 혼용을 올바로 이해하고, 나아가 다름의 인정, 그리고 타자를 포용하는 것을 하나의 정신으로 선정하게 되는 계기가 되었다.

이후 이 『평행과 역설』은 우리 북페어팀의 세미나 교재가 되어, 여러 매체를 통해 그 의미를 되새길 수 있었다. 그중 이 프로젝트의 과정을 담은 다큐멘터리 〈앎은 곧 시작이다Knowledge is the beginning〉라는 제목의 영상물을 보게 되는 인연도 있었는데, 그중 2004년 5월 9일, 바렌보임이 울프상Wolf Prize in Arts을 받았을 때의 연설문은 결코 잊을 수 없는, 빛나는 연설 중 하나였다. 그리고 바렌보임은 여기서 받은 상금을 이스라엘과 팔레스타인 청소년들의 예술교육을 위해 전액 기부하여 화제가 되기도 했다.

　　"……저는 오늘 깊은 슬픔 속에서 이러한 질문을 해봅니다. 다른 인간에 대한 지배와 정복의 이유들이 과연 독립 선언에 부합하는 행위라 할 수 있을까요? 과연 한 국가의 독립이 다른 국민의 근본적인 권리를 그 대가로 하여 이루어지는 것이 타당한 일이라 할 수 있습니까? 참혹한 처형과 고통의 역사를 가진 유대인들이 어찌하여 내 이웃의 고통과 권리에 무관심할 수 있단 말입니까? 음악이 하나의 예술로서 공리들과 타협하지 않는 성격을 갖는다고 한다면, 이와 반대로 정치란 타협의 기술이라 할 수 있습니다. 그러나 정치가 현존하는 한계들을 뛰어넘어 가능성의 영역으로 나아간다면, 그것은 음악을 통한 조화(평화)를 만들어낼 수 있을 것입니다. 억압에서 부과된 한계로부터 벗어난 음악, 인간 실존의 깊은 심원을 건드리는 음악, 모든 경계를 뛰어넘는 소리의 예술, 음악이란 바로 이 완전한 결합을 향한 가능성을 마음속에 그릴 수 있게 하는 힘을 갖고 있습니다. 이렇게 음악은 팔레스타인과 이스라엘 국민의 감수성과 상상력을, 이전에는 상상조차 할 수 없었던 새로운 미래로 이끌어줄 것입니다. 그리하여 저는 오늘 이 상의 상금 전액을 이스라엘과 라말라 지역의 음악교육에 기부하고자 합니다. 감사합니다." (수상 소감 중에서)

　　"우리가 첫 번째로 지각할 수 있는 소리의 물리적인 특색은 바로 그것이 스스로 혼자 존재할 수 없다는 것입니다. 그것은 바로 침묵과 영속적이고 영원한, 그리고 결코 피할 수 없는 관계를 맺고 있습니다. 따라서 음악이란 첫째 음표에서부터 시작하여 둘째 음표, 셋째 음표 등으로 이어지는 것이 아닙니다. 그것은 첫 번째 음표가 시작되는 바로 그 지점에서 이미 시작된 것입니다. 왜냐하면 그것은 이전의 침묵으로부터 새로운 것이 탄생한 것을 의미하기 때문입니다." (대니얼 바렌보임, 영국 런던에서 한 리스 강연, 〈태초에 소리가 있었다〉 중에서)

꿈을
살다

존경하는 두 지성인의 바이마르 워크숍이 어쩌면 우리 프로젝트의 동기를 제공했는지도 모른다. 가장 극명한 갈등과 대립의 상황을 가장 아름다운 예술로써 조화와 감동으로 뒤바꾼 극적인 프로젝트. 우리는 이 프로젝트가 끝날 때까지 그들의 마지막 순간을 담은 다큐멘터리를 가슴 속에 담았다. 진정한 인류애가 무엇인지를 보여준 그들의 뜨거운 열정의 마지막 연주를, 우리가 걷고자 하는 새로운 길의 서곡으로 오래오래 기억해두고 싶었다.

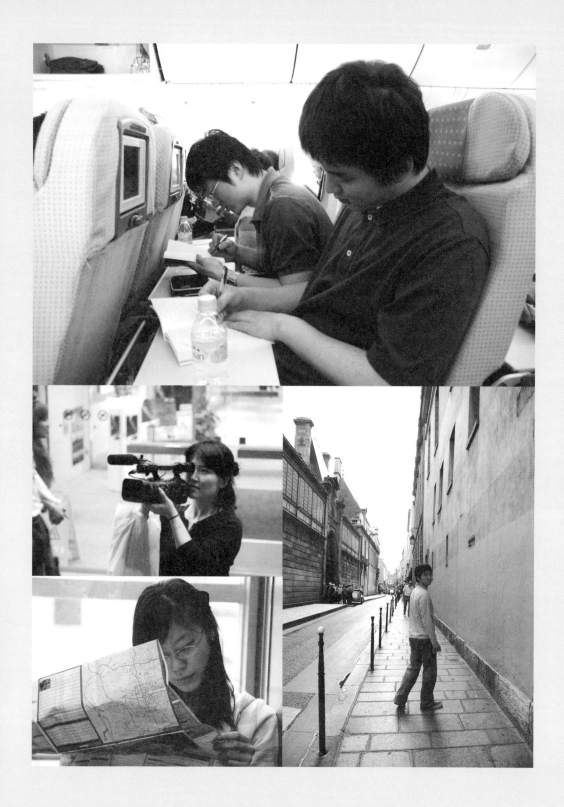

마튜 르 루

Mathieu Le Roux

책임 있는 엘리트,
마튜를 만나다 박용준 ● ●

✚ 2007년 4월 27일 금요일 저녁 8시. 프랑스 파리, 새로 이사한 마튜의 집에서

　　우리에게 수많은 영감을 주었던 『세상을 바꾸는 대안기업가 80인』의 저자 마튜 르 루. 《인디고잉》에서 인터뷰를 한 적이 있기도 한 마튜는 소위 말하는 프랑스의 엘리트다. 하지만 그의 삶의 목표는 명쾌하고 단순했다. "자신의 삶에서 가장 하고 싶은 일을 하는 것."

　　프랑스 고등경영대학원을 졸업한 그는 지속가능한 발전 기술개발 지원사업 영역을 스스로 개척하여 지구의 밝은 미래를 위해 많은 일들을 경제적으로 지원하는 일을 한다. 브라질의 한 레스토랑에서 우연히 만난 실뱅과 무하마드 유누스에 관한 이야기를 나누다 함께 기획하게 된 '세상을 바꾸는 대안기업가' 들을 찾아나서는 프로젝트는 총 440일간, 4대륙 38개국에서, 총 6만 5,000킬로미터의 대장정을 통해 달성된 전지구적 프로젝트이다. 새로운 가능성을 찾아나선 세계 여행인 셈이다.

하지만 그 무엇보다 중요한 사실은 그가 지금까지도 자신의 삶 속에서 보다 나은 지구를 위한 희망의 끈을 놓지 않고 있다는 점이다. 지구의 생존을 위해 자신이 할 수 있는 일이 무엇인지를 끊임없이 고민하는 그는 책임있는 지구의 일원이었다. 프로젝트 진행 중 아시아 지역을 방문하는 과정에서, 유독 한국을 방문하지 못한 것을 아쉬워했지만, 그는 한국의 '세상을 바꾸는 대안기업가'들은 바로 인디고 팀이 아니겠느냐며, 우리와의 만남을 매우 기뻐했다.

"만남.
중요한 것들 중 하나.
인생은 만남의 연속이다. 그리고 이 만남들이 우리를 변화시키고,
무모한 계획들을 함께 세우고 이루어 나가게 만든다."
(『세상을 바꾸는 대안 기업가 80인』서문 중에서)

세상을 바꾼 대안기업가,
세계와 소통하다　● ●

시간 │ 공간

마튜 르 루와 실뱅 다르니의 프로젝트를 기록한 책『세상을 바꾸는 대안기업가 80인』은 우리에게 수많은 영감을 가져다주었다.

사실 마튜와는 이미《인디고잉》서면 인터뷰를 통해서 연락이 닿아 친분이 있었다. 이번 프로젝트를 위해서 그에게 처음 전화했을 때, 그는 우리에게 큰 환영의 인

꿈을
살다

사로 반겨주었다. 그리곤 프랑스로 가서 당신을 만나고 싶다고 했을 때, 그는 누구보다도 크게 환대해주었고, 바쁜 일정 속에서 이사를 채 끝내지도 못한 자신의 집으로 우리를 초대하였다.

그런데 우리는 예기치 못한 덴마크 공항에서의 파업으로 스웨덴 알란다 공항에서 발이 묶여 그와의 약속을 하는 수 없이 미뤄야만 했다. 그래서 마튜에게 전화를 걸어 상황을 설명하고, 약속시간을 어렵게 다시 맞추었다. 유럽에서 남은 날은 이틀뿐, 하지만 우리는 어떻게든 마튜를 만나야만 했다. 바로 다음날이 출국인지라, 스웨덴에서 파리에 도착하는 그날 우리는 또다시 무거운 짐들을 모두 짊어지고, 파리로 넘어오자마자 마튜의 집으로 향했다. 밤늦은 시각이었지만 자신의 시간을 흔쾌히 내주었고 우리는 서로 그동안 하지 못했던, 그리고 만나면 꼭 하고 싶었던 많은 이야기들을 나눌 수 있었다.

그의 인생목표와 철학은 매우 명쾌하고 또 간결했다. "이 생을 살아가면서 반드시 자신이 원하는 것에 집중할 것Focus on what you want in life." 그래야만 우리는 원하는 것을 성취하고 또 달성할 수 있다고 했다. 그에게 이렇게 거대하게만 보이는 꿈의 시작은 어땠는지 물었을 때, 마튜의 대답은 의외로 단순했다. 그는 어릴 때부터 식탁에서 아버지에게 늘 환경문제에 대한 이야기들을 들었고, 이러한 문제들에 대해 생각하며 그 해결책은 없는지 꿈꾸었다고 했다. 나아가 그는 이러한 희망을 찾아 세계일주를 하는 것이 꿈이었기에 자신의 방에 세계지도를 붙여두고 늘 바라보며, 이 지구를 항상 자신의 가슴에 품었던 것이다.

인간

마튜는 프랑스 고등경영대학원을 졸업한 후 여느 젊은이들과 다름없이 다국적 기업에 근무하는 평범한 직장인이 되었다. 그러다 그는 브라질 상파울로에서 근무하게 되었는데, 거기서 그의 친구 실뱅을 만나게 된 것이다. 브라질이라는 생소한 나라에서 보낸 2년 동안의 생활은 그로 하여금 진정한 의미의 세계에 대해 눈을 뜨게 해주었다고 회상했다. 이유인즉, 브라질은 정치 · 경제 · 사회 · 교육 · 환경 문제가 끊임없이 이어지던 국가였지만, 이와 함께 그러한 문제들에 대한 해결책들을 지속적으로 모색하고 또 실천하는 국가였기 때문이다. 그 해결책들은 그가 학교에서는 전혀 배우지 못한 것들이었고, 이를 통해 그는 절망 속에서도 희망이 싹틀 수 있다는 것을 몸으로 익혔다. 이렇게 하루하루 세상에 눈을 떠가던 무렵 그는 실뱅과 첫 만남을 가지게 된다. 그것도 우연히, 한 레스토랑에서.

상파울로의 한 식당에서 만난 이 두 사람은 이제 세상을 바꿀 만한 프로젝트를 기획한다. 그 시작은 바로 무하마드 유누스의 자서전, 『가난한 사람들을 위한 은행가』를 통해서이다.

두 사람 사이에 불꽃 튀는 공감대가 형성된 것은 자신들이 학교에서는 결코 배우지 못했던 방식의 경영, 즉 거대한 자본에 의존하지 않으면서도 충분한 경제적 이익을 남기며, 그와 동시에 그가 속한 사회를 위해 봉사하고, 또 보다 나은 미래를 만들 수 있는 새로운 방식의 해결책을 그라민 은행을 통해 보여준 유누스의 철학이었던 것이다. 그래서 실뱅과 마튜는 이렇게 불가능하게 보이는 일들을 실제로 사회에서 실현해내는 사람들을 찾아 떠나기로 약속한다. 이 두 젊은 청년은 "바로 지금 이 순간 떠나지 않으면, 우리는 곧 젊음을 잃게 될 것이고, 지금이 바로 이 여정을 떠나야만 했던 시기"라는 공감대를 형성한다. 그래서 그들은 세상을 바꾸는 대안 기업가들을 찾아 전지구를 뒤졌다. 아니 그렇게 전지구를 떠돌아다닐 수밖에 없었다. 그것이 바로 그들이 진정 원하는 것이었기 때문에.

꿈을
살다

무엇보다 더 중요한 사실은 그가 현재 자신의 삶 속에서도 끊임없이 '보다 나은 지구'를 위한 희망과 실천의 끈을 놓지 않고 있다는 사실이었다. 지속가능한 발전이야말로 이 아름다운 지구를 보존하고, 또 살려낼 수 있는 길이며, 그는 이 지구의 생존을 위해 자신이 할 수 있는 일이 무엇일까를 고민하던 중, 현재 일하고 있는 회사의 대표에게 직접 자신의 꿈을 피력했고, 결국 자신만의 방식으로 지구를 구할 수 있는 하나의 길을 창조한 것이다. 현재 마튜는 청정기술Clean Technology, 즉 지속가능한 발전을 가능케 하는 환경 친화적 기술발전에 대한 지원 및 투자를 하는 부서를 자신이 속한 회사에 새로이 만들었고, 이 일을 자신의 업으로 삼아 계속해서 진행할 수밖에 없었던 이유를 이야기해주었다. 그의 이러한 노력은 단순히 보다 나은 지구를 향한 목적의식이라기 보단, 두 발을 딛고 살아가는 이 지구에 대한 당연한 책임의식 같았다.

　젊은이들은 늘 꿈을 꾼다. 하지만 동시에 우리는 그 꿈이 이루어지지 않을까 두려워하고, 그래서 또 불안해한다. 하지만 이렇게 자신의 신념과 믿음으로 자신의 꿈을 이루어낸 사람을 보는 것은 우리에겐 소중한 자산이자 희망의 증거가 되었다. 이러한 노력은 더 이상 하나의 유토피아적 현상이 아니다. 우리의 생존을 위한 삶의 한 양식인 것이다. 마튜는 바로 이 새로운 삶에 대한 낙관적 의지를 몸소 실천하는 사람이다.

꿈을
살다

꿈을 찾아 떠나는
마튜와 실뱅의 이야기

이 글은 《인디고잉》에 실린 마튜와의 인터뷰 전문이다.

'세상을 바꾸는 대안기업가 80인'을 만나러 떠난 440일 간의 세계 일주, 80개의 희망을 만나고 온 그들을 이제 우리가 만날 차례다. "자, 이제 놀랄 준비는 다 되셨는지?"

마튜와 실뱅을 모르는 이들을 위해 그들의 책 『세상을 바꾸는 대안기업가 80인』에 대한 소개를 잠깐 들려주어야겠다.

"자신의 꿈을 끝까지 좇아간 사람들을 만나는, 꿈을 이룬 두 청년의 이야기. ……꿈 같은 일들이 실제로 일어나고 그것도 사회적·윤리적 책임을 다하면서도 막대한 이윤도 창출하는 기막히게 조화로운 이들의 기업활동은 농업, 건축, 교육, 지속가능한 에너지, 생물종의 다양성, 공정무역, 산업생태학, 쓰레기 처리, 보건위생, 교통, 도시계획에 이르기까지 다양합니다.

이미 우리나라에서도 시행하고 있는 몇 개의 방식들도 눈에 띄었지만 제가 주목한 점은 그들의 공통점이 작은 규모의 이상주의자들이 모여 세상을 변화시킬 수 있다는 희망으로부터 시작되었다는 점입니다. 또한 자연이 가장 창의적인 방법을 제공해주고 자연 그대로의 생명에서 영감을 얻는 사람들이 많았다는 점입니다. 과도한 이상주의적 비전이 현실과의 괴리를 통해 포기되고 소외되는 것이 아니라 개인적인 소망들이 사회적·윤리적 책임과 결합되어 자신들의 일상을 행복하게 살아가면서도 세상을 더 나은 미래로 바꾸는 사람들이 많았다는 점입니다. 또한 그 영웅들, 대안기업가들을 따르는 노동자나 지지자들도 그들의 수입을 자신의 탐욕을 채우거나 소비재로 구입하는 데 사용하지 않고 보다 나은 미래를 준비하기 위해 기꺼이 동참하는 사람들이 많았다는 점입니다. 아름다운 연대의식이 아닐 수 없습니다.

꿈꾸는 청소년들에게 묻고 싶습니다. 이렇게 강렬한 자극이 될 만한 사람들을 몇 명이나 만나보았는지를. 경험해보았는지를. 만약, 그렇지 못하다면 우선 이 책을 꼭 읽어보라고 권하고 싶습니다.

책 한 권이 세상을 더 아름답고 살 만한 곳으로 바꿀지도 모릅니다. 어쩌면 이 책을 통해 이미 실천하고 꿈을 이루는 사람들이 우리처럼 세계 곳곳에 있을 것 같으니까 말입니다."

〈허아람의 독서일기〉 중에서, 《출판저널》 2006년 9월 호)

마튜와 실뱅은 이렇게 기발한 아이디어를 가진 창조자들이다. 정말 우리가 살아가는 이 세상에는 없을 것만 같은 직업과 기업과 또 삶의 방식들을 이들은 직접 찾아가서 경험하고 또 만난다. 우리에게 이러한 꿈과도 같은 세상을 살아갈 수 있다는 희망을 그들은 자신들의 여정을 통해 보여준다. 그들의 꿈은 단순하다. 그들의 삶에 활기와 희망을 준 기업가들을 만나 떠나는 탐험을 계속하는 것. 그리고 이 탐험이 우리들에게도 자극제가 되어 꿈꾸는 세계를 찾기를 희망하는 것.

이러한 그들의 탐험이 한국에도 이어졌으면 하는 바람과 함께, 인디고 서원은 과연 대안기업가가 될 수 있을까 하는 궁금증과 함께, 더 솔직히 말해서 직접 그들을 만나고 싶은 작은 소망과 함께 편지를 써서 실뱅과 마튜를 한국으로 초대했다. 하지만 지금 실뱅이 코티드부아르에서 작업 중이어서 당장은 힘들고 2008년엔 꼭 인디고 서원에 오고 싶다는 답장을 받은 상태다. 그래서 2008년까지 기다리며 이 흥분된 마음을 가라앉힐 수가 없어서 마튜와 서면 인터뷰를 하기로 했다.

꿈을
살다

용준 : 온 세상을 다니며 그런 창의적인 기업가들을 만나게 해준 힘이 뭐죠? 그러니까 당신 가슴 속 어떠한 목소리가 그런 세계 일주를 떠나게 한 거죠?

마튜 : 무하마드 유누스의 자서전을 읽고 영감을 많이 받았어요. 그의 위대한 삶을 알고 나서 우리는 이런 이야기들이 온 세상에 널리 퍼져야 한다고 생각했어요. 또한 대안 없이 비판만 하는 사람이 아니라 우리에게 새로운 길을 개척하고 보여주는 위대한 많은 사람들에 대해서도 꼭 알려야 한다고 말이죠.

용준 : 그렇게 많은 전 세계의 기업가들을 만나면서 그들 사이에 어떤 공통점을 발견하셨을 것 같은데요. 용기라든지 열정이라든지…….

마튜 : 네, 물론 열정과 용기를 들 수 있겠죠. 그들은 모두 창의성, 인내력, 리더십과 인간적인 감수성을 갖춘 진정한 의미에서의 기업가들이었습니다.

용준 : 네, 그렇게 인터뷰를 하셨던 모든 분들이 물론 기억에 남겠지만요, 그중 가장 기억에 남는 분이나 가장 재미있었던 인터뷰에 대해서 이야기해주신다면요?

마튜 : 우리는 브이 의사선생님$^{Dr. V}$에게서 정말 많은 감동을 받았어요. 그의 성공과 또 그의 장애를 극복해나가는 모습을 보고 말이죠. 그는 스물다섯 살에 관절염에 걸렸지만 그것을 극복해내신 분이에요.

용준 : 혹시 인터뷰를 하실 때 어려움은 없었나요? 가령 문화의 차이라든지, 의사소통의 어려움이라든지…….

마튜 : 대부분은 괜찮았어요. 여덟 개의 다른 언어로 진행된 인터뷰임에도 불구하고 말이죠. 우리 프로젝트가 많은 사람들에게 이해되고 또 감동을 준다는 게 참 신기하더라고요.

용준 : 여러 가지 어려움을 만났을 때 혹시 후회하거나 두려워한 적은 없었나요?

마튜 : 전혀요. 한 번도 없습니다. 우리는 우리가 이뤄야 하는 것에 대한 목적 의식을 항상 염두에 두었습니다.

용준 : 당신의 직업을 참 사랑하시는 게 느껴지는데요. 어떨 때 행복을 느끼죠?

마튜 : 지금 여러분들처럼 지구 다른 편에서 우리 책이 좋다는 메일을 받을 때, 또 책

을 읽고 우리의 프로젝트와 네트워크를 공유하게 되는 경우에 참 행복하죠.

용준 : 마튜의 학창 시절은 어땠나요? 그때도 지금 하고 있는 일을 꿈꾸었나요?

마튜 : 제가 생각하기에 저는 그냥 평범한 아이였던 것 같아요. 실뱅과 저는 방에 세계지도를 벽에 붙여놓곤 했는데 그냥 그뿐이었어요. 실뱅과 저는 모험가 이야기나 산악인 또는 세계일주를 하는 여행가들에 대한 이야기들을 좋아했었죠.

용준 : 지금 이렇게 많은 꿈을 이루셨는데요. 꿈을 이루기 위해 가장 중요한 요소는 무엇이라 생각하세요?

마튜 : 인내심요. 그러니까 인생을 살다 보면 늘 내가 하는 일에 대해 불가능하다고 말하는 사람들을 항상 만나게 될 거예요. 그것은 다른 말로 해석하면 여러분이 창의적이라는 의미인 거니까 인내심을 가지고 그 불가능의 길을 계속 걸어가야 돼요. 그래야 꿈을 만날 수 있어요.

용준 : 그렇다면 현대 사회에서 가장 필요한 기업가는 어떤 사람일까요? 또 한국에서는 아직 그런 대안기업가들을 발견하지 못했나요?

마튜 : 우리는 사회적이고 생태적인 문제에 해결방법을 도출해낼 수 있는 양심과 의식을 겸비한 기업가가 필요합니다. 아직까지는 한국에서 그런 기업가를 찾아보진 못했지만 분명이 있을 거예요. 만약 없다면, 당신이 바로 그 일을 해야 하는 겁니다!

용준 : 가까운 미래에 어떤 계획이 있으신가요? 그리고 한국의 독자들에게 한마디 해주세요.

마튜 : 바로 오늘 저는 생태혁신과 친환경기술(대체 에너지, 물 공학 기술 등)을 다루는 펀드를 시작했어요. 이 사업이 한국을 포함해서 전 세계에서 이뤄졌으면 좋겠어요. 한국의 독자 여러분, 늘 희망을 잃지 않길 바랍니다. 그리고 세상은 바뀔 수 있다는 걸 절대 잊지 마세요. 그리고 바로 그 변화는 여러분과 나, 우리로부터 시작한답니다! 안녕!

꿈을
살다

2

또 하나의 세계, 책Book

철학

북아메리카

미국, 그리고 스웨덴

2007.4.24~2007.4.27

개인의 선택과 전 지구적 변환

타인의 고통 속에서 살아가기

브라이언 파머

Brian Palmer

순수한 지성,

브라이언 파머를 만나다 박용준 ● ● ●

✚ 2007년 4월 26일 목요일 오후 2시, 스웨덴 스톡홀름, 시내 한 백화점 꼭대기 식당에서

현재 스웨덴 웁살라 대학교와 괴텐베르크 대학에서 학생들을 가르치고 있는 브라이언(이제는 친한 친구라 이름을 부르는 것이 더 좋을 것 같다)은 미국 하버드 대학교 강의 시절 '개인의 선택과 전 지구적 변환'이라는 강의를 묶어 책으로 낸 『오늘의 세계적 가치Global Values 101:A Short Course』(브라이언 파머 외, 신기섭 옮김, 문예출판사, 2007)를 통해 처음 만났다. 그를 소개하기란 참 어려운데, 그가 가진 위대한 천재성과 사회적 용기 그리고 보다 나은 미래에 대한 희망 등 수많은 장점 때문이리라. 그는 뉴욕에서 태어났고, 미국 하버드 대학교, 영국 케임브리지 대학교, 스웨덴 웁살라 대학에서 공부했다. 하지만 분명한 건 그에겐 어떠한 권위의식이나 우월의식도 없다는 것이다.

그가 우리에게 보여준 극진한 배려에 사실 우리는 몸둘 바를 모를 정도였다. 한 인간 존재가 참 아름답고 훌륭할 수 있다는 것을 나는 브라이언을 통해 느꼈다. "정말이지 파머 교수에게 영감을 받지 않는다는 것은 쉽지 않은 일이다."(《하버드 크림슨The Harvard Crimson》 기사 중에서)

파리를 뒤로 한 채, 우리는 스웨덴으로 향했다. 파리의 공항들과는 달리 간단한 입국신고 절차조차 없었던 스웨덴 스톡홀름의 알란다 공항에서 짐을 찾고 밖으로 나왔을 때, 사진 속에서 보았던 브라이언 파머 교수가 우리 앞에 서 있었고 우리는 그의 따뜻한 환영을 받으며 스웨덴에 첫발을 내딛었다.

가녀린 몸에 검은색 점퍼를 걸친 그는 발그레한 얼굴로 미소를 지었다. 숙소로 향하는 차 안에서 우리는 이런저런 질문을 던졌고 흔들리는 카메라 너머로 그는 환하게 웃으며 질문 하나하나에 답을 해주었다. 창밖으로 내다본 스톡홀름은 비온 뒤 맑게 갠 날처럼 하늘은 깨끗했고 사람보다 나무가 훨씬 많아 눈이 시원했다.

숙소에 도착한 우리는 파리에서의 낡았지만 고풍스럽고 분위기 있는 방과는 너무도 다른, 2층 침대 3개가 놓인 6인 1실의 숙소를 보고 적잖이 당황했다. 물론 무거운 짐가방들을 둘 만한 공간은 침대 밑밖에 없었다. 무엇보다도 6명의 팀원이 화장실 하나를 두고 2박 3일을 보내야 한다는 생각에 조금 걱정이 되었다. 하지만 숙소는 큰 상관이 없었다. 이미 그곳은 그 자체로 평화롭고 안락한 공간이었기 때문이다.

브라이언과 함께 우리는 도시의 이곳저곳을 둘러보며 이야기를 나누었는데, 어디를 가든 그가 보였던 작은 행동 하나하나에서 우리 모두는 세심한 배려의 손길을 느낄 수 있었다. 우리는 길에 주차된 트럭 모서리에 행여나 우리가 부딪힐까 손으로 감싸고 지나가던 그의 모습에 감탄하고, 스톡홀름의 올드 시티가 한눈에 보이는 다리 위에서 또 한 번 탄성을 질렀다. 도시는 높은 빌딩보다는 강을 끼고 늘어선 고풍스러운 건물들로 가득했다. 아름다운 모습이었다. 우리가 쏟아내는 질문보다도 더 상세하고

사려 깊은 브라이언의 대답과 설명들은 우리의 마음을 따뜻하게 했다. 브라이언을 보면서 진심으로 사람을 대하는 게 어떤 것인지 느낄 수 있었다.

　　스케줄이 바쁜데도, 브라이언은 2박 3일을 우리를 위해 몽땅 내주었다. 특히 그때는 학기 중이었기에 우리는 브라이언의 움살라 대학 수업에도 함께 하는 행운을 누릴 수 있었다. 스웨덴 학생들의 진지한 토론에 함께 참여하여 이야기를 나누면서 인디고 서원에서의 '주제와 변주'와 그들의 모습이 마치 오버랩되는 듯한 느낌이었다. 서로 맞닿아 있는 생각들에 공감하기도 하고, 때론 그들보다 치열한 한국 학생들의 모습을 떠올릴 때는 커다란 자신감이 생겨나기도 했다.

　　또한 사회민주주의적 정신의 발현을 여기저기서 만날 수 있어 인상적이었다. 사민주의의 문제점도 여럿 지적되고 있지만, 학생이나 노동자와 같은 사회적 소수자에게 더 많은 기회와 권리를 주고자 하는 사회 전반적인 분위기를 느낄 수 있었다. 스스로의 권리를 당당하게 요구하고, 내가 사회에 기여한 만큼에 상응하는 보상을 받고, 나아가 최소한의 인권을 국가공동체가 보호해준다는 믿음. 어쩌면 그 믿음이야말로 그들 삶의 곳곳에 스며들어 있는 여유로움의 원천이 아닐까 생각하게 되었다. 그렇다면 우리 사회공동체의 모습은 과연 어떠한 모습이어야 하는 것일까.

　　사회의 변화는 결국 꿈꾸는 자의 몫이다. 작고 소박하지만 보다 나은 삶에 대한 희망을 버리지 않는 자들. 이들이 모여 하나의 공동체를 이루고 그 범위가 확장되는 과정 속에서 궁극적인 변화가 일어날 수 있지 않을까. 지금은 비록 자본과 권력이 그 힘을 남용하고 있는 우리의 사회이지만, 꿈을 향한 치열한 노력이 여전히 존재하는 한, 가장 진실되고 인간적인 모습의 공동체를 꾸려나갈 수 있게 될 것이라 믿는다. 우리의 이 발걸음도 그에 기여할 수 있는 것이라면 좋겠다.

꿈을
살다

『오늘의 세계적 가치』,
그리고 『주제와 변주』 ● ● ●

2007년 봄 현재, 열여덟 살에서 스물네 살까지의 인구는 전세계 인구의 약 18퍼센트 정도에 이른다(유네스코 보고 자료 참고). 세계 인구의 다섯 명 중 한 명이 청소년인 셈이다. 무릇 역사적 변혁기마다 젊은이들의 힘이 변화의 가장 큰 원동력이 되었듯, 오늘날에도 청소년들이 그 변화의 주역이 될 것이라 믿는다.

그렇기 때문에 이러한 청소년들에게 무언가 영향을 끼치는 것은 매우 중요하고도 또 조심스러운 일이 아닐 수 없다. 하지만 긍정적이고 바람직한 방향으로 그들의 잠재성을 발휘하도록 누군가 도와주었을 때, 청소년들이 이끌어낼 사회적 변화의 폭은 상상할 수 없을 만큼 넓고도 깊다. 그들은 젊은이 특유의 지칠 줄 모르는 열정, 넘치는 위트와 상상력으로 수많은 권력과 부조리들에 강력하게 저항할 줄 알며, 새로운 연대의 모습을 창조해낼 수 있는 힘을 가진 존재들임이 분명하기 때문이다.

바로 이러한 청소년의 힘에 의해 만들어졌던, 그리고 여전히 진행되는 인디고 서원의 '주제와 변주'라는 소통의 장은 이 땅의 청소년들과 당대의 지식인들이 직접 대면하여 생을 살면서 꼭 한 번쯤 생각해야 할 문제들에는 어떤 것들이 있는지, 또 우리가 속한 사회의 미래의 모습은 어떠해야 하는지, 우리는 어떤 어른으로 성장해야 하는지, 타인에 대한 책임이란 무엇을 의미하는지 등에 대해 묻는 자리이다. 2008년 6월 현재, 33회까지 진행된 '주제와 변주'는 이러한 시대정신과 비판적 실천의 문제를 토론해왔고, 또 앞으로도 계속될 것이다.

이와 유사하게 진행된 하버드대학교의 강의 '개인의 선택과 전 지구적 변환'을 엮은 책, 『오늘의 세계적 가치』는 각 분야의 권위자에게 학생들이 주체가 되어 각본 없는 질문을 던지고 또 그 답을 구했던 하버드 대학교 교양 강의를 엮은 책으로서 『주제와 변주Theme and Variations』(인디고 서원 엮음, 궁리, 2006)와 상당 부분 닮아 있다.

내 교육철학은, 나도, 다른 누구도, 우리가 탐구하는 윤리적·정치적 질문들에 명확한 답을 지니고 있지 않다는 인식에서 출발했다. 매학기 전에 나와 케이트는 외부인사 인터뷰 강좌에 십여 명의 사람을 초청할 계획을 세웠다. 초청한 사람들은 잡역부부터 억만장자까지, 교수에서 기업 최고경영자와 수녀까지 다양했다. 그들의 공통점은 세계의 폭력과 불의에 맞설 필요성을 진지하게 생각한다는 점뿐이었다. (중략) 학생들의 생각은 인터뷰가 끝난 뒤 토론시간, 매일 매일의 쓰기 과제, 인터넷 토론, 매주 하버드 대학교 식당에 모여 함께하는 식사를 통해 계속 이어졌다. (『오늘의 세계적 가치』, 13쪽)

명확한 답은 없지만 세계의 폭력과 불의에 맞서는 방법에 대해 그들은 토론했다. 정의란 무엇이며, 타인에 대한 책임은 어떻게 이루어지는지, 변화를 이끌어내는 방법은 무엇인지 그들은 자신들이 속한 사회의 지식인들에게 질문을 던진다. 『주제와 변주』는 어떠한가. 청소년들로 구성된 '주제와 변주' 준비 위원회는 아람샘과 정기적인 만남을 갖는다. 그 만남에서 우리는 우리의 판단 기준에 의해 중요하다고 여겨지는—청소년들이 반드시 만나야 하고 또 만났을 때 지적인 성장과 도덕적 품성, 예술적 감성을 키워줄 수 있을 거라고 여겨지는—저자를 초대하고, 행사를 실제로 주최하기 위한 구체적인 사안들을 논의한다. 『오늘의 세계적 가치』는 책 전체가 강의 녹취록인 만큼 특정한 사회자가 존재하지 않고, 실험적인 형식의 특별한 내용의 강의는 진행되지 않는 반면, 『주제와 변주』는 독창적이고 참신한 형식과 내용으로 참석자는 물론, 출판된 책을 읽는 독자들에게도 기쁨과 새로움을 주었다고 평가받았다.

예를 들어, 브라이언 파머 교수는 매번 미국 사회의 저명한 학자들—역사가, 언어학자, 정치학자, 언론인, 의사, 작가, 윤리학자 등—을 초청하여 강연을 벌인데 비해, 인디고 서원의 '주제와 변주'는 훨씬 더 다양한 인사들을 초대하여 생각을 나누었다. 동물학자 최재천 교수에서부터 시인 박정대, 소설가 성석제, 신화학자 정재서, 평화운동가 박기범, 법학자 박홍규, 나무학자 남효창 선생님까지.

초대 인물뿐 아니라 형식면에서도 둘은 뚜렷이 구별된다. 『오늘의 세계적 가치』가 질문과 답변의 연속이라면, 『주제와 변주』에서는 시인과 함께 시를 읽고, 직접 시를 쓰기도 하고, 반전 운동가를 함께 부르기도 하며, 옆자리에 앉은 서로에게 질문하고 또 편지를 쓰기도 한다.

이렇게 어떤 인문 정신을 바탕으로 비판적 실천을 행한 것이 바로 '주제와 변주'라 할 수 있고, 《인디고잉》 발간이며, 또 나아가 '인디고 유스 북페어'라 하겠다. 실천하지 않는 지식은 죽은 지식이라 하지 않던가. 이러한 실천은 결코 어려운 것이 아니다. 의지와 용기만 내 안에 가득하다면 누구든 이러한 일들을 해낼 수 있다고 믿는다. 이러한 실천들에 있어 공통점 중 하나는 바로 연대와 실천이다. 실천이란 기본적으로 타인을 향하는 행동이라 할 수 있다. 배움이 나의 머릿속에만 머무는 것이 아니라, 그것이 세계 속으로 구현되는 것.

그렇게 보면 사회적 실천은 자기실현을 뜻함과 동시에 네트워크의 가능성을 이미 그 안에 함축하고 있다고 해도 과언이 아닐 것이다. 그렇기 때문에 이러한 실천은 또 다른 네트워크를 자연스럽게 부르기도 한다. 인디고 서원의 청소년들이 이곳, 대한민국에서 일종의 인문학 운동으로 '주제와 변주'를 진행하던 바로 그 순간, 미국에서도 그와 유사한 형태의 발상을 한 사람, 브라이언과 케이트가 있었고 그들도 자신들의 생각을 초청 강의라는 형태의 모습으로 하버드 대학교에서 진행했다.

북페어를 준비하는 과정에서 우리가 했던 중요한 일 중 하나는 바로 초대자 선정. 그래서 우리는 도움이 될 만한 책들을 닥치는 대로 읽었고, 그 가운데 우리와 생각과 가치, 구현방식까지도 유사한 브라이언의 강좌를 발견하게 된 것이다. 우연히. 하지만 흔히 우리는 이러한 우연을 필연적인 만남으로 부르기도 한다.

브라이언을 발견한 그 순간, 우리의 머릿속에 떠오른 생각 하나. 브라이언과 함께 전 지구적 '주제와 변주'를 기획하는 것. 그래서 망설임 없이 곧장 편지를 썼다. '주제와 변주'를 소개하고, 또 당신의 책을 읽은 우리가 어떻게 그냥 가만히 있을 수

꿈을
살다

있겠냐고, 그리고 지구 반대편에서 이루어졌던 두 개의 닮은 생각이 모여 창조적 실천을 함께 해야 하지 않겠냐고. '이상주의 개론'이라는 냉소적인 시선을 보낸 《뉴욕 타임스》처럼, 인문 정신에 대한 사회적 시선을 바로잡고, 이러한 흐름 속에서 우리가 함께 연대하여 새로운 물결을 만들어보자고. 이렇게 브라이언과의 인연은 시작되었다.

이와 관련하여, 책의 제목에 얽힌 오해를 우선 풀어야겠다. 지금 이렇게 책을 읽는 독자들도 알면 유용한 정보가 될 듯하다. 앞서 언급했듯이 브라이언의 강좌는 '개인의 선택과 전 지구적 변환'이라는 제목으로 이루어졌다. 즉, 나의 개인적 선택과 행동이 과연 어떻게 보다 넓고 확장된 지평 속에서 그 영향력을 발휘할 수 있을 것인가를 고민하는 시간. 이 수업의 내용을 그대로 녹취한 것이 바로 『오늘의 세계적 가치』라는 책인데, 우리가 처음 브라이언에게 메일을 보낼 때, 사실 제목에 대한 우리의 불만과 함께 이런저런 이야기를 하였다. 그 내용인 즉, '당신이 엮은 책 속에 있는 대화를 들여다보면, 사실 과연 이러한 문제의식들에 '세계적' 혹은 '전 지구적'이라는 수식어를 붙일 수 있는지에 대한 의문을 지울 수가 없다. '미국적' 혹은 '서양적'인 '가치'라면 몰라도 당신들의 대화에 '전 지구적 가치'가 담겨 있는 것 같은 주장에 결코 동의할 수 없다'는 것이었다.

브라이언은 우리의 메일에 두 번 놀랐다. 우선 책 제목과 관련하여 자신도 매우 유감스럽게 생각한다며 자초지종을 설명했다. 자신의 강의 제목을 책 제목으로 쓰고자 했으나 출판사의 의견이 워낙 강력해서 그들의 제안에 따라 『오늘의 세계적 가치』라는 제목으로 출간하게 되었다는 것이다. 자신도 이 제목이 다소 부담스러웠고, 너무 도발적인 것이 아닌가 하는 우려를 했지만, 결국 어쩔 수 없었다며, 미안하다고 했다. 그리고 그가 놀랐던 또 하나의 이유는, 자신의 책이 한국어로 번역된 사실을 우리 메일을 통해 알았다는 것이다! 그후 출판사 측에 전화를 걸어 물어보았더니 편집자가 실수로 연락하는 걸 깜박했다는 사실을 그제야 알게 되었다. 그래도 우리가 가져간 한국어판 번역본을 보면서 기뻐하던 모습에 우리도 괜히 기분이 좋아졌다.

이렇게 서로 메일을 주고받으며 연락을 취한 지 두 달 후, 우리는 4월 24일 스톡홀름에서 그를 드디어 만난 것이다. 우리가 나누었던 많은 이야기를 통해 확신할 수 있었던 것 중 한 가지 분명한 것은 바로 한 사람의 꿈이 세상을 바꿀 수 있다는 것이었다.

타인의 고통 속에서 살아가기
- 웁살라 대학 수업 **박용준** ● ●

우리는 아주 운좋게도 웁살라 대학에서 이루어지는 브라이언 파머 교수의 수업을 참관하는 기회를 얻었다. 그의 교수법은 하버드대학에서부터도 굉장히 유명했는데, 그것은 바로 대화와 토론의 형식이었다. 의례적으로 대학의 수업이란 교수의 강의가 주를 이루는 것에 비해 그는 결코 일방적으로 지식을 전달하는 방식으로는 참된 의미의 교육이 이루어질 수 없다며, 늘 학생들과 함께 토론을 하는 형식을 고집했다. 바로 이 완고한 교수법에 대한 고집이 그를 진정한 선생으로 만들어준 계기가 된 것이 아닐까 생각한다.

"그러나 '가르쳤다'는 것은 파머가 정확히 한 일은 아니었다. 적어도 그 단어의 전통적 의미로는 아니었다. 그것은 "주인으로 대접하다"는 말이 좀더 정확할 것이다. 파머는 교실에서 거의 강의를 하지 않았다. 그는 대규모 강의가 학생들을 '지식'의 무기력하고 수동적인 수용자에 머물게 한다고 생각했다. 그리고 그는 자신의 교실이 쌍방향이 되기를 바랐다. …… 학생들이 질문자들에게 동의하려는 모습을 보이면, 파머는 학생들에게 더 어렵고 도전적인 질문을 생각해보라고 요구했다. 권위 있는 모든 인물들에게 회의를 제기하는 습관을 들이라는 것이었다." (『하버드가 지배한다』 중에서)

　　그는 학생들과 함께 고민하고, 함께 공부하고, 함께 가르친다. 그리고 그의 수업의 특색은 사회와의 끊임없는 연계와 참여를 통해 완성되는 과정을 거친다는 점이다. 즉, 상아탑 속의 이론의 습득만이 아니라 우리가 몸담고 있는 사회에 우리는 어떤 기여를 할 수 있으며, 무엇을 실천해야 하는지, 그리고 우리의 시도가 과연 어떤 변화를 만들어낼 수 있는지를 고민하는 것이 그의 수업내용의 전반을 이룬다. 강의 제목인 '타인의 고통 속에서 살아가기'에서도 알 수 있듯이, 그는 배움을 통한 주체 정립뿐 아니라 타인을 배려할 줄 아는 시민을 만들어내는 것이 교육의 목적이 되어야 한다고 생각한다.

수업 풍경

　　이 수업은 작고한 수전 손택이 언급했던 "극명하게 대비되는 인간 운명의 공존"에 대해 우리가 어떻게 윤리적으로 대응해야 하는지를 탐구하고자 한다. 지속되는 폭력과 날이 갈수록 심해지는 불평등의 세계에 우리는 어떻게 살아가야 하는가? 타인이 고통받을 때 우리는 어떻게 해야 하는가? 고통 속에 사는 사람들에 대한 그렇지 않은 사람들의 의무란 어떤 것인가?

이와 관련한 문제의식으로는 어떻게 하면 한 개인이 의로움에 대한 비전을 향해 용기와 열정을 찾을 수 있는지에 관한 것을 생각해볼 수 있다. 우리는 어떻게 나와 타인들에게 용기를 심어줄 수 있는가? 우리가 되고자 하는 존재의 모습으로부터 우리를 멀어지게 하는 두려움과 의심은 과연 무엇일까? 도덕적으로 참여하는 삶이 행복한 삶으로 이어지게 하려면 어떻게 해야 하는가?

위와 같은 주요 문제들은 개인적 결단의 사회적 변모와 관련한 여러 주제들로 우리를 이끌 것이다. 어떻게 소비, 직업 선택, 그리고 가족 부양과 관련한 개인의 선택이 보다 넓은 범주의 세계에 영향을 미칠 수 있는가? 깨어 있는 삶의 방식을 유지하며 살아간다는 것은 무엇을 의미하는가? 지금의 세계화가 인간적인 삶과 정치적 참여의 새로운 국면을 열어주었다고 할 수 있는가? 한 개인이 도덕적 리더십을 발휘하는 지식인 혹은 사회운동가가 되기 위해서는 어떠한 노력을 해야 하는가?

위에 언급된 수업 개요를 보면 알 수 있듯, 그의 수업은 한 개인이 사회적 동물로서 어떻게 하면 보다 나은 세계를 꿈꾸고 또 실천할 수 있는지를 끊임없이 모색하는 과정이다. 그의 수업에는 강의마다 새로운 그 땅의 지식인들이 초대되고, 그렇게 초대된 지식인들과 학생 사이의 대화로 수업은 이루어진다. 그리고는 인터넷을 통한 웹상의 토론이 매 수업이 끝난 후에 다시금 이어지며, 그는 주기적으로 학생들과 식사를 하며 보다 깊은 토론을 이어간다.

그리고 파머 교수의 수업은 매우 다양한 수업교재들과 참고문헌들을 함께 읽어야 하는데, 잠깐 추려서 소개를 하자면 이와 같다.

- 『하나뿐인 세계: 세계화의 윤리』 | 피터 싱어
- 『타인의 고통』 | 수전 손택

- 『봉사의 요구: 이상주의의 목격자』 | 로버트 콜
- 〈타인을 상상하는 것의 어려움〉 | 엘레인 스캐리
- 〈세계화는 우리를 행복하게 해줄 것인가?〉 | 로버트 라이시
- 〈개인주의, 세계화 그리고 정치〉 | 울리히 벡
- 〈지식인의 책임〉 | 노엄 촘스키
- 〈지식인의 사회적 역할〉 | 에드워드 사이드
- 〈이웃을 사랑하는 것의 어려움에 관하여〉 | 지그문트 바우만

"파머의 좀더 직접적인 가르침은 강의실 밖에서 이루어졌다. 강의실 밖에서 그는 학생들에게 끊임없이 연락을 받았다. 그는 적어도 일주일에 한 번은 학생들에게 저녁식사를 대접하면서 그 주의 초청 강연자들이 제기한 이슈에 대해 토론했다. …… 엄밀히 말해서 강좌와는 관련이 없지만 파머가 철학적으로 중요하다고 생각하는 활동이 있었다. 그것은 자문을 구하는 학생 단체를 도와주고, 집회에서 일시 해고된 잡역부들을 위해 연설을 하는 것이었다. 파머는 교수진 중에서 유일하게 그런 일은 하는 사람이었다. 파머는 그것이 한 공동체의 구성원으로서 지켜야 하는 책임의 일부분이라고 생각했다." (『하버드가 지배한다』 중에서)

수업은 매우 자연스러운 분위기에서 이루어졌다. 학생들은 자유롭게 초대자에게 질문을 던졌고, 다른 학생들은 그의 답변에 귀기울였다. 수업을 듣는 학생은 15명 남짓. 당혹스러운 질문에 초대자가 진땀을 흘리기도 하고, 서로의 의견에 동의할 수 없을 땐 격렬한 논쟁이 오갔다. 모름지기 진정한 교육이란 이렇게 자유와 용기, 그리고 열정이 지배하는 곳에서 그 본연의 모습을 드러낼 수 있지 않을까.

"현재 교육체제는 설명적 성격을 지닌다. 교사는 현실에 관해 말하면서도 마치

현실이 고정적이고, 정태적이며, 구획화되고, 예측 가능한 것처럼 이야기한다. 그러나 그 내용은 현실과 무관하며, 그 내용을 낳고 그것에 의미를 부여하는 총체성과도 거리가 있다. 설명은 학생들이 설명된 내용을 기계적으로 암기하도록 만든다. 더 나쁘게 말하자면 학생들을 교사가 내용물을 '주입' 하는 '그릇' 이나 '용기' 로 만든다는 점이다. 이러한 관계는 마치 은행의 예금 행위와 같다. 학생은 보관소이고 교사는 예탁자인 것이다. 이를 '은행 저금식' 교육이라 한다. 학생들이 더 많은 정보를 저축할수록 그들의 비판적 의식은 그만큼 약해진다. 비판적 의식이란 학생들이 세계의 변혁자로서 세계 속에 개입해야만 얻을 수 있는 것이기 때문이다. 학생들은 자신에게 부과된 수동적 역할을 완벽하게 수행할수록 점점 더 세계를 있는 그대로 받아들이게 되고, 자신에게 저금된 단편적인 현실관에 순응하게 된다. 이러한 교육에서는 학생들은 예금되는 정보를 저장할 수는 있지만, 창조와 재창조를 통한 진정한 지식은 갖지 못한다. (…) 참된 교육은 누구를 '위해' 이루어지는 것이어서는 안 된다. 나를 위하거나 너를 위하거나 그들을 위한다면, 그것을 어느 한쪽의 우월한 상태, 즉 엘리트적인, 세계를 이분화하는 것이다. 그러므로 참된 교육은 '함께' 행하는 것이어야 한다. 진정한 휴머니스트와 참된 혁명가에게 행동의 대상은 사람이 아니라 그 사람들과 함께 변화시켜야 할 현실이다." (『페다고지』 중에서)

스웨덴 사민주의에
대한 단상 박용준 ● ●

이번 여정에서 결코 잊을 수 없는 경험 중 하나는 바로 스웨덴의 사회민주주의라는 체제가 가져다주는 사회 구성원들의 삶의 방식과 태도에 관한 것이었다. 우리는 자칭 '북유럽병 후유증' 에 걸릴 만큼 그곳의 사회체제가 매력적이라 생각하기도 했지만, 사실 그것은 하나의 역할 모델일 뿐 결코 우리의 지향점이 될 필요는 없다는 점을

꿈을
살다

말해두고 싶다. 그럼에도 우리가 몸담고 있는 사회와의 극명한 차이점이 발견되는 지점들에 관해서는 짧게나마 언급하고자 한다. 사실 우리 사회에서는 상상조차 하기 쉽지 않은 일들이 그곳 사람들에겐 평범한 일상이었다. 우리가 듣고 배운 것 중 우리가 학생인 만큼 학교교육 위주로 잠깐 특징적인 부분만 언급하고자 한다.

복지란 인간으로서 인간다운 삶을 누릴 수 있도록 국가가 책임을 지는 것으로 공동체에 속한 개인에게는 당연한 권리로 여겨진다. 이른바 사회보장제도로서 교육, 의료, 취업, 노후연금 등과 관련하여 한 사회의 구성원들이 평등한 혜택을 고루 받음으로써 소외계층이나 빈부격차에 따른 위화감 없이 각자의 삶을 행복하게 살 수 있도록 하는 것이다. 북유럽의 이러한 복지사회의 중추적 역할을 해온 것이 바로 사회민주주의라는 이념이며 오랜 기간 동안의 지속적 개혁을 통해 지금의 제도적 안정을 달성했다고 할 수 있다.

- 점수로 서열화하는 입시 시험 자체가 없는 나라
- 초중고생의 책값, 점심값, 통학비는 국가가 부담하는 사회
- 대학원에 이르기까지 공교육 수업료 무료
- 간식비도 채 안 되는 탁아소 요금
- 전액 무상으로 제공되는 의료보험제도 및 주택보조비, 자녀 수당
- 학교의 주요 사안들은 학생들이 스스로 결정하고 시행하는 학교

이러한 생각이 '현실적으로' 실현가능한 것이라고 생각해본 적이 있을까. 초등학교 때부터 대학입시를 눈앞에 두고 과외를 받고, 학원을 가며 그들의 시간을 헌납하는 우리나라의 학생들과, 점수와 등수를 매기는 것을 이해조차 하지 못하는 그들을 함께 바라보며 우리네 삶을 관통하는 제도의 차이가 얼마나 큰 삶의 방식의 차이를 만들

었는지 생각했다. 그들은 점수로 학생들을 순위 매기는 것을 용납하지 못한다. 특히 입시지옥의 우리나라와는 달리 스웨덴의 대학입시는 중·고생 시절부터 일종의 포인트를 쌓아가서, 후에 가고 싶은 대학에 지원하면 된다고 한다. 그렇다면 가고 싶은 대학의 학과에 가면서 대학 인원이 유지되는 것이 어떻게 가능할까?

배관공이 연봉 1위인 나라, 법을 공부한 학생들이 검사나 변호사가 되기보단 법학자가 되고 싶어하는 나라. 법대와 의대로 몰리지 않고, 그곳의 학생들이 골고루 학과로 나뉘어 입학하는 이유는 무엇일까? 왜 그런지 물었더니 당연한 것이 아니냐는 답변이 되돌아온다. 그렇다. 이것이 가장 정상적인 모습이 아닐까. 인간의 가장 '자연스러운' 상태는 개성과 차이가 만들어내는 다양함이 아닌가. 혹자는 이런 인간의 다양함을 생존을 위한 조건이라 말하기도 했다.

흔히들 '유럽병'이라는 이야기를 많이 한다. 하지만 내가 본 바로는 결코 스웨덴은 이 '유럽병'으로 침체하거나 정체하지 않을 것 같다. 그것은 청소년과 대학생들을 보면 알 수 있다. 우리나라의 많은 청소년들은 분명 그들에 비해 대학입시에 훨씬 더 많은 노력을 퍼붓는다. 하지만 이는 대학에 들어가고 나서도 크게 달라지지 않는

다. 학점을 위해, 또 취직을 위해 학문도 수단이 되어버린다. 스웨덴의 대학은 우리보다 훨씬 건강하다. 그들도 우리만큼 치열하고 진지하게 공부한다. 다만 그들은 학점을 위해서 강의에 참가하는 것이 아니라, 공부하기 위해 강의실로 들어간다. 거기선 젊고 건강한 영혼들이 둘러앉아 토론하고 공부하고 있다.

"학문을 사랑하고 공부를 취미로 즐기는 사람만이 대학으로 오지, 학문을 출세나 영달의 방편으로 삼으려고 오는 사람은 별로 없다는 점이다. (…) 실제 공부는 각자 지정된 참고 문헌을 읽고 소화한 다음 준비가 다 되면 교수와 시간 약속을 하여 한 자리에서 2~3시간 동안 구두토론으로 한 학기 분의 시험을 모두 끝내는 것이었다. 이것은 전공과목, 등록학기 수, 시험기간 등에 구애받지 않고 각자 능력껏 여유를 가지고 비판적으로 사고하며 스스로 문제점을 발견하고 해결방법을 모색하게 하는 이네들의 전통적인 방법이었다. 이러한 학풍을 한마디로 대변해주듯 대학 본관의 강당입구에는 다음과 같은 좌우명이 새겨져 있다. '자유롭게 사고함은 고귀하다. 그러나 올바르게 사고함은 더 고귀하다. *Tanka fritt ar stort ; men tanka ratt ar storre*'" (『스웨덴, 스웨덴 사람들』 중에서)

그리고 대학 내 학생들의 조합 평균 가입률은 거의 100퍼센트에 달한다는 스웨덴. 학생조합은 스스로 대학 내의 학칙 조항을 만들고 그것이 정치적 공약에 반영되기도 한다. 그들은 그들이 생각하는 불의에 건강하게 대응할 수 있는 방법을 스스로 가지고 있다.

우리가 물었다. 거대한 권력에 대항하는 것이 별다른 변화와 파장을 불러일으키지 못한다는 회의감이 없냐고. '당연하지. 하지만 분명한 건 사회는 쉽게 바꿀 수 없을지 몰라도, 사람들은 바꿀 수 있어. 사람들의 생각과 마음은. 그렇게 변화는 시작하지 않을까.'

진정한 세계적 가치를 논하다

- 제28회 주제와 변주

인문주간,

순수한 영혼들의 아름다운 만남 박용준 ● ●

　　인디고 서원에서는 학술진흥재단에서 주관하는 2007 인문주간 Humanities Week 행사의 일환으로 10월 8일부터 13일까지 '제28회 주제와 변주-진정한 세계적 가치를 논하다', '인디고 유스 포럼-경계를 뛰어넘다', '창조적 열정을 지닌 청소년, 아름다운 세상을 꿈꾸다', '시 낭송의 밤' 등 다채로운 인문학적 행사를 마련했다. 이 행사들은 현대 사회를 살아가는 인간이 쉽게 잊어버리기 쉬운, 하지만 결코 잊어서는 안 될 인문학적 가치들을 공적인 담론으로 이끌어내어 새로운 소통의 장을 열게 됨으로써 청소년들 자신의 삶의 새로운 가치와 의미들을 발견할 수 있게 해준 순간들이었다.

주제와 변주, 전 지구적 가치를 창조하다

2004년부터 진행되어온 인디고 서원의 대표적인 행사인 '주제와 변주'는 제28회를 맞아 이전과는 달리 국외의 선생님을 초대했다. 국내의 유수한 작가, 교수, 사회운동가 등을 초대하여 귀중한 소통의 장을 열어왔던 인디고 서원의 '주제와 변주'가 이번에는 그 영역을 전 지구적으로 확대하였다. 미국 하버드 대학에서 '주제와 변주'와 매우 흡사한 형식의 강의를 2004년부터 진행해왔던 브라이언 파머 교수를 비롯한 그의 조교 및 학생들이 바로 그들이다. 그들은 『오늘의 세계적 가치』라는 책을 통해 한국 사회에 소개되기도 하였고, 현재 스웨덴에서 학생들을 가르치는 파머 교수가 지구 반대편의 한국으로 오기까지는 꽤나 많은 노력과 시도들이 숨어 있었음을 행사의 면면을 통해 쉽게 발견할 수 있다.(《인디고잉》7호 참조)

무엇보다도 이번 행사가 우리에게 주는 새로운 희망과 용기는 바로 전 지구적 소통에 대한 가능성이다. 한국이라는 나라, 그중에서도 부산이라는 곳에서 이 땅의 젊은 청소년들이 세상의 새로운 변화를 이끌어내기 위해 묵묵히 자신의 길을 걸어가고 있다는 사실. 그리고 그 길 위에서 지구 반대편에 사는 이들과 그 본질적 가치와 목적이 맞닿을 수 있었다는 사실은 순수하고 용감한 청소년들의 창조적 열정이 수많은 편견과 경계를 뛰어넘어 또 다른 세계에 가닿을 수 있다는 가능성을 보여주는 것이라 할 수 있다.

세상은 넓고 그 속의 개인은 무력하기 쉽다. 우주라는 드넓은 사막에 내던져진 인간 존재들은 보이지 않는 오아시스를 향해 끊임없이 새로운 발걸음을 옮긴다. 하지만 보이지 않는 오아시스를 찾기 위해 우리에게 요구되는 하나의 근원적 가치가 있다면, 그것은 바로 오아시스를 발견할 수 있다는 강렬한 신념과 굳은 의지일 것이다. 그 희망을 이제 우리는 첫 번째 오아시스를 발견함으로써 더욱 단단하게 할 수 있게 되었다. 아름다운 개인의 순수한 열정이 이 세상에 얼마나 큰 변화의 물결을 불러일으킬지는 아무도 모른다. 역설적이게도 바로 그런 불확실성이 꿈꾸는 자들의 가장 강력한 버

팀목이자 희망의 열쇠가 아닐까. 그렇기 때문에 우리는 꿈꾸기를 더욱 멈출 수 없다.

인디고 유스 포럼, 경계를 뛰어넘다

시대와 국경을 초월하여 청소년들의 가장 큰 고민거리 중 하나는 바로 정체성에 관한 것일 게다. 그들은 내가 누구인지, 나를 어떻게 규정지을 수 있는지 또 '나'라는 인간 존재는 어떻게 형성되는지에 대해 끊임없이 묻고 또 그 답을 찾고자 노력한다. 그렇다면 과연 대한민국 고등학생들은 어떻게 그 자신을 정의내리고 있을까? 또 정의내릴 수 있을까?

인디고 서원의 청소년들과 히말라야의 숭고한 기운이 감도는 네팔에서 온 안나
푸르나의 순수한 정령들이 이 정체성과 자신들 삶의 내밀한 진실들에 관해 이야기를
나눈 행사가 바로 '인디고 유스 포럼-경계를 뛰어넘다 *Beyond the borders*' 이다. 이 행사의
제목 그대로, 자신의 경계에 갇히지 않으면서도, 그것을 넘어선 어떤 열린 정체성을
새로이 고찰할 수 있는 시간이었다.

청소년들을 무조건 아름답다고 정의내릴 수 있는 건, 바로 그런 치열한 추구와
방황 속으로 서슴지 않고 그 자신의 열정을 쏟을 수 있는 힘이 내재되어 있기 때문이
리라. 그리고 그 힘은 그러한 고민을 나 혼자가 아닌 타인과 함께 할 때, 더욱 그 빛을
발할 수 있음을 우리는 모두 이번 행사를 통해 다시금 되새길 수 있었다. 또한 위의 두
행사뿐만 아니라 다른 행사들 또한 위에 언급된 인문학적 의미와 가치 그 이상을 잘
담아냈음은 행사에 참여한 사람 모두가 느꼈으리라 믿는다.

인문 주간을 회고하는 글을 쓰는 지금, 훌륭한 비평은 한 세기가 지난 다음에야
탄생할 수 있다는 한 철학자의 말이 떠올라 행사의 감동을 온전히 다 느끼고 또 음미

꿈을
살다

하기도 전에 성급히 나의 느낌을 글로 옮김으로써 행사의 끝에 사족을 다는 것은 아닐까 하는 걱정이 밀려온다. 그럼에도 불구하고, 치열했던 그리고 절대적으로 행복했던 내 생의 순간들을 기록해야만 했기에 이 글이 수많은 감동의 순간들을 온전히 또 고스란히 담아낼 수 있기를 기대해본다. 혼자가 아니라 우리가 함께 꿈을 꾸면 얼마나 큰 변화들을 이끌어낼 수 있는지, 이번 행사 기간 동안에 발견한 아름다운 시 한 편을 소개하면서 그 감동의 순간에 대한 기록을 마치고자 한다.

나날이 한걸음씩

그들이 당신에게 가할 수 있는 것들은 무엇인가?
그들은 그들이 원하는 대로
당신을 조종할 수도, 당신을 파멸할 수도
당신의 손가락을 부러뜨릴 수도 있다.
전기 충격을 통해 당신의 정신을 황폐하게 할 수도 있으며
걸을 수 없게 될 만큼, 기억을 상실해버릴 만큼
당신을 약물로 혼미케 할 수도 있으며
당신의 아이를 빼앗을 수도 있고
당신의 연인을 궁지에 몰아넣을 수도 있다.
그들은 당신이 어찌할 수 없는 모든 것들을 할 수 있는 것이다.
이러한 그들을 어떻게 멈출 수 있을 것인가?

혼자라면,
당신은 그들과 맞서 싸울 수 있고, 저항할 수도 있으며
그들에게 복수할 수도 있다.

하지만 그들은 당신을 무너뜨릴 수도 있다.

그렇지만 둘이 등을 맞대고 싸운다면

악의 무리나 사행 행렬을 한 적군의 군집까지도

뚫고 지날 수 있을 것이며,

그 속에서 동지를 만날 수도 있을 것이다.

둘이 함께면,

서로를 깨어 있게 할 수 있고,

서로에게 의지, 신념, 사랑, 안마, 희망, 성^性을 줄 수 있다.

셋이 모이면,

그들은 대표를 선출하고, 위원회를 만들고,

일에 착수할 수 있다.

넷이라면,

관계망을 만들고, 조직을 구성할 수 있으며

여섯이 모이면,

집을 통째로 빌려 한 치의 망설일 필요도 없이

저녁식사로 파이를 먹으며, 기금 모금을 위한 파티를 열 수 있을 것이다.

열두 명이 모이면, 투쟁할 수 있고,

백 명이 모이면, 강당을 가득 채울 수 있으며,

천 명이 모인다면, 연대와 자신들만의 연보를 만들어낼 수 있을 것이다.

만 명은, 권력과 신문을,

꿈을
살다

십만 명은, 그들만의 매체를 창조할 수 있게 할 것이다.

나아가 천만 명이 모인다면, 하나의 국가가 이루어질 것이다.

이는 한 걸음씩 한 걸음씩 진행될 것이며,

당신이 실천에 관심을 가지기 시작할 때,

그들이 아니라고 말한다 하여도, 다시 한 번 도전할 때,

당신이 '우리' 라고 말하기 시작할 때,

그리고 그 '우리' 가 누구인지를 정확히 알 때,

그리고 날마다 그 수가 하나씩 늘어날 때,

이러한 변화는 시작될 것이다.

(마지 피어시 〈달은 언제나 여자 같다〉 중에서)

제28회 주제와 변주,
진정한 세계적 가치를 논하다 윤한결 ● ●

2007년 10월 6일 토요일 오후 6시, 해운대 누리마루에서 인디고 서원의 '제28회 주제와 변주' 가 열렸다. 이번에는 '주제와 변주' 사상 처음으로 외국 손님들을 모셨는데, 미국 하버드 대학에서 당대의 세계적 석학뿐 아니라 진실한 청소부 아저씨, 식당 아주머니 같은 분들을 모셔서 '개인의 선택과 전 지구적 변화' 라는 주제로 강연을 열었던 브라이언 파머 교수 팀이 바로 그들이었다. 나는 그 강연을 엮은 『오늘의 세계적 가치』라는 책을 보고 비로소 내가 전쟁과 폭력, 기아와 가난과 환경오염으로 고통받는 사람들과 같은 별에 살아가고 있다는 것을 깨달았고, 과연 그런 고통받는 사람들과 같은 시대와 공간을 공유한 사람으로서의 책임과 그 속에서 어떻게 사는 것이 옳고 가치 있는 것인가에 대해서 깊게 고민했다. '주제와 변주' 가 늘 그래왔듯이, 이번

28회 '주제와 변주'도 책을 읽고 생긴 고민을 저자와 함께 나누는 시간이었고, 나는 나의 고민을 사람들과 함께 나누고 풀기 위해 이번 주제와 변주에 인디고 서원의 패널 중 한 명으로 참가했다.

이번 '주제와 변주'는 인디고 서원 합창단의 공연으로 시작했는데, 노을이 지는 바닷가를 뒤로 하고 듣는 아름다운 노랫소리는 사람들의 마음을 움직이기에 충분했다. 저는 토론도 노래로 했으면 좋겠다는 생각이 들 정도로 노랫소리와 그 순간이 좋았고 아직도 잊을 수 없다. 이윽고 28회 '주제와 변주'가 열리기까지의 과정을 담은 다큐멘터리를 상영했는데, 이런 아름다운 자리가 열리기까지의 과정 또한 너무 아름다워서 좋았다. 그 뒤 드디어 토론을 시작했다. 토론은 오늘의 세계적 가치 팀의 패널 7명이 먼저 발제문을 발표하면 그에 맞춰 인디고 서원 7명의 패널들이 각각 발제와 문제제기를 하고, 그에 대해 오늘의 세계적 가치 팀의 패널이 답을 하는 방식으로 진행되었다. 먼저 브라이언 파머 교수님을 시작으로 오늘의 세계적 가치 팀의 발제가 시작되었다.

"커다란 불평등과 지속되는 폭력의 세계 속에서 우리는 어떻게 살아야 하는가? 타인이 고통받을 때 우리는 어떻게 해야 하는가? 그렇게 고통받는 이들에 대해 편안한 이들의 의무는 무엇인가? 이와 관련하여 이러한 선한 이들의 미래에 대해 어떻게 하면 개인이 용기와 힘을 가질 수 있는지에 대한 관심으로 이어졌다. 우리는 스스로 또 타인에게 용기를 길러내게 할 수 있는가? 우리가 될 수 있는 존재로부터 멀어지게 하는 두려움과 의심은 어떤 것들일까? 행복하면서 동시에 윤리적으로 헌신적인 삶이란 어떤 것일까?" 브라이언 파머

파머 교수님은 우리가 그날 토론할 근본적인 문제, 즉 커다란 불평등과 폭력의 세계에 살고 있는 동시대인으로서 어떻게 살아가야 할 것인가에 대해 이와 같이 문제를 제기하셨다. 그리고 자기 삶에 대한 탐구를 통해 어떤 삶의 깊은 경지에 도달한 사

람은 자신의 삶을 가치 있는 일을 위한 행동에 바칠 수 있는 용기가 생기고, 그 용기는 전염된다고 말씀하셨다. 이어서 다섯 편의 소설을 출간한 젊은 소설가 오사 에릭스도터가 문학의 힘에 관하여 발표했다.

"과연 문학이 어떠한 변화를 일으킨 적이 있었던가? 아마 없었을 것이다. 그렇다면 과연 문학이 단 한 사람이라도 변화시킨 적이 있었던가? 그렇다고 말할 수 있을 것이다. 아니, 단 일 초도 망설이지 않고 수많은 사람에게 그랬다고 말할 수 있을 것이다." 오사 에릭스도터

진정한 세계적
가치를 논하다

　　에릭스도터는 현대의 많은 갈등들은 개인의 고립으로 인한 서로간의 소통과 이해의 부족에서 연유하는 것이며, 이는 개인의 감정과 꿈과 희망이 담긴 문학작품을 나누는 활동을 통해 서로 이해하고 의존하며 관용의 정신을 기름으로써 해결될 수 있다고 했다. 에릭스도터는 유명한 스웨덴의 어린이 동화 『삐삐 롱스타킹』의 첫 힌두어 번역이 이루어진 첸나이 도서전에 참가해서, 그 동화를 처음 본 인도 사람들과 열띤 토론을 하면서 문학은 경계를 넘어서 완전히 다른 환경에 처한 사람들에게까지 서로를 알고 또 이해할 수 있게 하는, 그 자체로서 세상을 바꿀 수 있는 놀라운 힘을 가지고 있다는 것을 확신했다고 했다. 이어서 미국의 고등학교에서 인문학을 가르치는 애나 포트노이 선생님은 교사와 학생의 관계에 대해서 말씀하셨다. 개인적으로 나는 세상을 바꾸는 일은 결국 사람을 바꾸는 일이라고 생각하고 있었기 때문에 사람의 변화를 가장 잘 유도할 수 있는 직업인 교사의 역할이 정말 중요하다는 것을 다시 한 번 느낄 수 있었다.

꿈을
살다

"나는 선생님이 되었고 이 세상에서 그들이 누구이며, 혹은 누가 될 수 있을지를 찾는 젊은이들의 삶에 함께할 수 있는 특권을 갖게 되었다." 애나 포트노이

그 다음엔 다큐멘터리 제작자이자 TV프로그래밍 담당자인 앤 킴의 발제가 있었다. 앤 킴은 이름에서 알 수 있듯이 우리나라 교포인데, 이모부와 평양을 방문한 경험을 통해 그때까지 가지고 있었던 북한에 대한 편견을 없앰과 동시에 이 세상의 불평등과 격차에 관심을 가지게 되었다고 말했다. 다음으로는 학생으로서 여러 사회운동을 조직하여 참여하고 있는 클라우디아 구알라가 사회운동에 대한 관심과 참여에 대해서 이야기했다.

"사회운동은 중요하다. 다양한 사회운동에서 사람들의 참여는 더욱 정의로운 세상을 향한 우리의 투쟁에서 중요한 부분을 구성한다." 클라우디아 구알라

다음으로 발제한 엘렌 퀴글리는 2008년 8월에 열릴 '우리는 모두다 We Are Many' 라는 축제를 소개했다.

"We Are Many WAM는 예술가와 페스티벌을 즐기는 사람들이 환경의 지속가능성을 위해 개인적인 실천을 할 수 있도록 유도하기 위한 음악, 영화, 시각미술, 춤 등의 예술을 활용한다. 환경의 변화를 일으키는 데 가장 큰 장애요소가 되는 것은 '나는 혼자일 뿐이다' 라는 마음가짐이다. 인간으로서 우리는, 개인적인 삶에 변화를 주고자 노력하기에 앞서 우리의 개인적인 행동이 전 세계에 영향을 미칠 수 있음을 꼭 기억해야 한다. 개인적 무력감을 극복하고자 하는 차원에서, 이 행사는 적어도 5만 명의 참가자와 예술가들을 모을 것이다." 엘렌 퀴글리

이어진 케이트 홀브룩의 발제에서, 홀브룩은 대학생 시절 18개월 동안 러시아 선교활동을 통해 타인의 고통을 느꼈던 경험담과 그것을 통해 자신의 삶을 타인의 고통을 줄이는 데 바치기로 결심하게 되었다고 했다.

"삶의 좋은 시절을 가치 있는 일에 바친다는 것은 기분 좋은 일이다. 우리 스스로 고결한 목적을 위해 열중한다는 것은 돈이나 명예에의 편협한 추구보다 삶을 더욱 만족스럽게 만든다. 하버드에서 열린 강좌에서 브라이언과 저는 과 선생님들에게 우리의 개인적 선택과 그 선택들의 잠재적이고 넓은 영향력에 대해서 깊이 생각해보기를 원했다."

케이트 홀브룩

오늘의 세계적 가치 팀의 발제가 끝이 나고 인디고 서원 팀의 발제와 문제제기가 시작되었다. 우리 팀의 고민들은 여러 가지였지만 서로 무관하지 않았다. 우리는 어떤 이는 부를 누리고 어떤 이는 가난한, 불평등한 세상이 아닌 모두가 함께 행복한 세상이 우리가 추구해야 하는 세계적 가치라는 데 동의했다. 하지만 그렇게 하기 위해서는 전 지구적으로 개개인의 일상생활에서 작은 선택의 변화가 필요했다. 예를 들면 사람들이 부당하게 거래된 상품을 사지 않고 공정무역을 통한 상품을 사게 되면 세계의 빈부격차는 어느 정도 줄어들 것이다. 사람들이 대중교통을 많이 이용하고, 되도록 자동차를 타지 않고 걸어다니면 환경오염 또한 크게 줄어들 것이다. 하지만 어떻게 하면 그 작은 일상의 선택의 기로— '무엇을 살 것인지, 무엇을 탈 것인지, 무엇을 먹을 것인지' 와 같은—에서 옳은 선택을 할 수 있도록 변화를 이끌어낼 수 있을 것인가가 우리의 공통된 고민이었다. 다시 말해 세상을 바꾸는 것은 사람들의 마음을 바꾸는 것인데, '어떻게 사람들의 마음을 바꿀 것인가?' 가 의문이었다. 그에 대한 오늘의 세계적 가치 팀들의 답변은 여러 가지였다.

케이트 홀브룩은 개인의 선택이 전 지구적으로 변화를 일으키는 힘을 가지고 있음에도 개인이 올바른 선택을 하지 못하는 이유는 자신의 선택이 불러오는 영향에 대해서 알지 못하기 때문이기도 하지만, 너무 완벽함을 추구하기 때문이기도 하다고 했다. 변화를 일으키기 위해서는 나부터 지금 당장 작은 일에서 타인을 돕는 작은 습관을 길러 실천하는 것이 중요하다고 했다. 세상이 나에게 무엇을 필요로 하는지 묻기보다 나를 살아 있게 하는, 나를 움직이게 하는 원동력이 무엇인지 생각해보는 것도 자신을 바꾸는 데 중요하다고 했다. 이는 곧 우리 팀 패널 중 한 명인 류성훈이 나를 찾아가는 것의 중요성에 대해서 말한 것과, 김지현이 말한 삶의 다양한 가치들을 주체적으로 생각할 수 있도록 해주는 인문학 교육의 중요성과 다르지 않다고 생각한다. 만약 모든 사람들이 인문학 교육을 받아 스스로 자기 정체성에 대해 고민하고 자아실현을 위해 노력한다면 많은 문제들이 해결될 수 있을 것이다. 파머 교수님은 사람들의 변화가 어떻게 가능한가에 대해 2차 세계대전 때 제1선에서 국적을 막론하고 모든 부상자를 치료했던 한 간호사 단체의 예를 들면서 그와 같은 상상력을 통한 실천은 사람들에게 다가갈 수 있고 설득할 수 있다고 했다. 또한 상상력이 중요한 이유는 우리가 다른 사람에게 피해를 주는 것이 다른 사람의 삶에 대해서 상상할 수 없기 때문이라고도 했다.

결국 이러한 논의들을 통해 우리가 다다른 결론은 하나였다. 전 지구적으로 사람들에게 긍정적 변화를 이끌어내기 위해 우리가 할 수 있는 일은 우리 스스로 올바른 선택을 하고 선택한 것을 조그마한 것, 주위에 있는 것에서부터 실천하는 것이고, 더 나아가 그것을 여러 사람들의 상상력과 마음에 대고 호소하는 것이다. 어떻게 보면 그런 참신한 상상력으로 열린 이번 28회 주제와 변주에 참여한 분들은 분명 일상에서 변화를 일으킬 만한 희망과 믿음을 얻어갔다고 생각한다.

"우리의 무감각함을 깨고, 우리가 살고 있는 지금, 부산, 대한민국이 끝이 아님을 마음에 새겼으면 좋겠습니다. 힘들 때면 우리 주위를 살피고, 서로를 통해 에너지를 얻고, 점차로 좋은 영향력을 펼칠 수 있도록 깨어 있는 사람이 되기 위해 노력합시다. 지구 반대편에서 굶주리고 있을 친구들을 생각하며 음식을 남기지 않고, '지구온난화로 가라앉고 있는 낮은 섬나라 투발루 국민들을 위해 우리는 아무것도 해줄 것이 없다' 라는 생각을 하기 보다는, 차를 타는 대신 가까운 거리는 걸을 수 있는 사람이 되는 것이 우리 모두가 함께함을 인식하는 길임을, 우리들의 새로운 삶의 방식을 익히는 것이라고 생각합니다." 이소연

꿈을
살다

인디고 유스 북페어에서 다시 만나게 된 북미 대표의 브라이언 파머 팀은 인문주간에 참여하면서 각자가 자신의 삶의 철학을 간명한 에세이로 보내주었다.

"인간의 영혼에 대한 공부를 시작하기 위해서 나는 특정한 삶들에 관해 읽는 것을 선호한다."

장 자크 루소

"각자의 삶은 어떤 중심으로 수렴한다."

에밀리 디킨스

브라이언 파머

누군가와 사랑에 빠질 때 느끼는 기쁨 중 하나는 상대가 아직 들어보지 못한 내 삶의 이야기를 들려주는 일일 것이다. 이 기쁨은 당신과 멀리 떨어져 있는 곳에 사는 새로운 친구를 사귈 때도 마찬가지로 생겨난다. 그렇다면 당신은 그와 어떠한 과거의 이야기를 공유할 것이며 또 그 이야기를 어떻게 보다 넓은 장으로 이끌어낼 수 있을까?

나의 외할머니는 수학자이자 논리실증주의자셨다. 유대인인 그녀는 한 신문의 편집장과 결혼을 했다. 외할아버지와 외할머니는 체코의 프라하에서 사셨다. 나치가 침략하기 전에 영국 퀘이커 교도들은 내 어머니를 안전한 영국으로 데리고 갔다고 한다. 나의 할아버지, 할머니께서는 인디애나에 있는 감리교회의 일꾼이셨고, 나의 아버지가 태어날 당시에는 필리핀에서 사셨다고 한다.

나의 부모님은 하버드 대학교 박사학위 수여 파티에서 만났는데, 어머니는 스칸디나비아어 전공, 아버지는 사회관계 심리학 전공자였다. 그들은 내가 자란 뉴욕의

브룩클린으로 이사를 왔다. (우디 앨런은 브룩클린에 대해 이렇게 말했다. "브룩클린에서 나고 자란 사람과 비교했을 때 나는 너무나 평범한 사람에 불과하다.") 우리가 살았던 작은 녹색 집은 1830년대에 지어졌고, 가끔씩 보수를 하기도 하였으며, 지금까지도 살고 있다. 한 지역 가이드북은 우리 집을 "영화 〈바람과 함께 사라지다〉의 한 세트장처럼 생긴 집"으로 묘사하고 있다.

퀘이커 학교와 여름 캠프 등은 나에게 온화하게 살아가고, 타인을 배려하며, 경쟁을 삼가라고 가르쳤다. 선생님들은 1960년대의 희망적인 가치들을 지닌 분들이었다. 중학교 축구팀 소속이었던 나는 아주 중요한 결승전에서 두 골을 넣었는데, 둘 다 자살골이었다. 하지만 나는 비웃음을 사거나 나의 실수 때문에 혼이 나지는 않았던 기억이 난다.

그러고 나서 나는 입시경쟁이 가장 치열한 공립 고등학교에 들어갔다. 4년 동안 1등을 위한 성적 경쟁과 졸업식에서 연설자 자리를 따내기 위한 경쟁은 지속되었다. 거기서 나는 결국 그 자리를 따내었고, 나의 가장 친한 친구가 2등을 차지했지만, 굳건했던 우리의 우정은 그 순간 깨어지고 말았다. 그 순간을 돌이켜볼 때면, 나는 등급을 매기는 행위와 경쟁이라는 것에 대한 비판의식을 곤두세우게 된다.

퀘이커 학교와 몇 분의 선생님들로부터 후에 내가 하버드 대학에서 공부하게 되었던 사회문제들에 대해 먼저 배울 수 있었던 기회를 준 부모님께 정말 감사드린다. 그런데 법 권력의 영역을 연구하는 유명한 비평가 랠프 네이더를 위해 일했던 어느 여름에 나는 세상에 존재하는 권력의 분배와 원천이 매우 잘못되어 있으며 그 불균형을 반드시 고쳐져야만 한다는 것을 깨닫고, 소위 '급진적'인 사람으로 변했다. 나는 사회학을 전공했고, 「사회운동가들의 힘의 원천이 되는 영적인 도제의식에 관하여」라는 제목의 졸업논문을 썼다. 나의 관심은 한 개인이 그의 멘토, 스승, 또는 자신의 영웅과의 관계를 통해 자신의 용기와 도덕적 신실함을 어떻게 길러나가는지에 쏠려 있다. 이 연구는 훗날 내가 하버드에서 선생으로 있을 때, 학생들에게 그들 인생에 있어서의 선택에 어떠한 방향을 제시해주어야 하는지에 관해 많은 도움을 주었다.

하버드에서의 생활을 즐기며 나는 계속 남아 박사과정을 공부했다. 원래 내 연구는 사회윤리에 강조점을 두고 종교를 연구하려는 목적이었지만, 나는 그것을 사회인류학으로 바꾸었다. 사회인류학자로서 하나의 장점은 그 공동체에 관해 연구할 때, 그 공동체의 한 구성원이 될 수 있다는 것이다. 나의 경우에는, 그것이 마치 나의 선택에 있어서 무의식적인 목적으로 작용하기도 하였다. 나의 박사학위 논문은 스웨덴에서 인류 연대의 새로운 미래를 제시하는 데 선구자적 역할을 한 지식인에 그 초점이 맞춰져 있었고, 지금은 내가 그중 한 명이기도 하다.

2004년, 나는 스톡홀름으로 이사를 오게 되었고 국립교사학교에서 가르칠 기회까지 얻었다. 그 후 나는 인문, 사회, 윤리 영역을 중심으로 한 핵심 커리큘럼 구성을 위한 일을 맡아 웁살라 대학으로 옮겨왔다. 그 일을 지속하면서 나는 근래에 괴텐베르크 대학의 초빙교수로 임용되어 그곳에서도 계속 학생들을 가르치고 있다. 나의 수업은 인권과 사회적 용기에 초점이 맞춰져 있으며, 나의 이 학문적 관심은 세계 2차 대전 당시 나치를 끊임없이 비판했던 스웨덴 신문사의 한 강건한 편집장에 대한 기억에 그 연원을 두고 출발한다.

타인에게 전파되는 용기 : 개인적 회고를 바탕으로

하버드 대학교 종교학과에 갓 임용된 풋풋한 강사로서 나는 내 첫 번째 강의에서 이 시대의 가장 성공적인 세계 종교라 할 수 있는 소비 자본주의에 관한 주제들을 다룰 수 있기를 원했다. 그래서 나는 고전 중 하나인 게오르그 짐멜의 『돈의 철학』과 같은 두꺼운 교재들이 많이 나열된 강의 계획서를 준비했었다. 하지만 내가 속해 있던 학과의 위원회는 내가 소비 자본주의에 관한 연구를 하는 것에 대해 못마땅해했다. 그래서 나는 대신에 '지구화와 인간의 가치: 세계 공동체를 꿈꾸며'라는 다른 주제의 강의를 만들어야 했다.

그 강좌의 수강생이었던 케이트 홀브룩은 다음 학기의 후속 강의를 계획할 수 있는 허가를 받았고, 학생식당에서 짧은 조사를 한 끝에 우리는 그 강좌를 '개인의 선택과 전 지구적 변환Personal Choices and Global Transformations' 이라는 제목을 붙이기로 결정했다.

사건은 첫 번째 강의가 있던 2001년 9월 12일부터 벌어졌다. 바로 미국 전체를 뒤흔든 충격적인 사건이 있었던 9월 11일을 기점으로. 세계무역센터를 비행기가 들이받은 그날, 부모님 집 책장 위에 있던 그릇들이 진동하였고, 나의 처남은 불에 타고 있던 펜타곤 탁아소에서 아이들의 구출을 도왔던 그날 밤, 쌍둥이 빌딩이 무너지는 장면이 전국적으로 계속해서 반복 방영되던 날, 나는 내 첫 번째 강의를 재구상하였다.

유엔 전 사무총장이었던 다그 함마르셸드가 말한 "신에게는 당신의 용도가 있다. 비록 그것이 이 순간 당신에게 알맞게 주어지지 않더라도 말이다"라는 말을 바탕으로 그날, 우리는 비록 그 방법이 우리가 의도하고 바라던 방식이 아니라 할지라도 이 세계가 우리를 필요로 한다는 것, 그리고 우리의 도움이 절실하다는 것을 느꼈다.

많은 학생들이 이 세계의 긍정적인 변화를 만드는 것이 결국은 권력자들이 요구하는 것들에 지나지 않는다는 사실에 공감했다. 한 주 동안 수강제한인원을 넘어선 학생들이 들어오면서, 케이트와 나는 네 번씩이나 보다 큰 강의실을 찾아 옮겨가야 했고, 결국 300명의 수강생을 수용할 수 있는 강의실을 찾았다.

이 강의는 여러 매체의 시선을 사로잡았다. 《뉴욕타임스》에서는 이 강의를 "이상주의 개론"이라고 비난했고, 600명으로 늘어난 다음 학기의 강의에 대해 《보스턴 매거진》은 "하버드 대학에서 가장 인기 있는 수업인 경제학 개론이 직원을 해고하고, 환경을 파괴하는 기업 경영인이 될 경제학 전공자들을 준비시킨다면, 두 번째로 인기 있는(그리고 수강생이 가장 많은) 이 강좌는 …… 이와는 다른 길을 간다. 학생들을 성 프란체스코식 성도로 이끌어가는 것이다." 이에 이어서 "이 강좌는 호리호리하고, 목소리는 가느다랗고, 언뜻 보기에 수도사 티가 나는 파머 교수가 가르친다"고 썼다. 우리가 주제로 삼은 것들에 성 프란체스코의 유산이 담겨 있었던 것으로 미루어볼 때, 그것은 완전히 틀린 비판은 아니었다.

나를 포함한 학생과 조교들은 초대 손님들의 삶과 사회적·정치적 참여에 대해 이야기를 들을 수 있는 '인터뷰로 구성된 수업'을 시작하게 되었다. 초대자들은 절대 강의를 하지 않았다. 대신에 학생들은 그들의 저서를 미리 읽고, 질문을 준비하는 형식이었다. 초대 강연자들은 억만장자부터 하버드 대학교 청소부까지, 회사 대표에서부터 수녀, 그리고 노엄 촘스키나 나오미 클라인과 같은 사회비평가들까지 매우 다양한 범위를 넘나들었다.

강연자 중 한 명이었던 신디 허프는 20년 이상 하버드 대학교 식당에서 일한 노동자였다. 그녀는 건축가가 되고 싶었지만, 10대 때 찾아온 발작 증세 때문에 꿈은 산산조각났고, 그때부터 주방에서 그릇을 닦기 시작했다. 그 후 수많은 노력과 극복을 통해 그녀는 식당에서 재학생들에게 음식을 주는 자리로 승진할 수 있었다.

신디와의 인터뷰 중 한 학생은 그녀의 인생 곡선에 대해 물었다. 그녀는 자신이 발작을 일으키지 않는 삶을 다시 살 수 있다면 인생에서 '대박'을 터트렸을 것이라고 말했다. 하지만 그녀는 그곳에 있었다. 그리고 그곳에 함께 있었던 나머지 우리들은 국회의원, 교수, 사장 등의 꿈을 안고 그곳에 앉아 있었다. "점심 먹는 곳에 대한 자부심"을 우리에게 심어주기 위해 노력한다는, 이제까지 전혀 세간의 주목을 받지 못했던 이 겸손한 인간은 어떻게 내 앞에 존재한단 말인가? 신디가 단어 하나하나를 또박또박 발음하기 위해 애를 쓰고 있을 때, 몇몇 학생은 이미 눈물지었다. 이 겸허함이 지구에 관한 모든 관념들, 아니 내가 이제까지 가져왔던 생각들을 송두리째 바꾸어버렸다.

다양한 게스트들이 우리 강의에 초청을 받았다. 세상에서 가장 능력 있는 리더로 손꼽히던 래리 서머스(전 하버드 대학 총장)도 그중 하나였다. 그는 젊은 나이에 세계

은행의 수석연구원이 되었고, 얼마 지나지 않아 빌 클린턴 정부의 재무부 장관으로 임명되었다. 양쪽 부모님의 삼촌들이 노벨상 수상자임을 감안하면, 서머스는 하버드 대학의 새로운 총장이 될 때 꽤 괜찮은 혈통의 소유자로 여겨졌다.

세계은행에 있을 당시, 서머스는 그가 쓴 메모로 신문의 헤드라인을 장식하기도 하였는데, 그 내용은 이랬다. "당신과 나 사이의 비밀이지만, 세계은행이 미개발국가들에게 불공정한 산업을 이양하는 것을 더 부추겨야 하는 것 아닐까요? 제 생각에 최저임금 국가에 독극물을 폐기하는 경제적 논리는 이론의 여지가 없어요. 그리고 우리는 그 사실에 맞서야 합니다. …… 난 아프리카에 있는 적은 인구의 국가들이 아직까지도 그다지 오염되지 않은 상태로 있다고 생각해요." 이 메모가 누설되었을 때, 그는 그 자리에서 물러나야만 했다.

이러한 신자유주의의 거물과 "가늘고 연약한 목소리의" 비정규직 젊은 강사였던 내가 사실 다투어야 할 이유는 전혀 없었다. 내 동료는 하버드에 남기를 바란다면 나에게 차라리 서머스 총장의 비위를 맞추기를 권유했다. 왜냐하면 그와 말다툼이 있었던 한 교수가 최근 프린스턴 대학으로 짐을 싸서 옮겨가야만 했기 때문이다.

서머스 총장이 나의 수업에 초대되었고, 내가 그에 대해 소개를 하며 수업을 시작하려고 할 때, 그는 내가 그의 업적을 충분히 설명하지 않았다는 비판과 함께 말문을 열었다. 그 순간 나는 이 수업이 결코 쉽게 끝나지 않을 것을 예감했다.

몇몇 용감한 친구들이 서머스 총장에게 던질 질문을 준비하고 앉아 있었다. 그중 한 명인 1학년 신입생 엘렌 퀴글리는 서머스 총장과는 매우 다른 배경을 가진 학생이었다. 그녀는 고등학교 시절, 코카콜라 유통을 학교에서 금지하기 위해 콜라 자판기 앞에 서서 과일 주스를 팔며 캠페인을 매우 성공적으로 이루어낸 학생이었다.

엘렌은 서머스 총장에게 학생들의 저항운동에 대해 어떻게 생각하는지 물었고, 그는 그것을 결코 달가워하지 않았다. 또 다른 학생은 왜 하버드 대학교가 그의 부모 중 한 명이 하버드 대학교 졸업생이면 자동적으로 가산점을 부여하는지에 대해 물었다. 노력과 능력에 따라 보상받아야 한다고 주장하는 엘리트 계급의 대표자 격인 서머스 총장이 어떻게 기여입학에 대해서는 우호적일 수 있단 말인가? 그는 이 방침에 대해 하버드에게 주어진 학생 기부금을 통해 필요한 학생들에게 보다 많은 장학금을 수여할 수 있다고 답했다. 그는 "공동체는 그 스스로를 아껴야 하는 법."이라고 마지막으로 말했다. 그러자 잠시 후, 한 학생이 학생들을 아끼고 관리하는 것이 그렇게 중요하다면 왜 하버드 대학교를 위해 청소하고 요리하는 노동자들에게는 그 혜택이 연장되지 않는지 의문을 제기했다.

서머스 총장은 자신과 같은 지위에 있는 사람이라면 이러한 질문들에 대해 꼭 대답하지는 않아도 된다는 것을 넌지시 알렸다. 그리고 차별적 입학 허가에 관한 질문에 대해 그는 "이 자리에 오게 되어 너무 기쁩니다"라며 비꼬는 듯한 말로 대답을 시작했다. 또한 그는 나에게 고개를 돌려 "하버드 대학교에서 겪은 여느 다른 경험과는 매우 다른 경험을 오늘 여기서 하는 것 같군요"라며 말했고, 그에 대해 나는 "저로서는 이와 같은 경험이 마지막이 될 것 같네요"라고 응수했다.

세 번째 수업 때, 우리는 언어학자이자 사회비평가인 노엄 촘스키 교수와 인터뷰하는 기쁨을 가질 수 있었는데, 수업이 끝나갈 즈음, 그와 함께 우리는 독립적으로 사고하는 사람들은 제도권의 권력으로부터 멀어지고, 또 상사를 기쁘게 하는 이들은 왜 빨리 성공하는가에 관한 이야기로 이어졌다. 또한 우리는 자신의 큰 희생을 감수하고도, 단체의 비리를 고발하는 내부 고발자에 관한 이야기까지, 다양한 범위의 주제들에 대해 토론할 수 있었다.

촘스키 교수는 평등 민주주의가 우리의 시작점이어야 한다고 주장했다. "고발하는 행위에서 유발되는 짐은 그러한 권력자들을 고발하는 이들에게 모두 부과됩니다. …… 관계는 합법적으로 처리되죠. 그들이 만약 부조리를 증명할 수 없다면, 그것은 산산이 부서져 자신의 자리를 잃고 맙니다." 한 학생이 되물었다. "그렇다면 왜 우리는 이 비합리적인 사실을 받아들여야 하죠?"

이러한 어려운 상황과 조건에 관해 의문을 제기한 인물 중에는 에이미 굿맨이 있었다. 학생의 질문에 답하기를, 어떻게 그녀가 1991년 인도네시아 점령시 인권 실태를 조사하기 위해 동티모르로 가게 되었는지에 대해 설명해주었는데, 어느 날 그녀는 동티모르의 데모 시위자들이 "왜 인도네시아 군인들이 우리의 교회에 총질을 해야만 하는가?"라는 침대 시트에 적어 들고 나온 비폭력 시위의 피켓을 목격하고 나서부터라고 했다.

인도네시아 군인들이 갑자기 들이닥쳤을 때, 동티모르의 국민들은 벽이 있는 묘지 속으로 모였다고 한다. 에이미 굿맨은 자신의 마이크를 마치 하나의 깃발처럼 들고, 외국에서 온 기자과 함께 스스로를 방패막으로 삼아서라도 그들이 폭력을 사용하지 않기를 바랐다고 한다. 하지만 병력은 그들을 향해 발포를 시작했고, 수백 명의 동티모르 국민들을 살해해버렸다. 하지만 그녀와 그녀의 동료들은 살아남았는데, 그것은 그들이 자신들에게 무기 원조를 해주는 국가(미국)에서 온 사람들을 죽이는 것은 그다지 좋은 생각이 아니라고 여겼기 때문이며, 그들이 이렇게 생각할 수 있게 된 것은 오직 그녀가 미국인이라는 것을 어렴풋이나마 발견했기 때문이라고 전했다.

학생들은 에이미 굿맨이 왜 그러한 위험 부담을 감히 감수하려고 했는지 궁금해했다. 그녀는 왜 그러한 곳에 간 것일까? 수업이 끝난 후, 수많은 학생들이 굿맨을 둘러싸고 보다 많은 대화를 나누길 원했다. 대부분은 같은 종류의 질문을 던졌다. "어디에다 등록을 하면 되죠?", "당신과 같은 사람이 되기 위해서는 어떻게 해야 하는 거죠?", "굿맨 선생님, 다음 연구에 혹시 조수가 필요하진 않나요? 제가 지원해도 될까요?" 등과 같은 질문들 말이다.

이와 같은 광경은 수업마다 볼 수 있는 광경이기는 하다. 그녀는 자신을 죽음에까지 이르게 한 기자정신을 이야기한 것이었고, 학생들은 그에 대해 그녀만큼 용감해지고자 다음 번 위험한 취재에 함께 가기를 희망했다.

나 또한 학생들과 마찬가지로 감동했다. 사실 그날 나의 머릿속은 세금계산서를 시간 안에 정리할 수 있을지, 내일로 예정되어 있는 총장과의 만남을 어떻게 준비할 것인지 등과 관련한 사소한 걱정들로 가득 차 있었는데, 내 앞에 있는 이는 군인들에게 맞아가면서까지 학살을 취재하기 위한 투철한 정의감으로 똘똘 뭉쳐 있었다. 결국 나는 나에게 큰 문제가 있었다는 것을 깨달은 것이다.

이러한 감동적인 경험은 다른 정의로운 게스트들, 사우스 브롱크스의 가난한 아이들에 관한 글을 쓴 조너선 코졸, 우리의 수업이 있은 다음 날 바그다드로 떠난 나오미 클라인 기자 등과 함께할 때에도 느낄 수 있었다. 학생들과 나는 수업이 끝난 후, 하지 못한 질문들을 하기 위해 그들을 둘러싸고 어떻게 하면 그들과 같이 용감해질 수 있는지, 그렇게 정의롭기 위해서는 어떠한 것들을 갖추어야 하는지에 대해 물었다. 이러한 경험을 통해 나는 두려움만큼이나 용기라는 것도 쉽게 사람들에게 전파되는 것임을 분명하게 느낄 수 있었다.

나와 학생들은 바로 이러한 순간들에 대해 논했다. 우리는 성스럽고 고귀하고 또 소중한 지금, 현재의 이 순간을 느끼고자 했다. 우리는 나오미 클라인이 그날 밤 비행기에 올라 바그다드에 도착하기까지, 그리고 이라크에서 가장 위험한 지역을 보도하기 위해 몇 주간의 여정을 통해 겪게 될 일들을 계속 떠올렸다. 이곳, 사치스러운 하버드 스퀘어에서 우리는 너무나도 안전하게 보호받고 있던 바로 그 순간에.

이러한 용기는 마치 자신의 친구, 또는 가족의 범위를 넘어 타인을 돕기 위해 자신의 삶을 극한의 위험상황까지 끌고 가서 모든 것을 희생할 준비가 되어 있는 한 개인에게서 비롯되는 아주 특별하고도 강력한 힘으로 여겨졌다. 마치 그들은 존재의 신비에 통달하고 우리와는 다른 깊은 삶의 지평 속에서 살아가는 듯했다. 바로 그러한 삶의 지평 속에 우리는 그들과 함께 가기를 갈망했던 것이다.

작고한 에세이스트 수전 손택은 타인의 진중함과 용기에 의해 우리가 어떠한 영향을 받는지를 고찰한 적이 있다. 그녀는 그러한 타인과의 소통이 우리를 변화시킬 수 있는지에 대해 의문을 제기했고, 이에 대해 그녀는 우리가 항상 그런 것만은 아니라는 것을 철학자 소크라테스와 그의 제자 알키비아데스의 예를 들어 설명했다.

> "타락한 알키비아데스가 자신의 삶을 바꾸는 것이 불가능하며 또 그러기를 원치
> 도 않았음에도, 감동받고, 자극받고, 사랑으로 가득 차 있었던 소크라테스를 따른 것과
> 같이, 감수성 풍부한 현대의 독자들은 그 자신의 것이 아닌, 또 영원히 그 자신의 것이 될
> 수 없는 영혼의 깊은 수준에 존경을 표한다."

하지만 내가 보기에 수전 손택은 이 순간 너무 비관적이지 않았나 하는 생각이
든다. 아마 우리도 이러한 '영혼의 깊이'에 도달할 수 있지 않을까. 아마 우리도 우리
가 존경하는 그들과 같이 진중하고 진실해질 수 있지 않을까.

아직 대학생이었던 나는 이러한 희망을 품었었다. 나의 룸메이트와 나는 우리
가 존경하는 이들의 대부분이 역사 속에서 살해된 것을 발견했다. 예수, 에이브러햄
링컨, 로사 룩셈부르크, 마하트마 간디, 마르틴 루터 킹, 로버트 케네디 등. 그들을
기억하기 위해 우리는 그들의 이름을 적었고, 부엌에 그들의 이름이 적인 종이를 붙여
두었다. 매번 신문에는 우리가 존경하는 이들이 세상을 떠났다는 소식이 늘 실렸고,
우리는 그 이름들을 계속해서 그 종이 위에 더해갔다. 그중에는 인터뷰를 하기도 했던
독일의 녹색당 창당자인 페트라 켈리, 그리고 개인적으로 한 번 만나기도 했던 스웨덴
의 총리 올로프 팜도 있었다.

이러한 상실과 죽음을 맞이하게 된 슬픔을 바탕으로 케이트 홀브룩과 나는 종
종 우리의 강의를 '행복한 수업'이라 묘사했다. 역사학자 크리스토퍼 래시는 자신보
다 큰 임무에 몰입함으로써 발생하는 자기-망각적 행복에 대해 논한 적이 있는데, 우
리의 수업 또한 그러한 방향을 지향하고 있다고 느꼈다.

많은 초대 손님들은 참여의 기쁨을 온몸으로 발산하고 있었다. 예를 들어, 우
리가 인터뷰했던 영국의 한 가정주부는 교외 생활을 청산하고, 전쟁으로 폐허가 된 전

유고슬라비아로 보급품을 운송하는 트럭 운전기사가 되었다. 그녀는 자신의 아이들이 걱정되어, 보험회사를 통해 전화를 걸었지만, 전쟁 지역으로 가게 된다면 자신의 종신보험이 무효화될 것이라는 소식만을 전해 들었다. 하지만 그녀는 자신의 발걸음을 멈추지 않았다.

이러한 지점에서 이렇게 현재의 자신에 대한 사랑까지도 망각하는 몰입은 참으로 위대하게 생각된다. 성 프란체스코가 걸인들에게 자신의 옷을 몽땅 벗어준 것과 같이, 그곳에 초대되었던 선생님들이 다들 조금씩, 좋은 의미에서 자신의 일에 미치지 않았다면 어땠을까 하는 의문을 품어본다. 하지만 그 주에 있었던 그룹 토의에서 한 학생이 나에게 일깨워준 것과 같이, 신은 이 세상의 바보 같은 자들을 시켜 지혜로운 자들을 혼동에 빠뜨리려는 것은 아닐까.

　나는 보스턴 교외지역의 노동자 계층 가정에서 자
랐다. 그곳에서 예술가였던 부모님은 종종 사회부적응자로
분류되기도 했다. 어머니는 좀더 온화한 캐나다의 토착적 가치들을 갈
망했고, 음악가였던 아버지는 대부분의 삶을 길거리를 배회하며 살았다. 하지만 나에
게는 온갖 세대의 이야깃거리로 가득한, 다양하고도 끈끈한 유대감이 넘치는 공동체
가 바로 가족이었다.

　나는 11학년까지는 공립학교를 다녔다. 그리고 후에 사립학교에 갈 수 있는 장
학금을 받아 그곳으로 옮겨갈 수 있었다. 집에서 2마일밖에 되지 않았던 사립학교였
지만 그곳에서 나는 큰 괴리감을 경험했다. 난 비로소 계층 차별을 인식하게 되었고
헤어날 수 없는 고립적인 상황에 놓여 있음을 느꼈다. 그리고 부유한 엘리트와 노동자
계층 사이에서 엄청난 회의를 느끼기 시작했다.

　졸업 후, 나는 하버드대학교에서 종교학을 공부했다. 나는 특히 보통 사람들이
종교적인 표현을 하는 것에 대해 관심이 많았다. 사람들이 어떻게 그들의 삶을 경험하
고 실천하고 또 만들어가는지, 어떻게 종교를 통해 저항해나가는지 등에 대해서 말이
다. 나는 학교 선생님이 인디언 주민들에게 에이즈란 질병을 교육하기 위해 만들어냈
던 개념인 '에이즈의 신성godness of AIDS'에 대한 논문을 썼다. 여기에는 마을 주민 사이
에 벌어진 논쟁과 지역 공동체 내의 '나'란 존재의 등장이 미치는 영향, 그리고 이것
에 대한 보편적인 관심이 필요하단 것에 대한 내용이 담겨 있다. 대학을 졸업한 후, 나
는 내가 잡지를 발간하고 다큐멘터리를 제작하던 캐나다로 떠났다.

　2001년 9월 1일, 나는 예술에 대한 강한 지지를 보이고, 또 높은 수준의 문화

적 다양성을 간직하고 있으며, 무료 건강복지 서비스를 제공하는 캐나다에서 사는 것이 그리 싫지만은 않았다. 하지만 다른 미국인들과 떨어져 있다는 사실 때문에 슬픔을 감출 수는 없었다. 나는 미국, 특히 보스턴을 정착지로 결정했다. 그곳이야말로 내 삶을 바치고 싶은 곳이란 걸 느꼈기 때문이다. 브라이언 파머 교수 수업의 영상제작자이자 수업 조교로서, 나는 마음속으로 이 일에 계속 종사할 것인가에 대한 결정을 내려야 한다는 생각을 하기 시작했다.

마침내 나는 가르치는 일을 택하기로 결정했다. 최근에 나는 파크웨이 아카데미와 보스턴의 공립고등학교에서 인문학을 가르치고 있다. 나는 이 일을 사랑한다. 왜냐하면 이 일은 나에게 지적·감성적·정신적, 심지어 육체적인 도전의식을 주기 때문이다. 나는 여전히 종교학을 공부하는 학생이고 싶고, 도로시 데이와 오스카 로메로처럼 자신의 행복을 충만하게 표현하는 삶을 사는 사람이고 싶다. 그리고 다른 세계 속의, 또는 그 세계 밖으로의 여행을 계속 하고 싶다. 늘 근원적인 관계와 소통을 간직한 한 명의 진정한 인간이고 싶다.

우리는 어떻게 절망의 한가운데에 희망의 씨앗을 뿌릴 것인가?
- 희망에 다가가기 : 어느 선생님과 학생의 이야기

오 주여 나를 평화의 도구로 써주소서

미움이 있는 곳에 사랑을

다툼이 있는 곳에 용서를

의혹이 있는 곳에 믿음을

절망이 있는 곳에 희망을

어둠이 있는 곳에 광명을

슬픔이 있는 곳에 기쁨을 심게 하소서

(성 프란체스코 〈평화의 기도〉)

우리가 환난 중에도 즐거워하나니 이는 환난은 인내를

인내는 연단을, 연단은 소망을 이루는 줄 앎이로다

(로마서 5장 3~4절)

나는 알렉스(가명)를 처음으로 만나기 전에 그에 대한 이야기를 이미 들은 상태였다. 학교에 간 첫날 아침 회의에서, 교사들은 그를 조용히 시키기 위해 그의 이름을 계속해서 불러대고 있었다. 빳빳하고 큼지막한 티셔츠와 발목 주위에 주름이 잡혀 있는 청바지를 입은 그 아이는 체구가 작아 친구들에 가려 잘 드러나지 않았다. 그는 부드럽고 예쁜 커피색 피부를 가지고 있었고, 두 손을 들고 입을 크게 벌린 채 웃었다. 나는 그가 즐거운 시간을 보내고 있다는 것을 눈치챘다. 그리고 그는 교장선생님의 훈화를 더이상 들을 필요가 없다고 생각하고 있었다.

보스턴 공립고등학교에서 파크웨이 기술학교의 한 부서PATH로 발령받게 된 것은 2006년 가을이었다. 그 학교는 새로 생긴 '작은 학교' 중 하나였는데 그 규모는 꽤 컸고, 벽돌로 만들어졌으며, 감옥과도 같은 구조였으며 쓰레기 매립장이었던 도시 외곽에 위치해 있었다. 부분적으로는, 보스턴과 다른 도시의 작은 학교로의 이동은 백인 학생과 흑인, 라틴계 학생들 간의 압도적인 '학력 차이'를 극복하려는—그리고 그 범위를 넓히기도 하는—시도에서였다. 그 학교에서는 약 90퍼센트의 학생들이 흑인과 라틴계였으며, 70퍼센트 가까이의 학생들이 저소득층 가정의 자녀들이었다. 나는 그들의 시험 성적도 확인하고 이런저런 통계들을 보았지만 조금도 굴하지 않았다.

수업 시작 첫주에 알렉스와 나는 두 차례나 싸우고 말았다. 한번은, 어떤 학생

꿈을
살다

이 그의 자리에 앉아 있었고 알렉스가 그것에 대해 기분이 나빴었나 보다. 알렉스는 미약한 뇌성마비 증세가 있고 목발의 도움을 받아 걷는 친구였는데, 그러한 놀림을 참다못해 그는 목발을 바닥에 집어던진 것이다. 복도로 뛰쳐나갔을 때, 그는 나에게 자신의 내부에 많은 분노가 차 있다고 이야기했다. 나는 그에게 이후에는 분노가 불붙기 전에 교실에서 나갈 수 있는 권한을 주었고, 그를 차분하게 만들기 위해 생활부장 선생님께 보냈다.

그 당시 나는 단지 이러한 문제를 원하지 않는다는 생각뿐이었다. 나는 그를 해결해야 할 골칫거리로만 여겼던 것이다. 나는 그때 가르치는 일에 익숙지 않았고, 그를 오직 통제하려고 애썼으며, 그리고 알렉스가 내 권위를 떨어뜨린다고만 생각했다.

그 다음 주에 나는 사랑, 명예, 우정과 같이 인간의 영혼을 살찌우는 것들을 잃고 권력만을 추구하다 죽은 한 남자에 관한 셰익스피어의 비극인 『멕베스』를 가르치기 시작했다. 처음에 학생들은 셰익스피어의 언어를 넘을 수 없는 벽으로만 인식하고는 돌같이 굳은 얼굴로 조용히 앉아 있었다. 그러나, 놀랍게도, 알렉스는 갑자기 멕베스에 대한 뱅코의 경고를 설명하기 시작했다.

"흔히 지옥의 앞잡이들은 우리를 파멸로 몰아넣기 위해 하찮은 일에는 진실의 말로 유혹하고 가장 중대한 순간에는 배신하지요." 알렉스는 더듬거리며 이야기했지만 나는 그가 '이해' 하고 있다는 것을 알았다. 그는 그 운명의 유혹과 경고를 이해하고 있었고 멕베스가 결국에는 궁지에 몰릴 것이라는 것도 알아챘다.

나는 아이들 사이에서 자신의 이런 용기를 보여준 알렉스가 너무 고마웠다. 그는 나에게 다른 의견들 또한 존재할 것이며, 곧 우리가 진실되게 서로의 역할을 다하는 수업을 할 수 있을 거라는 희망을 주었다.

몇 달 후, 나는 알렉스 안에 자리 잡고 있는 모순된 기운을 발견했다. 그는 호기심으로 가득 차 있었고 다른 친구들보다 기꺼이 지적인 모험을 감수하려 했다. 그러나 그는 수업에서 어떤 필기도 하지 않았고 무례하게도 내게 "나는 숙제 같은 건 하지 않아요……. 그리고 그건 바뀌지 않을 거예요. 그러니 숙제를 해오기 바라는 마음은 당장 버리시는 게 좋을 거예요"라고 이야기했다. 그는 남을 기쁘게 하는 데 열심이었고 규칙을 위반하면 재빨리 사과했다. 그러나 그는 반항도 자주 하는 편이었다.

그럼에도 나는 알렉스에게 어떤 잠재력이 있다고 줄곧 생각했다. '네가 이렇게 하면 좋을텐데……' 라는 식의 문장을 여러 차례 써가며 그에게 이런저런 말들을 하곤 했다. 하지만 사실 내가 말하고자 했던 것은, '그가 하길 원하는 것만 한다면 좋을 텐데' 였다. 알렉스는 내가 좋아할 만큼 고분고분하지 않았고, 무척이나 성가시게 굴었다. 하지만 나는 이 아이를 바꿀 능력이 있다고 굳게 믿었다. 그리고 나는 물론 나에게 그 해답이 있다고 생각했다. 하지만 그것은 내 거만함이었고 어긋난 자부심에 불과했다.

시간은 흘렀고, 우리는 잘 어울려 가는 것처럼 보였다. 나는 알렉스를 좋아했고 그에게 그렇게 이야기했다. 나는 그의 모든 글들을 파일로 묶었다. 나는 그가 흥미를 가지도록 책을 소리 내어 읽어주었다. 그리고 종종 그를 위해 글을 적어서 주기도 했다. 그러다 나는 그가 글쓰기를 끔찍이 싫어하는 이유를 발견했는데, 그것은 바로 뇌성마비로 인해 그의 손이 기동력을 잃었기 때문이었다. 알렉스는 그의 삶의 질을 높이려는—적어도 학교에서의 삶에 관하여—나의 노력에 많이 고마워했다. 그리고 그를 통해 그는 재미를 찾아갔다.

그가 생물 수업에서 쫓겨났을 때, 그는 그 수업 대신 내 수업에 참여해도 되는지 물었다. 아마도 인문학 수업을 두 배로 들으면 글을 쓸 수 있는 시간이 보다 많아진다고 생각한 것 같았다. 그러나 결국 알렉스는 이 기회를 여학생들과 장난치는 핑계로 이용했고, 그리고 그는 이렇게 놀 수 있는 다른 장소인 체육 수업을 발견하고는 내 수

꿈을
살다

업에 들어오는 것을 그만뒀다.

내가 매긴 성적표를 들여다보면, 알렉스의 이름 옆에는 0이 길게 줄지어 있다. 알렉스는 첫 학기에 인문학 수업을 결국 통과하지 못했다. 그를 위해 매우 관대한 대우를 해주었음에도 불구하고 알렉스는 두 번째 학기에도 합격 성적을 내지 못했다. 그리고 만약 그가 적어도 세 번째 학기에서조차 C를 받지 못한다면, 그는 같은 학년을 반복해서 다녀야 할 것이라고 말해주었더니, 그는 재수강을 할 바에는 학교를 그만둘 것이라며 열심히 할 것을 약속했다.

나는 그에게 C를 얻기 위해서는 무엇이 필요한지를 설명했으나 그는 나를 신랄하게 비판했다. 그때까지만 해도 내가 그의 분노에 정면으로 맞서본 적은 없었다. 내가 이제 그의 분노 표출의 표적이 된 듯했다. 나는 실망했고 또 상처받았다. 나는 알렉스에게 너무 많은 것을 쏟아부었고, 무언가 보답받을 자격이 있다고 생각했기 때문일 것이다. 내가 한 노력을 생각해보면 나는 훌륭하고 착하고 특별하지 않았던가? 하지만 알렉스가 통과하지 못한다면 그 동안의 노력은 무슨 가치가 있는가?

나는 알렉스와 협상를 하기 위해 준비했고 그에게 편지들을 보여주었다. 그는 "이 말 진심이에요? 정말 내가 이걸 '읽기'를 원해요? 나는 내가 뭘 해야 할지 이미 아는데, 왜 이걸 읽어야 하죠?"라고 말했다. 여기서 나는 모든 문제에 대한 보다 온화한 표현방식을 고르는 데 시간을 보냈음에도 그는 이 노력들에 대해 전혀 고마워하지 않았다. 설상가상으로 그건 그저 그에게 귀찮은 것에 불과했다. 누군가가 나에게 사려 깊은 편지를 쓰느라 시간을 보낼 때마다 나는 너무나 기뻤다. 이러한 나와 같이 나는 그가 기뻐하기를 바랐지만 그는 또 한 번 내 예상을 빗나갔다.

결국, 우리는 위기를 맞았다. 나는 알렉스의 무례함을 더 이상 참지 않았고 여느 선생님과 같이 그를 수업에서 쫓아내려 했다. 나는 내가 도움을 주기 위해 노력했던 사람으로부터 두려움을 느꼈고, 심지어 절망적이고 버림받은 듯한 느낌까지 갖게 되었다. 그 순간 나는 궁극적으로는 알렉스에게 쓴 편지가 된 나의 일기를 하나씩 쓰기 시작했다. 그 편지에서 나는 내가 어떻게 느꼈는지를 분명히 적었고 알렉스가 내 수업에 남아 있으면 했던 기대를 명확하게 적어 내려갔다.

내 고집에 못 이겨서 알렉스는 나의 편지를 읽었다. 편지를 다 읽었을 때, 그는 손이 닿지 않는 탁자에 편지를 놓아두고는 그의 의자로 몸을 내던졌다. 나는 어떤 반응을 기대하며 그를 쳐다봤지만, 그는 침묵으로 나를 또 한 번 좌절시켰다. 마침내, 그가 말했다. "나한테 거짓말했네요." 아무런 감정 없이 그가 말했다. "내가 분명히 시험에 통과할 거라고 했고, 나는 그때 선생님을 믿었어요. 나는 기뻤다구요. 나는 정말로 내가 통과할 줄 알았는데 그러지 못했죠. 그래서 난 화가 난 거예요."

나는 그가 성공할 수 있을 거라는 나의 믿음을 알렉스에게 전달하고 싶었지만 실패했다. 그는 나의 희망을 기만으로 받아들였다. 그는 나를 믿을 수 없다고 느꼈던 것이다. 이런 진실이 모든 생각과 걱정에 부딪혀 나를 불편하게 했다. 잠시 후 마음에 평온과 안정을 되찾고 나서, 나는 알렉스에게 사과했다. 그러자 부자연스럽게 웃으며 그는 말했다. "음, 수업에서 그렇게 행동했던 건 나도 미안해요."

진실이 오가고 상처를 치유해가는 시간 속에서 우리는 그의 인생 방향에 대한 이야기로 자연스럽게 화제를 옮겨갔다. 그는 학교를 중퇴하길 원한다고 이야기했다. 내가 그에게 만약 학교를 그만뒀을 때 스스로를 위해 무엇을 할 것이냐고 물었을 때, 그는 그만의 방법이 있으니 돈은 걱정할 필요가 없다고 이야기했다. "그게 무슨 뜻인지 내가 알 것 같구나." 나는 말했다. 그는 웃었다. "네가 말하는 그 방법이 도대체 너를 어떤 방향으로 이끌어갈 거라고 생각하니?" 나는 솔직하게 물었다.

"말해줄게요." 그는 망설임 없이 말했다. "그것은 나를 오직 두 가지 방향으로 이끌 뿐이에요. 감금되거나 죽거나. 혹시 아세요? 어떻게 되든 난 괜찮아요. 나는 감금된 많은 친구들을 많이 봤으니 그게 나를 괴롭힐 이유가 뭐겠어요? 그리고 사실은요,

꿈을
살다

이 인생은 나에게 그렇게 멋지지 않으니, 내가 왜 이런 수업 따위를 그리워하겠어요?"

감금되거나 죽거나. 그가 그렇게 느끼는 것에 이번에도 놀랐지만, 사실 그전에 비슷한 경험을 한 적이 있다. 한 해 전, 나는 열여덟 살이 되기 전에 죽음을 맞이할 거라고 생각하는 한 학생을 가르친 적이 있었다. 몇 달 전, 그 학생의 열여섯 살 된 오빠는 갱단과 연관된 싸움에서 총에 맞아 죽었고, 두 달 후 그녀의 열네 살 된 사촌이 또 총에 맞아 죽었다. 피로 흥건한 시체를 처음으로 본 것에 대해 적었던 이 소녀는 일곱 살이었고 어머니에게 그 사실을 말하는 게 너무 두려웠다. 도체스터Dorchester의 흑인들과 라틴계 주민 대부분은 그곳을 "데드체스터Deadchester"라고 불렀는데, 살인 사건이 너무 빈번했기 때문이었다. 그리고 학생들은 주로 그들 주위에서 일어난 총격이나 자살 등 다른 공격들을 추적하기 위해 온라인 범죄 지도를 이용하기까지 했다.

그 도시로부터의 물리적인 거리는 그 주위에 살지 않는 우리가 이런 문제들이 우리의 문제가 아니라고 믿어버리기 쉽게 만든다. 이에 관해 "공적이고 사적인 무관심public and private indifference"이라고 쓴 바버라 에린라이크는 이렇게 주장한다. "(우리의 이러한 무관심 속에서) 구시가지에 사는 가난한 아이들은 상처와 폭력과 질병으로 점철당한 삶을 살아갈 것이다." 알렉스는 이것을 이미 알고 있었고, 아주 명확하게 자신에게 주어진 삶의 진실을 이야기했다. 감금되거나 죽거나. 그것이 아니더라도 그는 신경 쓰지 않았다. 하지만 나와 우리는 사회 전체가 그들에게 그토록 무관심한 상황에서 어떻게 알렉스로 하여금 자신의 삶의 소중한 것들에 대해 신경 쓰기를 기대할 수 있겠는가?

그럼에도 불구하고 보다 정확한 진실은 사실 알렉스 또한 자신의 삶에 대해 걱정한다는 것이다. 그는 절망의 한가운데서도 그것을 뛰어넘었다. 그는 매일 밤 다른 배경을 지닌 사람들과 다른 곳에 사는 사람들을 만나면서 그 자신의 마음을 열어가고 있었다. 만약 인간 본성이 갈망하는 것이 도로시 데이가 이야기하듯 "우리 인간성의 공통적인 합일"이라면, 나는 그 시점에서 알렉스와 내가 서로 함께 할 수 있게 된 것은 알렉스 덕분이라고 말해야만 한다.

나는 뭔가 말을 하기 위해서 적절한 표현을 찾아 헤맸다. 알렉스는 나의 동정이나 조언이나 격려를 위한 상투적인 말들은 필요하지 않았다. 그는 그러한 것들을 오히려 거부했다. 아무리 내가 최선을 다한다 해도 나도 역시 알렉스의 진짜 삶에 대해서는 무관심했었던 것이 사실이다. 그래서 나는 알렉스에게 질문을 몇 개 던지고는 그가 스스로 말하도록 내버려두었고, 마침내 나는 알렉스가 자신의 이야기를 쓸 것인지 물었다.

결국 우리는 그가 이야기하고, 내가 적어 내려가기로 합의했다. 이런 방식으로 그는 "군대에서 구할 수 있는 총들이 많이 있어요. 그리고 사람들은 그것에 의해 죽어가죠"라며 자신의 성장에 대해 말하기 시작했다. 그러고 나서 그는 "이것이 나의 일반적인 삶이에요"라고 끝맺었다. 그는 그의 뇌성마비에 대해서도 적었다. "인생에서 처음 10년간 나는 휠체어에 앉아 있었지만, 다른 아이들과 다르다고 느낀 적은 없었어요. 나는 친구들이 많았고 심지어 여자친구도 있었어요!" 그는 지역 단체에서 개최한 대회에 대해서도 적었다. "우리는 그림을 그려야 했어요. 나는 휠체어에 앉아 있는 나를 그렸죠……. 그리곤 그 종이 뒷면에 휠체어에 앉아 있지 않은 나를 그렸죠. 내 눈에는 그게 참 촌스러웠는데, 그걸 제출했더니 그 대회에서 상을 탔지 뭐예요. 그때 나는 처음으로 다른 사람들이 나를 다르게 본다는 걸 알았죠." 그는 누나가 그를 집 밖으로 내쫓은 날과 그때 받은 상처에 대해서도 적었다. 글을 쓰는 과정에서 알렉스는 그가 어머니와 잘 지내지 못했고, 아버지를 본 적이 거의 없으며, 그가 사랑했던 개 루시가 죽었고, 정상인인 그의 쌍둥이 형들은 벌써 학교를 중퇴하고 이사를 가버렸다는 것을 이야기했다. 그가 반 친구들 사이에서 이끌어낼 수 있었던 웃음에도 불구하고, 그가 무거운 짐을 지고 있다는 사실은 분명했다.

꿈을
살다

희망의 씨앗을 심는 것은 내 세계와 내 일에서 가장 큰 도전 중 하나로 생각된다. 알렉스는 나에게 우리가 어떻게 살아왔는지에 대한 이야기를 공유하면, 우리가 어떻게 살고 있으며 어떻게 살아야 할지에 대해 알 수 있다는 것을 가르쳐주었다. 내가 그의 에세이를 그에게 소리 내어 읽어주었을 때, 그는 굉장히 좋아했고 여러 개를 인쇄해줄 수 있는지를 물었다. 그는 그것을 집에 있는 어머니는 물론 다른 친구들과 수위 아저씨들에게 가져다주었다. 그는 자신이 무언가를 적었다는 것(그 자체에 대한 승리)뿐만 아니라 이런 어른들로 하여금 그를 믿게 할 만큼 정직한 글을 썼다는 것에 스스로를 자랑스럽게 생각했다. 또한 어른들에 대한 그의 믿음도 커졌을 거라고 확신한다.

지금 나의 머릿속엔 배고픔과 질병과 잔인한 공격에 노출되어 있던 내전 속에서 사막을 횡단했던 수천 명의 '수단의 미아들' 중 한 명인 발렌티노 뎅Valentino Achak Deng을 떠올린다. 그는 『삶에서 중요한 것들What is the what?』 머리말에서 이렇게 쓰고 있다. "가장 어두웠던 시간 속에서도, 나는 언젠가 나의 경험들을 독자들과 나눌 수 있을 거라고 믿었다. …… 이 책은 일종의 투쟁이며, 이것은 내 혼이 투쟁할 수 있도록 살아 있게 한다. 투쟁한다는 것은 나의 신념과 희망과 인간에 대한 믿음을 강화하는 것이다." 불의와 억압과 악을 일부러 방치하는 세상에도 불구하고 이러한 이야기들을 통해서 인간의 정신은 희망에 닿아 있다.

이제 나는 선생님이 되었고 이 세상에서 그들이 누구이며, 혹은 어떤 사람이 될 수 있을지를 찾는 젊은이들의 삶과 함께할 수 있는 특권을 갖게 되었다. 로마서 5장 3절과 4절에서는 "환난은 인내를, 인내는 연단을, 연단은 소망을 이룬다"라고 적혀 있다. "평화—희망, 사랑, 기쁨, 빛—의 도구"가 되기 위해서 나는 기꺼이 투쟁해야 하며 나의 본성을 바꾸어버릴 만큼 어려운 상황도 버텨내야 한다. 만약 내가 알렉스와 그리고 나 자신과 투쟁하지 않았다면, 그가 나와 그리고 그 자신과 투쟁하지 않았다면, 우리는 조녀선 코졸이 말하듯 선생님과 학생의 '불가사의한 짝'으로 함께 하지 않았다면, 나는 희망을 잃었을 것이고 결국 알렉스를 포기했을 것이다. 그의 글이 그의 희망을 부활시켰을 때, 그것은 그와 함께 하고자 하는 나의 에너지도 부활시켰다.

그리고 이 이야기가 어떻게 끝날 것인가를 나는 생각해보아야만 한다. 나는 여러분에게 알렉스가 세 번째 학기에서 합격할 만큼 열심히 했으며, 네 번째 학기에서는 에세이에서의 강점이 그에게 B⁻를 안겨주었다고 이젠 말할 수 있다. 그리고 그가 이 성적을 받고 나서 나에게 "나는 매우 행복하고 내 생에서 이만큼 행복했던 적이 없어요. 도와주신 것에 너무나 감사드려요"라는 문자 메시지를 보냈다는 것도 말할 수도 있다. 이것들은 모두 사실이다. 하지만 이것 또한 진실이다. 즉, 알렉스는 낙제한 수업의 보충수업을 받는 여름학교에 가지 않았고, 그가 '나쁜 방식'이라고 지칭한 길을 포기하지 않았다고 이야기할 수도 있다. 나는 그가 악몽에 시달리고 있고 귀신들과 격렬한 대결을 벌이고 있다고 말할 수도 있다. 그는 구시가지 지역의 개선을 위해 포스터에 그려진 동정심을 자아내는 소년도 아니고, 골칫덩어리도 아니다. 나는 어떤 판단을 성급하게 내리는 것을 경계해야 하고, 가만히 사건의 경과를 지켜보는 대신에, 어떻게든 함께하려는 노력을 찾아야 한다. 결국, 윌리엄 블레이크가 말했듯, "기쁨과 비탄은 훌륭하게 직조되어 신성한 영혼에게 안성맞춤의 옷이 될 것이다."

지금부터 며칠 후, 알렉스는 여름 방학을 끝내고 학교로 돌아올 것이다. 나는 지난 주 그와 이야기를 나눴고 그는 다시 돌아오겠다고 나와 약속하였다. 나는 알렉스가 어떤 모습으로 나타날지 정말 기다려진다.

꿈을
살다

내 이야기는 할머니, 할아버지와 깊은 관련이 있
다. 내 외할머니는 조용한 스웨덴 여성이자 자기주장을 거
침없이 펼치는 노르웨이 사회주의자였던 분의 첫딸이었다. 내
증조부는 냉전 시대 초 몇 년 동안 캐나다 안보 세력의 감시를 받으며 살았다. 할머니
는, 그녀의 부고를 빌려 말하자면, "자기주장을 굽히지 않는 사회주의자"로 자라났고,
강력하게 사회복지를 옹호하는 분이었다. 그녀가 내 나이쯤 되었을 당시, 그녀는 어머
니의 암 치료를 위해 버스를 타고 병원까지 어머니를 모셔갔다가 돌아오기를 반복해야
했다. 병원침대에 어머니를 눕힐 수 있는 돈이 없었다는 이유만으로 말이다. 할머니는
가정형편이 어려워 음악수업을 받을 수 없었고 악기를 살 수도 없었지만 음악을 사랑
했다. 또 그녀는 대학학비를 댈 수 없는 가정환경 속에서도 배움 그 자체를 사랑했다.
할머니는 자신의 삶 전체를 농장에서 일하는 데 보내야 했지만, 인생의 황혼기에 대학
에 가고 여행을 하고 또 자신의 진심이 담긴 피아노 음악을 연주할 수 있었다.

조부모님은 할아버지가 군사기초훈련을 받으러 가는 기차에서 만나 사랑에 빠
졌다. 그는 8학년 수준의 교육만 받았을 뿐 군대에 등록할 때즈음에는 이미 몇 년 동
안 열심히 일해온 농부로서의 삶을 살고 있었다. 그는 전쟁 동안 본 것과 자신이 한 일
들로 인해 마음의 상처를 안은 채 전쟁에서 돌아왔다. 그리고 그 후 몇 년 동안 그는
자신의 할머니가 치료한 덕분에 다시 살아날 수 있었다고 한다. 비록 할아버지는 이제
아흔네 살이 다 되었고 여전히 외출을 꺼려하시지만, 수년 동안 진보적인 정치활동에
가담하면서 평화에 대한 강력한 믿음을 간직해왔다. 그가 아흔 살이었을 때, 난 그와
함께 전쟁을 반대하는 시위대 앞에서 행진했다.

내 아버지의 부모님은 노동조합과 관련된 정치활동에 더욱 적극적으로 참여했다. 아버지 쪽 증조모는 캐나다의 철도공사들을 하나씩 거치면서, 노동조합을 결성했다. (도중에 자신의 이름까지 바꾸었다.) 할아버지는 서스캐츠원(캐나다 남서부의 주)에서 주당 40시간의 노동을 위해 50년 동안 투쟁했고 마침내 승리했다. 그리고 그 이유로 퀴글리란 그의 이름은 여전히 노동자들의 권리를 상징하고 있다.

　　그 이름은 동시에 토착민들의 권리를 상징하고 있기도 하다. 인디언과 백인의 혼혈아인 할아버지는 그의 파란색 눈동자를 지닌 손자들에게 그들이 절대 경험하지 못할 것에 대해 가르쳐주었다. 바로 인종차별에 대한 것이다. 그는 정의에 대한 깊은 신념을 갖고 있었고, 그는 그런 스스로의 믿음에 따른 삶을 살 것임을 확실히 했다. 그의 장례식 날, 나는 내 뒤에서 눈물을 닦고 계시던 할아버지의 가장 친한 친구들을 발견하게 되었다. 한 분은 북쪽에 있는 인디언 보호 주거지의 대표자이고, 또 한 분은 마우리족 출신의 의사이다. 그의 추도문은 가장 친한 친구이자 이전 상사인 분이 전달했다. 이것은 노동조합인에게는 꽤 의미 있는 일이었다.

　　내가 하버드대에 가게 되었을 때, 부모님은 내가 그곳에 가는 것을 허락해주지 않았다. 조부모님은 동의를 해주었는데 나는 그 이유를 잘 안다. 그들은 자신의 딸이 최고의 엘리트들이 모인 곳에서 자신의 가치를 상실하게 되고 고향에 대한 생각을 하지 않게 될까봐 두려우셨던 것이다. 나에게 더 이상 선택의 여지가 없다는 생각이 들어 입학을 거의 단념하고 있을 즈음, 외할머니께서 이 일에 대해 나서주셨다. 경제적인 이유로 음악과 학교교육을 받지 못한 그녀는 자신이 저축해놓은 돈으로 내 길을 갈 수 있게 해주었다. 부모님은 부끄러움을 느끼며 돈을 나누어 지불하는 데 동의했다. 아직 남부 국경을 많이 다녀오지 못한 터라, 처음으로 떠나는 미국 여행이었고 난 여행을 앞두고 작별인사를 할 때 스스로 결심했다. 난 할아버지를 진심으로 존경하고 있고, 최대한 최고의 교육을 받고자 노력할 것이며, 그러면서도 여전히 내 가치에 충실

꿈을
살다

하고 결국 나의 고향으로 꼭 다시 돌아오겠다고 말이다.

올해 할아버지와 외할머니가 돌아가셨다. 난 말로 다 표현할 수 없을 정도로 그들이 그립다. 그 두 분 모두 내가 대학을 졸업하는 것을 보지 못하셨다. 하지만 나는 그분들이 스스로 다짐한 것을 실천한 나의 모습—하버드로부터 나와 자신의 신념을 통해 변화를 이루어내고자 고향으로 돌아온 것—을 자랑스럽게 여길 것이라 믿는다. 나는 대초원 속에서 사는 소녀다. 그리고 나는 필연적으로 농사짓는 일과 기차들, 커다란 하늘, 그리고 서스캐츠원의 사회주의 가치들—실용성, 정의, 용기, 평등 그리고 희망—과 연결되어 있다. 나는 조부모님의 진정한 손녀이고 싶다.

전략으로서의 희망

희망적이고 긍정적인 사고를 하는 사람들이 더 오래, 건강하게, 또 행복하게 산다는 것은 널리 알려진 사실이다. 주로 그런 사람들이 친구도 많고 지역 공동체에서 보다 활발하게 활동한다. 어떤 태도를 가지는가에 대한 것은 이제 더 이상 정신건강 차원의 문제로만 국한되지 않는다. 이것은 신체적 건강 측면, 사업 또는 마케팅 전략적 차원, 스포츠 심리학 등 다양한 차원에서 논의되고 있다.

하지만 희망에 대한 방대한 양의 조사에도 불구하고, 학계 내에서는 이를 신뢰하지 못하고 있다. 도리어 이것은 어리석고 지적이지 못한 것으로 간주되곤 한다. 뿐만 아니라 명백히 존재하지만 실체를 증명해낼 수 없는 희망에 대한 인간의 태도나 감정에 대한 솔직한 논의는 학계 내에서 거의 이루어지지 않는 실정이다. 우리 또한 희망이 역사적 상황이나 정치적 발전이 이루어질 때 또는 미래에 대한 계획을 수립해 나갈 때 미치는 내적인 영향에 대해 논의하는 것을 겸연쩍어하며 멀리 하고 있다.

사람들이 바이러스에 감염되었을 때 그 바이러스의 진행상황을 추적하는 것은 쉽다. 하지만 신념이나 생각의 경우, 바이러스와 비슷한 방식으로 전파되긴 하지만 이것들을 현미경으로 분석하거나 계량화하여 파악할 수는 없다. 그런 까닭에 많은 학자들은 불확실한 것들로 가득한 역사를 연구해도 되는 것인가에 대해 정당한 근거를 찾지 못하고 있다. 우리는 '어떤 총체적인 감정이 이 사건을 일으켰는가?' 등과 같은 질문은 거의 하지 않는다. 따라서 이에 기반하는 혁명이나 사회운동에 대한 연구 또한 엄청난 어려움을 겪을 수밖에 없다.

　　이것은 단지 과거 사실에 대한 연구에만 그런 것이 아니다. 역사적 상황을 바탕으로 미래를 예측할 때, 흔히 희망적인 예측은 불균형적이고 잘못된 것으로 간주되곤 한다. 총체적인 냉소의 관점도 이와 유사한 방식으로 사람들에게 오직 놀라움의 대상으로만 받아들여진다. 사람들은 극단적이지 않은 예측만이 더 정확한 예측이라고 쉽게 생각하기 때문일 것이다.

　　물론, 예측의 대상에 대해 예측하는 행위 자체가 어떤 영향을 미칠지에 대해선 그 누구도 알지 못한다. 물리학에선 슈뢰딩거의 고양이의 논리를 들어 이에 답변한다. 고양이를 관찰할 때, 관찰자가 인식하지도 못한 사이 고양이는 자신의 상태에 변화를 준다. 이러한 것은 사회적 맥락에서 쉽게 찾아볼 수 있는 현상임에도 불구하고 물리학과 같은 자연과학에 이러한 개념이 있다는 사실에 놀라지 않을 수 없었다.

　　다음으로 경제학의 예를 살펴보자. 금본위제는 몇백 년 동안 존재해왔고 가까운 미래에도 계속 존속할 것으로 보인다. 하지만 세계의 주주들이 내일 아침 일어나 금이 더 이상 가치가 없다고 생각할 경우, 결코 그런 적이 없지만, 금본위제는 사라지고 말 것이다. 그러나 역사와 문화적 선례들은 주식중매인들에게 고맙게도 금을 아주 믿을 만한 안전한 재화로 보장해주고 있다. 사람들은 수백 년 동안 그것의 가치를 믿어왔기 때문에 이 가치는 내일까지 계속 유지되리라고 보는 것은 아주 당연한 일일지도 모른다. 하지만 만약 중국이 더 이상 미국을 신뢰하지 못해 그들 정부의 것을 다음 주부터 더 이상 구입하지 않게 된다면 미국이란 경제대국은 급속도로 위기에 봉착하

꿈을
살다

게 될 것이다. 사실상 세계 경제가 자리 잡고 있는 지금 이곳은 이미 위태로운 곳인 셈이다. 그렇지 않은가?

지금까지 우리는 신념이란 사람들 사이에 작용하는 강력한 힘이란 사실을 알게 되었다. 그것은 세계 모든 종교와 교리 또 그들 사이에 벌어지는 전쟁 배후에 존재하는 것일지도 모른다. 앞에서 언급했듯이, 신념은 세계경제체제와 그 속에서 살아가는 모든 사람들의 생활을 위한 가장 중요한 요소일지도 모른다. 역사를 살펴봄으로써 이 사실에 대해 좀더 명확히 할 수 있을 것 같다.

모든 국가와 모든 역사에서 충분한 수의 사람들이 함께 모여 동시에 행동함으로써 발생한 사건들은 많다. 그들은 자신들이 행동할 때 많은 사람들이 함께 행동할 것이라고 믿었기 때문에 그렇게 할 수 있었던 것이다. 그들의 행동은 사회운동의 일부분이었다. 사실상 무수한 혁명이나 학살, 저항, 행진, 집회, 반란이나 반항이 있기 전, 힘을 가진 위치에 있는 사람들은 그런 광범위한 계획이 실행되고 있으리라곤 거의 생각하지 못했다. 그때, 그런 행동들을 계획하고 시도하는 사람들에게 신념이란 필수적인 것이었다. 많은 사람들이 '함께 하나로' 행동할 때, 위험부담은 줄어들 수 있었다. 신념이란 결국 두려움, 회피의 길과 힘을 갖고 행동하는 길을 구분 짓는 요소였다.

힘을 가진 사람들이 현 세계가 직면한 끔찍한 억압 속에서도 희망을 잃지 않는 사람들을 무기력하게 만들 때, 그들은 이미 어떤 점에서 신념이 가져다주는 힘을 인정하고 있는 것인지도 모른다. 설득력 있는 연설가나 운동가, 건강관리사 등 모든 사람들에게 이러한 태도는 세상을 살아가는 하나의 전략이나 다름없다. 그렇다면 이것은 당연히 학계 내에서도 적용되어야 하는 것이 아닌가? 만약 우리가 경제를 통해 무언가를 배울 수 있다면, 그것은 예측이 실현된다는 사실일 것이다. 예를 들어 어떤 사람이 주가가 떨어질 것이라고 말하는 즉시 대개는 그렇게 된다. 더 냉소적이고 불변적이고 보수적인 학문적 예측일수록 그것의 실현은 더욱 어려워진다.

반대로 동전의 다른 한쪽 면인 낙관주의와 희망은 고도로 지적인 전략이다. 지적으로 희망적이지 못한 관점을 가진 사람들이 쉽게 좌절하는 것을 보면 이를 잘 알 수 있다. 예측이 실현되는 사회 속에서 살고 있다면 왜 가능한 한 최상의 예측을 하지 않겠는가? 사실상 이것은 역사상 뛰어난 비폭력주의 지도자들이 많이 실천한 것이다. 마르틴 루터 킹 목사는 "우리에겐 꿈이 있습니다"라고 말하며, 그의 연설을 통해 미래에 대한 희망을 되풀이했다. 훌륭한 지도자들은 항상 신념에 대해서 말한다. 이는 신념이 사람들에게 전달되는 경향이 크기 때문이다. 킹 목사가 그의 꿈을 말할 때마다 그것을 듣는 사람의 수도 늘어갔다. 대규모의 문화적 지각 변동이 큰 꿈을 앗아가버릴 때, 사람들은 종종 신념을 잃게 된다. 그럼에도 이 신념은 광범위한 변화를 지속시키기 위해 필수적인 요소이다.

왜 희망은 사람들에게 믿을 만한 것으로 여겨지지 못할까? 이는 냉소적인 사람들이 희망적인 사람보다 더 많기 때문이고, 그런 까닭에 사회에서는 대부분 미래에 대해 전반적으로 부정적인 관점을 취할 수밖에 없다. 이는 예측이 가능한 범위에서 심각한 영향을 초래한다. 희망적인 사람들은 소수가 모인 사회에서 미래에 대해 부정확한 예측을 할 가능성이 더 높다. 이 경우, 냉소적인 사람들이 옳음을 입증하는 결과를 낳게 되고, 그것은 결국 사람들 사이에 더욱 냉소주의를 확산시키게 될 것이다. 그렇다면 사회운동은 어떻게 할 수 있는가? 사람들에게 희망을 주는 것이 바로 해답이다.

이것은 모든 경우에 해당되는 말이다. 사회운동은 많은 구조에서 진행되고, 조그마한 생각에서 비롯된다. 지역적인 차원에서 사회운동은 단 한 사람의 희망이 발전된 결과 이루어지게 된다. 스포츠 심리학자나 공기업들이 동의하는 것처럼 태도의 변화가 그 사람의 인생을 바꾼다. 그리고 그 사람이 자신의 희망을 운동으로 발현시키고 그것을 광범위하게 확산하게 되는 것이다. 냉소주의 또한 희망처럼 잘 퍼져나가지만 희망에 비해 그렇게 매력적이지는 못하다. 또 냉소주의가 희망보다 널리 퍼질 경우 그

꿈을
살다

것은 진보적으로 발전해 나가진 못한다.

희망에 대한 이 모든 것은 우리가 살고 있는 곳에 개인적 차원에서부터 전 지구적 차원에 이르기까지 더 나은 영향을 주기 위함이다. 또 전략적으로 볼 때 지역적 차원에서 옳은 것이 세계적인 차원에서도 적용되는 것이 당연한 귀결일 것이다. 그러므로 희망은 작은 일이나 큰 일 모두에 해당되는 놀라운 전략이다. 사실, 작은 것이 큰 것으로 변한다고 보는 것이 더 적합할 것이다. "작은 규모의 헌신적인 시민들이 전 세계를 바꿀 수 있다는 사실에 대해 의심하지 마라. 사실 그것은 변화를 위한 유일한 길일 수 있다"라는 마거릿 미드의 한 구절이 떠오른다. 이 말은 그 사람들이 놀라울 만큼 큰일을 꿈꿀 수 있을 때 해당되는 말일 것이다.

작년에 나는 큰 꿈을 꾸었고, 기쁨을 통해 어떻게 변화를 만들어낼 수 있는지에 대해 배웠다. 그것을 바탕으로 '우리는 모두다We Are Many Festival' 라는 예술, 환경과 관련된 실제적으로 유용한 행사를 만들 수 있었다. 이것은 5만 명의 사람들을 모아 전체적으로 동의를 구하고 행동을 취하는 등 매우 크고 다양한 일들을 꿈꾸고 있다. 하지만 이러한 우리의 모임은 희망과 큰 꿈이라는 견고한 지지기반이 없었더라면 지금까지의 일들을 해낼 수 없었을 것이란 점 또한 명백한 사실이다. 이런 기회를 준 기관이나, 기금 단체들은 우리로부터 이런 말을 듣고 싶어하지는 않을 것이다. 그런 까닭에 우리는 실용적인 결과들을 동시에 추구하고 있고 특출한 장점들을 찾고 있다. 하지만 정직한 답변을 원하는 사람들을 위해 다음과 같이 말하지 않을 수 없다. 영구적으로 사회나 문화에 영향을 줄 만큼 큰 일을 해내기 위해 조직을 결성할 때, 구성원 간의 동기를 부여하는 공통된 신념이 없었더라면 그것은 불가능했을 것이란 사실을. '우리는 모두다We Are Many(WAM)' 을 이끌어가는 것은 바로, 믿음이 있을 때 분명히 실현될 미래에 대한 우리의 비전이다.

'우리는 모두다'WAM' 에 관하여

2008년 8월, 서스캐처원에서 '우리는 모두다' 를 개최할 예정이다. '우리는 모두다' 는 예술가와 페스티벌을 즐기는 사람들이 환경의 지속가능성을 위해 개인적인 실천을 할 수 있도록 유도하기 위해 음악, 영화, 시각미술, 춤 등의 예술을 활용한다.

정치적 행사들은 흔히 다양한 이슈들을 다루지만, 변화를 위해선 실용적이고 좀더 정교한 해결책이 총체적으로 요구되기 때문에 우리는 한 특정한 중요한 이슈에 충실하고자 한다.

환경의 변화를 일으키는 데 가장 큰 장애요소가 되는 것은 "나는 혼자일 뿐이다"라는 마음가짐이다. 인간으로서 우리는 개인적인 삶에 변화를 주고자 노력하기에 앞서 우리의 개인적인 행동이 전 세계에 영향을 미칠 수 있음을 꼭 기억해야 한다. 개인적 무력감을 극복하고자 하는 차원에서, 이 행사는 적어도 5만 명의 참가자와 예술가들을 모을 것이다. 그리고 그들은 환경의 지속가능성을 위한 최초의 서명자들이 되는 것이다. 우리의 선언은 이 많은 사람들이 서명을 할 때 비로소 영향력을 갖게 될 것이다. 의식있는 대중들이 바로 우리 모두가 힘을 합해 변화를 만들어낼 수 있음을 보장해줄 것이다.

'우리는 모두다' 조약은 녹색운동이다. 조약은 "저는 우리 집에 있는 모든 전구를 작고 경제적인 형광 전구로 바꾸겠습니다" 등과 같은 개인적으로 실천 가능한 사항들을 40개 정도 제시할 것이다. 그 어떠한 항목도 의무적이지 않다. 사람들은 경제적·신체적 또는 그 어떠한 관점을 취하든지 간에 그들의 자제심에 따라 자발적인 선택을 통해 서명하게 될 것이다. 하지만 "저는 _____ 사람들을 WAM 조약의 회원으로 추천할 것을 서명합니다"라는 마지막 항목은 의무적이다. 이때 적어도 5명은 추천해야 한다. 이러한 방식으로 사람들이 최소한으로만 서명을 한다 해도, 우리는 적어도 25만 명의 사람들을 모을 수 있다. 뿐만 아니라 이 행사가 끝나자마자 우리는 무수

꿈을
살다

한 효과들을 창출해낼 수 있을 것이다.

이 행사에는 워크숍과 같은 심포지엄과 그룹별로 전략을 짜는 모임도 있다. 행사 참가자들은 마지막 날 이 조약에 서명을 하게 된다.

광범위한 지지와 영향

이 행사는 미래 지향적인 관점 덕분에 벌써 상당한 관심과 지지를 받고 있다. 베어네이키드레이디스(가수)의 스티븐 페이지는 그의 시간과 힘을 보태고, 유명한 음악가로서 또 CBC 라디오 쇼의 진행자로서의 인맥을 통해 도움을 주려 하고 있다. 서스캐처원 의회의 구성원들과 도시와 지역의 지도자들은 도움과 지지를 보내겠다고 맹세하였다. 뿐만 아니라 보스턴, 코네티컷, 버지니아, 토론토, 에드몬튼, 서스캐처원의 그룹들은 이미 이 행사를 계획하고 참여하기로 서명하였다.

결론

이 행사는 북아메리카인들이 한정된 자원을 갖고 있는 이 세계에 적합한 행동을 취할 수 있는 데 도움을 줄 수 있는 즐겁고 중요한 행사이다. 부분적으로 실용적이고 교육적인 이 행사는 특히 젊은 사람들 사이의 공동체를 활성화하고, 무수한 결과들을 초래할 변화들을 만들어내며, 우리의 소비적인 행동을 줄일 수 있도록 개인들의 의식을 확장시켜가고 동시에 다른 사람의 부족한 자원들을 충당하는 것을 목표로 한다. 이 계획은 야심차다. 우리도 또한 매우 의욕적이다. 기후 변화는 현실로 다가왔고, 더 늦기 전에 우리가 맞서야 할 문제이다. 그러한 정도의 변화를 만들어내기 위해선 거대한 힘이 필요하다. 그러므로 우리는 "함께할 사람은 많다"라는 사실을 잊어선 안 된다.

3

진실한 사람들의 만남, 네트워크 Network

역사 · 사회

아시아

네팔

2007.6.28~2007.7.6

같은 미래를 꿈꾸는 젊고 위대한 동지들

산토시 샤흐

Santosh Shah

전략적 희망가,

산토시 샤흐를 만나다 박용준 ● ●

✚ 2007년 6월 29일 금요일 오전 9시, 네팔 카트만두, TYA 사무실에서

청소년이 만드는 국제 잡지 《투데이스 유스 아시아Today's Youth Asia(TYA)》의 편집장 산토시 샤흐. 그의 꿈은 탁월한 통찰력과 정의를 향한 신념에 기반하고 있다. 산토시는 아직 20대 중반의 젊은 청년이지만 그는 네팔의 미래, 나아가 아시아의 새로운 지평을 열어가고 있다. 지금껏 어디서도 볼 수 없었던 새롭고 신선한 시각으로 세계적 이슈를 다루겠다는 의지와 폭넓은 시야, 그리고 원대한 포부가 《투데이스 유스 아시아》에 담겨 있다. 그의 큰 뜻은 바로 아시아라는 공동의 장ground을 바탕으로 전 지구적 연대와 소통을 이루고자 하는 꿈. 하지만 그의 이러한 언론매체를 통한 변화의 시도는 그가 꿈꾸는 혁명의 일부에 불과하다. 정치적으로 불안한 네팔을 다시 세우고,

미래를 이끌어갈 청소년들에게 새로운 희망을 꿈꾸게 하고, 나아가 전 지구적 네트워크를 만드는 것. 산토시와 함께 TYA의 새로운 친구들을 2007년 10월, 부산으로 초대했었다. 빛나는 눈동자의 안나푸르나 정령들과 함께 우리는 치열하게 고민했고 또 새로운 미래를 개척하고자 약속했다. 그는 희망의 전략가다. 새로운 희망의 불을 지피게 될 그와의 또 다른 만남이 기대된다.

> "나의 꿈은 언젠가 다시 평화롭고 진보하는 나라로의 네팔을 보는 것이다. 나는 나의 조국 네팔이 오래되고 소중한 문화유산들을 보존하면서, 세계화 시대의 흐름에 잘 맞추어 나가는 것을 꿈꾼다. 인류를 위한 내 꿈은 다양한 나라의 다양한 신념과 믿음을 가진 사람들이 '더 좋은 미래, 더 나은 세상'이라는 같은 목적을 향해 함께 나아가는 것이다. 나는 이 시대의 젊은이들이 이 새로운 장을 이끌어갈 주체라고 확신한다." 산토시 샤흐

《투데이스 유스 아시아》
그리고 《인디고잉》, 경계를 뛰어넘다 ● ● ●

삶에는 많은 종류의 경계가 존재한다. 나와 너, 나와 가족, 나와 학교, 나와 사회, 나와 국가, 나와 세상. 이 커다란 삶의 경계들 속에서 우리는 무수히 많은 선을 그어가며 살아가는 것 같다. 점점 좁아지는 내 영역 안에서 나는 수없이 흔들리고, 또 알 수 없는 혼란에 깊이 시달리기도 한다. 하지만 어떠한 위기 속에서도, 무엇도 할 수 없을 만큼 힘들고 괴로운 시간 속에서도, 희망은 '나'로부터 비롯된다고 나는 믿는다. 희망과 꿈은 내가 얼마나 나를 굳게 믿고 있는지, 또 스스로를 얼마나 타인에게 열어두는지에 따라 그 운명이 결정되는 것 같다. 즉 삶의 어려운 순간순간마다 그것을 극복하게 하는 힘들은 눈에 보이지 않는 경계들과 벽을 허물고 타인에게 얼마나 진심으

꿈을
살다

로 다가가는가, 그리고 너의 기쁨과 슬픔을 나의 기쁨과 슬픔으로 느끼는가, 내 삶의 경계를 넘어 어떻게 '너'에게 다가갈 수 있을 것인가와 같은 물음들로부터 비롯하는 것 같다. 이런 것들이 전제될 때 우리는 세상을 바꿀 수 있고 간절히 바라는 진정한 꿈을 이룰 수 있다고 감히 단언하고 싶다.

인디고 서원에서 진행하는 인디고 유스 북페어 프로젝트의 팀원이자 《인디고 잉》의 기자로서 나는 지난 8개월간 함께 해왔는데, 사실 그 동안 어떤 벽에 부딪히는 순간들이 종종 있었다. 특히 북페어 프로젝트를 진행할 때에는, 이정표도 없는 길을 무작정 달리는 자동차에 탄 느낌이랄까. 전 세계에 숨겨져 있는 좋은 작가들, 예술가들, 사회운동가들, 그리고 청소년 단체들을 찾고, 그들을 만나는 일을 기획할 때는 엄청난 기대와 기쁨에 가득 차 있다가도, 이 일이 과연 어떤 변화를 이 지구에 불러올지, 과연 이 일이 가능하기는 한 것인지에 대해서는 전혀 예상할 수가 없었기에 막연한 두려움을 느끼기도 하고, 동시에 막연한 희망을 품기도 했다. 누구에게나 이런 총체적 위기와 회의가 끝이 나고, 모종의 희망의 기운으로 재충전되는 계기가 으레 있기 마련인데, 내게는 그것이 네팔을 다녀와서였던 것 같다.

2007년 6월 28일 아침, 네팔 카트만두행 비행기에 올랐다. 비행기 창문으로 보이는 히말라야에 감탄을 내지를 때만 해도, 그 후 일주일 동안 보게 될 희망과 미래에 대해서 우리는 그 어떠한 예상도 하지 못했다. 흐릿한 전등 몇 개만이 켜져 있는 어둑한 카트만두 공항에 도착하는 바로 그 순간부터, 상상 그 이상의 감동으로 가득 찬 일주일은 시작되었다.

그 시작은 인사였다. 이메일로 보낸 사진을 통해 익힌 우리의 이름을 불러주며 꽃을 전달하는 '산토시와 투데이스 유스 아시아' 팀을 보는 순간, 우리는 예상보다 훨씬 즐겁고 희망찬 기류에 휩싸이는 듯한 느낌을 받았다. 처음 보는 사람이 나의 이름을 부르며, 꽃을 건네줄 때의 그 오묘한 반가움이란!

이렇게,
우리의 비행은 이미 시작되었다 **이슬아** ● ● ●

"앞으로 나간다는 것은 쉬운 일이 아니기에, 더욱이 혼자서 발걸음을 떼는 것은 더욱 큰 용기를 필요로 하기에, 그런 내 삶의 치열한 태도를 다른 이와 공유할 수 있는 장이 필요합니다. 바로 그 장이, 《인디고잉》이었으면 합니다. 각자의 사유와 다른 느낌들을 나누고, 어느새 잃어버린 내 삶을 다시 내 것으로 만들 수 있는 자유로운, 내가 앓고 있는 생각들을 함께 앓고 고민할 수 있는, '우리'의 힘으로 더 큰 일을 해낼 수 있는 장. 비록 서툴러도 몸과 마음으로 익힌 깨끗하고 정직한 글로 그런 장을 이뤄내고자 합니다. 그리하여 우리는 권위를 통해 진실과 정의를 실현하라는 사회와 타협한 어른들의 가르침보다, 진실과 정의를 통해 권위를 가지는 방법을 택할 것입니다."

(《인디고잉》 1호 청소년 칼럼, 발간사에서)

"그러나, 이 잡지가 단지 청소년을 위한 잡지로 여겨져서는 안 된다. 우리는 모든 연령층의 사람들을 아우를 것이고 모든 세대를 주목할 것이다. 우리가 '청소년^{Youth}'이라는 키워드 아래 모이고 우리의 활동을 계속하기로 결정한 것은, 이 잡지가 미래에 대해 이야기하고 있기 때문—그러므로 당연히 청소년에 대해 이야기해야 한다—이라는 사실을 강조하고 또 표방하기 위해서이다. 과거는 머물러 있고, 현재는 앞으로 나아가고 있지만, 미래는 아직 만들어져야 한다. 이런 맥락에서 TYA는 오로지 '선진적(미래적)'이다. 우리는 그것이 각각의 국가들과 개인들의 미래에 미칠 영향을 유념하면서 여러 가지 이슈들과 사건들을 다룰 것이다."

(《투데이스 유스 아시아》 1호 사설에서)

대한민국 인디고 서원의 《인디고잉》은 격월로 발간되는 대한민국 최초의 청소년 인문교양지이다. 인디고 서원 6개 서가 분류인 문학, 역사·사회, 철학, 예술, 교육, 생태·환경을 기준으로 차례를 나누고, 매호의 테마에 맞는 특집기사를 정한다. 나는 누구인지, 어떻게 세상을 살아갈 것인지, 정의가 아닌 것들에 대해 어떤 태도를 취해야 할지, 나는 어떤 어른이 되어야 할지 등과 같은 주제에 관한 청소년들의 치열한 고민이 묻어 있는 잡지다. 인터넷을 통한 리서치를 통해 발견한 네팔의 청소년 잡지 《투데이스 유스 아시아》는 네팔의 《인디고잉》이라고 우리는 감히 이야기할 수 있겠다. 이렇게 우리는 지구의 각기 다른 곳에서 아름답고 정의로운 세상을 꿈꾸며 이미, 함께, 한발씩 한발씩 나아가고 있었다.

산토시는 최고의 교육을 제공하여 네팔의 미래를 만들어나가겠다는 목표 아래 세워진 왕립 학교를 졸업했다. 그런 학교를 졸업하고 사회로 나온 산토시는 커다란 답답함을 느꼈다. 네팔의 미래를, 이 세계의 미래를 위해 일하겠다고 다짐한 친구들은 대부분 외국으로 유학가 돌아오지 않았다. 이 우울한 자화상을 발견한 네팔이라는 사회에서 문학, 철학, 예술에 대해 이야기하고, 자신이 쓴 시를 읽으며, 다른 사람의 이야기를 듣는 공간은 더 이상 존재하지 않았다. 한 시대의 절실한 담론을 펼칠 수 있는 공간과 소통의 부재에서 오는 답답함을 견딜 수 없었던 산토시는 6명의 친구들과 함께 작은 카페에서 모임을 시작한다.

2002년 11월, 산토시는 처음으로 '유스 포럼Youth Forum(청소년들이 매주 모여 한 주제를 정해 토론하는 장)'을 조직하는데, 그것이 현재 네팔 전역의 청소년들에게 새로운 꿈을 심어주고 있는 '유스 포럼'의 시작이다. 그러던 중 자그마한 서점 2층의 홀을 빌릴 수 있게 되고, 모임은 어느덧 마흔 명을 훌쩍 넘은 숫자로 불어났다. 10대 후반부터 20대 초반의 많은 젊은이들이 포럼에 적극적으로 참석했다. 그리고 2003년 1월, 자신들의 목소리를 좀더 많은 사람들에게 알리고 사회의 변화를 함께 이끌어내기 위한 새로운 방법의 필요성을 그 포럼의 회원들은 느꼈다.

그때 산토시는 이런 제안을 했다. "우리만의 목소리를 담은 잡지를 만들면 어떨까?" 그렇게 해서 《투데이스 유스 아시아》가 세상에 태어났다. 현재보다는 그때 네팔의 경제상황이 더 좋았기에, 많은 광고와 후원을 얻어 잡지 작업을 시작했다. 처음에는 이만큼 힘 있는 잡지가 되리라고는 상상도 하지 못했으나, 잡지가 세상에 알려지자 많은 사람들이 함께 일하고 싶다는 뜻을 밝혔고, 이러한 참여에 힘입어 산토시는 또 다른 프로젝트, '학생 대표 미디어 트레이닝School Representative Media Training(SRMT)'라는 프로그램을 시작했다. SRMT는 네팔의 미래와 이 세계의 장래를 걱정하는 많은 학교의 교장선생님들과 교육부에 협조를 구해, 카트만두 시내의 학교 대표 학생들을 모아 이 시대의 절박한 문제들이 무엇이며, 또 해결책이 무엇인지에 관해 토론하고 또 그들의 목소리를 세상에 전달하는 프로젝트이다. 청소년들에게 이러한 소통의 장을 마련한 이유가 무엇이냐는 우리의 질문에 그는, "젊은이들은 언제나 좋은 아이디어를 갖고 있어요. 비록 그것이 굉장히 뛰어나지 않다 하더라도, 그들은 자신의 주장을 쉽게 포기하지 않는 용기를 가지고 있죠"라며, "어떤 생각이든 들어주는 이가 없거나 의견을 나눌 공간이 없으면 그 가치를 상실하게 되기 쉽습니다"라고 대답했다. 산토시가 이곳에서 진행하는 모든 프로그램의 룰은 단 하나다. '경청하기Listen'. 유사하게도 《인디고잉》 기획회의에는 두 가지 규칙이 있는데, 하나는 말하는 사람의 눈을 쳐다볼 것, 그리고 나머지 하나는 진정으로 보고 진정으로 듣는 것—존경의 또 다른 표현—이다.

'투데이스 유스 아시아' 팀은 정치적으로 굉장히 불안정한 네팔(지난 2년간 정부가 6번이나 교체되었다)에서, 어떤 정부나 정당으로부터의 지원도 받지 않고 있었다. 많은 기자들이 마음으로 후원해주고, 토론 프로그램에서 나온 글들을 첨삭해주고 조언해주는, 보이지 않는 지원 외에 물질적 지원은 거의 받지 못하는 상태였다. 그래서 제작의 어려움을 우리는 걱정했으나, 산토시는 단호하게 말했다. "우리는 대중에게 다가갈 때, 우리의 본질과 수준을 어떤 것과도 타협하지 않습니다." 아무리 경제적으로 힘들더라도 의미 있는 글과 수려한 사진으로 승부하고 싶으며, 자신들의 철학과 본

꿈을
살다

질을 잃지 않는 것이 무엇보다 중요한 것이라고 말하는 그에게서 진실의 용기와 힘이 느껴졌다.

　이런 그들이 일으킨 변화는 무엇일까. 《투데이스 유스 아시아》가 탄생하기 이전에 네팔의 청소년 잡지라 함은 대중음악 및 외국 패션 잡지에 한정되었다고 한다. 하지만 《투데이스 유스 아시아》를 선두로 네팔에는 많은 청소년 잡지가 생겼고, 정부와 언론은 물론 반군들까지도 청소년들의 의견에 귀기울이기 시작했다. 이것도 모자라 그들에게 잡지에 담긴 엄청난 컨텐츠를 활용하여 매주 방영되는 TV 프로그램을 진행하자는 방송사의 제안까지 들어왔다.

　앞에서도 말한 바 있지만, 오늘날 네팔의 가장 큰 문제 중 하나는 똑똑한 젊은이들이 외국으로 유학을 가서 다시 돌아오지 않는 것이다. 국가의 미래, 세계의 미래를 위해 일하겠다던 포부는 사라지고, 타국에서 편안한 삶을 영위하는 청년들이 많아지고 있다고 한다. 네팔 최고의 왕립 학교를 졸업한 산토시도 역시 미디어를 공부하기 위해 미국으로 유학을 떠났었다. 그러나 그는 지구 반대편의 미국에서 다시 네팔을 생각하게 된다. 전기, 수도, 통신 등의 사회기반시설부터 교육, 정치, 문화 등의 거대한 사회시스템까지 모든 것이 불완전한 네팔과 많은 것이 이미 완성되어 있는 미국. 그는 둘 중 네팔을 택했고, 그곳에서 자신이 해야 할 일이 있다고 믿었다. 실제로 지금 네팔에서 정작 본인은 정치에 조금의 관심도 없지만, 모든 정당에서 중요한 정책을 결정할 때 산토시에게 자문을 구한다. 그가 어떠한 이해관계에도 속박받지 않은 채 네팔의 미래를 위한 조언을 하기 때문이다.

　산토시는 자신이 하는 일의 중요성을 충분히 인식하고 있고, 그 중요성은 네팔이라는 국가에 한정되지 않는다는 것도 알고 있다. 지금은 국가주의자로서의 면모를 고수할 수밖에 없지만, 더 넓은 세상을 향한 발걸음을 멈추지 않아야 한다는 것도 알고 있고, 또 그렇게 실천하고 있다. "파키스탄에서 일어나는 일을 왜 아시아 언론이

꿈을
살다

아닌, 유럽, 미국의 통신사로부터 들어야 하죠? 아시아의 문제에 대한 아시아적 관점은 매우 중요하다고 생각합니다"라고 이야기하는 그에게서는 결연한 의지가 느껴졌다.(《TYA》잡지를 보게 되면 그 마지막 페이지에 빨간색 글씨로 적힌 하나의 문장이 매우 인상적임을 알 수 있다. '우리는 세상을 바꿀 것입니다 *We will change the world.*') 산토시는 자신이 하는 일이 네팔의 미래를, 세계의 미래를 바꿀 것이라고 확신하고 있었다. 자신의 프로그램에 참여하는 이들에게 그는 늘 당부한다. "여러분의 학교에 가서 이 같은 모임을 조직하고, 많은 학생들을 불러모으세요. 30명이 10명의 학생만 모아도 우리는 300명이 되고, 3,000명이 되고, 그 힘들이 모여 미래의 변화를 가져다줄 것입니다."

"청소년은 자신들이 관리하도록 소명받은 이 세계에 대해 책임감을 의식해야 하며 인류 행복의 미래에 대한 확신으로 고무되어야 한다."
(《청소년의 평화이념 및 국민 간 상호존중과 이해의 증진에 관한 선언》, 1965년 12월 7일 UN총회에서 결의됨)

함께한 마지막 식사에서 산토시는 우리에게 고마운 이야기를 들려준다. "지난 역사를 돌이켜봤을 때, 나이팅게일도, 다이애나도, 심지어 마더 테레사도 그들이 살았던 그 당시에 가치를 쉽게 인정받지 못했습니다. 많은 어려움이 있었고, 질시와 반목의 눈길도 예사롭지 않았습니다. 그러나 그들은 그 모든 것을 극복하며 자신의 길을 걸어갔고, 결국 진실의 힘은 승리했습니다. 우리의 비행은 이미 시작되었으니, 남은 것은 목적지를 향해 곧게 날아가는 것뿐, 그 이상도 그 이하도 존재하지 않습니다"라고. 그렇다. 우리의 비행은 이미 시작되었고 같은 미래를 꿈꾸는 젊고 위대한 동지들이 있기에 우리의 비행은 더 이상 외롭지 않다. 이 글을 읽고 있는 그대도 이 길 위에 있음을 믿는다.

강자, 그리고 약자

그리고 우리 김수영 ● ○

> "강자와 약자의 싸움에서 아무 편도 들지 않는 것은 강자의 편을 드는 것이다.
>
> Not to take sides in the struggle between the powerful and the powerless is to
>
> side with the powerful."

인디고 서원과 뜻을 함께하는 브라이언 파머 교수님이 우리에게 알려준 이 문장은 언제나 우리의 가슴에 불을 지핀다. 우리가 네팔의 《투데이스 유스 아시아》와 함께 그곳에서 공부하는 학생들과 처음 공유한 문장이 바로 이 문장이었다.

우리는 네팔의 친구들에게 이 문장이 우리가 믿고 있는 신념 중 하나라고 소개했다. 강자와 약자의 싸움에서, 우리가 아무런 목소리도 내지 않으면 그것은 강자의 편에 힘을 보태는 것일 테니까. 그러므로 우리는 반드시 우리의 소리를 내야 한다. 인디고 서원이 네팔에 갔던 이유도 바로 그 때문이다. '투데이스 유스 아시아' 팀과 학생들, 그리고 인디고 서원이 함께 그 목소리를 내기 위해서. 부당한 강자의 편에 서 있는

꿈을
살다

자들의 집요하고 강철 같은 네트워크에 비해, 함께하는 것이 더욱 절실함에도 불구하고 약자들의 네트워크는 부재한 편이다. 그것은 목소리—울림—의 부재로 이어지고, 그것은 강자의 네트워크를 지지하는 결과를 낳기 쉽다.

하지만 지금, 서로 다른 공간에서 각자의 꿈을 꾸며 현실을 올바르게 살아나가는 개인들이 비로소 그 꿈과 마음이 맞닿아 하나의 큰 울림을 만들고 있다. 한국에서 인디고 아이들이 건강하고 정의로운 사유를 하고자 끊임없이 노력하고, 진실에 더 다가가고자 연대하며, 그것을 더 깊고 넓은 울림으로 잇고자 끊임없이 노력하는 바로 그 시간에, 네팔에서도 역시 같은 일이 일어나고 있었다. 그곳의 청소년들도 함께 모여서 토론하고 공부하고, 매체를 만들어 당당히 자신들의 목소리를 내고 있었다. 그렇게 우리는 서로의 목소리를 듣고, 서로의 존재를 발견해내고 더 큰 울림을 만들기 위해서 마치 만나기로 정해진 듯이 자연스럽게 만났다.

투데이스 유스 아시아와 인디고 서원은 '청소년^{Youth}' 이 바로 희망의 중심에 있다고 믿는다. 여리고 섬세한 감수성을 세상을 향해 곤두세우고 불의에 아파하고 분노할 줄 아는 청소년. 정의롭고 아름다운 세상을 꿈꾸며 현실에 뛰어들어 저항하고 혁명하는 청소년. 그런 건강한 청소년의 에너지가 희망의 중심에 있다고 믿는다.

그래서 청소년들의 정체성을 확립하는 것이 더욱 중요함을 알고 있다. 자신의 정체성을 올바르게 세우고 그것에 충실한 삶을 사는 것이 얼마나 중요한지 알고 있고, 또 그런 삶을 추구해야만 그 의미가 보다 깊어질 수 있을 것이다. 이러한 정체성 정립은 강자와 약자의 싸움터를 전복시키는 혁명의 원동력이 될 수 있다. 왜냐하면 정체성에는 높고 낮음이 없기 때문이다. "a의 정체성이 b의 정체성보다 더 뛰어나다"라는 명제는 존재할 수 없는 것과 같다. 따라서 투데이스 유스 아시아와 인디고 서원은 정체성 확립의 중요성을 공유하고, 같은 아시아인으로서 아시아적 정체성을 올바르게 확립하는 데 함께 하기로 다짐했다. 그것은 특히 아시아인으로서의 뿌리를 잃어버린 한국인에게는 더욱 절실한 문제임이 틀림없다.

　　네팔 안나푸르나의 정령인 그들이 얼마나 뜨거운 심장으로 이야기를 하던지, 우리의 가슴마저 뜨거워졌다. 그들이 확신과 열정으로 희망을 이야기할 때마다, 진심을 다해 우리를 대할 때마다, 우리는 그것이 얼마나 위대한 에너지인지 온 몸으로 느낄 수밖에 없었다. 그러한 그들이 네팔의 청소년, 아시아의 청소년을 대표할 수 있다고 믿는다. 또한 대표해야 한다고 믿는다. 우리는 아시아의 대표로서 그들을 인디고 유스 북페어에 초대했다. 그리고 그에 앞서, 작년 2007년 10월, 인문주간이라는 행사에 그들을 초대했다.

　　　　"진리는 보이지 않는 곳을 보여주지만, 진실은 보려면 볼 수도 있는,
　　　　그러나 사람들이 보려고 하지 않는 것을 보게 해주는 것이다."

　　인디고 서원을 몇 년째 지키는 글귀다. 항상 진실을 피하지 않고 그것이 아프더라도 똑바로 바라보고자 하는 인디고 서원의 신념이다. 그런데 그러한 진실을 함께 마주할 사람을 만나는 것은 정말 큰 행운인 셈이다. 그것이 단지 행운에 멈춰서는 안 된다는 것을 우리는 잘 알고 있다. 더 단단히 네트워크를 만들고 더 올바른 목소리를 함께 냄으로써 우리는 세상을 변화시킬 수 있다고 믿는다.

　　투데이스 유스 아시아를 발견하고 산토시를 만난 후, 내게는 아주 굳건한 희망이 생겼다. 지구는 이들처럼, 우리처럼, 꿈꾸고 또 꿈을 향해 끊임없이 나아가는 사람들로 인해 더욱 살기 좋은 곳이 될 것이고, 이 세상은 더욱 인간적인 삶을 살아갈 수 있는 터전이 될 것이라는 믿음 말이다. 목표가 이루어질 확률이 높지 않으면 좀처럼 움직이지 않던 내가 완전히 바뀌었다. 세상을 바꾸는 사람들은 매순간 새로운 꿈을 꾸고 늘 깨어 있고자 한다. 성공에 대한 확률은 중요한 것이 아니었고, 사회가 만들어놓은 피라미드의 가장 위층에 자리잡는 것은 온전한 행복을 위한 길이 아니었음을 알게

꿈을
살다

되었다. 기존에 없던 강줄기를 따라 흐르고, 새로운 기류를 타고 떠돌고 있기에 위태로워 보이기도 하겠지만, 우리가 도착하고 착륙할 곳은 저 밀림 깊숙한 오지가 아닌, 우리가 만들어낼 행복한 세상의 중심이라는 확신. 또한 이런 행복한 세상의 중심에는 반드시 젊은이Youth가 서 있어야 한다는 믿음.

　　미래를 이끌어가는 것은 오직 꿈꾸는 이들이며, 아무런 경계 없이 꿈꾸기에 가장 열려 있는 우리는 그 창조적 열정으로 아름다운 세상을 꿈꾸고, 또 만들어야 한다. 《인디고잉》과 《투데이스 유스 아시아》의 가장 큰 접점은 두 잡지 모두가 '청소년'에 주목하고 있다는 점이다. 2007년 10월, 네팔의 젊은이들 8명을 우리는 부산, 인디고 서원에서 만났다. 그들과 함께 '경계를 뛰어넘다- 아시아의 정체성을 너머 네팔의 청소년들과 소통하다' 라는 이름으로 포럼을 진행했고, 각자 삶의 장에서 치열히 살아가는《인디고잉》기자들과《투데이스 유스 아시아》청소년 기자들의 만남도 이루어졌다. 햇볕이 쨍쨍한 여름, 맑고 높은 카트만두의 하늘을 올려다보며 이야기를 나누었던 우리는, 높고 푸른 우리나라의 하늘 아래서 더욱 깊은 공명을 만들어냈다. 10월의 어느 멋진 날을 추억하며, 오늘도 더 열심히 꿈꾸고, 더 부지런히 삶의 매순간을 충실히 살고자 노력한다.

interview

국가에 대한 청년들의 윤리
그리고 의무와 책임

산토시가 TYA 사무실로 우리를 초대했다. 들어가는 입구부터 시작해 팀원들의 이름이 모두 적힌 환영의 종이가 곳곳에 붙어 있다.

산토시 샤호(이하 산토시) : (벽에 붙여진 사진을 가리키며) 이건 처음 잡지를 발간했을 때고, 이건 잡지에 대한 뉴스 기사들입니다. 그리고 이건 수상께서 주신 것이고요. 우리는 전 수상님과 토론 프로그램을 만들었습니다. (일요일에 그를 만나러 갈 거예요.) 그와 함께 포럼에서 이야기했던 주제는 '국가에 대한 청년들의 윤리, 의무 그리고 책임'이었습니다.

그 외에 TYA 관련 자료와 사무실을 안내했다. 사무실에 해외에서 사온 다큐멘

꿈을
살다

터리 DVD가 많다며 보여주었다. 포럼이나 주말 모임에서 자료로 쓰는 것들이라고 한
다. 미리 알았다면 준비해왔을 것인데, 나중에 보내주기로 약속했다. 인디고 서원에
서 준비한 선물들을 주었다. 작은 것들이었지만 너무 기뻐하는 친구들을 보니 우리가
더 기뻤다. 좁은 방에 TYA 식구들이 다 모였다. 한 명씩 모두 소개했다. 다음 날 포럼
후에 다함께 다시 이야기를 나누기로 약속하고, 간단한 인사와 서로를 소개한 후 산
토시와의 인터뷰를 시작했다.

용준 : 잡지는 언제 탄생했죠?

산토시 : 2002년 11월, 소규모의 '유스 포럼'을 시작했습니다. 네팔에는 학교 수업 외에 교양으로 할 수 있는 프로그램이 거의 존재하지 않았기 때문이죠. 2007년 현재는 그나마 좀 있지만, 2002년엔 그저 학교 공부만이 존재했었습니다. 고등학교 졸업 후 미국 대학에 입학했는데, 그곳엔 과외활동들이 굉장히 많았습니다. 그런데 카트만두로 다시 돌아와 보니, 이곳엔 문학과 철학, 예술에 대해 이야기하고 시를 읽고 들을 수 있는 공간이 전혀 없다는 것을 알게 되었죠.

그래서 비슷한 생각을 가진 친구들과 모임을 만들기로 결심했습니다. 작은 식당에서 6명으로 시작했습니다. 그렇게 시작하여 우리는 내일 우리가 가게 될 스튜디오를 구했고, 인원도 15명으로 점점 늘어나기 시작했습니다. 그리고는 각 학교에 공문을 보내, 이러한 활동들을 함께하고 싶은 학생들을 모집하기 시작했죠. 학생들이 점점 많아져 30명 정도 되었죠. 유학을 떠나는 친구들도 그 빈자리를 채우고 갔기 때문에, 우리는 팀을 유지할 수 있었습니다. 청소년 포럼을 준비하고 석 달 후, 2003년 1월, 우리는 우리의 목소리를 담은 잡지를 발간하자는 생각을 하게 되었습니다. 그렇게 TYA는 처음 세상에 태어났던 거죠.

용준 : 당신이 보내준 《투데이스 유스 아시아》 국제판 창간호의 기사들을 읽어보았는데, 정말 대단했습니다. 어젯밤 호텔에서는 한국에서 보지 못했던 네팔 국내판 기사들을 읽느라 다들 밤을 샜습니다. (웃음)

산토시 : 정말요? 고맙습니다. 사실 첫호를 발간할 때는 잡지가 이렇게 널리 알려질 줄 몰랐습니다. 그저 몇몇 학생들이라도 잡지를 보기를 바랄 뿐이었죠. 잡지가 발간되자마자 많은 학생들이 연락해오기 시작했습니다. 잡지를 만드는 과정을 배우고 싶다고 했죠. 그래서 우리는 학교 학생들을 위한 미디어 트레이닝을 구상했습니다. 네팔의 많은 기자들과 유명 인사들을 인터뷰하기도 하고, 그들이 직접 찾아와 우리를 도와주기도 하였습니다. 그렇게 방송국과 잡지사, 신문사를 찾아다니며 미디어 트레

이닝의 기획을 시작했죠.

저는 창조적인 생각을 좋아하고, 또 그것을 실현하는 것을 좋아합니다. 좋은 생각이 좋은 생각일 수 있으려면, 실현하여 그것이 옳은 것인지를 확인해야만 합니다. 나는 언제나 청소년들이 창조적이며 생산적인 사고의 힘이 있다고 믿습니다. 별로 좋지 않은 생각을 가지고 있다 하더라도, 그것은 굉장히 순수하고 강한 힘을 가지고 있죠. 만약 우리가 그들의 말에 귀기울여주지 않는다면, 그들은 자신만의 생각에 갇히게 될 것입니다. 소통할 통로를 찾지 못한다면, 아무리 좋은 생각들일지라도 나쁜 것으로 변할 수 있다는 말이죠. 그럼 누군가를 괴롭히고 파괴하고 싶은 욕구가 생겨나게 됩니다. 저도 그런 경험이 있기 때문에, 그들의 생각이 완성된 것이든 아니든 그들의 이야기를 들어주어야 한다고 생각합니다. 그래서 '유스 포럼'은 어떤 생각을 하고 있든 그들의 이야기를 들어주는 사람이 있는 공간입니다. 그럼 그들 속에 있던 사회, 정부, 문화에 대한 분노가 표출되고, 그들의 마음은 안정될 수 있습니다. 그들의 분노가 더 이상 그들의 마음속에서 부패하여 고약한 냄새를 풍기는 일이 없게 되죠

그리고 좋은 생각이 생기고 다른 사람들이 그것에 동의한다면, 우리는 그것이 실현될 수 있도록 노력해야 한다고 생각합니다. 그런데 정부의 상황이 안 좋아 2006년에는 결국 온 나라가 거의 파산상태였습니다. 심지어 우리의 돈을 관리하는 은행까지도 말이죠. 우리는 이 상황을 극복할 수 있는 것은 무엇이든 적게 사용하는 방법밖에 없다고 판단했습니다. 그래서 우린 많은 방법들을 강구했죠. 공공장소를 대관하고, 직접 차나 음식을 만들기도 했습니다. 이면지를 활용하기도 하면서 비용을 절감할 수 있는 많은 방법들을 최대한 활용했습니다. 그래서 이제는 여러 일들을 멋지고 효율적으로 해낼 수 있게 되었습니다. 대부분의 사람들은 우리가 많은 돈을 쓴다고 생각하지만, 그렇지 않죠. (웃음)

용준 : 힘든 시기를 혼자가 아니라 그들과 함께 헤쳐나온 거라 그 의미가 더욱 각별할 것 같아요. 그것을 계기로 해서 특별한 일은 없었나요?

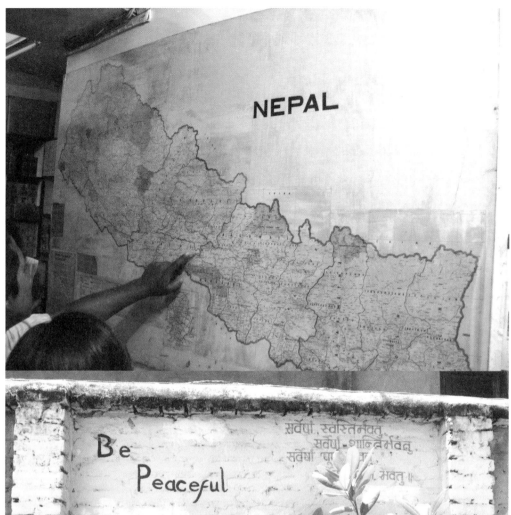

산토시 : 네, 청소년들도 그러한 실패를 경험해봐야 한다고 생각합니다. 왜 실패하는지를 알면, 다음부터 그렇게 하지 않게 되죠. 그래서 우리가 그들의 생각을 들으려 하고, 또 실천의 기회를 주려는 것입니다. (성공하게 하기 위해서가 아닙니다.) 그래서 최근에 우리가 시도하려는 일은 TV프로그램을 만드는 것입니다. 국제 고문위원 중 한 분이 청소년 포럼을 보고서 TV프로그램을 진행하라는 제안을 했습니다. 그래서 아이들과 상의한 후 진행하기로 했습니다. 모두가 환영하더군요. 지금은 어떻게 시작할지 구상하는 중입니다. 기술자들을 만나 어떻게 시작할지 물어보고 있어요. 정말 좋은 일이라 생각합니다. 왜냐하면 좋은 생각들을 담은 프로그램을 다른 사람들에게 알릴 수 있으니까요. 지금 전국적으로 어려운 시기입니다. 5만 명의 사람들이 일을 하기 위해 해외로 나가고 있습니다. 전 이 방송이 사람들에게 좋은 해결책을 줄 수 있으리라 믿습니다. 어떻게 일을 하고 어떻게 환경을 보호하는지를 알려줄 것입니다. 좀 더 건설적인 생각들을 할 수 있게 말이죠. 새로운 생각으로부터 출발한 이 일은 또 다른 새로운 생각들을 만들어낼 수 있을 것입니다.

용준 : 사실 이곳에서 진행되는 일들이 우리와 너무 비슷해서 굉장히 놀랐습니다. 우리는 '유스 포럼'과 유사한 '정의로운 세상을 꿈꾸는 청소년, 세상과 소통하다' 라는 청소년 토론의 장을 매달 진행하고 있습니다. 이는 아람샘이 십수 년간 진행해 온 토론모임을 보다 많은 친구들과 함께 하자는 취지로 기획된 거예요. 그리고 저희도 《인디고잉》이라는 청소년 인문 교양지를 만들고 있지요. 또한 우리도 늘 좋은 아이디어들을 현실로 만들고자 노력하고 있었고, 지금 이렇게 우리가 이곳 네팔까지 오게 된 것도 그 실천의 한 모습이라 할 수 있죠.

산토시 : 우와! 정말 비슷한데요!

용준 : 그런데, 방금 친구들은 외국으로 떠났다고 했는데, 당신은 네팔로 돌아왔습니다. 특별한 이유가 있었나요?

산토시 : 사실 저도 명문학교로 진학했었습니다. 그 학교는 왕립학교라 입학하

기가 꽤나 어려웠죠. 그 학교는 가난하든 부자든 상관없이 총명한 학생들 모두에게 평등한 교육의 기회를 주고, 그들이 다시 조국으로 돌아와 네팔을 더 살기 좋은 나라로 발전하도록 하는 이념하에 1972년도에 지어졌습니다. 제가 입학할 당시 네팔 전역과 5,000명의 아프리카인들을 대상으로 입학시험을 쳤고, 단 80명만이 그 시험을 통과했습니다. 저는 행운이 따르기도 했고, 고등학교 성적이 좋았기 때문에 입학시험을 통과할 수 있었습니다. 그곳에서 좋은 공부를 할 수 있었지만, 네팔의 청년들이 미국과 영국, 인도에서 학위를 받고서 다시는 돌아오지 않는 것은 옳지 않다는 생각을 했습니다. 그것은 단순히 개인에게는 매우 좋은 기회일지는 몰라도, 학교의 건립이념이자 네팔의 희망인 조국을 위한 우수한 인재양성의 꿈은 점점 사라지고 있었습니다.

'그들은 왜 돌아오지 않는 것일까?' 라는 물음을 꽤 오랫동안 품고 있었던 것 같습니다. 저는 진심으로 조국으로 돌아오고 싶었습니다. 저는 내 삶에서 무엇을 더 잘 해낼 수 있는지, 또 무엇을 해야 하는지가 중요했을 뿐, 무엇이 돈이 되는지는 중요한 문제가 아니었습니다. 돈은 단지 우리 삶의 아주 작은 부분일 뿐, 생을 지탱할 수 있는 것은 생산적이고 굳건한 노동을 일생 동안 충실히 함으로써만 가능할 뿐입니다. 이 생에서 무언가 명확한 것을 해야 한다고 생각했습니다. 그리고 네팔은 모든 것—법, 교통, 건물, 그리고 교육까지—이 개발되지 않은, 바꿔야 할 것들이 너무 많은 나라였습니다. 그러나 미국은 너무나 많은 것들이 이미 이루어져 있었기 때문에, 좋은 시민이 되는 것 외에는 제가 할 수 있는 일이 아무것도 없었습니다. 그래서 저는 제가 할 수 있고 또 해야 할 일이 많은 네팔로 돌아와야만 했습니다. 그렇게 해서 저는 2002년에 이곳으로 돌아왔고, '유스 포럼'을 시작했죠. 처음엔 굉장히 어려운 일이었습니다. 모든 일이 그렇지만, 생각한 것을 현실로 실현하는 것은 어려운 것이죠. '유스 포럼'도 시작이 쉽지만은 않았습니다. 그러나 지금은 네팔에 이 행사가 많은 영향력을 끼치고 있다고 자부합니다. 이 일이 있기 전의 네팔에서의 청소년 언론이란 단지 음악이나 영화, 유명한 록 가수만을 의미했습니다. 그러나 우리는 청소년 세대에 진지한

꿈을
살다

사유를 제공하는 기회를 마련한 첫 번째 단체였습니다. 우리가 창조한 그 장에서 젊은 세대들은 정치에 대해 말하고, 국가의 미래에 대해 고민하며, 교육의 변화를 꿈꿀 수 있게 되었습니다. 그리고 조금씩 대부분의 다른 매체들도 청소년들에게 그러한 기회를 주기 시작했습니다. 그것은 많은 사람들이 청소년들이 이 나라를 바꿀 수 있다는 것을 인정하고 존중하기 시작했다는 것을 의미합니다. 그렇기에 우리가 한 행동이 아주 큰 영향을 끼쳤다고 자신할 수 있는 것입니다. 게다가 학교에서도 청소년 모임이 만들어지기 시작했습니다. 처음엔 제가 다니던 학교에서만 그런 움직임이 있었지만, 지금은 거의 모든 학교들에 청소년 모임이 있습니다.

　　용준 ： 그런 맥락에서 잡지도 탄생한 것으로 보이는데요. 청소년들의 목소리를 담고자 하는 잡지는 세상에 그리 많지 않다고 생각합니다. 잡지를 만든 일에서 가장 큰 의미를 찾는다면 어떤 것이 있을 수 있을까요?

　　산토시 ： 우리는 우리 스스로의 목소리로 무언가를 이야기해야 한다고 생각합니다. 그런데 대개 그렇지 못한 경우가 많죠. 예를 들어, 우리는 파키스탄에서 일어난 일을 파키스탄이 아닌, 유럽이나 미국의 언론들로부터 소식을 전해 듣죠. 각 지역의 일들은 그 지역의 사람들의 시선과 관점으로 전달되는 것이 매우 중요합니다. 각 지역에서 일어나는 일들은 그곳에서만 제대로 이해될 수 있습니다. 게다가 아시아에는 굉장히 많은 문화와 문제들이 공존합니다. 그리고 아시아는 그것을 해결할 수 있는 대부분의 해결책들도 함께 가지고 있습니다. 그렇기에 각 문제에 관한 다양한 해결책들을 다양한 목소리로 들을 수 있어야 합니다. 그래서 저는 이 잡지를 시작할 때, 우리는 각 나라의 청소년들이 직접 자신의 나라에 대한 기사를 써서, 우리 잡지가 그 목소리들이 한데 모이는 장(場)이 되어야 한다고 생각했습니다. 개개의 목소리에 귀기울여주고, 서로를 믿을 수 있는 잡지가 되어야 한다는 것이죠.

　　하지만 진실하고 정확한 것을 추구하는 철학 때문에 우리는 재정적인 어려움을 겪기도 했습니다. 왜냐하면 우리는 우리가 비판하려는 집단이나 사업가, 혹은 대사관에 손을 뻗어서는 안 되기 때문이죠. 그래서 이러한 철학을 지키는 것과 경제적인 면의 균형을 맞추는 것은 쉽지 않은 일입니다. 그래서 이러한 재정적인 어려움을 극복하기 위해 비교적 선진국의 단체들에게 광고를 받죠. 그것은 단순히 광고이기 때문에, 독자들에게 아무것도 숨기는 것이 없습니다. 그 어떤 단체나 국가로부터 숨겨진 힘이나 돈에 의해 움직이지 않죠.(더 많은 사람들에게 정보를 제공하려는 단체, 예를 들어 환경단체와 같은 곳에서의 광고를 의미한다.)

슬아 : 그런데 특이한 것은 네팔어가 있는데 처음부터 영어로 잡지를 만들었다는 점입니다. 네팔에는 영어를 할 수 있는 사람이 그다지 많지 않다고 들었는데, 왜 영어로 잡지를 만들었나요?

산토시 : 네팔에는 약 40개 정도의 국립중학교가 있습니다. 지금은 정치분쟁으로 10개 정도가 운영을 못하고 있지만요. 그리고 네팔 전역에는 약 4,000개의 사립학교가 있는데, 모든 사립학교에서는 영어교육을 실시하고 있습니다. 그리고 네팔의 사립영어교육과정은 매우 잘 정비되어 있습니다. 네팔 사립학교들은 시설이나 환경 면에서는 많은 개선이 필요하지만, 영어교육체제는 굉장히 수준이 높습니다. 공립학교도 영어수업이 있기는 하지만 영어선생님들이 영어를 못하는 그런 수업이죠(웃음). 공립학교들은 무료이기 때문에 재정적 문제로 영어수업을 제대로 하지 못하고 있어요. 사립교육을 받을 수 있는 학생은 네팔의 1% 정도에 불과합니다. 그런데 세계화의 시대에 발맞추기 위해, 그리고 소통을 위해 영어는 중요합니다. 만약 그 소수의 영어를 할 수 있는 학생들이 다시 모교로 돌아가 영어를 가르치게 되면 굉장한 효과가 있을 수 있을 것이라 생각했습니다. 그래서 우리는 청소년 포럼에 오는 학생들에게 각자 학교에서 영어모임을 만들라고 추천합니다. 그렇게 되면 우리는 한 명의 학생에게 영어를 가르치지만, 그 학생이 30~40명의 친구들을 가르칠 수 있게 되겠죠. 그럼 그 학생들이 다시 다른 친구들을 가르치게 되고, 그렇게 100명이 되고 3,000명이 되겠죠. 그렇게 영어를 가르치는 것은, 많은 국가에서 모아진 기사들을 소통하고 공유하

꿈을
살다

기 위해서이죠. 그래서 영어로 잡지를 만들고자 한 것입니다.

용준 : 이렇게 많은 일을 혼자서 다 하기 어렵지 않으요?(웃음)

산토시 : 저는 잡지는 100년, 아니 영원히 지속할 것이라 믿습니다. 그렇기에 저는 잡지 일에서 모든 일을 담당하고 있지 않습니다. 저는 항상 저의 자리를 물려줄 준비가 되어 있고, 또 늘 그렇게 하고 있죠. 3년 전까지 저는 '유스 포럼'의 총 책임자였지만 지금은 다른 사람이 하고 있습니다. 그리고 그에게 1년 뒤에 자신보다 더 잘할 수 있는 친구들을 위해 그 일을 물려주라고 말할 것입니다. 그렇게 되면 이 일은 더 이상 나만의 일이 아니게 되죠. 이는 비로소 모두의 것이 되는 것입니다. 잡지 일에서도 마찬가지입니다. 이건 제가 정한 하나의 공식이에요. 어떻게 일해야 하는가, 혹은 살아가야 하는가의 전략이죠.

나라를 위해 무엇을 이야기하고 또 무엇을 이루어내야 하는지 이야기하려는 것은 우리가 추구하는 가치를 실현하기 위한 전략입니다. 그리고 그것은 나의 선택과 신념에 달려 있기 마련입니다. 왜냐하면 그 나라에 사는 사람만이 그 나라에 대해 가장 잘 알고, 이해할 수 있기 때문입니다. 그것으로부터 행동할 수 있는 힘이 만들어지지요.

아람샘 : 당신은 아시아의 영웅입니다, 정말로. 네팔의 체 게바라.

산토시 : (멋쩍은 듯 웃으며) 감사합니다.

아람샘 : 그럼 이제 우리가 할 10월의 행사에 대해서 잠깐 이야기할게요. 우리가 어떤 이야기를 나눠야 하고, 또 어떤 공부를 함께 해야 하는지.

슬아 : 저희는 다가오는 2007년 10월에 큰 행사 두 가지를 준비하고 있습니다. 첫 번째는 현재 스웨덴 웁살라 대학의 교수로 재직하고 있는, 브라이언 파머 교수와의 포럼입니다. 책을 읽다가 놀랍게도 네팔의 '유스 포럼'과 그리고 인디고 서원의 '주제와 변주'와 비슷한 형태로 미국 하버드대학교에서도 강연이 있었다는 것을 알게 되었습니다. 그 강연의 제목은 '개인의 선택과 전 지구적 변환'이었습니다. 그 강의는 약 600명의 학생들과 그들의 수업에 초대된 한 명의 교수, 환경운동가, 정치인 등 여

러 분야의 사람과 토론하는 형식으로 진행되었습니다. TYA의 '유스 포럼'과 우리의 '주제와 변주'와 거의 똑같은 형태였죠. 그러나 우리는 그것이 정말 '세계적 가치'인가에 의문을 품었습니다. 그것은 세계적 가치가 아니라, '미국의 가치'에 대한 이야기였습니다. 그래서 그 강의를 열었던 브라이언 파머 교수님과 지난 4월에 만나서 직접 이런저런 의문들을 함께 제기해보았고, 10월 행사에 여러 국가의 사람들과 함께 진정한 가치란 무엇인가에 대한 포럼을 하기로 했습니다.

그리고 두 번째가 바로 네팔과 한국이 만나 '아시아의 정체성'에 대해 토론하게 될 포럼입니다. TYA에 나온 '아시아적 정체성'이란 기사를 한국의 학생들과 함께 읽었습니다. 그들은 이 기사에 감동하고 감명받았지만, 실제로 자신이 아시아인으로서의 정체성이 무엇인지는 모르는 경우가 많았습니다. 한국의 학생들은 아시아의 정체성이라는 것 자체를 생각해보지 않았고, 생각하지 못하는 경우도 많았죠. 그래서 그것을 왜 이야기해야 하는지도 잘 알지 못하는 경우가 많습니다. 그래서 우리는 이 문제에 대해 네팔의 청소년들과 이야기하고자 합니다.

아람샘 : 덧붙여 이야기하자면, 그 포럼에 네팔팀을 초청하고자 하는 것은, 우리 인디고가 생각하는 최고의 가치를 실현하는 곳이 바로 이곳, TYA이기 때문입니다. 여러분들이 반드시 와줬으면 좋겠습니다. 재정적으로 많이 부족하지만, 무슨 수를 써서라도 초청을 하고 싶고, 또 그렇게 할 겁니다. 유럽의 브라이언 파머 교수와 네팔의 산토시 샤흐, 그리고 한국의 우리는 같은 가치들을 추구하고 있고, 그것들의 연결은 매우 중요하다고 믿기 때문입니다. 그리고 이것은 내년(2008년)에 있을 인디고 유스 북페어와도 연결이 될 수 있을 것이기에 더 중요하다고 할 수 있겠죠. 그래서 10월에 있을 포럼과 내년에 있을 행사를 위해 우리가 이야기해야 하고 공부해야 할 것들을 준비해주고, 또 어떻게 소통할 것인지를 약속하기 위해 우리가 네팔까지 온 것입니다.

산토시 : 우와, 정말 기대가 큽니다. 그리고 초청에 어떻게 감사의 말씀을 드려야 할지 모르겠습니다.

꿈을
살다

용준 : 그럼 마지막으로 어떤 꿈과 신념이 당신을 지배하는지 궁금합니다.

산토시 : 저는 네팔의 미래에 대해 매우 긍정적으로 바라보고 있습니다. 또한 우리의 잡지도 그러한 발전에 도움이 될 것이라 믿고요. 그리고 네팔을 벗어나 세계로 나아가는 역할을 저와 저의 팀이 맡고 있다고 생각합니다. 우리의 일을 알고 여러분이 이렇게 네팔까지 찾아와준 것같이, 앞으로 우리의 일과 잡지는 그 영향력을 세계로 넓혀가고자 합니다. 잡지라는 매체가 있다는 것은 우리의 목소리를 세상 사람들에게 들리도록 하는 통로가 있다는 것을 의미합니다. 거기엔 부정적인 요소가 개입될 여지가 없다고 생각합니다. 그리고 우리의 잡지가 세계인들에게 네팔의 좋은 이미지를 심어주는 역할을 할 수도 있겠지요.

그래서 저는 궁극적으로 이곳 네팔에 발전을 도모하기 위해 노력할 것입니다. 그래서 저는 정치적인 활동도 함께 벌이고 있습니다. 하지만 개인적으로 정치인이 될 생각은 추호도 없지만 말이죠.(웃음) 친구들과 지인들이 충분히 많이 활동하고 있기 때문에 저는 그들의 조언자 역할을 합니다. "정치인으로서의 삶에 대해 생각하지 말고, 나라를 생각하라"는 것이 제가 하는 조언의 기본 모토입니다. 그리고 저는 그들을 칭찬하는 일이 절대 없습니다. 늘 어려운 질문들을 던지고, 또 잘못을 저질렀을 때, 늘 보다 나은 방법과 옳은 길에 대한 모색을 함께 하고자 합니다. 제가 이 나라와 사회를 아끼고 사랑하는 만큼, 그 변화는 빨리 찾아올 거라 믿습니다.

카트만두와
인천의 하늘 박용준 ● ● ●

카트만두의 하늘은 참으로 푸르고 또 청명했다.
언제 어디서든 고개를 들어 하늘을 바라볼 때면,

새파란 하늘과 아름다운 구름에 숨이 막힐 지경이었다.

지난 밤 0시 15분 인천 공항에 도착하여,
밤새 회의를 하고,
한국에서의 새로운 아침 해가 떠올라
설레는 마음을 안고 바라본 하늘은 하염없이 뿌옇고 또 안개로 가득했다.

하나의 지구에서 바라본 이처럼 다른 두 하늘은
마치 푸르른 하늘을 가슴에 품고 사는 네팔 청소년의 맑고 투명한 눈망울과
입시경쟁 속에 내몰린 한국 청소년들의 흐릿한 눈망울을
동시에 떠올리게 한다.

그들은 언제나 새로운 꿈을 꾸고, 미래를 개척하며, 아름다운 변화를 일구
어내고 있었다.
같은 하늘 아래 살아가는 하나의 지구인으로서
우리는 과연 무엇을 꿈꾸고 또 무엇을 갈망하는가.

얼른 부산에 가 인디고 친구들에게 네팔 하늘의 아름다움을 보여주고 싶다.
우리가 바라보는 하늘이 전부가 아니라는 것,
그리고 우리도 안나푸르나의 파란 하늘을
이 땅에서 바라볼 수 있어야 한다는 것.

네팔의 하늘이 아름다운 것은 그들의 눈망울이 아름답기 때문일 것이다.
그리고 이 땅의 하늘이 투명해지기 위해서는 우리의 눈망울이 먼저 아름

꿈을
살다

다위져야 할 것이다.

성공과 가치 :

동전의 양면 **산토시 샤흐**, 2007년 8월 15일 카트만두에서 ● ●

　　나는 전혀 개발되지 않은 작은 마을에서 농사를 짓는 부모님 아래에서 태어났다. 아버지는 소와 사람의 노동력을 이용하는 전통적인 방식을 고수하는 농사꾼이었다. 어머니는 집안일을 도맡아했는데, 일꾼들에게 줄 음식을 준비하기도 했고, 부엌에서 연료로 쓸 소똥을 넙적한 케이크 모양으로 만들어 햇볕에 말리기도 했다.

　　그러니까 나는 소위 '시골'에서 자란 촌뜨기라 할 수 있다. 마을에는 어떠한 개발의 징후도 보이지 않았다. 전기, 수도, 포장도로, 학교, 병원, 관청 어느 것도 없었다. 부모님은 관공서에 가기 위해서 꽤 먼 거리를 걷거나 소가 끄는 수레를 이용해야 했다. 네 살이 되었을 때, 나는 학교에 가기 위해 매일 한 시간 이상을 걸어야 했는데, 그곳이 집에서 가장 가까운 학교였다. 나는 우리가 맨땅에 앉아서 공부했던 추억들, 그리고 그것이 불편해서 보다 편안한 자리를 만들기 위해 마대자루를 가져갔던 것들을 기억한다.

　　나는 바깥 세상에 대해서 전혀 알지 못했다. 텔레비전도, 신문도 없었고 현대적인 형태의 어떠한 미디어도 없었다. 오직 할머니가 들려주는 민담과 전설만이 마을 바깥의 세계를 상상하게 했다. 어린 시절 나는 인간의 본질적 가치들, 인문학적 품성, 그리고 사람들은 물론 식물과 동물에 대한 책임감에 관해 깊이 있는 교육을 받았다고 생각한다. 우리 가족은 마을에서 가장 넓은 땅을 갖고 있었고, 많은 양의 작물을 수확했으며, 마을의 조화를 유지하는 데 부단히 애를 썼다. 우리 가족은 건강, 직업, 식량 등 마을의 문제에 크게 관여했고 또 여러 부모들에게 아이를 학교에 보내라고 권하기도 하였다. 인간의 본질적 가치들, 성실함, 정직함 그리고 자존감은 우리 가족의 중요한 자산이었고 지금까지도 그것들은 나에게 가장 중요한 것들이다.

어머니는 학교에 다닌 적이 없었다. 그리고 아버지는 교육을 마치고 싶은 간절한 열망에도 불구하고 할아버지의 부담을 덜기 위해 고등학교를 도중에 그만두어야 했다. 공립학교가 제공하는 교육은 형편없었고, 사립학교는 너무 멀고 또 학비도 비쌌기 때문이다. 그럼에도 부모님은 내가 최고의 교육을 받기를 원했다. 그것은 교육이 전혀 필요하지 않다고 여기던 우리 마을의 일반적인 관점에서 볼 때 매우 혁명적인 생각이었다. 그리하여 나는 여섯 살의 나이에 교육을 받기 위해 집과 부모님을 떠나야 했다. 나는 이제야 내가 얼마나 어린 나이에 마을과 집과 부모님을 떠나야 했는지를 새삼스럽게 깨닫는다. 내가 아홉 살이 되던 해, 나는 네팔 왕실의 후손들이 공부한다는 카트만두의 어느 학교에 대해 알게 되었다. 나는 그 학교에 들어가는 것이 매우 힘들다는 것, 그리고 동시에 최고의 교육을 받을 수 있는 기회라는 것을 알게 되었다. 나는 부모님께 그 학교에서 공부하고 싶다고 말씀드렸고, 열두 살이 되던 6학년 때, 나는 그 학교의 입학시험에 응시했다.

나는 자낙푸르에서 공부하고 있었는데, 그곳은 네팔과 인도의 국경 근처에 자리한 마을이다. 그런데 6학년의 마지막 졸업시험과 왕실학교의 입학시험이 공교롭게도 같은 날에 겹친 것이다. 나는 금요일에 미술시험을 치고 나서, 아버지와 함께 야간 버스를 타고 카트만두로 가서 토요일에 입학시험을 치러야 했다. 그리고는 다음날 야간 버스를 타고 다시 자낙푸르로 돌아와 윤리시험을 쳤다. 나는 이틀밤 동안 제대로 자지도, 먹지도, 쉬지도 못했다. 그때가 내 삶에서 꽤 힘들었던 시간이 아니었나 싶다. 또한 당시에는 그다지 뚜렷한 희망이 보이던 것도 아니었다. 그러나 놀랍게도 나는 6학년 중 1등을 했고, 입학시험도 통과했다. 네팔 전역에서 지원한 친구들에게 오직 다섯 자리밖에 없었는데도 말이다.

나는 확고한 신념과 단호한 결심, 그에 뒤따르는 성실함은 언제나 보상받는다

꿈을
살다

는 것을 깨달았다. 지금 내 생을 돌이켜보면, 나는 내가 거쳐온 많은 과정들을 다시 생각하게 된다. 이런 말을 하기에 내가 그다지 나이가 많지 않다는 것을 안다. 나는 겨우 스물여섯 살이기 때문이다. 그럼에도 불구하고 나는 이렇게 말할 만한 이유를 가지고 있다. 여느 나라의 젊은이들과 마찬가지로, 나에게도 개인적인 꿈과 욕심 그리고 놀고 즐기고자 하는 마음이 있었다. 네팔은 평화로운 나라였고, 경제는 번영하고 있었으며 발전은 순조롭게 진행되었다. 나는 국제적인 시설을 가진 네팔 최고의 학교에 들어갔고 좋은 교육까지 받을 수 있었다. 나는 2000년에 고등학교를 마쳤고 다음 학업을 이어가기 위한 가능성을 찾기 위해 미국으로 갔다.

그러던 2001년 어느 날, 네팔의 황실은 불행하게도 끔찍한 대학살에 휘말렸다. 다른 수백만의 네팔인들과 마찬가지로 그 소식은 내 가슴을 갈가리 찢어놓았다. 당시 마오이스트 반군의 움직임은 더 널리 퍼져나갔고 더 격렬해졌다. 나는 네팔로 돌아갔다. 숙련된 기술공 또는 그렇지 않은 사람들이 더 나은 기회를 찾아 혹은 단지 생존을 위해 네팔을 떠나기 시작했다. 경제는 정체됐고 교육은 붕괴했다. 평화는 사라졌고 모든 것이 바뀌어버렸다.

나는 그 당시의 상황을 보다 나은 방향으로 이끌기 위해 혁신적인 방법을 시도해보았다. 그러나 나 역시도 한정된 능력과 자원만을 가지고 있을 뿐이었다. 결국 나는 학업을 위해 미국행을 결심하거나, 영화를 찍기 위해 인도로 갈 것인가를 고민했다. 그러던 중 나는 인도에서 온 한 친구를 만났다. 그는 내게, "너 같은 사람마저 네팔을 떠나면, 누가 이 나라의 복지를 생각하겠어?"라고 말했다. 그 순간 나는 주저없이 이곳 네팔에 머물기로 결정했다. 무슨 일이 벌어지더라도.

나는 청소년 토론장 '유스 포럼'을 시작하기로 마음먹었다. 열정적인 젊은이들이 그곳에서 자신의 능력과 사유를 키우고, 또 비전을 나누며, 서로의 생각들을 듣고, 또 자신의 의견을 당당하게 말할 수 있었으며, 당장은 실질적으로 무엇인가를 할 수 없다 해도 적어도 타인과 국가의 복지에 대해 생각은 할 수 있었다. 그러나 당장 무언가를 할 수는 없을 것이라던 우리의 걱정과는 달리, 놀랍게도 우리는 아주 짧은 시간 안에 격월간지 《투데이스 유스 아시아》를 발간할 수 있었다. 이 작업은 네팔 작가들에게 새로운 기회와 공간을 제공하였고, 사회의 중요한 이슈들을 불러일으켰다. 우리의 시도는 성공적이었고 어느새 네팔에서 꽤 알려진 잡지가 되었다. 그러나 그 와중에 국가는 '비상사태'를 맞이했다. 3년 동안 정권이 6번 바뀌었고, 경제는 내리막길이었으며 중고등학교와 대학은 1년에 길게는 6개월씩 문을 닫고, 곳곳에서 유혈사태가 속출했다. 이러한 사태들은 자주 발생했고 우리의 계획에도 큰 차질이 생겼다. 대부분의 동료들이 해외로 떠났고, 이 기간 동안 우리 가족의 농장도 위기를 맞으며, 나는 가족들이 결코 안전하지 못하다는 것을 느꼈다. 그래서 나는 가족 모두를 안전이 보장되는 카트만두로 이주하도록 했다. 확 트인 들판과 땅을 마을에 남겨두고 바쁘고 숨막히는 도시로 이사하는 것은 가족 모두에게 쉽지 않은 일이었다. 나는 이때 돈을 많이 버는 것에 집중해야 했다. 우리 가족은 많은 재산을 잃었기에 대출을 받아야 했고, 나는 가족을 부양해야 했기 때문이다. 그래서 나는 돈을 많이 벌 수 있고, 아시아의 다른 지역과 미국의 여러 곳으로 여행할 수 있는 텔레비전 관련 업무에 몰두했다. (산토시 샤흐는 비영리 교육채널인 미국 스콜라 텔레비전의 기자이기도 하다.)

그러다 2006년 중반, 휴전이 선언되고, 네팔은 불확실하고 어두운 터널에서 빠져나올 길을 찾은 것 같았다. 미래가 아주 밝은 상황은 아니었지만 그래도 매우 희망적이었다. 나는 청소년 프로젝트를 다시 시작했는데, 이제는 보다 크고 넓은 규모와 시야를 가진 방식을 택했고, 결국 국제판 잡지를 재발행했다. 그것이 지금의 《투데이스 유스 아시아》인 것이다. 격동의 시간들을 거치고, TV 리포터 및 젊은이들이 꾸준한 활동을 해오며 나는 국내외 정치, 외교, 분쟁, 평화유지 활동에 참여했다. 나는 정계의 유명 인사들을 비롯하여 국제적 매체들에 소개가 되기도 했는데, 스스로 이런 물리적·정신적·영적·재정적 시련에서 살아남은 것에 대해 매우 감사하고 있다. 그리고 나는 이런 시련 속에서도 정직함과 내 뜻을 잃지 않은 것이 너무나 행복하다. 네팔의 중심에서 4년이라는 시간 동안 적극적으로 활동한 나는 네팔의 역사, 정치, 외교에서 최고와 최악의 경우 모두를 목격했다. 현재의 지도자들이 일을 처리하는 방식은 나를 굉장한 충격에 빠뜨리기도 했고 낙담시키기도 했지만 다른 한편으로, 새로운 세대와의 소통은 언제나 나를 고무시켰고 낙천적인 전망을 할 수 있게 해주었다.

나는 늘 도전해야 할 스스로의 몫이 있고, 또 이제 겨우 10년간의 긴 내전과 경기 침체에서 회복하고 있는 나라를 위해서도 해야 할 일이 있다. 네팔에서 주로 통용되는, 올바르지 못한 일의 방식은 나에게 이 프로젝트와 잡지 관련 일을 올바르지 못한 곳으로부터 돈을 얻어 운영하는 방식을 알려주기도 했고 그런 식의 후원을 통해 손쉬운 방법으로 일을 하는 길을 택하라는 유혹을 받기도 하였다. 하지만 무엇보다도 이러한 말을 유명한 지도자나 어릴 적 신문에서 보았던 많은 유명 인사들로부터 들어야 하는 가슴 아픈 일이 나를 힘들게 했다.

나는 부당한 방법으로 얻은 음식을 먹는 것보다, 차라리 배고파 죽는 것이 낫다는 것을 나의 가족과 마을로부터 배워왔다. 나는 정직함과 정의를 믿고, 우리의 일이 지속되고 또 내가 살아 있는 한 그런 가치들을 놓지 않을 것이다. 그러나 언젠가 내가 나의 정직함, 순수한 헌신과 같은 본질적인 것들을, 결과에 대한 성과와 권위 등과 타협하는 날, 그날은 내가 육체적으로는 살아 있다 해도 나의 죽음을 의미하는 날일 것이다.

그렇다. 나의 살던 동네, 마을, 그 속에서 보냈던 내 어린 시절을 떠올려보면, 나는 20년이라는 짧은 시간 동안 꽤 많은 길을 걸어온 것 같다. 20년이 지난 지금도 내 고향에는 전기도, 위생시설도, 학교도, 병원도, 우체국도 없다. 하지만 나는 어린 시절부터 나의 성장과 함께 키워온 인간적 가치, 인류애를 향한 의무, 그리고 그에 대한 책임감을 아직까지 잃지 않고 소중히 간직하고 있다.

경계를 뛰어넘다
- 인디고 유스 포럼

Indigo Youth Forum

네팔의 청소년들과 소통하다 ● ● ●

➕ 참가자 : 《투데이스 유스 아시아》 편집장 산토시 샤흐와 네팔 청소년들

➕ 일정 : 2007년 10월 7일 오후 6~9시

➕ 장소 : 부산 누리마루 APEC하우스

2006년 8월 28일, 대한민국 인디고 서원에서는 아름답고 정의로운 세상을 꿈꾸는 젊은이들의 건강한 목소리가 담긴, 청소년이 직접 만드는 인문교양지 《인디고 잉》이 탄생했다. 그리고 2007년 2월, 높고 높은 히말라야로 둘러싸인 나라 네팔에서는, 아시아의 꿈꾸는 청소년들이 공동의 장ground을 바탕으로 함께 연대하고 소통하고자 하는 신념이 담긴 잡지 《투데이스 유스 아시아》가 탄생했다. 이 둘 사이에는 이 시대의 꿈꾸는 청소년들이 자신들이 생각하고, 행동하고, 느끼는 것을 진실한 목소리로 '잡지' 라는 매개를 통해 세상과 소통한다는 공통점이 있다.

꿈꾸는 젊은이들은 단지 '꿈꾸는' 것에서 그칠 것이 아니라 시대를 알고, 느끼고, 또 시대와 소통해야 한다. 세계와 소통하기 위해서는 스스로의 정체성이 나름의 방식으로 정립되어야 하며, 나를 규정하는 것 중 하나인 '아시아인으로서의 나'를 묻고 탐구하는 것은 대한민국의 청소년에게나 네팔의 청소년에게나 동등하게 주어진 하나의 과제이기도 할 것이다. 그래서 우리는 그러한 시대적 과제를 히말라야 너머의 네팔의 청소년들과 만나 새로운 경계를 넘어 희망적 가치를 창조하고자 한다.

손꼽아 기다리던 '축제'
─우리 안에 존재하는 아시아적 가치를 발견하다 신동진 ● ●

이번 2007년 10월 5일부터 11일까지 진행된 '인문주간' 행사는 많은 사람들이 손꼽아 기다리던 '축제'이다. 그중 특히 『오늘의 세계적 가치』를 쓴 브라이언 파머 교수와 《투데이스 유스 아시아》의 발행인이자 편집장인 산토시 샤흐를 만나서 이야기를 나눌 수 있는 '주제와 변주'와 '인디고 유스 포럼-경계를 뛰어넘다'는 몇 개월 전부터 마음을 설레게 한 행사였다.

나는 운이 좋게도 '인디고 유스 포럼-경계를 뛰어넘다'의 패널이 되었는데, 패널로서 이 '유스 포럼'에 참가한 경험은 나의 삶을, 심지어 운명까지도 바꿔놓았다고 말할 만큼 강렬했다. 나와 같은 패널뿐만이 아니라 이 포럼에 참가했던 모든 이들이 그 자신을 한 단계 성숙하게 하여 행사장을 나갔을 것이라 믿는다.

'인디고 유스 포럼'은 네팔에서 진행되던 '유스 포럼'의 확장된 형태이다. TYA가 운영하는 이 포럼은 원래 네팔의 청소년들이 경제, 정치, 환경, 교육 등에 대해 이야기하는 토론의 장이다. 우리는 이날 실제로 언어, 인종, 문화 등 모든 경계를 뛰어넘어 많은 생각들을 공유할 수 있었다. 그 순간 속으로 돌아가보자.

꿈을
살다

포럼은 인디고 아이들의 사물놀이 공연으로 시작되었다. 누리마루에서 듣는 사물놀이 공연은 듣는 사람의 혼을 빼놓을 정도로 멋있었고 나는 공연이 끝나고 한참 후에야 정신을 차릴 수 있었다. 사물놀이의 공연이 끝나고 우리는 '경계를 뛰어넘다' 라는 포럼이 어떻게 만들어지고, 또 네팔 팀과 인디고 팀이 만나는 과정이 담긴 다큐멘터리를 보았다. 이 영상을 보고 난 후 비로소 본격적인 행사가 시작되었다.

우리는 '꿈' 이라는 주제를 가지고 발제를 시작했고 계속해서 교육, 문화, 환경과 정치에 대해서도 발제를 이어나갔다. 우리가 나눴던 모든 이야기들이 환상적이었지만 나의 짧은 기억력 때문에 그 이야기를 모두 실어낼 수 없다는 점이 무척 안타깝기만 하다. 그렇지만 우리가 나눴던 이야기의 일부라도 많은 사람들에게 들려줄 수 있다는 것이 한편으로는 다행스럽다.

먼저 첫 발제를 시작한 사람은 조영인이었다. '우리가 가지고 있는 유일한 무기는 꿈' 이라고 말한 영인의 말에 TYA 패널들 중 아룬, 리티카, 산토시가 그들의 꿈과 비전에 대해서 이야기해주었다. 아룬은 모두가 자신의 꿈을 이룰 수 있는 세상을 꿈꾼다고 했고, 리티카는 사람을 섬기는 의사가 되고 싶다고 했으며, 산토시 편집장은 나라를 살리고 싶다고 했다. 그들은 너무나도 자신만만하게 자신들의 꿈을 말했고 그렇게 말할 수 있는 그들이 나는 부러웠다. 그래서 나는 아룬에게 과연 내가 그들이 갖지 못한 명확한 꿈을 어떻게 찾을 수 있을지 물었다. 또 꿈이라는 것이 사회에 어떤 영향을 끼치는지에 대해서도 질문했다. 그에 대해 아룬은 꿈은 비전임과 동시에 희망으로 이어지는 길이고 그 길의 최종 목적지는 더 나은 세상이라고 했다.

아룬의 이야기를 듣고 다음으로는 김유민이 "여러분이 생각하는 진정한 교육은 무엇입니까?" 라는 제목으로 발제를 했고 그것에 대해 만디라가 자신이 담당하는 SMRT(청소년 미디어 트레이닝)을 예로 들어가며 '살아 있는 교육' 이 중요하다는 이야기를 했다. 우리는 윤미경 선생님의 교육에 관한 질문으로 네팔의 전통적인 가치관에 따라 움직이는 그들 교육의 원동력에 대해서도 이야기를 나눌 수 있었다. 성봉이는

'문화가 과연 우리에게 어떤 의미를 가지는가' 라는 질문을 했고 프라납은 문화들 속에는 수많은 메시지가 있다고 하며 자신들의 문화를 예로 들어 설명해주었다.

이런 대화 속에서 우리는 너무나도 많은 이야기를 주고받았던 것 같다. 일전에 내가 아시아적 가치를 찾기 위한 자체 토론에서 '아시아적 가치라는 것이 과연 존재하는가' 라는 의문을 제기한 적이 있었다. 그러나 이제야 비로소 나는 그 물음에 답할 수 있을 것 같다. 아시아적 가치는 엄연히 우리 안에 존재하고 있으며 그것을 찾기 위해 우리는 부단히 노력해야 한다고. 또한 아시아가 공통적으로 직면한 문제들은 충분히 많으며 그 문제들을 해결하기 위해서는 아시아적 시각과 가치로 대응할 수 있는 용기를 가져야 한다고.

수천 킬로미터나 떨어져 있는 네팔인들과 함께한 이번 포럼은 처음이자 마지막으로 열리는 행사가 아닐 것임을 나는 직감할 수 있었다. 우리는 앞으로 더욱 많은 교류를 가질 것이며 이 교류는 네팔과 한국에만 국한된 행사가 아닌 아시아 전체가 교류할 수 있는 포럼으로 성장해나갈 것임을 나는 확신한다.

산토시 샤흐

아시아를 재조명하다

아시아는 문화, 경제, 정치 그리고 인종적으로 굉장히 다양하고, 선택의 폭도 드넓은 세계이다. 그러나 슬프게도 그들 나라나 인종 어디에 대해서도 '통합'이 거론된 적이 없었다. 그것은 유럽과 아메리카와는 달리 아시아를 분석하고 평가하는 기준이 단 한 번도 아시아의 것이 아니었던 것과 연관이 있다고 여겨진다. 우리는 누구의 기준에서인지 알 수 없는 이상한 이름인 '동양'이라고 불리며, 언제나 하나의 대륙으로만 그려졌다.

《투데이스 유스 아시아》는 그들이 다루는 기사를 통해, 잊혀진 주체이지만 총명한 아시아인들의 통합에 초점을 맞추고 있다. 그로 인해 아시아인들과 아시아 청소년이 그들 스스로를 잘 통합된 아시아의 일부로 느낄 수 있도록 하고자 한다.

《투데이스 유스 아시아》는 아시아라는 지정학적 관점(입장)을 견지할 것이다. 세계의 언론들이 우리에게 반복해서 쏟아내는 지겨운 기삿거리를 완전히 새로운 관점에서 들여다보겠다는 것이다. 다시 말해서, TYA는 여느 미디어와 같은 세계적 이슈를 다룰 것이지만, 새롭고 신선한 각도에서 다룰 것이다. 독립적이고, 진실하게 그리고 독창적으로. 그렇게 우리는 우리의 심원을 넓히고자 한다.

그러나, 이 잡지가 단지 청소년을 위한 잡지로 여겨져서는 안 된다. 우리는 모든 연령층의 사람들을 아우를 것이고 모든 세대에 주목할 것이다. 우리가 '청소년 Youth'이라는 키워드 아래 모이고 우리의 활동을 계속하기로 결정한 것은, 이 잡지가 미래에 대해 이야기하고 있기 때문—그러므로 당연히 청소년에 대해 이야기해야 한다—이라는 사실을 강조하고 또 표방하기 위해서이다. 과거는 머물러 있고, 현재는 앞으로 나아가고 있지만, 미래는 아직 만들어져야 하는 것이다. 이런 맥락에서 TYA는 오로지 '선진적(미래적)'이다. 우리는 그것이 각각의 국가들과 개인들의 미래에 미칠 영향을 유념하면서 여러 가지 이슈들과 사건들을 다룰 것이다.

《투데이스 유스》는 《투데이스 유스 아시아》가 되면서 더 큰 날갯짓을 꿈꾼다. 이전의 우리는 단지 네팔과 그곳의 이슈들만을 다루었지만, 이제는 새로운 꿈과 더 넓은 시야, 그리고 원대한 뜻을 안고 전 아시아 대륙과 사람들을 대상으로 하는 더 넓은 항해를 시작하고자 한다.

그리하여 《투데이스 유스 아시아》는 전 아시아 지역을 공통의 장^{ground}을 바탕으로 묶어 함께 연대하고자 하는 진취적인 꿈을 가장 커다란 신념으로 삼고 있다. 이를 통해 우리는 이 거대한 대륙의 총체적인 의식 각성을 촉구하고 또 표출하고자 한다. 이를 이루기 위해 TYA의 첫 번째 판은 팔레스타인, 파키스탄, 인도, 피지, 네팔 등의 기사를 담고 있다. 이런 포괄적인 시야와 내용들이 우리 잡지의 핵심을 이룰 것이다.

꿈을
살다

아룬 웁레티

아룬 웁레티는 SRMT 멤버 중 가장 어리지만, 예리하고 영특한 친구 중 하나이다. 가정환경은 어렵지만 자신의 의견을 소리 높여 말할 줄 알며, 미래를 내다보는 참여의식을 그는 늘 우리에게 보여준다. 그는 현재 랄리푸르 학교에 9학년에 재학 중이며, 정치가가 되어 나라를 정직하게 이끌어나가는 꿈을 꾸는 맑은 눈의 한 소년이다. 그의 맑은 눈망울을 보게 된다면, 우리는 이 삶을 올곧게 살 수밖에 없다는 것을 느끼게 된다.

"꿈이란 것이 여러분이 단지 상상하는 그 어떤 것에 그친다면, 저는 꿈을 갖고 있지 않다고 말하겠습니다. 하지만 꿈이란 것이 나의 내밀한 삶과 함께 하는 것이라면, 저에겐 꿈이 있습니다. 제 꿈은 뚜렷합니다, 복잡하지 않고, 평범하지만, 그래서 이루기 힘든 것이기도 합니다. 제 눈에 보이는 세상은 아름답고 풍요로우며 공포나 두려움, 고통과는 거리가 먼 세상입니다. 저는 누구도 아프지 않고, 굶어죽는 사람이 없으며, 범죄가 없는 새로운 세상을 만들고 싶습니다. 이것이 제가 꿈꾸는 것입니다. 이 세상을 바꾸기 위해서, 저부터 시작해야 합니다. 제 영혼과, 마음과, 육체를 다스리기 위해 저는 명상을 하곤 합니다. 저는 제가 무엇이 될지 알지 못합니다. 누구도 나쁘게 태어나지 않았고, 고통을 겪기 위해 태어나지도 않았다고 생각합니다. 그들이 살고자 했던 삶을 살 수 있도록 돕기 위해, 저는 어떠한 일을 해야 할까요? 저는 베갯머리에서 꿈을 그리고, 아침이 찾아오면 지난밤의 공상이었던 것처럼 여기는 그런 평범한 사람이고 싶지는 않습니다. 이것이 제가 꿈이라고 말하고 싶지 않은 이유입니다. 저는 그것을 미래에 대한 비전vision이라고 말하고자 합니다. 언제, 어떻게 그러한 일을 하게 될지는 모르지만, 행복하고, 평화로우며, 풍요롭기 위해 이 세상이 존재하는 것이기에 언젠가는 제가 그리는 세상이 그렇게 될 것이라고 자신 있게 말할 수 있습니다. 그리고 그 과정 속에, 그 세계 속에, 그 삶 속에 저는 언제나 살아 있을 것입니다."

국경을 넘어 : 아시아의 정체성을 찾아서

저는 아시아가 이 지구에서 가장 눈부시고 아름다운 곳이라 생각합니다. 실로 그러하고요. 히말라야의 멋진 정경과 푸르고 싱싱한 나무와 숲, 이국적인 야생 생태계 등이 있죠. 하지만 가장 멋진 부분은 바로 아시아 대륙에 살고 있는 사람들입니다. 저는 제가 아시아인이라서, 아침햇살을 그 누구보다도 먼저 볼 수 있다는 사실이 절 행복하게 합니다. 제가 아시아인이란 사실이 절 세상 위에 우뚝 설 수 있게 해줍니다.

아시아인들은 포기를 모릅니다. 라자스탄주의 농부는 농업으로 별로 돈을 못 벌 것을 알면서도 섭씨 40도나 되는 열기 아래에서 세상 그 누구보다도 열심히 일합니다. 세상의 여러 문제들과 문명에서 떨어져 지낸 것이 우리들로 하여금 서양보다 더욱 열심히 일하는 자세를 갖게 했는지도 모릅니다. 하지만 우린 서양의 많은 나라들이 기술력을 바탕으로 우리보다 더욱 정교하고 정확한 일을 하는 것이 가능하게 되어 우리의 상상을 뛰어넘는 속도로 발전했다는 걸 부인할 수는 없습니다. 간혹 제가 아시아인이란 이유만으로 여러 시설들 혹은 기회를 남들보다 못 가질 때면 우울해지곤 합니다. 하지만 제 인생이 남들보다 더 도전적인 일들로 넘쳐나고 여러 일들을 해볼 기회가 많다는 사실이 다시 절 행복하고 의욕이 넘쳐나게 만들어주며, 비참하고 고통스러운 때나 행복한 때나 항상 긍정적인 자세를 갖게 해줍니다.

아시아인이기 때문에 전 더 나아진 자세로 살아가야 함을 느낀 것 외에도 다른 아시아인들이 해놓은 것을 보고 용기를 얻기도 합니다. 우린 한 명 한 명이 모두 계몽가들입니다. 세상을 횃불로 밝혀주는 그 길은 마하트마 간디께서 말씀하신 비폭력의 세상일지도 모릅니다. 아니면 문학의 수준을 한층 끌어올려주신 라빈드라. 타고르의 하나의 문학작품일지도 가우탐 부처, 모하메드, 예수께서 보여주신 신비주의의 세상

꿈을
살다

으로 가는 길일지도, 네팔, 인도, 중국의 고대 건축물이 주는 환상적인 아름다움으로 가는 길일지도, 또는 루디야드 키플링에게 향하는 그러한 부드러운 길일지도 모릅니다. 그들은 아시아의 정체성을 설파하고, 아름다운 시를 짓고, 또 멋진 글로 남겼습니다. 더 나은 세상으로 향하고자 그들이 세상에 불을 켜준 것이죠.

개개인의 일을 사회적 가치를 실현하는 것보다 중요하게 생각하는 사람들과는 달리 우리는 반대로 사회적 가치의 실현을 더 중요시한다는 점에서 전 우리 아시아인들이 모두 하나의 공동체 내의 사람들이라 생각합니다. 우린 항상 희생정신을 갖고 있습니다. 우리의 갈망보다 더 절박한 사람들을 위하여 희생할 준비가 항상 되어 있기 때문입니다. 전 제가 아시아인임을 자각할 때마다 살아 있음을 느끼고, 한 명의 사람으로서 영혼을 갖고 있음을 느낍니다.

아시아인은 크리스천이거나 무슬림이지도 않으며 부자이지도 가난하지도 않습니다. 아시아인들은 아시아인들로서, 하나의 가족으로서 같은 하늘 아래 살고 있는 형제고 자매입니다. 하지만 한 가지 가족의 특성과 다른 점이 있다면 실제 가족들처럼 한 곳에 모여 살지 않고, 서로 그렇게 교류가 많진 않다는 것입니다. 바로 이 점만 극복한다면 마침내 우린 아시아라는 커다란 지붕 아래 함께 사는 가족이 될 수 있을 것입니다. 이것이 세계라는 이름으로 확장된다면 인류 전체는 지구인으로서 하나의 가족이 될 수도 있겠지요.

저는 아시아인으로서 자부심을 느낌과 동시에 아시아라는 대륙 위에 살고 있는 인류의 창조적 혁신 가능성을 느낍니다. 우리들의 거대한 이 문명과 문화는 여전히 인간의 본성을 자극하고, 무슬림이나 힌두교 신자로서가 아닌, 공산주의자나 국회의원으로서가 아닌 단지 인간으로서, 타인의 대한 예의를 갖춘 인간으로서 살아가야 함을 가르쳐줍니다. 이것이 아시아와 아시아인이란 개념이 나에게 의미하는 것입니다. 아시아란 단어의 의미보다 중요한 것은 아시아를 있는 그대로 이해하는 것이며 아시아인이란 정체성이 인생에 주는 의미를 이해하는 것입니다. 겉으로 보기엔 아무것도 아닌 것 같아 보여도 이해하고 느껴보면 그것이 주는 커다란 의미를 알 수 있을 것입니다. 저는 제가 아시아인이라는 것이 너무도 자랑스럽고 세계의 장에서도 아시아를 항상 지지할 것입니다.

마다브 기미르

마다브 기미르는 현재 네팔에서 지어지고 있는 비영리
학교의 설립자이다. 그 학교는 가난하지만 배우고자 하는
의욕이 있는 아이들에게 가난함, 사회로부터의 무시, 문맹에
서 탈출하도록 국제적 수준의 교육을 하리라는 비전을 갖고 있다. 그는 몇몇 지방의 사
회적 활동에도 참여하고 있으며, 여행사업도 하고 있다. 또한 TYA의 가장 소중한 후원
자이기도 하다. 그와 함께 인디고 서원은 '인디고 도서관'을 짓는 꿈을 함께 꾸고 있다.

다른 이들에게 행복을 주는 나의 꿈

"누군가 저에게 꿈이 무엇이냐고 물을 때, 저의 수많은 꿈들이 머릿속에서 떠오르기
시작합니다. 그러나 다시 진정한 내 삶의 역사로 돌아와 봅니다. 그러니까 내가 학생이었을
때, 나는 마을 사람들의 편지를 확인하기 위해 학교가 끝나면 언제나 우체국으로 걸어갔습
니다. 우리 마을의 거의 모든 가정엔 일을 하기 위해 해외를 나간 남자가 한 명씩은 있었습
니다. 그땐, 전화가 없었기 때문에 편지는 가장 쉬운 통신수단이었습니다. 나는 우리 마을에
서 유일하게 편지를 읽고 쓸 수 있는 소년이었습니다. 우체국에서 마을 사람들에게 온 편지
를 보게 되면, 너무나도 기뻐 그 사람의 가족들에게 편지를 가져다주고 읽어드리곤 했습니
다. 그 가족들이 편지를 보낸 이의 메시지를 받고 행복해할 때, 나도 그들과 함께 행복을 나
누었습니다. 어쩌면 다른 이들에게 행복을 주는 나의 꿈은 이렇게 시작되었을지도 모릅니
다. 개인적으로 교육이라는 것은 사람들에게 만족감과 행복을 주는 것이라고 생각합니다.
그래서 제가 배운 것들을 보다 많은 아이들에게 나누고 싶은지도 모르겠습니다. 행복을 보
다 많은 이들에게 나누어주세요, 그리고 행복해집시다!"

03

다시 히말라야를 가다
- 카트만두, 에베레스트 어워드 수상

Everest Summit Award

우리는 같은 꿈을
꾸고 있습니다

- 에베레스트 어워드를 다녀와서 이윤영　● ●

　　2008년 2월 5일, 이제는 낯설지 않은 네팔 땅에 도착했다. 추울 것이라 예상했지만, 하늘과 가까운 그곳의 햇살은 여전히 뜨거웠다. 우리가 작년에 방문한 그곳에 다시 찾아간 것은 아람샘과 인디고 서원이 상을 받는 시상식에 참여하기 위해서였다. 올해가 제1회인 에베레스트 어워드는 '전 지구적으로 '평화'의 가치를 높이 세우고, '인류애'라는 대의를 향해 정진하는 이에게 수여하는 상'이다. 멀리 대한민국에 있는, 그것도 동쪽 해변가에 위치한 부산, 남천동의 어느 골목에 있는 작은 인문학 서점에게 대륙의 역동적이고 강인한 힘이 담긴 '에베레스트'의 이름으로, 게다가 깊은 의미까지 담긴 상을 주는 것은 감사한 동시에 즐거운 일이기도 했다. 하지만 사실 상을 받는 것보다 우리에게 더 가치 있고 또 즐겁고 행복했던 것은, 우리를 생각하고 배려하는 네팔 사람들의 따뜻한 마음, 그리고 인간의 미미함을 감싸안고 장엄하게 우뚝 솟아 있던 히말라야 앞에서 다시금 깨달을 수 있는 인간 존재로서의 겸허함을 대면할 수 있었기 때문이다.

다시 만난 우리의 친구들은 여전히 아람샘의 수상 소감 연설처럼 '같은 꿈을 꾸고 있'었다. 그것은 영혼의 순수함이 온몸으로 느껴지는 네팔에서 한 명의 교육자로서, 그리고 교육을 받는 학생으로서 에베레스트 어워드를 수상한 것은 더 나은 삶을 꿈꾸고 타인을 진심으로 사랑하며, 그것을 소통의 힘으로 승화시켜야 한다는 의무감을 더욱 깊게 되새기게 해주었다. 이렇게 세상을 더욱 아름답게 만들기 위해 노력하는 것, 이것은 행복한 여정임이 분명하다.

이번 네팔 여정을 다녀온 팀원들이 단숨에 써내려간 아래 글들에서 볼 수 있듯, 기억하는 순간과 말과 사람, 또 그것을 이해하는 정도와 방법의 차이는 있을지 모르겠지만, 네팔에 다녀온 우리 모두가 행복하다고 말할 수 있는 것은, 우리와 같은 꿈을 꾸고 있는 사람과 그 꿈의 아름다움을 온몸으로 표현하는 자연을 만나고 왔기 때문일 것이다. 지구 반대편의 저 높은 히말라야 산 아래에도 우리와 같은 꿈을 꾸는 사람이 있다는 감동, 그리고 그로 인해 생겨나는 용기와 기쁨. 이번 시상식을 통해 인디고가 받은 가장 큰 상은 이와 같은 벅찬 행복이다.

다시 만난

친구들 한지섭 ● ● ●

히말라야 산맥이 눈앞으로 스쳐지나가는 카트만두의 도시 풍경을 하늘에서 바라보며 가슴이 뛰기 시작할 때쯤, 우리는 드디어 네팔에 도착했다. 이곳에도 우리를

꿈을
살다

기다리는 친구들이 있다는 사실에 다시 한 번 행복해진다. 공항에 마중 나온 친구들. 그들을 처음 보는 순간 나는 손을 내밀 수 없었고, 고개 숙여 인사할 수도 없었다. 단지 내가 할 수 있는 건 두 팔을 벌려 그들을 꽉 껴안는 일. 마치 몇 년 만에 오랜 고향 친구를 만나듯, 난 그렇게 그들을 꽉 껴안았다.

가슴 깊이 소통한 추억이 있는 사람들과의 만남은 나이도 국경도 그 어떤 무엇도 뛰어넘을 수 있다. 항상 인디고 서원과 《인디고잉》을 최고라고 말하는 산토시. 그는 우리를 맞이하기 위해 며칠이고 밤을 샜을 것이다. 어려운 네팔의 환경 탓에 모두가 조국을 떠날 때 다시 조국으로 돌아와 일을 하는 산토시를 보고 있자면 절로 행복한 미소가 번진다. 존재 자체만으로도 사람의 가슴을 따뜻하게 만드는 마다브 아저씨. 그의 환한 웃음과 온몸에 배어 있는 '겸손'이라는 향기는 모든 이에게 감동을 준다. 마오이스트들의 반란 그리고 어려운 경제상황, 혼란스러운 국가현실, 하지만 그러한 시간들 속에서 자신의 속이 더 강해지고 깊어진다고 말하던, 그리고 내가 네팔은 마치 나의 두 번째 고향 같다고 말했을 때 너무나 기뻐하던 만디라. 그리고 나의 친구 프라납과 산족. TYA에서 영상촬영을 담당하는 프라납은 우리에게 자신이 가지고 있는 모든 것을 그 자리에서 선물로 주려 했고, 언제나 우리의 손을 꼭 잡아주며 어려운 일을 도맡아 해주었다. 네팔에서 처음 만난 산족은 TYA에서 UN관련 일을 맡고 있다고 한다. 처음 보는 우리를 공항에서 마중해주고, 모든 것이 감사하고 아름답다고 말하던 잘생긴 청년이었다. 몸이 아픈데도 학교를 조퇴하고 우리를 마중 나왔던 아름다운 소년 아룬, 대학입시를 준비하는 바쁜 일정 속에서도 우리를 찾아와준 나타샤, 모든 일을 프로처럼 진행하고 항상 우리와 동행해주었던 엘리샤. 그 밖에도 많은 TYA 친구들과 우리가 만난 네팔의 모든 사람들. 그 만남에서 우리는 선한 사람의 눈빛 속에는 그의 온 마음이 드러난다는 것을 발견할 수 있었다. 그들은 내가 잘하는 '감추고, 경계하는' 것보다 자신을 표현하고 온 마음으로 상대를 받아들일 수 있는, 히말라야의 맑은 눈 같은 투명한 순수함을 가지고 있었다.

마치 오래된 친구와의 만남처럼, 서로 사용하는 언어는 달랐지만 그저 한번 서로를 껴안는 것만으로도 우리는 많은 것을 소통하고 이야기할 수 있었다. 나는 그들의 가슴에서 느껴지는 뜨거운 열정을, 우리와 함께 나눈 그 마음을 잊지 못할 것이다. 그리고 2008년 8월, 인디고 유스 북페어에서 다시 한 번 그들과 뜨거운 포옹하는 날을 기다린다.

인디고 서원,
에베레스트의 꿈과 만나다 박용준 ● ● ●

인디고 서원이 에베레스트와 처음 만난 건, 2008년 인디고 청소년 북페어를 준비하는 과정에서였다. 네팔을 방문하고, 그곳의 사람들을 만나 소통했던 순간들의 기쁨을 아직도 잊지 못한다. 지구에서 가장 높은 산인 에베레스트의 정령을 받들어 사는 그들은 자연의 위대함 앞에 겸허함을 지닌 이들이었다. 타인의 존엄을 가슴 깊이 간직한 그들은 인사를 할 때 두 손을 모아 가슴 앞으로 내밀고, 고개를 숙여 상대를 맞이한다. 나마스테. '당신의 신에게 경의를 표합니다'라는 뜻을 지닌 이 인사말은 그 자체로 경건함을 느끼게 해주는 몸짓이었다. 당신 앞에 나는 두 손을 모아 무장해제되었음. 즉, 당신을 받아들일 준비가 되어 있다는 말.

이곳을 지난 2월 5일 다시 찾았다. 인디고 서원과 대표 허아람 선생님이 '에베레스트 어워드'를 수상했기 때문이다. 상의 수여자였던 로켄드라 찬드 네팔 전 수상님은 이 상을 통해 '세상의 슬픔을 걷어내고, 희망의 씨앗을 뿌리며 특히 네팔의 교육에 있어 새로운 꿈을 가져다 줄 것임을 믿는다'며 연설을 끝맺으셨다. 이는 분명 인디고 서원의 네팔 타나훈 지역 도서관 건립과 관련이 있으리라.

도서관 건립은 인디고 유스 북페어 프로젝트팀이 지난 6월 네팔 방문 때, 그곳

에서 시작되는 역사적인 학교 건립 프로젝트에 함께하고자 한 약속이다. 그곳에 인디고 서원은 벽돌 건물의 아름다운 '인디고 도서관'을 지을 예정이다. 석양이 지는 에베레스트 산의 숭고한 아름다움을 교실에서도 볼 수 있는 타나훈(지리적으로 네팔 정중앙에 위치) 지역의 이 학교는, 외부에 의존하지 않고도 네팔의 학생들에게 우수한 교육을 제공할 수 있도록 하고, 가난한 학생들에게는 무료로 배움의 기회를 제공하고자 하는 의도를 갖고 있다. 바로 이곳에 인디고 도서관이 들어서게 될 것이다. 또한 허아람 선생님은 이 학교의 교장 선생님 격 교육 자문가로서 그 역할을 임명받기도 하였다.

사람의 인연(또는 운명)이란 참 어찌할 수 없는 힘에 의해 움직이는 것만 같다. 시상식이 끝난 후, 네팔 전 수상과 차를 마시며 이야기를 나누던 중 아주 기막힌 우연(또는 운명적으로)을 발견하게 되었다. '아람'이라는 음의 네팔어는 '위로, 위안, 편안함, 슬픔을 거두어내다' 등의 의미를 지니고 있으며, '허'라는 음의 네팔어는 '천사'라며, 찬드 전 수상께서 허아람 선생님께 '당신은 이름에서도 그렇지만 참 필연적으로 네팔의 이 많은 슬픔들을 거두어낼 천사'라며 따뜻한 미소를 지어보이셨다.

아람샘은 가브리엘 가르시아 마르케스의 소설 〈꿈을 빌려드립니다〉의 한 장면을 인용하면서 아래와 같이 수상 소감을 마무리하였다. "저는 한국 부산 인디고 서원에서 청소년들과 함께 꿈을 꾸며 살고 있습니다. 그리고 TYA는 네팔에서 이곳의 청소년들과 또 아름다운 꿈을 꾸고 있습니다. 굉장히 먼 거리 아닙니까. 하지만 그 소설처럼 우리는 '같은 꿈을 꾸고 있는 꿈'을 꾸고 있는 것을 보았습니다. 그래서 그렇게 같은 꿈을 꾸는 네팔에 오게 된 것은 너무나 당연하고 운명적인 일이라 생각하고, 이러한 선량한 땅에 자주 올 수 있는 기회를 저 스스로가 갖게 된 것이라 생각합니다. 그래서 이 꿈이 멀고 하염없더라도 함께 잘 이루어나갈 수 있는 격려와 책임의 의미로, 감사한 마음으로 받아들이고 열심히 하겠습니다. 감사합니다."

새로운 사람을 만나고, 또 관계를 맺는다는 것은 서로의 삶 속으로 긴밀히 관여 *involve/engage* 하게 된다는 것을 의미한다. 같은 꿈을 꾸는 동지를 만난다는 것은 현실의

출발을 의미하듯, 이곳 인디고 서원과 히말라야의 정령들이 함께 새로운 꿈을 꾼다는
사실만으로도 충분히 가슴 설렌다. 지구의 가장 높은 곳 에베레스트에서 인디고 서원
이라는 또 하나의 별이 그곳의 하늘을 아름답게 수놓는 꿈을 꾸어본다.

포카라, 인디고 도서관, 그 시작

- 석양의 학교 윤한결 ● ● ●

네팔에 새로 지을 학교 땅을 보러 가는 차 안이다. 차창에는 내가 아는 우주가

꿈을
살다

지나가고 있다. 사람들은 자신들의 삶의 터전에서 그 순간 멈춰서서, 느릿하게 그들의 삶을 살아가고, 우리의 차는 그곳을 지나가고 있었다. 내가 그들을 볼 수 있는 순간은 그들이 몸에 짐을 지고 두세 걸음 옮기거나 또는 자신을 바라보는 나를 알아보고 쳐다봐서 눈을 마주칠 수 있을 만큼, 그리고 어쩌다 미소 지을 수 있을 딱 그만큼이다. 그렇게 그들은 나의 시야에서 사라져가지만 그 순간은 나라는 존재에 각인되어 이미 나를 만들어가고 있었다. 눈에 보이지 않는 이 순간에도 그들은 내 가슴 한켠, 내 머리 어디쯤인가에서 그들의 삶을 살아가고 있다. 나는 그들을 봄으로서 그들과 함께 살아가고 있다.

학교가 지어질 땅에서 눈을 돌리면 하늘 위로 가장 멀리 닿는 땅은 언제나 히말라야 산봉우리였다. 해가 지고 있었고 세상은 붉게 물들었다. 석양은 내가 지나오며 보았던 사람들의 삶처럼 매일 반복되며 대지를 붉게 적신다. 히말라야 산 봉우리의 눈이 석양을 반사해 붉게 빛났다. 학교가 세워질 들에는 풀들이 대지의 속살처럼 속살거리고 있었고 그 위로 네팔 아이들이 땅을 맨발로 디디며 공을 차고 있었다. 저 멀리 언덕에는 학교를 마친 아이들이 줄을 지어 산 위에 있는 집으로 걸어가다 멈춰, 태양을 마주보며 손을 흔들고 있었다. 이곳에 세워질 천년이 갈 학교는 얼마나 더 많은 석양을 마주 할까. 그리고 또 얼마나 석양을 닮아 있을까. 그리고 이 학교가 모든 것을 붉게 적시는 석양처럼 이곳에서 자신의 삶을 살아갈 아이들의 삶에 스며들어 빛나게 할까. 매일 피고 지는 해처럼, 우리의 삶처럼, 자연스럽게 그리고 참된 가르침으로 이 세상을 아름답게 할 수 있을 것이라는 마다브 아저씨의 꿈처럼, '인간적으로' 이 학교는 살아 숨쉴 것이다. 나는 학교가 지어질 땅을 봤기에, 이제 그 속에서 살아갈 행복한 아이들의 얼굴에 번지는 미소와 함께 앞으로의 생을 살아갈 수 있을 것 같다.

꿈을
살다

4

모든 것의 근원, 인간 Human

예술

남아메리카

콜롬비아

2007.12.24~2008.1.4

아름다운 인간성의 실현

알바로 레스트레포

Álvaro Restrepo Hernández

그러고 보면 텔레비전이 항상 바보상자
인 것만은 아닌 것 같다. 그 속을 잘 찾아보면 흥미롭
고 유용한 정보들도 많이 있기 때문이다. 콜롬비아 여정의 경우 한 텔레비전 프로그램
을 보고 시작되었다. 그전까지 우리는 남아메리카를 대표할 만한 인물로 칠레의 '행
동하는 지성'으로 불리는 작가 루이스 세풀베다와 시인 파블로 네루다 연구소, 콜롬
비아의 유명한 작가 가브리엘 가르시아 마르케스, 브라질의 빈민 지역 내 정보처리기
술학교 네트워크의 창립자 호드리구 바기우, 아르헨티나의 체 게바라 연구소 등을 생
각하고 연락을 취하려던 참이었다.

그러던 중 2007년 11월 23일 금요일 밤 11시 30분. 지친 하루를 마치고 집에
도착하여 우연히 텔레비전을 켠 아람샘은 KBS 1TV 다큐멘터리 〈예술의 반란-콜롬
비아 몸의 학교〉를 보게 된다. 옷도 갈아입지 않은 채, 가방을 그대로 어깨에 맨 채,
'절망을 넘어 춤추'는 아이들을 본 아람샘은 팀원들에게 문자를 보냈고, 다음날 우리

는 KBS 이재혁 PD를 통해 알게 된 전화번호를 통해 콜롬비아로 전화를 했다. 정확히 한 달 후, 콜롬비아 카르타헤나에 도착했다. 이렇게 우리네 삶은 우연과 필연이 딱하고 부딪히는 순간, 스파크가 튀며 새로운 불빛이 탄생한다.

오, 나는,
미치도록 살고 싶다 윤한결 ● ●

071227 : 아침, 빛나는 순간
콜롬비아, 카르타헤나의 바다 근처 아파트.
이곳엔 햇빛에 실려 오는 바닷바람이 따뜻하다.
알바로 선생님을 만나러 가는 아침이다.
인터뷰 준비를 위해 우리는 한방에 모여 질문할 거리를 만들어냈다.
처음에 우린 질문 거리를 '만들어' 내려 했다.
하지만 질문을 위한 질문은 우리를 공허하게 했다.
우린 우리로 하여금 알바로 선생님과 몸의 학교 친구들을 만나러
지구 반대편의 콜롬비아까지 날아올 수밖에 없게 만들었던,
처음의 떨림을 기억했다.

071123 : 탄생의 밤
어두운 밤이다. 조용한 집. 나는 평소처럼 학교에서 늦게 돌아와
불도 켜지 않고, 거실을 서성이다 소파에 몸을 던졌다.
나는 널브러진 옷처럼
소파에 아무렇게나 놓여 있었다.

아무 생각도 들지 않았다. 잠도 오지 않고,

나는 그저 그 공간의 일부가 된 듯.

시간을 잊고 사물처럼 가만히 있었다.

늘 그랬듯 피곤한 하루였다.

나는 아직도 내가 선택하지 않은,

절실히 원하는 것이 아닌 일에

하루의 거의 모든 시간을 바치고 있었다.

살아 있다는 느낌.

살아 있다는 느낌, 심장이 두근거리는.

그런 일들로 하루하루를 채워 나가고 싶었는데, 나는 계속 사회 탓을 해왔다.

하지만 가슴 뛰는 삶을 살기 위해선 많은 용기가 필요한 현실을 탓하기에 나는,

나 스스로를 충분히 사랑하지 못하는 것을 알고 있었다.

내가 원하는 삶을 살지 못하는 이유는 단 하나,

내가 그런 삶을 살지 않기 때문.

그냥 이렇게 이번 생을 지나면 안 될까.

물건처럼 평화롭고, 고요하게.

생에 대한 아무 욕심 없이.

욕심이 없으려는 욕심도 없이……

"딩-동."

문자메시지를 알리는 휴대폰 소리가 사물의 시간을 깨웠다.

"빨리 TV 켜, KBS2를 봐."

나는 평소에는 거의 켜지 않는 텔레비전을 켜 채널을 돌렸다.

휙 휙 지나가는 채널 속에 스치는 사람들.

거리에서, 학교에서, 내 삶에서

휙 휙, 스치며, 결코 닿지 못하고,

비껴나가는 삶들.

나는 텔레비전까지 켜서 그런 공허함을 느끼기 싫었던 것이다.

그리고 나는 봤다.

텔레비전 속에서 몸이 움직이고 있었다.

꿈틀 꿈틀. 그것은 춤이라기보다 몸부림이었다.

얼굴의 몸부림.

그들의 영혼, 그들의 얼이 살고 있는 굴에서 무엇인가 꿈틀거리며 내게 외쳤다.

"나는 살아 있다."

나는, 가슴이 떨렸다.

인간

나는 몸으로 잘할 수 있는 것이 없다.

노래도 잘 못 부르고 춤도 못 춘다.

그래서 자연스럽게 자신의 존재를 몸으로 노래하는

몸의 학교 친구들이 부러웠다.
항상 본질적인 삶만을 살기를 꿈꾸면서,
도대체 내가 할 수 있는 것은 무엇인가?
나의 본질은 무엇인가.
나는, 누구인가?
나는 인간이다.

071227 : 발견

가브리엘 가르시아 마르케스.
콜롬비아의 노벨 문학상 수상 작가.
우리는 알바로 선생님을 만나러 가기 전
그의 단편 소설집 중 눈에 띄는 한 구절을 발견했다.
〈꿈을 빌려드립니다〉의 구절이다.

"그는 내가 무슨 일을 하느냐고 물었고, 나는 살아 있는 것 이외에는 다른 일은
하지 않는다고 대답했습니다. 왜냐하면 다른 것은 모두 필요 없었기 때문입니다."

살아 있다는 것 이외에 아무것도 하지 않는다는 것.
살아 있다는 것 이외엔 아무것도 하지 않는다는 것.
우리는 드디어 알바로 선생님을 만나러 갔다.

080112 : 달 없는 밤

초록색 책장을 마주하고 우린 나란히 앉아 있었다.
조금은 무거운 분위기가 우리를 누르고 있었다.

나는 요즘 내가 읽고 있는 책을 소개했다.

『지상의 양식』.

"저녁을 바라볼 때는 마치 하루가 거기서 죽어가듯이 바라보라. 그리고 아침을 바라볼 때는 마치 만물이 거기서 태어나듯이 바라보라. 그대의 눈에 비치는 것이 순간마다 새롭기를. 현자란 모든 것에 경탄하는 자이다."

좋아하는 구절을 읽어주고 나는 물었다.
"이 책 제목이 왜 '지상의 양식' 이게?"

나는 〈꿈을 빌려드립니다〉의 구절도 읽어주었다.

"그는 내가 무슨 일을 하느냐고 물었고, 나는 살아 있는 것 이외에는 다른 일은 하지 않는다고 대답했습니다. 왜냐하면 다른 것은 모두 필요 없었기 때문입니다."

지훈이는 한동안 말이 없다 갑자기,
"나는 아람샘 수업할 때 살아 있는 것 같았는데"라고 말하는 것이었다.
나는, 나는 소리 내서 웃었다. 어찌나 웃었는지 눈물이 다 날 지경이었다.
문득 살아 있다는 것의 반대말이 나를 두렵게 했다.
그것은 죽음이 아니었다. 단지 살아 있지 않은 상태, 영혼이 굶주리지 않은 상태였다.
그럴 땐 우리의 삶을 사물의 시간이 지배한다.

"지상에서 내가 경험한 가장 아름다운 것은, 아! 나타나엘이여, 그것은 굶주림이니. 저를 기다리는 모든 것에 굶주림은 언제나 충실하였다. 그대가 먹는 것에 취하지 않는 것은 그대가 충분히 굶주리지 않았던 탓이다. 완전한 행위는 어느 것이든 쾌락을 동반하기 마련이다. 그러하므로 그대는 완전한 행위를 해야만 한다는 것을 알 수 있다."

"그래서 이 책 제목이 '지상의 양식'이라니까!"
나는 말했다.
"살기 위해서는 먹어야 하잖아. 그러니까 이거 보고 굶지 말라고, 살아 있으라고."
"그래……. 밥 잘 챙겨 먹여야지."
지훈이는 그렇게 말하고 『지상의 양식』 책을 샀다. 우리는 뒷마당에 가
밤하늘에 달을 찾다가 보이지 않아서 돌멩이나 차다가, 웃으며 헤어졌다.
그날은 지훈이가 나에게 더 이상 아람샘 수업을 듣지 못한다고 울면서 말했던 날이다.
평생 못 보는 것도 아닌데. 위로에 서투른 나는, 그저 한 번 안아주곤 가만히 같이 앉아 있는 것 이외에 할 수 있는 일이 없었다.

071227 ː 낮과 밤, 사이
알바로 선생님은 식탁 위에 식탁보 대신 놓인 하얀 전지에
사이 간(間) 자를 그리고 있었다.
획 하나가 빠진 사이 '간' 자 주위에는 이미 여러 그림들이 그려져 있었다.
그중 사람 그림에는 몸 부위마다 세계 여러 나라의 이름이 쓰여 있었다.
우리가 왜 춤의 학교가 아닌 몸의 학교냐고 묻기 전에,
웃음이 따뜻한 알바로 선생님은 우리에게 자신의 철학을
몸 그림 하나로 설명해주신 것이다.

알바로
레스트레포

몸의 어느 한 부분이 아프면 나의 '몸' 전체가 아프듯이,

하나의 몸처럼 연결되어 있는 우리들,

그리고 이 세계는, 서로 고통을 공유하고, 예방하고, 함께 치유해나가야 하는 것이다.

사이 '간' 자는 알바로 선생님이 언젠가 일본에서 참여했다는 프로젝트의 이름이었다. 그런데 나는 계속 사이 '간' 자 앞에 있는 종이의 여백이 신경 쓰였다.

사이 간間. 시간時間, 공간空間. 그리고,

인간人間.

071227 : 저녁, 나는 인간으로 살고 싶다

다시, 카르타헤나의 아파트. 우리는 아직도 알바로라는 위대한 개인과의 만남이 준 떨림에서 헤어나지 못하고 있었다. 그리고 나는 가지고 온 전지의 '間' 자 앞의 여백에 '人' 자를 써 넣었다.

나는, 누구인가?

나는 인간이다.

나의 본질은 인人이 아니라 인간人間이다. 모두 이 사실을 안다.

"야이 인간아!" 어머니는 가끔 나에게 이렇게 소리 치셨다.

결코 "야이 인人아!"라고 하신 적은 없었다.

인人 자는 사람이 두 다리로 서 있는 모습을 본떠 만든 글자이다.

그런데 이것이 나의 본질이 아니라 인간人間이 나의 본질이라 함은,

두 다리로 서 있는 내 몸뿐만이 아니라, 그 '사이'에 있는 어떤 것까지 포함한 존재가 '나'라는 말이다. '사이'라는 말은 항상 다른 두 존재를 전제하고 있다.

살아 있다는 것은 진정한 '나'로서 이 세계에 존재하는 것.

오, 나는, 미치도록 살고 싶다.

사랑

나는 내가 사랑하는 사람과, 그 사람과 함께 있을 때의 떨림을 기억한다.

존재와 존재, 나와 너, 인간과 인간이 만나면, 분명 어떤 떨림이 있다.

떨림이 없다면 그것은 '나' 또는 '너'가 온전히 인간人間으로 살아 있지 못하기 때문이다.

그 떨림으로 인하여 나는,

살아 있다는 것은 사랑한다는 것을, 너와 나의 생의 떨림이 만나 하나 되는 것을, 이제 나는 콜롬비아에서의 따뜻함으로 조금은, 사랑하며 살아갈 수 있을 것 같다.

interview

**영혼의 아름다움,
알바로 선생님을 만나다**

2007년 12월 27일 목요일 오후 1시, 콜롬비아 카르타헤나, '몸의 학교'에서

변화의 물결은 언제나 위대한 한 인간 존재로부터 시작되는 것 같다. 마하트마 간디, 넬슨 만델라 그리고 체 게바라가 그랬던 것처럼. 그런데 이러한 시대의 영웅들이 나에게 갖는 공통점 중 하나는 바로 내가 만나볼 수 없다는 점이다. 그런데 이번 콜롬비아 여정을 통해 우리 인디고 유스 북페어 팀은 세상의 변화를 자신의 삶의 대지

^{ground}에서 꾸려나가고 있는 '살아 있는' 위대한 개인을 만날 수 있었다. 가브리엘 가르시아 마르케스^{Gabriel García Márquez}가 살고 있는(실제로 알바로 선생님은 마르케스의 친구다) 콜롬비아 카르타헤나에서 만난 알바로 레스트레포 선생님.

지난 여러 여정에서도 우리가 만났던 위대한 개인들은 황폐한 세상에 희망의 나무 한 그루를 심고, 또 가꾸어나가고 있는 당대의 숨겨진 영웅들임이 분명했지만, 이번의 경우에는 특히나 형언할 수 없는 감동이 있었다. 그것은 아마도 알바로 선생님이 가진 아이들에 대한 진심 어린 사랑, 마약과 전쟁으로부터 그들을 보호해야 한다는 신념, 자신의 프로젝트가 콜롬비아의 청소년들을 새로운 변화로 이끌 주인공으로 탄생시킬 수 있을 것이라는 믿음 등의 이유일 것이다.

"이 세상에서 사회적 관심으로부터 배제되었을 뿐 아니라, 인간의 존엄과 존재의 이유 그 자체까지도 빼앗긴 존재들, 그리고 극도의 가난 그 이상의 극심한 생의 굴욕 속으로 빠져본 사람들, 오직 이러한 존재만이 진실을 말할 수 있다. 나머지는 모두 거짓이다."라는 시몬 베유의 말처럼 우리가 상상할 수조차 없는 가난과 죽음의 위험

에 노출되어 있는 카르타헤나 몸의 학교 학생들. 이들에겐 알바로 선생님이 세상의 유일한 희망으로 보일지도 모른다는 생각이 들었다.

무엇보다 분명한 사실은 아직도 그들의 선한 눈동자 속에는 희망에 대한 믿음이 사라지지 않았다는 사실이다. 오직 이 굳은 신념만이 미래를 바꾼다. 인디고 유스 북페어 프로젝트는 이러한 희망의 영웅들을 찾아 새로운 지도를 그리며, 새로운 방식의 네트워크를 통해 세상 곳곳에 숨겨진 희망의 증거들을 전 지구적으로, 또 역사의 한 순간으로 기록하고자 함이다. 이 길을 우리는 바로 알바로 선생님과 몸의 학교 친구들과 함께 걸어간다.

알바로 선생님과 함께 몸의 학교 교실에서 간단히 인사를 나누고, 우리의 프로젝트를 소개한 뒤, 카르타헤나 구시가 내의 한 레스토랑으로 자리를 옮겨 다시 이야기를 시작했다. 붉은 벽의 정열과 한여름의 뜨거운 공기 속에서 우리는 열정과 사랑, 예술과 교육에 대한 이야기를 나누었다. 알바로 선생님은 한국에 대해 꽤 많은 것을 알고 계셨다. 그가 뉴욕에서 만난 한국인 스승 덕택에 한국에 관한 이런저런 이야기도 듣게 되고, 그러면서 한국의 예술에 대해서도 많은 관심을 갖게 되었다고 한다. 그래서 우리의 이야기도 한국 예술에 관한 것으로 시작되었다.

알바로 레스트레포(이하 알바로) : 한국의 예술은 굉장히 정열적이었어요. 예술행위에 대해 우리는 흔히 "신이 들어온다, 혹은 신을 부른다"는 표현을 많이 하죠. 한국 예술에는 그런 신적인 힘이 강렬하다는 것을 느꼈어요. 특히 북을 치는 예술 있죠?

용준 : 아 네, 사물놀이요?

알바로 : 맞아요. 사물놀이. 굉장했어요. 그들은 단지 흥겨움만으로 예술을 하는 것이 아니었어요. 그들은 마치 신을 부르는 것 같았고, 신과 대화하고 있는 것 같았어요. 굉장한 힘이 느껴졌던 예술이었어요. 흔히 이런 신적인 예술의 예로 아프리카의 예술을 드는데요, 그들의 것은 문명화된 우리의 것과는 달리 매우 야생적이죠. 그

래서 그 자체로 더 열려 있죠. 우리의 몸이라는 것은 하나의 도서관과도 같습니다. 우리의 모든 문화와 전통이 우리 몸 안에 살아 숨 쉬고 있는 것입니다. 이것이 우리의 전통과 예술이 계승되는 방식인 거죠. 몸 안에 그런 기억들이 새겨져 있는 거예요. 방금 아프리카의 예를 들면, 그들이 가진 구술 언어, 혹은 비언어적인 언어를 통해 계속해서 이어지는 겁니다. 즉 몸의 언어인 것이죠. 이건 굉장히 아름다운 인간 정신의 발견입니다. 우리의 몸은 하나의 오래된 책과 같은 거죠.

아람샘 : 맞아요. 바로 그런 정신을 구현하기 위해 음식이 나오기 전에 제가 여기 식탁보(정갈한 하얀색 종이가 테이블 위에 깔려 있었다)에 지도로 한번 설명해도 될까요? 여기 이렇게 여섯 개의 대륙이 있습니다. 우리가 살고 있는 지구죠. 아시아 대륙 속의 한국 그리고 인디고 서원에서 우리의 여정은 시작됩니다. 하지만 저희가 이미 갔었던 대륙들에서 발견한 공통점은 바로 인간의 상처와 고통이었습니다. 그 속에서 희망을 발견하기도 했지만 말이죠. 특히 네팔의 경우에는 저희가 이때까지 보고 들으며 생각했던 것보다 훨씬 심각한 상황이었습니다. 우리의 꿈은 바로 거기서 시작했습니다. 각 대륙에서 바로 인간의 상처와 아픔을 희망으로 창조하는 사람들을 찾는 것이지요. 그 희망을 구현하는 방식과 소통의 매개는 얼마든지 달라도 괜찮아요. 오히려 그 다름을 추구하고 있죠. 우리는 책이라는 매개로 이 프로젝트를 시작했고, 알바로 선생님은 인간의 몸 그리고 춤이라는 예술을 통해, 그리고 네팔의 친구들은 잡지와 텔레비전과 같은 언론매체를 통해 자신들의 목소리를 세상에 알리는 거죠. 각 대륙과 나라마다 직면한 문제는 다양할 수 있습니다. 어떤 곳은 '가난', 어떤 곳은 '폭력', 또 어떤 곳은 '불평등'. 하지만 이 모든 것의 중심에는 인간이 자리하고 있고, 바로 그들이 해당 문제를 해결할 수 있는 희망의 열쇠를 지고 있는 사람들이기도 하죠. 이렇게 다양한 사람들이 한 자리에 모여 소통할 수 있는 장을 만드는 것이 저희의 꿈입니다.

알바로 : 네, 어떤 꿈인지 알 것 같아요. (아람샘의 이야기가 끝나기 무섭게 알바로 선생님은 가방을 뒤져 필통을 꺼냈다) 이건 제가 일전에 독일 함부르크 캄프나겔Kampnagel

꿈을
살다

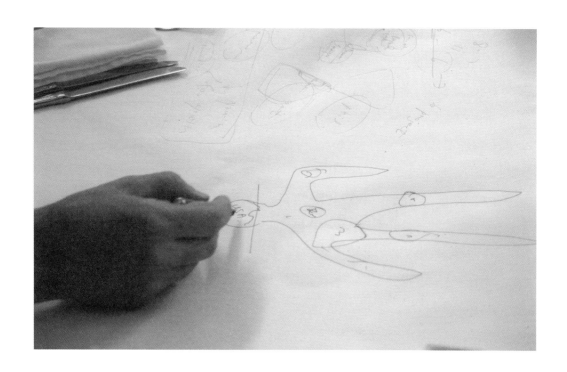

축제의 기획단장으로 있을 때 기본 주제로 기획했던 아이디어인데 방금 아람 선생님의 말씀을 들으니 생각이 났어요. (종이에 사람 모양을 그리며) 이것이 우리의 몸입니다.

용준 : 아, '몸-거울-세계*Body-Mirror-World*'를 주제로 한 기획 말씀이시죠?

알바로 : 네, 맞아요. 용준은 모든 것을 알고 있어서 내가 이야기할 때마다 김이 새네.(웃음) 네, 몸-거울-세계, 즉 인간의 몸이 세계를 비추고 있다는 거죠. 자, 여기 머리에 미국이 있고, 가슴에 유럽이 있으며, 배에 아시아가 위치하고, 또 오른쪽 다리에 콜롬비아가 자리하고 있다고 하죠. 인간의 장기, 이 우주 천체, 각 지역들이 이렇게 세계 속에 흩어져 있습니다. 그런데 머리가 아프면 우리는 온몸이 아프죠. 또는 배가 아파서 우리는 죽음을 맞이할 수도 있어요. 마찬가지로 아프리카가 아픈데 그것을 그대로 놔두면 우리의 이 세계(몸)는 멸망할 수도 있다는 겁니다. 머리가 건강하더라

도 배가 아프면 우리 몸 전체는 아픔을 겪을 수밖에 없어요. 바로 이 생각이 제가 그 당시 예술로 구현하고 싶었던 아이디어였습니다. 간단한 것 같지만, 정말 중요해요.

아람샘 : 그것이 본질이죠.

알바로 : 그럼요. 우주를 보면, 거기엔 대륙이 있고, 국가가 있고, 그 안에 도시가 있고, 나의 집이 있고, 내가 있고…… 이런 식으로 끊임없이 그 안으로 안으로 들어가다 보면, 결국 나의 육체와 대면할 수밖에 없는 것이 인간입니다. 나의 육체 안을 들여다보게 되면, 그 속에는 여러 장기들이 있겠죠. 우리는 그것들로부터 출발해야 한다고 생각했습니다. 그러한 육체가 결국은 세계를 담고 있으니까요. 이런 인문학적인 정신을 일깨워주고 싶었습니다. 세상을 놀래주고자 시도했던 것들입니다.

아람샘 : 놀라운데요.

알바로 : 그리고 또 하나 세상을 놀래기 위해 시도했던 것 중 하나가 '파리아 Pariah (인도 최하층 계급) 프로젝트'였어요. 인도의 불가촉천민이라 불리는 이들. 세상의 모든 파리아들을 모아 하나의 예술로 승화시키고 싶었습니다. 이들은 인도에만 있는 것이 아니에요. 이곳 콜롬비아에도 있고, 체체니아, 아프가니스탄 등지에 더 심각한 상황에서 살아가는 사람들이 이 지구상엔 매우 많습니다. 이들은 우리가 가진 문제예요. 마치 우리가 스스로 만들어낸 몸속의 암과 같은 거죠. 그래서 그들을 모두 불러서 세계 최고의 존재들로 탈바꿈할 수 있게 하고 싶었어요. 파리아들의 아름다움을 보여주는 겁니다. 인간이 가진 모순과 혐오를 아름다운 예술을 통해 보여주는 것입니다. 텔레비전을 보면 예쁘고 아름다운 사람들만 득실거리죠. 하지만 그것은 아름다움을 과시하는 거지 창조해내는 것이 아니에요. 문제상황에 직면한 그들에게 기회를 주는 것, 그리고 세상의 아름다운 존재들이 될 수 있게 하는 것이 바로 예술인 거죠. 우리와 그들을 모두 하나로 묶고, 소통하고, 공감할 수 있게 하는 것이 진정한 의미의 예술이자 우리 모든 인간이 가진 아름다움이라 생각합니다.

아람샘 : 우리의 프로젝트도 그런 아름다움을 구현할 수 있을까요?

꿈을
살다

알바로 : 그럼요. 이미 이렇게 시작했으니 아름다움에 한 발짝 다가간 것이나 다름없죠. 굉장히 흥미롭습니다. 이 여정이 끝나고 아프리카로 간다고 그랬죠?

용준 : 네, 그곳에서 가난한 아이들을 위해 무료로 과학교과서를 만드는 프로젝트를 하고 있는 선생님을 뵈러갑니다.

알바로 : 멋있는 일이네요. 음, 아프리카의 경우 제게 굉장히 많은 영감을 준 나라입니다. 제가 배운 가치 중 하나는 바로 인간에 대한 용서입니다. 용서에 관한 철학적 개념을 다시 정립할 수 있게 해줬어요.

용준 : 굉장히 흥미로운 지적인 것 같습니다. 저희는 아프리카 여정 준비를 위해 『넬슨 만델라 평전』을 공부했는데요. 거기에서도 그러고 보니 용서에 관한 인간 정신의 가치를 생각할 수 있었습니다.

알바로 : 그럼요. 저도 동감합니다. 서양에서는 용서가 마치 자신의 나약함이나 비굴함으로 비춰지는 경우가 많습니다. 흔히 용서를 하게 되면 자신의 약한 모습을 보여준다고 생각하죠. 하지만 아프리카인들에게 용서란 우리와는 반대로 어떤 힘의 상징입니다. 권력의 의미가 아니라 인간의 위대함이라는 측면에서 힘의 표현인 거죠. 나를 다치게 한 누군가를 내가 용서할 수 있다는 것은 인간성의 실현이자 나라는 존재의 위대함을 실천한 의미인 거죠. 아름다운 관념이 아닐 수 없습니다.

아람샘 : 우리가 이런 연대를 통해 어떤 무언가를 창조해낼 수 있다면 바로 그러한 인간의 아름다운 가치들입니다. 자본주의의 극단으로 치닫는 세계적 흐름 속에서도 인간의 본질적인 가치를 회복하려는 움직임이 있어야 한다는 판단을 내린 것이라 할 수 있겠습니다.

알바로 : 그럼요. 제가 몸의 학교에서 아이들에게 가르치는 것도 바로 그러한 가치들입니다. 특히 우리 학교에는 가난한 집안의 아이들이 많아요. 그 아이들에게 저는 부유함의 의미를 그들 스스로 정의할 수 있도록 가르칩니다. 많은 재산이 삶의 풍요로움을 의미하는 것이 아니라는 것을 말이죠.

아람샘 : 어제 몸의 학교 아이들을 만났을 때 선생님을 정말 사랑하고 존경한다는 것이 느껴지던데요. (웃음)

알바로 : 하하. 아이들이 제 말을 잘 들어요. (웃음) 문제는 그러한 관념을 아이들에게 설명하기란 쉽지 않습니다. 그들은 그러한 가난을 실제로 겪고 있으니까요. 말로 하긴 쉽습니다. 물론 저도 학창시절 어려움을 많이 겪었지만, 배고픔이나 가난이 주는 고통은 별로 느끼지 못했으니까요. 하지만 이 아이들은 그러한 고통에 매우 적나라하게 노출되어 있다고 할 수 있습니다. 제가 "나에겐 돈이 중요하지 않아. 난 자동차도 필요 없고, 비싼 옷들도 나에겐 의미가 없어"라고 말하는 것은 쉽죠. 그렇기 때문에 더욱 조심해야 합니다. 그들은 진심으로 그들이 또는 자신의 집안이 그러한 가난에서 벗어나기를 절실하게 원하기 때문이죠. 저는 늘 아이들에게 가르칩니다. "그래, 인생에서 돈도 중요하단다. 하지만 그것이 가장 중요한 것은 아니야. 단지 내가 먹고 살 수만 있으면 되는 거란다. 가장 중요한 것은 나 스스로 평화로운 상태에 있을 수 있는 힘을 기르는 것이고, 나를 사랑하고, 내 가족을 사랑하고, 또 타인을 사랑하는 것이란다." 이러한 가치들이 실은 우리의 삶에서 가장 중요한 가치들입니다.

아람샘 : 저도 아이들에게 오직 그것만이 중요하다는 것을 늘 가르칩니다.

알바로 : 그러면 그들은 돈과 가치를 구별할 수 있는 능력을 가지게 되죠. "너는 너 자체로 소중한 것이지, 네가 무엇을 가졌느냐에 따라 소중함을 판단할 수는 없다"는 것을 스스로 깨닫는 것입니다.

아람샘 : 맞습니다. 경제적인 가난이 아니라 영혼의 빈곤함이 얼마나 더 큰 불행을 가져올 수 있는지 아이들이 배워야 한다고 생각합니다. 그런 의미에서 보면 몸의 학교 아이들이야말로 춤을 통해 자신의 열정을 표현하고, 사랑을 배우고, 자신의 삶을 변화시킬 수 있는 힘을 가진 진정한 의미의 '부자'가 아닐까요?

알바로 : 맞습니다. 지난번에 아이들을 데리고 영국에 공연을 하러 갔었습니다. 그때도 아이들에게 말해준 것이 있습니다. "이곳의 아이들을 한번 보거라. 흔히 말하

꿈을
살다

는 부잣집 아이들의 전형적인 모습이란다. 이 아이들의 모습을 통해 삶의 진정한 행복이란 어떤 모습이어야 하는지 한번 생각해보길 바란다"고 말이죠. 많은 아이들이 컴퓨터 앞에만 앉아 있어서 그런지 자세도 구부정하고, 패스트푸드를 많이 먹어 뚱뚱하고, 또 외롭고 우울해 보였어요. 하지만 우리 아이들에겐, 비록 누군가가 가난한 지역에서 온 아이라고 비난할지는 몰라도, 당당함이 있었어요. 삶에 대한 당당함. 허리를 꼿꼿이 펴고, "그래, 난 콜롬비아 카르타헤나의 넬슨만델라에서 온 OO라고 해" 하며 인사하는 아이들이 전 너무 자랑스러웠고 아름다워 보였습니다. 사람들은 겉으로 드러난 것들을 통해 속단을 하는 경우가 많죠. 그들이 입은 옷, 자동차, 가방 등. 하지만 우리가 봐야 할 것은 그 이면, 그들 안에 있는 몸과 마음과 정신과 영혼입니다.

용준 : 지금의 자본주의는 정말 인간을 아주 추악한 모습으로 만들어가는 것 같습니다.

알바로 : 그럼요. 특히 미국식 자본주의는 우리 삶의 정신, 철학, 아름다움에 대한 기준 등 너무 많은 것들을 바꾸어놓고 있습니다. 그렇기 때문에 우리는 문화적 정체성과 인간적인 가치들을 지키는 데 노력을 기울여야만 합니다. 그렇지 않으면 우리 모두는 결국 그 가치에 매몰될 것입니다. 하나의 비극이 되어버리는 것이죠.

아람샘 : 그래서 우리가 새로운 움직임을 시작해야만 하는 중요한 시점에 있다고 생각합니다.

알바로 : 네, 이건 하나의 혁명이라 할 수 있죠.

아람샘 : 오늘 이렇게 같은 가치를 공유하는 분을 만나게 되어 아주 기쁩니다.

알바로 : 지구 어딘가에 마치 나를 거울에 비추듯 비슷한 모습을 한 사람을 찾게 되어 저도 아주 놀랍습니다. 이러한 생의 순간이 주는 감정적인 교감은 정말 중요합니다. 그로 인해 한 인간 존재가 완전히 새로운 존재로 바뀔 수 있기 때문이죠.

이야기를 주고받는 사이, 주문한 음식이 나왔다. 맛있는 카르타헤나 전통음식을 먹으며 우리는 시간과 순간의 차이, 《인디고잉》에 난 기사에 대한 이야기, 또 나이 듦에 대한 우리의 자세 등에 대한 이야기들을 나누었다. 이런저런 이야기 끝에 아람샘이 말했다.

아람샘 : 혁명을 위해 살아가는 전사 같으세요.

알바로 : 허허. 아닙니다. 사실 처음에 몸의 학교를 시작할 때, 많은 사람들은 다양한 비난을 했어요. '왜 춤이야?', '왜 춤이 중요하지?' 등등 말이죠. 하지만 우리는 정확히 말하자면 '춤'이 아니라 '몸'에 대해 이야기하는 것이죠. 이것을 사회에 이해시키고, 나아가 그들에게 영감을 줄 수 있게 되기까지 10년이 걸렸습니다. 10년.

하지만 그렇게 생각해요. 인디고 서원이나 몸의 학교에서 진행할 프로젝트들은 시대를 앞지르는 성질의 것들이라고 할 수 있어요. 그래서 지지를 받는 일은 쉽지 않죠. 사람들은 이러한 것들보다 눈앞에 당장 절실한 물, 식량, 거주할 집 등을 제공하는 것이 더 중요하다고 생각하니까요. 그러나 우리의 프로젝트가 제공할 수 있는 것은 정신적인(영적인) 성질의 것입니다. 사람들에게 있어 1순위의 해결책이나 필요조건들이 아니라고 여겨지는 것이지요. 하지만 사람들을 이해시키고 설득해서 나의 지지자로 만드는 것도 매우 중요합니다. 그래야만 우리의 움직임이 혁명적인 변화를 가지고 온다고 말할 수 있다고 생각해요.

물론 경제적인 지원도 빼놓을 수 없는 부분이지요. 지금 몸의 학교는 새 부지를 얻어 이사를 가려고 합니다. 카르타헤나 시에서도 우리를 지원해주고, 또 세계은행에서도 지원을 받아 카르타헤나 외곽에 땅을 얻었어요. 귀한 땅을 얻은 만큼 매우 상징적인 곳으로 만들려고 계획 중입니다. 그러니까 우리만의 세계를 아주 독창적인 방식으로 구현하는 거죠. 4헥타르 정도의 작은 크기지만 그 공간으로 발을 내딛는 학생들이라면 누구라도 새로운 세계를 접하는구나 하고 생각할 수 있도록 말이지요. 실질적으로도 학생들이 예술의 무수한 다양함을 접할 수 있도록 할 겁니다. 무용공연을 위해

꿈을
살다

필요한 아름다운 음악, 조명, 무대설치를 위한 옷감 제작, 인문학적 사유를 위한 공부 등 다양한 교육이 가능한 형태를 갖추기 위해 많은 아이디어들을 모으고 있습니다. 나중에 식사가 끝나고 같이 가보면 좋을 것 같아요.

아람샘 : 그럼요. 기대돼요.

용준 : 이렇게 저희가 새로운 곳을 올 때마다 우연하게도 늘 새로운 역사의 현장을 오는 것 같아 참 신기하고 또 감회가 새로워요. 다름이 아니라 저희가 네팔에 갔을 때의 이야기입니다. 지난여름, 우리 팀이 네팔에 갔을 때 히말라야를 뒤로 하고 지어지는 네팔의 한 학교 건설 현장에 가게 되었습니다. 뭐랄까요. 설명할 수 없는 어떤 신비한 기운이 느껴지는 대지와 하늘과 산이 있는 곳이었습니다. 그곳에 새로 지어지는 학교에 아람샘이 교장 선생님으로 초대되기도 했습니다만, 그 역사적인 땅에 저희가 '인디고 도서관' 을 짓기로 약속을 하고 돌아왔습니다. 그러고 나서 반년이 지난 지금, 우린 이곳 콜롬비아에서 또다시 새롭게 시작하는 몸의 학교의 역사적인 순간을 함께하고 있는데요. 아마도 이는 단순한 우연은 아닌 듯합니다. 그래서 저희가 이렇게 연락을 하고 또 새롭게 만나서 네트워크를 형성하게 되는 세계 곳곳의 '인디고 서원' 같은 곳들에 '인디고' 라는 이름이 서서히 하나씩 하나씩 뿌리내리는 것 같아 기쁘기도 하고 설레기도 합니다. 조금 있다가 새 부지를 보러 간다고 하니 그곳에도 마치 저희가 할 수 있는 새로운 무언가가 있을 것 같다는 기분 좋은 느낌이 생깁니다.

알바로 : 제가 계획하는 모습을 한번 그림으로 그려볼게요. (알바로 선생님의 그림 솜씨는 정말 훌륭했다. 그 그림들을 다 보여줄 수 없다는 것이 아쉽지만, 언젠가 새 몸의 학교가 완성되고 나면 우린 또다시 그곳을 방문할 것이다.) 이 안에는 세이바^{Ceiba}라는 큰 나무가 있어요. 이 나무를 중심으로 우리는 모든 건축의 구상을 시작했습니다. 그래서 앞서 말씀드린 것처럼, 학생들이 마음껏 춤추고, 노래하고, 공부하고, 또 즐길 수 있는 공간이 탄생할 거라 생각합니다. 특히 이 세이바 나무를 중심으로 '세이바 스퀘어^{Ceiba Square}' 라고 하여 이 나무를 둘러싼 형태의 건물을 지을 건데요, 이곳엔 특히 학생들이

공부를 할 수 있는 도서관을 지으려고 생각합니다. '연구 공간'이라는 이름을 우선 붙여두었는데, 예술의 이론적 이해에 관한 모든 자료와 매체들을 구비한 공간이 될 것입니다.

아람샘 : 네팔에서의 경험과 너무 비슷해요. (웃음) 놀라워요. 정말 놀라워요.

(이후 몸의 학교의 새 건축계획에 대한 이야기와 '인디고 서원' 건물의 아름다움에 대해 이야기를 나눈 후, 이번 '2008 인디고 유스 북페어'의 근본정신이 될 '인간人間'에 대한 이야기가 시작되었다. 놀라운 순간이었다. 이후에 이루어진 많은 대화들은 이어지는 우리의 글 속에 많이 녹아 들어가 있기에 이야기의 반복을 줄이고, 보다 명확한 의미 전달을 위해 인터뷰 내용은 여기서 생략하고자 한다.

세 시간이 넘도록 이어진 우리의 대화. 그리고 다음날 몸의 학교의 새 부지에 두 발을 딛고 세이바 나무 아래서 또다시 시작된 우리의 이야기들. 알바로 선생님의 마지막 인사가 이어진다.)

알바로 : 이곳 콜롬비아 카르타헤나에서 '인디고'라는 한국 친구들과 만날 수 있게 된 일은 제게 매우 의미심장합니다. 왜냐하면 제 삶에 있어 가장 소중한 스승이 바로 한국인 선생님이었기 때문이랍니다. 그분은 제게 콜롬비아인으로서 나 자신이 누구인지를 처음으로 알게 하고, 세상에 눈을 뜨게 해주었습니다. 그의 이름은 조규현입니다. 1985년 그와 함께 카르타헤나에 왔을 때 그가 내게 한 말을 아직도 잊지 못합니다. "알바로, 넌 이곳으로 다시 돌아와야 해. 그래서 학교를 세우고, 그들에게 네가 배운 것을 나눠줘. 아니, 다시 돌려줘야 해. 네가 세상으로부터 배운 모든 것을." 친구이자 스승이기도 했던 조규현으로부터 저는 한국인 특유의 전통과 문화, 예술을 소중히 여기는 존엄한 정신을 배웠습니다. 그 가르침을 바탕으로 저 자신의 문화와 예술을 사랑하는 눈을 갖게 된 것입니다. 이제 제게 삶은 그러한 '연결 다리'를 창조하

는 것과 같습니다. 제 과거와 꿈을 연결 짓고, 나아가 지금 제가 여기서 하고 있는 일을 한국의 많은 사람들과 또 연계하고 나누고 싶습니다. 그래서 꼭 한국에서 여러분을 만날 수 있기를 기대하며, 나아가 전 지구적 정신의 네트워크를 만들고자 하는 여러분의 프로젝트에 동참할 수 있게 되어 매우 기쁩니다. 이러한 정신의 네트워크만이 인간의 미래를 지킬 수 있는 유일한 길이라 믿습니다. 감사합니다.

상처받을 수 있는 가능성과 치유의 능력, 상처받을 수 있는 능력과 치유의 가능성 박용준 ● ●

경험

내 성장을 돌이켜보면 그것은 오롯이 나 자신의 '경험'의 몫이었다. 책에서 배운 것, 부모님께 들은 교훈, 친구가 말해준 이야기 등은 언제나 내 경험 밖의 세계였고, 나는 늘 그것들을 받아들이고 수긍하는 데 오랜 시간이 필요했다. 때론 결코 수용할 수 없는 경우도 허다했다. 그것들은 내 경험, 내 육체, 내 손아귀 밖의 허상들로밖에 여겨지지 않았기 때문이다. 나는 스스로 경험하고, 스스로 체험해야 했다.

그런데 내 성장에 토대가 된 것이 바로 그러한 경험들이라고 할 때 문제가 되는 지점이 있다. 바로 내 경험의 한계가 명백하다는 사실. 내 몸은 지금 now, 여기here에 종속되어 있음을 부인할 수 없고, 나는 시공간의 지배를 받는 개인에 불과하기 때문이다. 결국 나의 세계란 내가 속한 사회, 공동체, 가족이라는 틀 안에서의 경험들로 비롯되고, 그 한정된 경험들이 바로 내 성장의 대지를 구성한다고 할 수 있다. 그것 밖의 것들은 모두 경험 밖의 세계인 것이다.

한번 생각해보라. 한 개인이 경험할 수 있는 세계란 이 커다란 우주 속 얼마나 작은 점點에 불과한 것인지. 이렇게 찰나와 같은 시간 속에서 우리는 경험하고, 느끼고, 생을 마감해야만 하는 운명을 타고난 존재이다.

성장

결국 지금의 나는 내가 직접 보고, 듣고, 만지고, 느낄 수 있었던 경험들의 총합이라 할 수 있다. 이러한 경험들은 결코 박제된 채 존재하지 않고, 역동적으로 내 안에서 살아 숨 쉰다. 즉 지금의 나는 하나의 사건적 실존으로서 과거와 미래가 합류하는 지점, 변화의 물결 속에 놓여 있고, 이 경험의 폭과 두께가 내 실존의 모습을 결정한다. 나아가 이 경험이 폭넓어지고, 그 두께가 굳고 단단해져서 옳은 방향으로 나아가는 변화들을 우리는 '성장' 이라 부를 수 있을 것이다.

성장이란 한 개인의 창조적 발전 _creative development_ 의 다른 이름일 것이다. 창조란 새로운 것의 탄생을 의미하고, 발전이란 보다 나은 방향으로 나아감을 의미한다면, '오늘의 나' 가 '내일의 나' 로 변화하는 것은 단순한 생물학적 신체의 변화만을 의미하지 않으며, 나는 새롭게 창조되어야 하고, 그러면서 변화하고 발전한다는 의미이다. 이러한 창조적 진전은 크게는 존재를 뒤흔들 만큼의 아픔과 고통을 통해, 작게는 소소한 일상의 기쁨과 행복을 통해 주로 이루어진다.

이러한 존재 지평의 확장은 결국 '경험' 에서 비롯된다고 할 수 있다. 새로운 사람을 만났을 때, 타지로 여행을 떠났을 때, 일상을 재발견하는 기쁨과 조우했을 때 우리는 폭과 두께가 넓어진 새로운 존재로의 지평 확장을 이룬다. 바로 이 '차이' ('어제의 나' 와 '오늘의 나' 사이의 변화)의 창조적 생산이야말로 성장이라 부를 수 있을 것이다.

배움

이 차이를 경험하는 것은 결국 새로움을 배우는 것을 의미한다. 내 사유, 내 인식, 내 지식의 세계를 확장하는 것. 이는 결국 '배움' 의 경험이자 나라는 존재의 창조적 발전이라 할 수 있다. 다시 말해 배움이란 단순한 지식의 습득만을 의미하지 않는다. 진정한 배움이란 그것을 온전히 체화할 수 있을 때 빛을 발하며, 나아가 그것을 실천할 수 있을 때 배움 본연의 모습을 찾을 수 있다. 2008년의 첫날, 1월 1일. 나는 지구의 반대편 콜롬비아 카르타헤나에 있었다. 그곳에서도 어김없이 새로운 배움의 기회가 다가왔다. 새로운 존재와의 만남. 알바로 레스트레포.

그는 선생님이다. 무용수이기도 한 그는 콜롬비아의 카르타헤나에 있는 '몸의 학교El Colegio del Cuerpo' 설립자이다. 몸의 학교는 알바로 선생님과 마리-프랑스 들뢰벵 Marie-France Delieuvin 선생님 두 분이 카르타헤나의 넬슨 만델라 지역의 가난한 청소년들을 대상으로 현대무용을 가르쳐주는 곳이다. 하지만 학생들이 배우는 것은 단순한 무용이 아니다. 알바로 선생님은 몸의 움직임을 통해 삶을 배우게 한다. 우리의 몸은 하나의 소우주이자 한 인간의 삶이 담긴 그릇과도 같기 때문이다.

몸의 학교 아이들의 말을 빌리자면, 그들은 무용을 통해 가정폭력을 일삼던 아버지를 설득하여 가족의 행복을 되찾았고, 싸웠던 친구와 화해하는 법을 배웠으며, 자신의 몸에 대한 배려를 할 수 있게 되었고, 이제 더 이상 불행 속에서 허덕이지 않고 하루하루 힘든 삶 속에서도 새로운 꿈을 꾸는 법을 배웠다고 한다. 이렇게 알바로 선생님이 가르치는 것은 독립적인 한 개인이 되어 자신의 삶의 당당한 주인이 되는 법, 자신을 사랑하는 법 그리고 희망을 잃지 않는 용기와 신념을 간직하는 법이었다. 나 또한 알바로 선생님과의 만남 속에서 이 간단하면서도 소중한 삶의 원리들을 다시 생각하게 되었고, 배우게 되었다. 사실 배움이란 이렇게 늘 우리 곁에 있다.

만남

'만남'이란 새로운 존재와의 대면이다. 내가 아닌 모든 존재는 나에게 차이와 새로움을 경험하게 해준다. 타자성의 경험이란 비단 타지를 방문하고, 타문화를 경험하는 것만을 의미하는 것이 아니라 '나(동일자)' 이외의 모든 것과의 만남을 의미한다. 특히 사람과의 새로운 만남은 물리적인 것들의 경험과는 달리 매우 가슴 벅찬 경이로움을 주는 경우가 많다.

만남은 결국 또 하나의 창조적 행위. 두 독립적인 개체의 만남은 불완전한 인간을 완성에 이르게 하는 하나의 길이다. 사람人과 사람人 사이間를 일컬어 우리는 인간人間이라 한다. 즉 우리는 이 만남을 통해서만 완전해질 수 있다. 그래서 알바로 선생님은 이전에 'MA(일본어로 間자를 '마'로 소리 내어 부른다) 프로젝트'를 통해 이 인간과의 연결과 만남을 구현하고자 했고, 《다리El Puente》라는 잡지의 창간을 통해 사람과 사람 사이에 다리를 놓아 서로를 잇고자 했던 것이다.

타자와 소통하고 서로를 자신의 삶 속으로 끌어들이는 이 '만남'. 이 순간 우리는 서로의 삶에 목격자가 된다. 목격자가 된다는 것은 그 존재론적 사건에 연루되는 것을 의미하고, 타인의 고통, 상처, 행복, 아픔, 기쁨을 함께하는 것을 뜻한다. 우리는 서

꿈을
살다

로를 엮어주는 이 만남을 통해 타자와의 온전한 교감에 이르고자 하는 꿈을 꾸게 된다.

상상

하지만 타인은 그 자체로 내 존재 경험 밖에 있다. 타인의 고통과 아픔이나 행복과 기쁨의 고유한 폭과 깊이를 '나'는 절대 경험할 수 없다. 그것은 오직 '상상'으로 가능할 뿐이다. 바로 이 상상력. 고통의 깊이와 넓이를 가늠할 순 없어도 타인의 삶의 켜와 결을 존중하고 또 그 세계의 모습들을 상상해보는 것. 노력 없이는 우리는 결코 타인과의 진정한 만남과 소통에 도달할 수 없다. 이러한 상상력의 포착은 인간의 삶에 대한 겸허한 존엄으로부터 비롯된다. 내 삶에 대한 존엄 없이는 결코 타인의 삶을 상상할 수 없다.

경찰의 보호 없이는 외부인의 출입이 거의 불가능한 곳, 현지 택시 기사들마저도 가기를 꺼려하는 곳, 밤이 되면 결코 집 밖으로 나와서는 안 되는 곳에 사는 '몸의 학교' 아이들의 고통을 과연 알바로 선생님은 어떻게 이해하고 또 상상하고 있을까.

이해의 가능 범위는 앞서 말했듯 경험의 테두리를 크게 벗어나지 못한다. 결국 그 밖의 영역은 오직 이 '상상력'으로만 채워질 수 있을 텐데, 알바로 선생님은 뛰어난 상상력의 소유자였다. 힘든 삶 속에서도 그들이 진정으로 원하는 것은 끼니를 때울 먹을거리가 아니라는 진실의 목소리. 자신의 삶에 대한 존엄을 잃지 않으며, 주어진 삶을 충실히 살아가는 법을 배우는 기회를 갖는 것, 몸의 움직임을 배움으로써 자신의 삶과 타인의 삶에 대한 존엄을 가슴 깊이 새기는 것, 가난과 폭력 속에서도 결코 꿈을 잃지 않는 굳은 신념을 갖는 것. 이러한 아름다운 삶의 기술 *the art of living*이야 말로 그들의 삶에 가장 절실한 문제 상황이라는 알바로 선생님의 말은 그가 학생들의 상처와 희망을 얼마나 깊게 이해(상상)하고 있는지를 말해주는 증거들이다.

상처

무엇보다도 부인할 수 없었던 사실은 그들에게 '상처'가 있다는 것이었다. 부모가 자신의 눈앞에서 총을 맞고 쓰러지는 모습을 봐야 했고, 게릴라들을 피해 한 달에 한 번씩 집을 옮겨야 했으며, 먹을거리가 없어 일주일 동안 굶기도 했다. 이러한 아픔들은 그들의 정신과 육체에 깊고 깊은 상흔을 남겼다. 이 아픔을 우리는 과연 상상이나 할 수 있단 말인가. 풍요로움은 사실 존재 지평의 확장에 별 도움이 되지 않는다. 배부른 돼지를 만들어낼 뿐.

바로 이 결핍과 고통을 알바로 선생님은 알고 있었다. 그래서 더더욱 이 상처들을 함부로 치유하려 들지 않는다. 배가 아프면 배를 칼로 갈라 그 속을 들여다보고자 하는 이성의 폭력성과는 달리 그는 진정으로 그들의 고통을 함께 느끼고, 함께 아파한다. 타인의 고통 앞에 겸허히 자신을 낮추어 뜨겁게 공명하는 것. 이것은 이해의 시작이자 치유의 출발이 된다.

알바로 선생님이 말하는 상처는 '자기 존엄의 상실'을 의미한다. 사회와 제도로부터 상처받은 아이들은 자기 자신이 소중한 존재라는 사실을 망각하게 되고, 결국 자신을 쉽게 포기해버리고 마는 자존의 상실 상태에 이를 수 있다. 그래서 알바로 선생님은 무엇보다 물질적 행복 없이도 한 인간이 얼마나 오롯이 행복할 수 있는지, 또 아름다울 수 있는지를 아이들에게 가르치고자 했다. 그래서일까? 몸의 학교 아이들의 눈에는 상처의 아픔보다 희망의 기쁨이 빛나고 있었다.

치유

그들은 치유되고 있었다. 아니 '치유하는 법'을 배워 스스로 치유하고 있었다. 상처 없이는 치유도 없듯 상처받을 수 있는 가능성vulnerabilité의 깊이만큼 우리가 치유할 수 있는 능력을 가질 수 있는지도 모르겠다. 상처가 깊을수록 치유도 깊어지는 법.

알바로 선생님이 말하는 치유란 상처가 난 부위를 직접 치료하는 방식이 아니라, 인간의 근원적인 존재 의미를 파악하는 것으로부터 시작한다. 몸이란 우리 존재의 그릇이자 소통의 도구이다. 하지만 무엇보다 인간의 몸은 우리 존재의 현현*epiphanie*이다. 존재의 표현, 존재의 증거. 몸의 학교 아이들은 자신이 이 지구에 존재하고 있다는 증거를 춤(몸짓)을 통해 표현하는 법을 안다. 상처를 드러내고 소통하기에는 아직 세상이 냉소적이고 또 차갑다. 하지만 그들의 아픔에 귀 기울이는 사람이 많지 않다는 사실은 전혀 문제가 되지 않는다. 그들은 스스로를 위로하고, 사랑하고, 또 치유하는 법을 알고 있기 때문이다.

몸의 학교 친구들의 몸은 하나같이 빛났다. 패스트푸드를 먹어 뚱뚱하고, 컴퓨터게임에 중독되어 두꺼운 안경을 올려 쓰고 집 안에만 틀어박혀 세상과 소통하는 법을 모르는 이 시대의 많은 아이들의 모습과는 확연히 달랐다. 그들에겐 생에 대한 당당함이 있었다.

내 안의 깊은 곳에서 우러나오는 것으로 나를 '존재 그 자체로' 당당하게 존재하게 하는 것, 그것이 바로 치유이다.

예방

10년 간 묵묵히 걸어온 길 끝에 몸의 학교는 이제 카르타헤나 시의 지원을 받아 새로운 부지로 이사할 계획을 가지고 있다. 지상에 없을 법한 꿈의 설계도를 이미 완성했고 전체적인 구상은 벌써 끝났다. 이 아름다운 새 대지에서 알바로 선생님이 꿈꾸는 것은 이제 치유가 아닌 예방이다. 즉 이 땅의 아이들을 상처로부터 보호하는 것이다.

알바로 선생님은 그곳의 청소년들이 그토록 어린 나이에 굳이 겪지 않아도 되는 많은 상처들로부터 그들을 보호하고자 하는 꿈을 꾸고 있다. 카르타헤나의 청소년들에게 마약과 폭력과 전쟁으로부터 해방되어 세상의 아름다움을 볼 수 있게 해줄 새로운 몸의 학교. 온갖 질병을 앓고 있는 지구와 몸을 치유하고, 앞으로의 고통을 예방해줄 이곳은 분명 이 지구의 수호자임이 분명했다.

이렇게 알바로 선생님과의 만남은 내게 말할 수 없이 큰 배움을 경험하게 하였는데, 그 감동과 기쁨의 순간은 내 사유, 내 존재, 내 육체의 새로이 확장된 지평 속에서 여전히 살아 있다. 가르침이란 말로 전하기보다는 삶으로 보여주어야 한다. 내가 보고 배운 것은 알바로 선생님의 가르침이 아니라 그의 생±이었다. 자신의 삶을 담담히 보여주는 것. 이는 삶의 충일함으로부터 비롯될 수밖에 없다. 이렇게 충일한 삶의 정원을 가꾸는 것이야말로 우리 인간에게 주어진 의무가 아닐까?

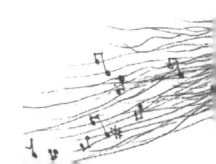

'몸의 학교' 친구들

El Colegio Del Cuerpo
(The College of the Body)

아직도 춤추는

네모상자 한지섭 ● ● ●

알바로 선생님과 '몸의 학교' 친구들을 처음 만난 건 네모 난 바보상자에서였다. 게릴라전과 가난으로 인해 폭력과 절망만이 있을 법한 도시, 경찰과 동행하지 않거나 군인들이 거리를 지키고 있지 않으면 이방인들은 들어갈 수 없는 지역, 콜롬비아 카르타헤나의 빈민촌 넬슨 만델라. 그곳에서 춤으로, 몸으로, 예술로 이러한 아픔을 치유하고 희망의 꿈을 이루어내며 살아가는 알바로 선생님과 몸의 학교 친구들의 영상을 보았다. 한 시간여의 짧은 시간이었다. 직접 만난 것도, 책에서 본 것도 아닌 한 편의 다큐멘터리일 뿐이었다. 하지만 우리에게 더 이상의 고민이나 주저함은 없었다. 그들을 보는 순간 우리는 북페어 프로젝트의 네 번째 인간人間을 결정했다. 3주 후 우리는 콜롬비아의 카르타헤나에서 그들과 함께 있었다.

나는 단지 그 사람이 너무 보고 싶었다. 인간에게 주어진 몸뚱이로 타인과 소통할 수 있는 그가 보고 싶었다. 그의 몸은, 그의 춤은, 희망이라는 이름으로 그곳에 있을 것이다. 나는 그 어떤 확신도 예견도 없었다. 단지 그 사람이 너무 만나고 싶은 간절한 마음뿐. 다른 어떤 것도 생각지 않았다. 하늘 가득, 내 마음 가득 설렘을 실어. 구름 위로 두둥실, 우린 지금 그를 만나러 하늘을 날아 바다를 건넌다.

스물한 시간을 꼬박 하늘에서 보내고서야, 우리는 콜롬비아의 수도 보고타에 다다랐다. 보고타에 도착하는 비행기 속, 비행기가 착륙할 때쯤 우리 주위에 있던 사람들은 환호성을 질렀다. 그래, 이곳이 바로 라틴아메리카이다. 이런 정열과 열정 그리고 몸짓들. 곳곳에서 라틴의 향기가 느껴진다. 공항을 벗어나며 가족들을, 친구들을 마중 나온 인파 속에서, 그 열기 속에서 나는 다시 한 번 라틴의 깊은 향을 깊숙이 들이켰다. 뜨겁다. 비행기에서 내내 읽었던, 털이 덥수룩한 가르시아 마르케스 아저씨를 닮은 사람을 찾아보기도 하고, 출국 전 콜롬비아에 대해 조사하며 만났던 화가 보테로의 그림 속 인물들을 찾아보기도 하면서 라틴의 향에 흠뻑 내 몸을 적셔 본다. 내 생에 처음으로 라틴아메리카에 발을 내딛는 순간 나는 이미 라틴의 뜨거운 향에, 뜨거운 열정에 빠져들고 있었다.

그곳에서는 삶이 예술이었다. 노래하고 춤추는 것이 그들의 일상이었다. 그곳에선 내 삶도 마치 예술과 같았다. 보테로의 그림 밑에서 가브리엘 마르케스의 책을 읽으며, 나는 다시 내 삶에 대해 고민해본다.

내가 꾸는 꿈은 거창한 꿈이 아니야.

나는 단지 세상을 조금 따뜻하게 만들고 싶어.

누구나, 상처받지 않고

누구나, 고통에 눈물 흘리지 않는

누구나, 자신만의 꿈을 가지고

꿈을
살다

누구나, 그 꿈을 이루기 위해 스스로 꿈을 향해 나아가는

누구나, '나'를, '너'를 사랑할 수 있는……

그런 따뜻한 세상.

카르타헤나에 도착했다. 적도 부근에 위치한 카르타헤나는 두 가지 모습을 지닌 도시이다. 한 가지의 모습은 카리브해 부근 최고의 휴양지로서의 아름다움. 뜨거운 태양 속에서 끊임없이 흐르는 볼레로와 라틴 리듬들, 그리고 그 속에서 그 누구도 신경 쓰지 않고 리듬에 몸을 맡기는 사람들, 넓게 펼쳐진 해변과 옛 모습을 그대로 간직한 구시가의 거리 모습까지. 그곳은 완벽한 휴양지이다. 하지만 관광지에서 조금만 벗어나면 폭력이 난무한다. 거리마다 보이는 군인들, 차가 지나갈 때마다 돌을 던져대는 사람들, 그 속에서 끊임없이 이어지고 있는 폭력들. 하나의 도시에서 만난 두 가지의 이질적인 풍경들.

우리가 처음 만난 몸의 학교 친구 세 명과의 만남에서도 그 두 가지의 모습을 발견할 수 있었다. 너무나도 아름다운 광장에 끊임없이 이어지는 거리악사들의 노래 속에서 우리는 폭력과 절망 속에 살았던 친구들을 만나 이야기를 나누었다. 그들은 몸의 학교에서 이 모든 것을 극복하고 있다고 하며, 춤을 출 때 가장 행복하다고 말했다. 또한 춤으로 하여금 타인의 몸을 이해함으로써 비폭력을 불러올 수 있으며, 춤이야말로 '너'의 신성함을 알 수 있는 삶의 모든 기쁨이라고도 했다. 하지만 이야기를 마친 뒤 그들을 바래다주는 길. 우리는 그들이 사는 동네가 너무나 위험하다는 이유로 택시 기사 아저씨로부터 몇 번의 승차거부를 당해야 했다.

그 만남을 시작으로 우리 프로젝트의 네 번째 여정이 시작되었다.

나는 이 걸음을 '예술, 그리고 만남의 시작'이라 한다.

세 명의 소녀를 만났다.

한 소녀는, 몸의 언어는 비폭력을 불러온다고 말했고,

다른 소녀는, 몸의 언어로 하여금 '너'의 신성함을 알 수 있다 말했다.

또 다른 소녀는, 춤이 자신의 모든 기쁨이라 말했다.

달빛이 쏟아지던, 음악이 넘치던, 사람들의 행복이 넘치던 콜롬비아의 한 광장.

거리를 오고가는 수많은 거리의 악사들.

그리고 그들이 만들어내는 라틴의 뜨거운 노래들.

그 속에 우리가 나누는 소리들은 몸의 언어가 되어

서로의 가슴속에 강렬히 파고든다.

서로 다른 공간에서 삶을 영위하지만, 서로가 다른 방법으로 꿈을 꾸지만,

결국 우리의 꿈과 그들의 꿈이 같음을 알게 된, 아름다운 만남, 그 첫걸음.

햇볕이 너무 강해 내 심장까지 타들어갈 것 같았던 날. 우린 알바로 선생님을 만나러 길을 나섰다. 그 걸음 속에는 설렘도 있었지만 혹시나 하는 불안감 역시 있었다. 그렇게 도착한 몸의 학교. 영상에서의 모습보다 실제 규모는 작았지만 그보다 더 아름다운 공간이었다. 학교 곳곳에는 몸의 학교 친구들이 펼쳤던 공연사진이 붙어 있었고, 알바로 선생님의 방에는 빼곡한 책들과 사진이 벽을 장식하고 있었다. 연습실에는 몸의 학교 친구 중 한 명이 진행하고 있는 프로젝트에 참여하는 학생들이 햇볕을 받으며, 강렬한 콜롬비아 전통 음악에 맞춰 몸으로 이야기하고 있었다.

그리고 그 속에 한 위대한 인간人間.

지구 반대편에서 우리와 같은 생각을 하고 있는 사람을 만나는 경험은 그 어떤 말로 설명할 수 없는 기쁨을 가져다준다. 기쁨 그 이상의 감동. 깊게 패인 주름 속에서 알바로 선생님의 삶의 깊이를, 부드럽고 은은하지만 강인한 그의 말투에서는 그가 가진 생각의 깊이를 알 수 있었다. 글로는 다 표현할 수 없으리라. 존재 자체만으로 빛나는 그 모습을.

몇 시간이고 이어진 인터뷰에서 우리가 하나라는, 우리와 그가 다름없는 한 인간 존재라는 생각이 내 가슴을 울렸다. 그리고 우리의 이야기를 보다 많은 이들과 함께 생각하고, 고민하고, 이야기하고 싶다는 욕망이 내 안에서 꿈틀거렸다. 더 깊이 그와 이야기를 나누고 더 깊이 그의 삶을 바라보고 싶었다. 무엇보다 그의 모습을 있는 그대로 담고 싶었다. 그러면서 나는 알바로 선생님을 가슴속 깊이 존경하게 되었다. 이렇게 내 생에 또 한분의 스승을 얻은 것에 감사한다.

그는 그 자체로 온전한 삶이었다. 그의 모든 행동이 곧 하나의 예술작품이자, 그의 삶 그 자체였다.

위대한 개인과의 만남.
그와의 소통 속에서 피어나는 새로운 꿈들.
그의 예술, 그의 삶, 그의 희망 그리고 꿈.
소통의 방식은 다르지만, 우리가 함께하는 소통만으로도,
세상에 있는 그 모든 행복을 다 가진 느낌.

아래는 알바로 선생님과의 인터뷰 후에 선생님께 드린 편지의 내용이다.

저는 지금 행복합니다.

3주 동안 꿈꿔오던 알바로 선생님을 만났습니다.

음악이 흐르는 식당, 아름다운 색채의 벽 그리고 주위를 둘러 싼 식물들.

그 속에서 알바로 선생님의 말들이 마치 노래처럼 들려옵니다.

꿈만 같은 만남.

저는 선생님께 몸의 언어를 배운 것은 아니지만,

이미 알바로 선생님은 제게 영혼의 선생님이 되어 다가왔습니다.

같은 꿈을 꾸는 사람을 만나는 것.

그들과 함께 소통하고 앞으로 함께 나아가는 것.

제 인생에서 이런 일보다 행복한 일은 없습니다.

너무나도 감사합니다. 선생님.

우리가 만난 영상 속에는 미소가 참 아름다운 한 아이가 있었다. '비비아나' 라는 이름을 가진 아이였다. 가난한 현실 속에서도 미소를 잃지 않고 춤으로 스스로를 표현하던 아이, 어머니 앞에서 자신의 모든 것을 춤으로 보여주던 아이. 아직 알바로 선생님을 만나고 느꼈던 감동에 젖어 있던 시간, 우리는 비비아나를 만나러 그녀가 일하는 자전거포로 향했다. 하늘 위 구름처럼 매달린 자전거들. 그리고 그 속에서 환하게 미소 짓고 있는 아이. 그녀가 바로 '비비아나' 였다. 비비아나는 자전거 바퀴의 나사를 조이고 자전거에 기름칠을 하는 일에 몰두하고 있었다. 그러던 중 우리를 발견한 그녀는 환한 미소로 우리를 맞이해주었다.

가족의 생계를 위해서 일하는 아이. 가장 갖고 싶은 것이 자전거라 말하는 아이. 중국 음식을 너무 좋아해 동네 사람들이 중국 사람과 결혼할 것이라고 농담을 던진다는 그 아이. 적도 부근 무더운 도시에 살면서 크리스마스 트리를 좋아한다는 아이의 얼굴에서 난 꿈꾸는 어린 소녀를 만날 수 있었다. 소녀에게 춤이란, 몸의 언어란 자신의 '삶' 그 자체였다. 소녀의 손은 자전거 기름으로 온통 얼룩져 있었지만, 소녀의 마음은 온통 춤이라는 빛으로 눈부시게 채색되어 있을 거란 생각에 그저 미소 지을 수밖에 없었다.

내가 '사진'이라는 예술에 처음 관심을 가지게 된 건, 김영갑 선생님의 『그 섬에 내가 있었네』라는 책을 읽은 후였다. 그의 사진을 바라보고 있으면 마치 내 옆에서 그가 카메라를 들고 숨 쉬고 있는 것 같은 느낌이 들었다. 카메라 셔터 소리가 들리고 그의 거친 숨소리가 느껴지는 듯했다. 그의 사진 속에 담긴 바람의 소리가 들렸고 그의 거친 삶이 느껴졌다. 그렇게 난 그의 사진과 그의 삶에 매료되어 카메라를 들게 되었다.

순간을 영원으로 남기는 사진. 시간을 가두어버리는 네모난 상자. 그렇게 나는 '사진' 속의 나를 그리기 시작했다. 하지만 가끔씩은 내 어깨에 매달린 사진기를 던져버리고 싶은 순간이 있다. 순간의 아름다움은 카메라 렌즈가 담아내는 프레임 너머에 있기에.

콜롬비아에서의 마지막 순간들. 마음속 깊은 곳에서 '한 번 더. 한 번 더'를 외치지만 두 번 다시 마주칠 수 없는 사람들. 어쩌면 두 번 다시 걸을 수 없을 이 거리들. 어쩌면 두 번 다시 들을 수 없을 이 노래들. 이런 순간에는 카메라를 던지고, 카메라의 눈이 아닌 나의 눈, 나의 몸, 나의 마음에 이 모든 것을 담고 싶다. 모든 순간이 예술이었고, 삶을 둘러싼 그 모든 것이 예술 같았던 라틴에서의 마지막 밤은. 내게 카메라를 던져버리고 예술보다 아름다운 삶에 뛰어들라고 말하고 있었다.

콜롬비아 구시가지에서 몸의 학교 친구들을 만났다. 아름다운 광장에서 함께 저녁을 먹으며 담소를 나누었던 우리. 서로 다른 언어를 사용하지만, 지구 반대편 콜롬비아에서도 우리는 희망을 확인하고 함께 꿈꾸고 있음을 느낀다.

인디고 서원을 소개하며 이야기를 시작했다. 몸의 학교 친구들에게 《인디고잉》을 건넨다. 언어가 달라 그 내용은 알지 못하지만 사진만으로도 충분히 《인디고잉》을 느끼는 그들. 우리는 본격적으로 이야기를 시작한다.

용준 : 《인디고잉》을 보니 어떤 느낌이 들어?

자리셀 : 이곳에서는 《마법의 상자 CAJAMAJACA》라는 잡지가 있어서 젊은 친구들이 글을 쓰기도 하는데, 그와 비슷한 느낌이야.

제이빗 : 《마법의 상자》에는 보통 보고타 아이들이 보고타 생활에 대해서 쓴 글을 비롯해, 콜롬비아 전역의 친구들이 자유 형식으로 쓴 글을 볼 수 있어. 기본적으로 콜롬비아에서 지원하지만 다른 나라의 단체들로부터도 지원을 받는 걸로 알고 있어.

용준 : 아이들이 그 잡지를 좋아하고 많이 보니?

자리셀 : 회원제로 운영되는데, 많은 청소년들이 관심을 가지고 많이 봐.

용준 : 그럼, 우리가 《인디고잉》에 너희 이야기를 쓰거나, 너희 언어로 기사

를 쓰면 많은 친구들이 좋아할까?

제이빗 : 물론이지.

용준 : 기회가 된다면, 너희도《인디고잉》에 글을 써줄 수 있겠어?(웃음)

모두 : 물론이지!

지섭 : 고마워. 기사 꼭 부탁할게. 하지만 우리가 여기에 온 이유는 기사를 부탁하기 위해서가 아니라(웃음) 한국에서 몸의 학교에 관한 영상을 보고 너희를 만나고 싶어하는 한국의 청소년들을 대표해서 이렇게 찾아온 거야.

자리셀 : 우리를 만나러 와줘서 고마워. 그런데 너희가 활동하고 있는 '인디고 서원'은 누구나 갈 수 있는 곳이야? 아니면 돈이 많은 친구들만 갈 수 있는 곳이니?

용준 : '인디고 서원'은 누구에게나 열려 있어. 누구나 참여하고 활동할 수 있는 곳이지. 한결이와 같은 학생들이 중심이 되어서 이런 활동을 함께 나눌 수 있는 프로젝트들을 많이 만들어내고 활동하고 있어.

지섭 : 작년에 우리가 진행했던 행사도 어떤 상업적인 목적을 가지고 돈을 지불해야 참석할 수 있는 그런 행사가 아니었고, 누구나 함께할 수 있는 행사였어. 돈을 내고 참석하는 게 아니라, 자신을 소개하는 글을 내거나 책을 읽은 소감을 글로 써서 참여하는 방식이었어. 지금 이렇게 영상을 찍는 이유도 어떠한 상업적인 프로그램을 만들기 위해서가 아니라, 너희를 보고 싶어하는 한국의 청소년들을 위해서 찍는 거지.

(친구들이 다 같이 카메라를 보고 "HOLA" 하고 인사한다.)

꿈을
살다

용준 : 한국에서 너희는 꽤 유명해. 특히 우리 인디고 서원에서 너희의 인기는 굉장해. 모두가 너희를 보고 감동했어. (지섭이가 인디고 다이어리를 선물하고, 친구들은 한국어로 "감사합니다"를 따라 말하고, 다이어리에 담긴 인디고 서원의 사진을 유심히 살펴본다.) 지금 보고 있는 다이어리의 글귀들은 우리 청소년들이 쓴 좋은 글에서 발췌한 거야. 그중에서 하나를 소개해줄게. 예술 분야에서 지현이라는 열일곱 살 학생이 쓴 글이야.

"예술은 자기가 진실하다고 믿는 것을 가장 아름답게 표현하는 것이라고 생각한다. 문학가는 언어로, 화가는 그림으로, 음악가는 소리로, 무용가는 몸의 동작으로 세상의 참된 모습을 표현한다. 그 과정에서 예술가 스스로 만족을 경험하고, 나아가 다른 사람에게도 감동을 전달해줄 수 있는 것이 예술이라고 생각한다." 다음에 너희들이 우리《인디고잉》에 기사를 써주면, 그 글 중에 좋은 문장들을 골라 이렇게 다이어리를 채워가도 좋을 것 같아.

제이벳 : 너희의 '인디고'라는 이름이 참 예뻐. (웃음) 듣는 순간 그런 느낌이 들었어요. 한결이도 잡지에 글을 써?

한결 : 응. 여기에 내가 쓴 글이 있어. (잡지를 보여준다.)

제이벳 : 어린왕자에 대한 글이야? 우리 콜롬비아 아이들도 어린왕자를 굉장히 좋아하는데.

아람샘 : 인디고 친구들이 공부하는 공간의 이름도 소행성 B612야. 너희가 춤추는 모습을 영상에서 봤는데, 정말 아름다웠어. 말로는 표현할 수 없을 것만 같은 감동이 밀려왔지. 그래서 우리가 이렇게 지구 건너편까지 날아온 거야.

마젤리스 : 고맙습니다. 언제 한번 꼭 우리가 춤추는 것도 보러 와주세요.

아람샘 : 그럼, 너희들은 학교 공부도 하고 몸의 학교도 다니는 거야?

모두 : 중고등학교를 졸업한 친구, 학교를 그만두고 지금은 몸의 학교만 다니는 친구 등 다양해.

'몸의 학교'
친구들

용준 : 앞으로도 계속 몸의 학교에서 춤을 출 거야?

제이벳 : 다섯 명 정도가 지금 가정형편상 몸의 학교를 그만두었어. 사실 우리 친구들은 대부분 돈을 벌어야 하거든. 하지만 나는 계속 다니고 싶어.

아람샘 : 우리는 너희를 한국에서 텔레비전으로 보고 4주 만에 너희를 만나기 위해 이곳까지 왔는데, 우리를 만난 느낌이 어때?

마젤리스 : 우리가 하고 있는 활동이 지구 반대편에 있는 사람들에게 감동을 주었다는 말을 들으니 자부심을 느끼고, 이러한 활동의 의미에 대해서 다시 생각할 수 있게 된 거 같아요.

아람샘 : 나도 너희의 활동에 감동한 한 사람으로서, 한국의 아이들이 어떤 부분에 감동한 것일까를 곰곰이 생각해봤어. 청소년 시절에 가장 필요한 건 무엇보다 '자기극복'이라고 생각하는데, 가난과 개인적인 아픔 등 다양한 어려움을 열정적인 춤으로 승화해 극복해나가는 너희의 모습이 한국의 아이들에게 신선한 자극이었던 것 같아. 고통을 승화하며 현재를 즐기는 모습, 열정적으로 무언가를 한다는 것 자체가 어쩌면 무엇이라도 할 수 있겠다는 용기를 그들에게 불어넣어준 게 아닐까 생각해.

마젤리스 : 알바로 선생님은 한국의 무용가를 자주 말씀해주시는데 우린 그분을 뵌 적이 없지만 굉장히 훌륭하신 분이라고 들었어. 그래서 다 같이 한국 춤을 췄던 적도 있지. 혹시 봤어?

용준 : 못 본 것 같은데.

지섭 : 나는 평소에 현대무용에 관심이 없었는데, 너희가 춤을 추는 모습을 보고 현대무용에 관심을 가지게 되었어.

마젤리스 : 현대무용에 관심을 가지게 되었다니, 기뻐.

제이벳 : 한결은 지금 학교를 졸업했어?

한결 : 아니. 난 아직 1년을 더 다녀야 해. 참고로 한국의 학교에서는 학생들이 아침 7시부터 밤 10시까지 공부를 해야 해. 게다가 대부분의 학교에서 노래와 춤을

가르쳐주지 않아.

제이벳 : 그래? 무슨 까닭이 있니? 어떻게 학생들이 그렇게 하고 살아?

한결 : 한국에서는 당장 좋은 대학에 들어가는 것이 무엇보다 중요하다고 생각하거든. 그래서 학생들에게 그만큼의 공부를 강요하는 거지. 하지만 모든 학생이 그 시간에 공부를 하는 것이 아니고, 어떤 일을 해야 할지 몰라서 그냥 멍하게 시간을 보내는 경우가 많아. 한국의 학생들은 대부분 자기를 표현하는 방법을 몰라. 무기력하게 그냥 학교에서 시간을 보내고, 방과 후에는 학원에 가서 새벽 1시까지 시간을 보내. 모두가 다 그런 것은 아니지만 그런 무의미한 시간을 보내는 학생들이 많아.

제이벳 : 그럼, 학교에서 잠도 자고 목욕도 하는 거야? (웃음)

한결 : 아니, 그런 건 아니고. (웃음) 그냥 자신이 공부를 왜 해야 하는지 알지 못한 채 선생님 또는 부모님이 시켜서 공부를 하기 때문에, 그냥 수업시간에 졸고 마는 거지.

제이벳 : 우리 몸의 학교에서는 오전에 춤을 추고 점심시간에는 각자 생각할 시간을 가지고 오후엔 또 춤을 추거든. 한국에서는 왜 다들 그렇게 공부만 해?

아람샘 : 좋은 대학을 가야 결과적으로 돈도 많이 벌 수 있다고 생각하거든. 대부분의 사람들이 잘 산다는 것을 돈을 많이 버는 직업을 얻는 것과 연결시키지. 잘 살고 못 살고가 돈으로 평가되는 셈이야. 자신이 진정 무엇을 하고 싶은지는 그리 중요하게 생각하지 않는다고도 할 수 있어.

제이벳 : 그럼, 한결은 무엇을 공부하고 싶은 거야?

한결 : 나는 다큐멘터리 영상에 대해 공부하고 싶어. 우리 학교에도 춤이나 노래에 관심을 가지는 친구들이 많은데, 친구들이 그런 것을 선택하려면 너무 많은 것을 포기해야 해. 왜냐하면 가족이나 선생님이나 주위 어른들이 대학입시를 위한 공부만을 강요하거든. 그러다보니 내가 좋아하는 일을 찾기도 쉽지 않고, 설령 찾았다 해도 그걸 하려면 모두를 대상으로 싸우지 않으면 안 되는 거지. 공부를 잘하는 학생들

꿈을
살다

도 공부 자체를 좋아한다기보다는 등수가 높다는 것과 주변의 칭찬에 만족을 느끼는 경우가 많은 것 같아. 공부 자체에 기쁨을 느끼는 거 같진 않거든.

용준 : 그래, 맞아. 그게 한국 청소년들의 현실인지도 몰라. 우리는 그렇게 잘 산다는 것이 경제적인 것과 사회적인 권력을 얻는 것이라는 생각을 하는 사람들이 많은 사회에서 살고 있는 거지. (춤의 학교 아이들을 바라보며) 너희는 어떤 삶을 살고 싶어? 그리고 어떻게 사는 것이 행복한 삶이라고 생각해?

마젤리스 : 많은 돈이 행복을 준다고 생각하지 않아. 내가 하고 있는 일이 진정 내가 원하는 일일 때, 그것이 행복이라고 생각해.

제이벳 : 나는 가족과 함께하고, 공부를 할 수 있고, 어느 정도의 식량과 살 곳이 주어진다면 그것이 가장 행복한 거라 생각해.

지섭 : 너희는 지금 춤을 추고 있는 것이 정말 행복해?

제이벳 : 물론이지. 내가 가장 하고 싶어하는 일이니까.

지섭 : 그럼 너희에게 춤이란 어떤 의미인데?

제이벳 : 춤을 통해 내 행복을 맘껏 표현할 수 있어.

마젤리스 : 나 역시 춤을 좋아해. 춤을 통해서 나를 표현할 수 있어서 좋아.

자리셀 : 나는 어렸을 때 무용수가 되고 싶었어. 조금 후엔 작가도 되고 싶었지. 그리고 얼마 후엔 선생님이 되고 싶었어. 근데 몸의 학교에서 춤을 배우면서 난 이 세 가지를 다 할 수 있을 거라고 생각했어. 지금도 마찬가지야. 여전히 난 이곳에서 춤을 추고 배우며 내가 꿈꾼 세 가지를 전부 다 이룰 수 있을 거라 생각해.

한결 : 내게 인디고 서원도 그런 의미인 거 같아. 한국의 학교에서는 아까도 말했듯이 항상 공부만을 강요하는데, 인디고에서는 책을 통해서 서로가 진실한 이야기를 나누거든. 학교에서 무기력했던 친구들도 인디고에서는 모두와 진실로 깊게 소통하려 하고, 나아가 학교에서도 조금씩 변해서 다른 친구들에게 영향을 주곤 해. 그런 의미에서 인디고 서원과 몸의 학교는 통하는 부분이 있는 것 같아. 스스로가 정말

원하는 꿈을 꾸면서 진정한 소통을 하려 노력하고 있으니까 말이야. 이야기를 하다 보니 한 가지 궁금한 게 있는데, 너희가 몸의 학교에서 배운 것이 참 많겠지만 그중에서도 특히 감명 깊었던 건 뭐야? 그러니까 너희의 삶을 바꿔준 그런 가르침이랄까?

마젤리스 : 나는 굉장히 소극적이고 내성적이었어. 수줍음도 굉장히 많았고. 하지만 몸의 학교를 다닌 후부터 나 자신을 잘 표현하게 되었고 적극적으로 변했어.

자리셀 : 나는 몸의 학교에 다니기 전까지는 학교에서 친구들과 이야기도 잘하지 못했어. 그래서 굉장히 혼란스러웠지. 하지만 몸의 학교에 다닌 후부터는 친구들과도 자주 이야기하고 사소한 것이라도 함께 나누게 되었지. 친구들이 가끔 내 변한 모습을 신기하게 여겨서 어떻게 변하게 되었는지 묻는데, 그럴 때면 난 항상 그냥 몸의 학교가 너무 좋아서 그렇게 변했다고 말하곤 해.

제이벳 : 나는 항상 나만 생각하고 내 생활만을 돌아봤어. 하지만 몸의 학교에 온 뒤 성숙해지고, 주변을 돌아보게 되고, 주위 사람을 도와줘야겠다고 생각하게 되었지. 무엇보다 내가 사회에 필요한 사람이라는 걸 깨닫게 되었어.

용준 : 너무 신기하게, 인디고 친구들이 하는 이야기와 너희가 하는 이야기가 굉장히 비슷해.

제이벳 : 청소년들은 피부색과 국적, 언어를 떠나서 공통점이 있는 것 같아. 그래서 난 또래 친구들과 이런 것들을 떠나서 이야기를 나누고 싶은 꿈이 있어.

용준 : 우리 역시 마찬가지야. 그래서 우리 인디고에서는 너희를 비롯해, 세계 각국에서 다양한 활동을 펼치고 있는 꿈꾸는 청소년들과 한자리에 모여서 이야기하는 만남의 장을 열기를 원해. 물론 그래서 그런 장을 열 계획도 하고 있고. 만약이지만 오늘 당장 그런 자리가 열린다면 너희는 어떤 이야기를 하고 싶어? 꼭 하고 싶은 이야깃거리(주제)가 있니?

자리셀 : 나는 예술의 중요성에 대해서 이야기했으면 좋겠어.

마젤리스 : 나도.

제이벳 : 나는 폭력에 대한 이야기를 하고 싶어.

자리셀 : 음, 제이벳의 말을 참고해 다시 생각해보면, 예술을 통해서 이뤄낼 수 있는 비폭력에 대해서 이야기해보는 건 어떨까?

제이벳 : 우리 사회에 예술이 풍부해지면 폭력이 줄어들 거라고 생각해. 단순히 내 이야기를 예로 들면, 나는 하루의 거의 대부분을 몸의 학교에 있어. 그곳에서는 나를 표현하고, 또 예술에 전념하기 때문에 어떤 폭력성에 대해 생각할 틈이 없거든. 다른 사람들도 이렇게 자기를 표현하고, 예술에 전념하다 보면 어느새 폭력에 대한 생각을 버릴 수 있지 않을까 생각해.

용준 : 좋은 대답해줘서 고마워. 우리에게 할 질문은 없어?

제이벳 : 너희가 보기에 우리는 어떤 모습이야? 한국에 가서 한국의 청소년들에게 우리에 대해서 어떻게 설명할 거야?

아람샘 : 너무너무 착한 친구들이라고, 마음도 모습도 너무 착하다고. 무엇보다 자기가 하고 싶은 일에 심취하며 만족하고 행복해하는 모습이 무척이나 아름다웠다고 말할 거야.

제이벳 : 너희 역시 너무 아름다워. 그래서 자주 만나고 싶어. 한국에 돌아가더라도 우리를 잊지 말아줬으면 좋겠어.

비비아나와의 만남

비비아나를 만난 건 카르타헤나의 한 자전거포였다. 그녀는 자전거 부속을 팔고, 또 자전거를 수리하는 일을 하고 있었다. 어려운 가정형편으로 인해 일을 하지 않으면 안 되는 그녀는 학교를 졸업하기 전에는 주말에만 일을 하다, 고등학교를 졸업하고는 매일 자전거포에서 일하면서 몸의 학교에 다니고 있다고 했다. 잠깐 가게 주인에게 양해를 구하고, 비비아나와 우리는 자리를 옮겨 이야기를 시작했다.

한결 : 만나서 반가워. 텔레비전에서 춤추는 걸 봤는데 너무 아름답더라. 한국에 있는 친구들 모두 네가 춤추는 모습이 너무 아름답다고 했어.

비비아나 파올라(이하 비비아나) : 고마워. 나도 언젠간 한국 친구들 모두를 만나보고 싶어.

용준 : 방금 자전거포에서 만났는데 하루 종일 거기서 일하는 거야?

비비아나 : 나도 지금 고민 중이야. 몸의 학교를 정말 가고 싶은데, 그러기 위해서는 일도 해야 하니까……. 아직 결정을 내리지 못하고 계속 고민 중이야.

지섭 : 만약 몸의 학교를 그만 다닌다 하더라도, 춤을 계속 추고 싶지 않을까?

비비아나 : 물론 너무너무 춤추고 싶겠지. 그런데 너희도 현대무용을 출 줄 아는 거야?

한결 : 아니. 잘 못 춰. 기회가 된다면 다음에 나 좀 가르쳐줘.

비비아나 ː 언제 한번 몸의 학교에 와. 가르쳐줄게. 그럼 무슨 춤을 출 수 있어?

한결 ː 아무것도 못 춰. (웃음)

비비아나 ː 한국의 친구들도 우리처럼 춤을 배우니?

한결 ː 학교에서 따로 배우진 않아, 특별히 무용을 전공해 배우지 않는 이상. 그래서 보통 학생들은 일부러 춤에 관심을 가지거나, 따로 배우러 다니지 않으면 춤을 출 시간이나 기회가 거의 없어.

아람샘 ː 우리가 왜 여기까지 비비아나를 만나러 왔는지 궁금하지 않아요?

비비아나 ː 너무너무 궁금해요.

한결 ː 한국의 중고생들은 아침 7시부터 밤 늦게까지 가만히 앉아서 공부만 하도록 강요를 받아. 운동을 하거나, 춤을 추거나, 마음껏 노래를 부를 수 있는 시간은 아이들에게 주어지지 않지. 그런데 어느 날 텔레비전 영상에서 널 본 거야. 너무나도 아름답고, 예쁘게 춤추는 모습을. 한국의 많은 인디고 친구들이 널 보고 싶어했지만, 말하자면 우리가 대표로 온 거야. 지금 우리가 이렇게 영상을 찍는 이유도 너를 보고 싶어하는 청소년들이 많기 때문이지.

비비아나 : 그럼 너희는 하루 종일 학교에서 앉아서 공부만 하는 거야? 다른 것을 할 시간은 전혀 없는 거야?

한결 : 응……. 대부분의 학생들이 그렇게 시간을 보내. 물론 인디고 서원에 다니는 아이들의 경우는 좀 다르지만.

아람샘 : 우리는 세계의 청소년들이 어떻게 사는지 궁금했어요. 무엇보다 전 세계에서라면 아마 우리와 같은 꿈을 꾸는 친구들이 분명히 있을 거라는 믿음이 있었죠. 결국 이렇게 만나러 왔고요. ……비비아나는 어떤 음악을 좋아하나요?

비비아나 : 전 로맨틱한 노래가 좋아요. 그런 노래를 들으면 나도 로맨틱해지는 거 같거든요.

아람샘 : 나도 그래서 로맨틱한 노래가 좋아요. 마치 그런 노래를 들으면 내가 그 노래의 주인공이 된 거 같거든요.

지섭 : 춤을 출 때는 어떤 느낌이야?

비비아나 : 난 춤추는 걸 너무 좋아해서 춤을 출 때마다 너무 행복해. 그래서 열정을 가지고 항상 행복하게 춤을 춰. 그냥 행복해.

용준 : 그럼 몸의 학교를 가기 전부터 그렇게 춤추는 걸 좋아한 거야?

비비아나 : 응. 난 어릴 적부터 춤추는 걸 아주 좋아했어. 그래서 어렸을 때부터 춤추기 대회가 있으면 줄을 서서라도 대회에 참여하고 춤을 췄지.

용준 : 6년 동안 몸의 학교에 다니면서 어떤 것이 가장 인상 깊었어?

비비아나 : 학교에서는 춤만 가르쳐주는 것 아니라, 색에 관한 것 그러니까 색의 조합이나 배합도 가르쳐주고, 경제에 관한 것도 가르쳐주고, 또 인생을 어떻게 살

아가야 하는지도 가르쳐줘. 그리고 다른 무용 팀들이 와서 재활용품, 예를 들어 깡통이나 물통을 활용해 연주하는 것을 보기도 하고, 또 10년차 선배들이 여러 악기들을 가르쳐주기도 해. 그런 것 전부가 내게 큰 도움이 된 거지.

아람샘 : 비비아나에게 알바로 선생님은 어떤 분이신가요?

비비아나 : 사실 집에서는 제가 춤추는 걸 반대하세요. 춤춰서 뭐 할 거냐고 부모님이 그러시거든요. 그런데 몸의 학교에서 알바로 선생님을 만나고 춤을 추면서, 저의 문제점이나 힘든 상황들을 다 떨치고 진정으로 자유로울 수 있게 되었어요. 이 모든 것들은 알바로 선생님께 배운 것들이죠. 선생님이 제게 이런 힘과 용기를 가르쳐주셔서 너무 감사해요. 그러니까 제게 새로운 세상을 보여주고 열어주신 거죠.

아람샘 : 알바로 선생님을 너무 좋아하나 봐요?

비비아나 : 물론이죠! (그렇다고 말할 때의 그녀의 웃음이 아직도 잊히지 않는다.)

아람샘 : 나도 어제 알바로 선생님을 만났어요.

비비아나 : 알바로 선생님을 뵙고 어떤 생각을 하셨어요?

아람샘 : 나랑 굉장히 비슷하다고 생각했어요. (웃음) …… 난 비비아나가 계속 몸의 학교에 나가서 춤도 추고, 알바로 선생님과 함께했으면 좋겠어요.

비비아나 : 저도 꼭 그렇게 하고 싶어요.

용준 : 그럼, 혹시 무용수가 되는 게 꿈이야?

비비아나 : 물론이지. 나도 조금만 있으면 세계적인 무용수가 될 수 있어. (웃음) 그래서 다양한 춤을 추고 싶어. 아직 중국 춤같이 난해한 것들은 못 추지만…… 한국 춤은 조금 출 줄 알아. (웃음)

지섭 : 어떤 무용수가 되고 싶어?

비비아나 : 모든 춤을 다 소화할 수 있는 그런 무용수가 되고 싶어. 그래서 많은 이들에게 춤을 가르쳐주고 싶어.

아람샘 : 네게 춤을 배우려면 뭔가 답례를 잘해줘야 할 것 같은데? (웃음)

비비아나 : 무언가를 주실 필요 없어요. 그냥 가르쳐드릴게요. 이제 우린 친구니까요. (웃음)

아람샘 : 고마워요.

지섭 : 그런데 아마 아람샘은 몸이 잘 안 움직이실걸? (웃음)

비비아나 : 춤을 출 때 그런 건 중요하지 않아. 춤은 누구나 출 수 있어.

아람샘 : 비비아나, 그 꿈을 꼭 이루고 싶은 이유가 뭐죠? 왜 꼭 꿈을 이뤄야 한다고 생각해요?

비비아나 : 제가 배운 춤, 그러니까 예술을 통해서 배운 많은 긍정적 에너지를 나눠주고 싶어요. 세계 각국을 돌아다니며 많은 사람들에게 춤을 가르쳐주고, 가까이는 제 가족, 친구, 이웃들에게도 춤을 가르쳐줄 수도 있잖아요. 요즘 이곳의 많은 청소년들이 유혹을 이기지 못한 채 술을 마시거나 마약에 손을 대며 안타까운 생활을 하고 있어요. 앞으로도 얼마나 많은 아이들이 그 유혹에 넘어갈지도 모르고요. 전 그들 모두가 춤을 추면서 행복을 찾을 수 있게 해주고 싶어요. 마약이나 술을 비롯한 나쁜 인생의 길로 빠지는 걸 막고, 긍정적 에너지를 가지고 좋은 길로 나아갈 수 있도록 말이에요. 그래서 전 제 꿈을 꼭 이루고 싶어요.

아람샘 : 아, 그렇군요. 이 다음에 한국에 와서, 더 나아가 전 세계를 누비며 아이들에게 춤을 가르쳐주겠다는 그런 꿈을 잊지 말고 항상 즐겁게 춤췄으면 좋겠어요.

용준 : 그럼, 춤 말고 다른 어떤 것에 관심이 있어?

비비아나 : 언어! 영어나 한국어(?). (웃음) 아람 선생님이 제게 한글을 가르쳐주시면 좋겠어요. (웃음)

아람샘 : 물론이지요. (웃음)

용준 : 세계적인 무용수가 되어서 세계 이곳저곳을 돌아다니게 되면, 그곳의 언어도 배우기가 더 수월할 거야. 무엇보다 열심히 알바로 선생님과 춤을 춰서 세계적인 무용수가 되길 바랄게.

비비아나 : 고마워.

아람샘 : 몸의 학교에서 말고, 친구들과 만나면 뭘 하면서 보내요?

비비아나 : 친구들과 놀기보다는 집에 가서 어머니랑 이야기를 많이 나누고, 조카들을 돌봐요. 지난 이틀간은 자전거포에 일이 너무 많아서 가족들 얼굴도 제대로 보지 못했어요. 새벽 2시까지 일하고 집에 가서 씻고 바로 잠들었답니다. 정말이지 지난 이틀 동안은 일만 해서 좀 힘들었어요. 요즘은 자전거포에 손님이 정말 많거든요. 아까 잠시 동안 자전거포 주인아주머니 차에서 잠시 눈을 붙였어요.

아람샘 : 그럼 몸의 학교 친구들을 만나면 춤추는 거 말고 뭘 같이해요?

비비아나 : 친구들이 자전거를 타고 제가 일하는 곳에 와서 같이 이야기도 하고, 가끔은 제가 버스를 타고 친구들을 만나러 가서 이야기를 해요.

아람샘 : 그렇게 친구들과 모여서 이야기할 때면 어때요? "꼭 이걸 해봤으면 좋겠다" 또는 "이거 꼭 해보자" 하는 그런 것들이 있나요?

비비아나 : 하델은 돈을 벌면 큰 집에서 살면서 오토바이를 사고 싶다고 했어요. (웃음) 대부분은 나중에 춤을 춰서 돈을 벌게 되면 학교를 만들고, 그곳에서 직접 학생들을 가르치자고 이야기하곤 해요.

용준 : 이야, 대단하네.

아람샘 : 한국어를 열심히 공부해서, 이 다음에 한국에 와서 춤을 가르치는 선생님이 되고 싶지 않아요?

비비아나 : 그럼요! 콜롬비아에서만 춤을 가르치는 것이 아니라, 세계 곳곳에서 춤을 가르치는 것이 제 꿈인걸요. 한국에도 꼭 가보고 싶어요.

아람샘 : 비비아나는 무슨 책을 가장 좋아해요?

비비아나 : 프랑코 호르헤의 소설 『로사리오 티에라스 _Rosario Tijeras_』라는 책을 가장 좋아해요. 한 소녀의 성장기를 다룬 책인데 어려운 환경 속에서도 열심히 살아가는 소녀의 모습이 감동적이에요. 책을 읽으면서 저는 '인권'이나 '행복' 등에 대해 생각

꿈을
살다

했어요. 참 많이 울었던 것 같아요.

아람샘 : 그럼 혹시 『나의 라임 오렌지 나무』라는 책 읽어봤어요? 참 좋아할 거 같은데…….

비비아나 : 아니요.

아람샘 : 밥 먹고 잠시 후에 서점에 들르면 꼭 선물해줄게요.

비비아나 : 감사합니다. (웃음)

아람샘 : 그런데 처음에 몸의 학교가 있다는 것은 어떻게 알게 되었어요?

비비아나 : 몸의 학교에서 제가 다니는 일반 학교로 와서 함께 춤을 추고 싶어 하는 학생들을 모집했어요. 처음엔 200명이 넘었는데, 시간이 흐르고 개인적인 사정으로 아이들이 그만두기도 하고, 또 싫증을 느끼고 그래서 결국 저희 학교에서는 7명이 남았어요. 어떤 아이는 임신을 하는 바람에 춤을 그만두기도 했고요. 마지막까지 남은 7명은 지금도 함께 추고 있어요.

아람샘 : 춤을 잘 추기 때문에 춤을 좋아해요? 아니면 춤이 좋아서 춤을 잘 추는 거예요?

비비아나 : 일단 전 춤을 추는 것을 너무 좋아해요. 그래서 어떤 방법으로도 춤을 배우고 싶어요. 더 잘 추고 싶고요. 일단 저는 스스로 춤을 잘 춘다고 생각해요. (웃음) 그래서 좋아하는 것일 수도 있어요. 하지만 설령 제가 춤을 잘 추지 못하더라도 춤추는 것을 좋아하기 때문에 어떻게 해서든 춤을 배웠을 거예요.

용준 : 춤을 좋아하는데 잘 못 추는 사람은 어떻게 해야 해? (웃음)

비비아나 : 춤을 못 춘다고 생각했을 때부터 춤을 배우면 춤을 잘 추게 될 거야.

한결 : 다른 사람들 앞에서 춤을 추는 것이 너무 부끄러워서 춤을 잘 못 추는 경우는 어떻게 하면 좋을까? 춤이 너무 추고 싶은데 너무 부끄러운 나머지 몸이 얼어버리는 사람들도 있거든.

비비아나 : 춤추는 것을 좋아한다면 부끄럽다고 느끼지도 않을 것 같지만……

방법이 없는 건 아냐. 우선 자기가 가장 믿는 사람, 가장 믿을 수 있는 사람과 이야기해서 부끄러움을 떨쳐내고 춤을 춰보면 될 것 같아. 혹시 본인 이야기?(웃음)

한결 : 응.(웃음)

이후 우리는 우리가 지난 크리스마스 파티 때 춘 춤을 비비아나에게 보여주기도 하고, 그녀에게 춤을 배우기도 하고, 담소를 나누면서 점심을 먹었고, 밤에 다시 만날 것을 약속하고 헤어졌다. 가져간 폴라로이드 카메라로 사진을 찍어서 선물해주니 너무 좋아하던 비비아나. 그녀가 꼭 세계적인 무용수가 되어 한국에 공연을 하러 오면 다시 만나자고 약속했다. 어느덧 밤이 깊었고 우리는 비비아나를 포함한 다른 몸의 학교 친구들을 우리가 지내던 아파트로 초대하여 유쾌한 시간을 보냈다. 함께 맛있는 저녁을 먹고, 노래를 들으며 춤도 추고, 또 진지한 이야기들을 주고받으면서……

내 삶의
가장 아름다운 시적인 순간 아람샘 ● ● ●

용준과 알바로는 앞서 걸었다. 나는 레오폴도와 걸었고 지섭은 사진을 찍었고 한결은 카메라로 그 광경을 담았다. 많은 얘기를 나누었지만 중요한 얘기는 아니었다.

  "당신이 인디고 설립자예요?"

  "예, 그래요."

  "어떻게 시작하게 됐죠?"(…)

나는 온몸을 열고 오직 바람만 햇살만 느끼려 했기 때문에 그에게 집중하기 힘들었다. 그리고 네팔에서 마다브가 나를 데리고 히말라야산 아래 천년을 이어갈 학교의 땅을 보여줬던 그 순간을 떠올렸고, 여기 이곳에서도 마치 전에 이 일을 경험했던 데자뷰를 겪는 것 같아 놀라움에 어쩔 줄 몰랐다. 바람을 만지면서 걷고 있을 때, 한결은 이어폰을 내 귀에 꽂아주었다. 그리고 바람의 속살의 사각거림을 들려주었다. 그 순간이 사실은 세이바 스퀘어의 절정의 순간이었다. 너무 아름다워 눈물이 날 뻔했지만 크게 웃었다. 그렇게 그 순간이 지나고 있었다.

세이바 나무 아래 우리 일행은 모였다. 그리고 알바로의 애기를 들었다. 그 나무껍질을 본뜬 옷을 입고 춤을 춘 아이들의 이야기도 들었다. 나는 머릿속에서 이 땅에 언젠가 다시 오게 될 것이라는 직관이 들었다. 한결에게 이 다음에 한결이가 지금 알바로 선생님의 나이쯤 되었을 때 다시 이곳에 와서 이 나무 아래서 나와 함께 춤출 수 있느냐고 물었다. "꼭 다시 올거지?"라고 물었다. 한결이가 소리 내어 대답해

주었는지 모르겠지만 이미 내 영혼에 각인된 그의 목소리로 나는 약속을 받아낸 사람처럼 의기양양 행복하게 웃었다. 스퀘어의 세 번째 면을 돌 때 나는 한결이와 어떤 말을 했었는지 기억나지 않는다. 어쩌면 그 순간 나는 나를 잊었는지도 모른다. 내가 한결이었는지도, 바람이었는지도, 햇살이었는지도, 풀들이었는지도. 그 세 번째 면은 말을 할 수 없다. 오직 그 시간에 내가 있었기는 한가, 기억하기도 힘든 그 세 번째 면은 내 삶의 가장 아름다운 시적인 순간 poetic moment.

　　네 번째 면을 돌아 나올 때 우리는 큰 나무 아래 앉아 레오 폴더의 컴퓨터로 세이바 스퀘어의 새 건축 설계도를 봤다. 놀라운 상상력으로 빚어진 돛단배 모양의 건축

꿈을
살다

물이 탄생할 것이 보였다. '아마 여기쯤 인디고 서원이 있겠지?' 하며 우리는 지켜지지 않을, 반드시 지켜질지도 모를 확언을 했다. 대단한 밑그림들이었다. 알바로의 손스케치가 더욱 멋있었지만, 나는 우리 아파트 앞에서 기다릴 아이들 때문에 마음이 급했다.

세이바 스퀘어에서 나왔을 때 해가 지고 있었다. 바다에서 떠올랐던 해가 땅으로 가라앉는 원대한 시간이었다. 해가 지고 있었다. 나무들 사이로 새가 날아가고 바람도 가라앉고 햇살도 증발했지만, 오직 그 시간도 아름다웠다.

'몸의 학교 새 부지'라고 적힌 테이프만 우선 다큐멘터리 편집을 해보고 싶었

'몸의 학교
친구들

다. '나무필름' 선배에게 테이프를 줄 때, 그는 내게 음악도 생각해보라고 했다. 제일 먼저 영화 〈봄날은 간다〉 OST가 생각났지만 그래도 성실히 열심히 모든 기억을 동원해 음악을 찾았다. 이병우의 기타음악들, 보로딘 4중주의 음악들, 마리나 로셀의 무지카Musica 같은. 소희가 이때의 사진들을 보면서 한결이와 내가 세 번째 면을 돌 때의 모습을 보니 〈봄날은 간다〉의 장면이 떠오른다고 말했을 때부터, 영화 OST가 생각났지만 처음부터 열어보고 싶진 않았다. 답을 미리 알고 시험공부를 하는 것 같아서. 하지만 어쩔 수 없었다. 나는 혼자 기절할 뻔한 기억을 되살리고 말았다. 알바로가 꼭 찾아달라던, 그래서 기억하고 있던 멜로디를 불러주었던 그 노래가 바로 '봄날은 간다'라는 오래된 가요였던 것을. 그리고 〈봄날은 간다〉 OST 7번에 '행복했던 날들'로 편곡되어 그 노래가 연주된 것을. 숨이 막힐 뻔했다. 알바로의 그 노래가 '봄날은 간다'였다니. 그리고 내가 우리 그 장면의 배경음악으로 쓴 음악이 '봄날은 간다'의 2, 5,

6, 7, 13번이었다니.

봄날은 간다. 내가 말했다. 모든 순간은 지.나.간.다. 우리는 존재할 뿐, 어쩌겠는가 했지만 사랑하지 않고는, 참을 수 없는 이 존재의 가벼움이, 견딜 수 없다는 것을 이미 알고 있는 이상, 사랑은 가장 처절하고도 아름다운 생존 방식임으로 살기 위해 사랑하고 사랑해야 살 수 있다는 것을.

우주의 먼지보다 작은 내 존재가 우주만큼 영원한 삶을 살게 되는 그 방식은 존재와 시간이 만날 수 있는 그 찰나에 전부를 걸고 목숨을 걸고 사랑하는 것이다. 매순간 심장이 뛰고 눈물이 나고 몸이 뜨거워지는 이토록 미칠 것 같은 시간조차도 그렇게 빨리, 너무 빨리 지나가버리고 있다는 것을.

"난 널 사랑해"란 말에는 뉘앙스가 없다.

그것은 선명이나 조정, 단계, 조심을 폐지한다.

어떤 점에서는 엄청난 언어의 역설이긴 하지만,

"난, 널 사랑해"라고 말하는 것은 마치 말parole에 대한

어떤 연극도 존재하지 않으며, 또 이 말은 항상 "진실이다"

(그것의 발화 이외에는 어떤 다른 지시물도 갖지 않는,

즉 수행어, 말하는 이가 말하는 자체로서

어떤 행위를 수행할 때도 같은 것이다) 라고 말하는 것과도 같다.

(롤랑 바르트, 『사랑의 단상』 중에서)

5

창조적 실천가들의 삶, 희망Hope

교육

남아프리카공화국
2008. 2. 9~2008. 2. 15

정의와 평등의 교육을 실천하는

진정한 교육자

마크 호너

Mark Horner

인디고 유스 북페어 팀

아프리카를 다녀와서 박용준 ● ●

환상과 진실

난 어릴 적부터 〈동물의 왕국〉이라는 TV프로그램을 좋아했다. 물론 지금도 텔레비전에서 아프리카 초원의 기린과 얼룩말들이 나오면 채널을 멈추기 일쑤다. 그렇게 처음 알게 된 아프리카엔 부시맨과 사자만 있는 줄 알았던 내 어린 날의 환상.

아프리카에 가보니 나의 이 무모한 환상이 꼭 틀린 것만은 아니었다. 세렝게티 초원엔 직접 가보지 못했지만, 아프리카의 살아 있는 야생성과 자연의 생동감을 충분히 만끽할 수 있었기 때문이다.

하지만 동시에 내가 본 아프리카의 진실은 수백 년간 지속된 유럽 식민 통치의 흔적과 아파르트헤이트^{Apartheid}가 남긴 차별과 격리의 잔재들이었다. 프란츠 파농, 넬슨 만델라, 사라 바트만 등을 통해 머리로만 알고 있던 투쟁과 저항의 역사가 그곳엔 아직 공존하고 있었다.

벌써 1년

인디고 유스 북페어 팀이 처음 아프리카에 대해 공부하기 시작한 것은 2007년 2월. 벌써 1년이 지났다. 그땐 정말 어떻게 조사를 하는지, 편지는 어떻게 보내는 게 정중한 것인지, 답장은 과연 오기나 할지, 아무것도 모르던 시기.

하지만 인연은 어떻게든 맺어진다 했던가. 밤을 새워가며 온갖 자료들을 뒤지다가 발견한 '무료 과학 교과서 만들기 FHSST *Free High School Science Text*'의 마크 호너. 그가 인디고 유스 북페어를 위해 한국을 방문하게 될 줄이야. 그러고 보니 남아프리카공화국은 현지와 연락한 지 1년이나 지나서 방문하게 된 국가였다.

오래 기다린 보람이 있었다. 남아프리카공화국의 케이프타운은 내 어릴 적 환상만큼이나 아름다운 곳이었다. 테이블 마운틴의 장엄함과 호트 해변의 평화로움, 그리고 희망봉 *Cape of Good Hope*에서 맞은 시원한 바람. 하지만 이보다 더 환상적이었던 경

꿈을
살다

험은 주킬레 자마$^{Zukile Jama}$, 로시나 라트남$^{Roshina Ratnam}$, 움부렐로 피터$^{Mbulelo Peter}$, 제임스 마튜$^{James Matteaws}$, 마크 호너와 같은 아름다운 인간과의 만남이었다.

새로운 휴머니즘을 위하여

『검은 피부, 하얀 가면』의 프란츠 파농이 고민하고 시대를 향해 내뱉었던 "새로운 휴머니즘을 위하여"라는 외침. 새롭다는 것은 '혁명'적인 것을 의미하고, 휴머니즘이란 '인간적' 가치의 회복이라면, 그의 이 절규는 여전히 이 지구상에 유효하다.

검은 대륙 아프리카의 '기억'이란 여전히 우울하고도 어두웠다. 분리나 격리를 뜻하는 아파르트헤이트는 여전히 그 기억을 지울 수 없게 여기저기 흔적을 남겨놓았고, 그들은 아직 삶의 절망 속에서 온전히 벗어나지 못한 듯했다.

그곳에는 '인간적인^{humanistic}' 삶의 조건들이 회복되어야만 했고, 그들의 삶엔 '혁명'이 필요해 보였다.

이즘^{ism}을 넘어, 있음^{being}으로

휴머니즘도 하나의 이념으로 정치적 도구가 될 수 있다면, 우리는 과감히 그것까지 내쳐야 한다. 이념보다 중요한 건 바로 인간이기 때문이다. 인간 그 자체. 그리고 만남.

음식을 먹고, 맑은 공기를 마시며, 좋은 음악을 듣고 대화를 나누는 것. 이것은 삶의 과정이자 내용이며, 곧 삶 그 자체이다. 이러한 삶의 중심에는 바로 인간이 자리한다. 이념은 초월적이지만 인간은 실존적이다. 지금 내 앞에 있는 인간은 그 자체로 행복을 준다. 그 인간이 희망과 꿈을 가진 열정적^{enthusiastic}인 존재라면 행복은 보다 완벽해질 것이다.

어린 소녀의 빛나는 눈동자를 잊지 않고, 불공평하고 차별적인 세상에 내던져진 아이들에게 희망과 기회를 평등하게 나눠주기 위해 과학 교과서를 만들어 무료로

나눠주고자 하는 마크 호너. 인간 삶의 일상성과 평범함을 따뜻한 시선으로 담아내는 연극을 하고 있는 로시나 라트남. 단순히 아프리카의 문제를 넘어 전 지구적 차원의 인권 문제로 에이즈와 인종 차별의 아픔을 아프리카 토속어의 구술시로 치유하고자 하는 움부렐로 피터. 지리적 격리와 사회적 배격으로 교육의 기회마저 박탈당한 케이프타운 판자촌의 아이들에게 희망을 줄 수 있는 학교를 짓는 꿈을 가진 주킬레 자마. 이들은 모두 지금 이 순간 살아 있는 희망의 인간 존재들이다.

Cape of Good Hope

좋은 희망^{Good Hope}의 출발 ^{Cape}('Cape'는 선두, 머리 등을 뜻하는 라틴어 'Caput'에 그 어원을 두고 있다). 내게 아프리카는 특유의 인간적인 환대^{hospitality}가 있고, 형제애 ^{fraternity}가 있으며, 기대^{hope}가 있는(레비나스) 공간이다. 인간적인 가치들로 나의 내면을 풍요롭게 하고, 타인을 친밀하게 섬김으로써 '분리'와 '차별' 없는 삶을 꾸려나가는 것. 그 가운데 평화도 있고 아픔도 있다. 그러나 이 모든 것은 삶 자체일 뿐. 우리는 순간을 즐기고, 삶을 누리며, 기쁨을 향유하면 된다. 바로 '너'와 함께.

희망의 시작은 오직 '함께'할 때 더 큰 힘을 가질 수 있다. 인간^{人+間}은 곧 관계-인간^{To be human is to be interhuman}이라는 말처럼(정화열) 우리는 '너'와 함께 존재함으로써만 온전하고 행복할 수 있다. 선한 희망의 시작을 함께 하게 된 우리는 그래서 행복하다.

이제 그 행복을 '너'와 함께 나눌 차례. 한 인간이 얼마나 큰 기쁨과 희망, 행복을 줄 수 있는지 우리의 글을 통해 여러분도 함께 느낄 수 있다면 좋겠다.

아프리카에 대한 정보를 구하는 일은 결코 쉽지 않았음을 밝혀둔다. 사회적·문화적 교류가 다른 나라에 비해 확실히 적은 곳이어서 그런지 실용적인 여행정보들은 많았지만, 실질적으로 우리에게 필요한 자료를 구하는 데 무척 애를 먹었다. 물론 마크의 경우는 아프리카 지역 신문과 《교사 ^{The Teacher}》라는 남아공잡지를 통해 찾았지만, 그 외의 팀이나 사람의 경우는 케이프타운 대학의 아프리카어문학과 주킬레 자마 교수의 도움이 컸다. 또한 많은 정보를 제공해주신 한국외국어 대학교 이석호 선생님께도 이 자리를 빌어 감사의 말씀을 전한다. (넬슨 만델라 재단에도 연락하여 넬슨 만델라 전 대통령과의 만남도 시도했지만, 현재는 건강 상태가 그리 좋지 않아 공식적인 활동을 더 이상 하지 않고 계신다고 했다. 살아생전에 넬슨 만델라 전 대통령을 만나지 못하고 온 것은 아직도 아쉬움이 남는 부분 중 하나다.)

2월 10일. 홍콩과 요하네스버그를 경유해 도착한 케이프타운. 여름엔 결코 흐린 날이 없다던 여행정보와는 달리 날씨가 매우 흐렸다. 비가 왔었는지 땅은 조금 젖어 있었다. 한바탕 비가 쏟아지려는 걸까? 눅눅하고 습한 기운이 가득했다. 결국 케이프타운 롱스트리트에 있던 숙소에 도착했을 때 비가 억수같이 쏟아졌다. 짐을 풀고 우리는 주킬레 자마 교수를 만났다. 비가 많이 온다는 이야기로 말문을 열었더니, 아프리카에서는 비가 오는 날 부족의 왕이 결혼을 한다거나, 1년 동안 사용하게 될 식수를 마련하거나, 또 아이들이 모두 거리로 뛰쳐나와 빗물로 목욕을 하는 등 행운이 깃든 날을 상징한다고 자마 교수가 말했다. 아프리카에서의 기본적인 일정에 대해 회의한 후 우리는 남아프리카공화국 여정의 첫 번째 발걸음을 내딛었다.

자마 교수가 우리를 처음 데리고 간 곳은 케이프타운의 흑인 빈민 거주 지역 Black Township인 랑가였다. 이동 시 이용했던 버스를 운전해준 분은 남아공에 3년 정도 거주한 한국인이었는데, 처음 방문지가 랑가라는 이야기를 듣고 불안해했다. 랑가 지역은 매우 위험해서 아프리카에 사는 그도 가보지 못한 곳이라며 매우 조심스러워하셨다. 아파르트헤이트가 규정해버린 흑인이라는 족쇄. 그들은 피부색 때문에 핍박받았고, 검다는 이유로 사회로부터 격리되어야 했다. 마치 중세 이후 광인들이 정신병원에 감금된 것과 같은 모습으로.

물론 이러한 차별과 분리는 세계 어디에서든 존재한다. 보이지 않는 장벽은 소수자를 핍박하고 배격하는 논리로 작용하는데, 검은 대륙 아프리카의 역사 속에서 그

꿈을
살다

의미는 다른 여느 국가들보다 뿌리 깊은 상흔으로 자리하고 있었다. 그럼에도 불구하고 우리가 배운 것은 그들의 '흥겨움'이었다. 비록 누추할지라도 당당하게 자신의 삶을 누릴 권리가 있다는 것. 그들 앞에서 우리가 느낀 것은 연민이 아닌 부러움이었다. 우리는 지금의 삶에 얼마나 만족하며 행복하게 살고 있는가. 이 의문은 아프리카 여정 내내 우리의 머릿속을 맴돌았다.

랑가,
자신의 삶을 긍정할 수 있는 용기 김원모 ● ● ●

랑가 지역에 도착했을 때, 갑작스레 비가 내리기 시작했다. 우리는 비도 피할 겸 한 구멍가게 안으로 들어갔다. 사실 가게라고 부를 수도 없는, 창고를 개조해서 만든 공간에 냉장고 하나만 덜렁 있는 곳이었다. 좁은 공간에 나이가 지긋한 지역 주민들이 둥그렇게 모여 앉아 두런두런 이야기를 나누고 있었다. 한편 우리 일행은 버스 기사님과 약속을 잘못하여 자칫 위험해질 수도 있는 이 지역에 덩그러니 남겨진 처지였던 터라 조금 긴장한 상태였다. 그래서 아저씨 아주머니들의 환영에도 정신 없이 얼빠진 표정으로 앉지도 서지도 못한 채 구석에서 머뭇거리고 있었다. 하지만 활짝 웃으며 긴장하지 말라는 아저씨들의 얼굴은 친숙한 친구의 말처럼 따뜻했다. 그들은 비좁은 공간에서도 더 붙어 앉으며 공간을 만들고 의자를 놓아 우리가 앉을 자리를 마련해주었다. "가난한 사람들은 꽉 찬 트럭에서 빈자리를 새로이 만들어낼 줄 아는 놀라운 사람"이라고 한 장 베르트랑 아리스티드의 『가난한 휴머니즘』 속 문장을 기억하면서, 나는 그 자리에 앉았다.

아저씨들은 아프리카 토속어 중 하나인 코사어^{Xhosa}로 된 자신들의 이름을 읽을 수 있겠느냐며 그 발음법을 우리에게 가르쳐주며 이야기를 시작했다. 우리는 우리나

라와 남아공의 차이에 대해서 또 인디고 유스 북페어 프로젝트에 대해서 이런저런 이 야기꽃을 피웠다. 한국어로 나눈 대화도 아니었고, 서로 영어에 능통한 것도 아니었 지만 왠지 나는 편안했다. 그러던 중 아람샘이 불쑥 물었다.

"여러분은 행복하세요?"

남아공이라는 머나먼 땅에서 다시 만나게 된 이 질문. 남아공으로 여행을 떠나 기 정확히 6개월 전, 나는 이 질문과 마주한 적이 있었다. 그때 나는 고등학교 3학년 이었고 『창조적 열정을 지닌 청소년, 아름다운 세상을 꿈꾸다』(인디고아이들 지음, 궁 리, 2007)의 철학 부분의 원고를 맡았다. 그때 나는 가장 오랫동안 고민해온 화두 중 하나였던 '행복'을 주제로 글을 썼다. 그 글에서 나는 행복이란 자신의 마음에서 비롯 되며 스스로 행복한 삶을 영위하고 있다고 굳게 믿는 것이 바로 행복의 핵심이라고 주 장했다. 하지만 그때의 대답들은 내 머릿속에서 나왔다기보다 대부분 한두 번쯤 읽은

책에서 훔쳐온 문장을 짜깁기한 생각의 덩어리들에 불과했다. 나는 그 생각의 덩어리를 곱씹으면서 내가 쓴 대답을 스스로 충분히 이해하기 위한 시간이 더 필요한 상태였다. 그 질문을 머릿속의 관념으로만 이해했던 탓인지 찝찝한 기분을 떨칠 수가 없었다. 내 마음속에서 우러나오는 진정한 의미의 행복을 과연 나는 삶 속에서 누리고 있는지도 의문이었기 때문이다.

가장 활발하게 이야기하시던 마푸타 아저씨가 말했다.

"개인적으로 행복하냐는 질문이라면 나는 그렇다고 대답하겠어요. 과거 아파르트헤이트 때는 빈곤한 사람은 그저 빈곤한 사람으로만 남아 있어야 하는 것이 현실이었지요. 그런데 새 정부가 들어서고 난 뒤엔 그렇지 않아요. 그들은 우리 삶의 진보를 만들어내기 위해 노력하고 있고, 지금까지 꽤 많은 것들이 나아졌어요. 게다가 현실은 푸념한다고 해서 바뀌지도 않지요. 내가 지금 가난하고 집도 그다지 좋지 않다고 해서 불행하다고 합시다. 그래서 뭐가 달라지지요? 현실은 그대로입니다. 나는 내가 가진 것들에 만족하고, 그래서 행복할 따름입니다.

하지만 내가 속한 계층, 즉 남아공의 빈민들이 행복하냐는 질문이라면 나는 아니라고 답하겠어요. 왜냐하면 앞으로도 나아져야 할 부분들이 너무나 많거든요. 가난한 사람들에게는 깨끗한 집과 위생시설, 교육시설 등이 아직 많이 부족합니다. 그것은 새 정부의 과제이기도 하지요."

마푸타 아저씨는 진솔하고도 의미심장하게 말을 건넸다. 아람샘은 아저씨께 그렇게 질문을 한 이유가 "정말로 아저씨 아주머니들이 행복하게 살아가고 있다는 느낌이 전해졌기 때문"이라고 말했다. 나도 그 말에 동의했다. 이렇게 가난한 지역에 살면서도 삶에 만족하며 행복하다고 이야기할 수 있는 마푸타 아저씨를 비롯한 그곳의 주민들은 현실을 직시하고 살아가되, 그것으로부터 절망이나 비탄이 아니라 변화의 가능성을 찾아내고 거기에 희망을 걸고 살아가는 사람들이었다.

요즘은 너무나도 많은 사람들이 '역사의 종언'을 맹신하고, 세상에 주어진 것들을 더 빨리 받아들이고, 거기에 자신을 적응시키기 위해 노력한다. 사람들은 변화의 가능성을 찾아내고 기뻐하기보다 오히려 그 가능성을 가리고 지워서 부정하기에 바쁘다. 그래서 현실 앞에 스스로가 무력하다고만 생각하고, 다른 누군가에게 자신의 운명을 맡긴 채 살아가는 이들도 점점 늘고 있다. 그런데 우리가 랑가에서 만난 이 가난한 사람들은 어떤가? 그들은 어떻게 자신의 삶을 긍정하고 변화의 가능성을 찾을 수 있었을까? 교육도 제대로 받지 못했고, 가진 것도 많지 않은 이 힘없는 사람들이 눈을 반짝이며 자신의 삶에 희망을 걸 수 있는 용기는 대체 어디서 나오는 것일까?

어쩌면 이 사람들은 젊은 시절 혁명을 직접 경험했기 때문에 그러한 삶의 용기를 가질 수 있는지도 모른다. 이들은 아파르트헤이트가 붕괴되고 새로운 정부가 출범하는 역사를 온몸으로 겪은 사람들이다. 젊은 넬슨 만델라를 자신의 삶에서 목격한 사람들이고, 결코 변하지 않을 것 같던 참혹한 현실이 변하는 것을 직접 목격한 사람들

이다. 이러한 모든 변화는 남아프리카의 흑인 민중이 만들어낸 '혁명'과도 같은 것이었다. 『희망의 경계』에서 프란시스 무어 라페는 오늘날 젊은 사람들이 변화를 믿지 못하는 것은 자신과 같은 평범한 사람들이 스스로의 선택으로 세계를 변화시키는 경험을 한 적이 없기 때문이라고 말한다. 이 마을에서 만난 젊은이들을 보며 그 책의 글귀가 떠올랐다. 자신의 삶을 긍정할 수 있는 '혁명'의 체험! 이는 비단 그들만의 문제가 아니다.

"그럼 당신들의 북페어는 우리와 같은 사람들에게 어떤 영향을 줄 수 있는가?"

대화의 막바지에 이르러 마푸타 아저씨가 물었다. 다소 갑작스런 질문에 우리는 마땅한 대답을 하지 못했다. 하지만 그들과의 대화를 정리하는 지금 그 대답을 할 수 있을 것 같다. 우리는 자신의 생을 바쳐 새로운 변화를 만들어내는 사람들을 찾아 전 세계 여섯 대륙을 돌아다녔다. 그리고 그들을 밤하늘의 별처럼 세상을 비추는 아름다운 개인으로 세상에 알릴 계획이다. 인간은 보다 나은 세계를 창조해낼 능력을 지니고 있다는 것을 말이다. 큰 혁명적 사건은 아닐지라도 그것을 체험한 사람들은 자신의 삶에 변화를 이끌어내기 위해 노력하거나, 그 변화의 가능성을 믿을 수 있는 용기를 가질 수 있을 것이다. 이를 통해 우리는 '삶의 행복'을 향해 한 발짝 더 나아갈 수 있을 거라 믿는다. 환한 미소로 우리를 격려했던 마푸타 아저씨처럼.

이렇게 케이프타운에서의 첫날이 지났다. 우리는 아프리카 전통 음식점에서 저녁을 먹고 자마 교수와 헤어졌다. 숙소로 돌아와 시작된 회의 시간, 남아공의 첫인상과 설렘을 안고 다음날 있을 마크 호너와의 인터뷰 준비를 시작했다. 이번 케이프타운 방문의 첫 번째 목적이었던 '무료 과학 교과서 만들기^{FHSST}' 프로젝트의 주창자 마크 호너와의 만남.

오전에 케이프타운 대학교에 들러 아프리카어문학과장으로 계신 사이초^{Prof.} ^{Satyo} 교수님을 만났다. 그리고 청소년들에게 자신을 표현하고 스스로를 알아가는 기회를 가질 수 있도록 연극수업을 진행하는 페페테카^{Thembile Pepeteka} 교수님을 만난 후,

우리는 마크 호너의 사무실로 향했다. 차로 1시간 30분쯤 달려 교외로 나가니 전날 온 비로 한결 촉촉해진 공기와 함께 푸른 잔디밭이 한가득 눈에 들어왔다. 아름다운 정원이 있는 셔틀워스 회의실에서 시작된 유쾌한 만남. 드디어 그를 만났다.

진정한 교육자,
마크 호너 김원모 ● ●

　　모든 것에 가격표가 붙여지는 요즘 시대, 교육 또한 예외는 아니다. 우리 시대 학교는 시장의 모습을 닮아 있다. 실용적 지식을 교육받아 '인적 자본'으로 양성되는 아이들은 그 과정에서 자본적 가치로 철저하게 계산되고 평가된다. 아이들이 배우는 학과 과목들도 수요와 공급의 원칙에 따라 평가되어, 경제적 가치가 더 높다고 매겨진 과목들만이 아이들에게 교육된다. 그리고 이 모든 과정은 새로운 자본 가치의 창출을 유발한다. 다시 말해, 교육자는 하나의 사업자로 변모하고 교육 현장은 그 자체로 하나의 시장이 되는 것이다.

　　그러나 교육의 참모습이란 자본의 논리와 철저하게 무관한 것이다. 교육은 돈 보다는 인간 그 본연의 모습을 향해 있다. 참교육은 한 인간이 스스로 자기 발전을 도모할 수 있도록 기회를 마련해주는 작업이기 때문이다. 교육을 통해서 인간은 자기계발의 의지를 습득하고, 독립성을 갖게 되며, 자신의 품성을 고양할 수 있다. 이러한 교육에 적용할 만한 한 가지 원리가 있다면, 그것은 사랑이다. 참된 교육자는 교육받는 자가 보다 나은 인간으로 성장할 수 있도록 가르침을 베풀고, 그에 대해서 대가를 요구하지 않는다. 이는 사랑하는 방식과 닮아 있다. 그러므로 지식의 상행위로 변모된 우리 시대의 교육은 그 자신의 참된 모습에서 한참이나 멀어졌다고 말할 수 있다.

　　하지만 오늘날에도 교육의 본질을 잊지 않은 사람들은 존재한다. 남아프리카공화국에서 만났던 케이프타운의 물리학 박사 마크 호너는 '무료 과학 교과서 만들기' 프로젝트를 진행 중이다. 이 프로젝트는 그와 동료 학자들이 주축을 이룬다. 그들은 질 좋은 교과서를 만들어 마땅한 교과서가 없이 공부하는 남아공의 아이들과 선생님들에게 무료로 배포한다. 모든 과정은 비정치적이고 비영리적인 방식으로 운영되고, 자발적 참여 방식으로 프로젝트가 진행되기 때문에 참여하는 사람들은 아무도 급여를 받지 않는다.

마크 호너가 이 프로젝트를 시작하게 된 것은 과학전시회에서 교과서가 없는 아이들을 만난 후였다. 그는 파동이론에 관해 설명하고 있었는데, 그의 설명을 잘 이해하기 위해 빈틈없이 필기하려고 노력하는 아이들의 열정에 깜짝 놀랐다고 한다. 그는 아이들에게 왜 그렇게 열심히 필기를 하느냐고 물었고, 아이들은 자신들이 다니는 학교에서는 이렇게 자세한 설명을 들을 수 없을뿐더러, 교과서가 없는 다른 친구들에게 자신들이 필기한 것은 중요한 학습 자료가 되기 때문이라고 대답했다.

그는 그날 만난 아이들의 절실한 눈빛을 잊을 수 없었고, 그 기억을 되살려 동료들에게 교과서가 없는 아이들을 위해 자신들의 지식을 사용해보지 않겠냐고 제안한다. 그의 동료들은 흔쾌히 그 제안을 받아들였다. 그리고 몇 년이 지난 지금 그 동안 자원봉사자들도 많이 늘었다. 교과서를 완성하게 되었으며 드디어 배포단계 직전까지 이르렀다. 아무런 후원단체도 없이 시작했던 그의 프로젝트는 셔틀워스 재단이라는 남아공의 큰 교육재단의 눈에 띄어 인쇄 및 홍보과정에 큰 도움을 얻게 되었고, 이제 더 많은 동료들과 막바지 작업을 진행 중이다.

마크와 동료들이 만든 교과서는 교과서 자체도 무료일뿐더러, 그것의 수정과 배포에 관한 권리 또한 자유롭게 열려 있다. 마크는 이런 특성 때문에, 교과서를 받은 선생님들이 아프리카의 아이들에게 가장 적합한 형태로 교과서를 수정할 수 있을 것이라 이야기했다. 또한 무료 교과서는 값이 비싸면서도 내용의 질이 그다지 훌륭하지 못한 다른 교과서들에도 자극을 주어 전반적인 교육 환경의 질을 높일 것이라고 그는 덧붙였다.

"사람들은 좋은 것은 비싸다고 믿어요. 하지만 그건 사실이 아니죠." 마크가 말했다. 그렇다. 사실 좋은 것과 비싼 것이 서로 필연적이지는 않다. 참된 사랑에는 가격표가 붙여질 수 없고, 그 사랑으로 행하는 교육도 감히 가격을 붙여 값어치를 비교할 수는 없으리라. 마크 호너는 이런 진실을 잘 알고 있었고 그의 팀원들과 함께 이 진실을 실천하여 아프리카의 청소년들에게 가치 있고 유용한 교과서를 배포하고자 하는 것이다. 그들이 바라는 것은 단 하나, 남아공의 아이들이 좀더 좋은 교육환경 속에서 평등한 배움의 기회를 갖는 것이다. 이렇게 타인을 위해 자신이 가진 것을 나눌 수 있다는 점이야말로, 마크 호너가 비록 제도권 내에서 교편을 잡은 선생님이 아님에도 불구하고 진정 훌륭한 교육자이게 하는 소중한 가치가 아닐까.

마음이 통하는 사람과의 만남은 언제나 즐겁다. 마크와 인터뷰를 하는 내내 우리는 서로가 같은 말을 하고 있다고 생각했다. 그는 이 땅의 아이들에게 자신이 해줄 수 있는 일에 대한 책임과 보다 많은 아이들과 함께 나누고 싶은 가치에 대한 확신이 분명한 사람이었다. 교육의 기회는 누구에게든 평등하게 주어져야 한다는 것. 흑인이든 백인이든, 상류층이든 중산층이든, 도시에 살든 시골에 살든, 남아공의 아이들 누구나가 공평한 교육 기회를 통해 배움의 기쁨을 느낄 수 있어야 한다는 것이다. 이러한 변화를 위해 필요한 것은 돈도 아니요, 권력도 아니요, 오직 그 변화를 만들고자 하는 신념과 신념을 실천하고자 하는 용기다.

"가장 중요한 사실은 이 세상 누구나 변화를 만들 수 있다는 것입니다. 그 범위가 어떠하든 누구든지 타인을 돕고 자신이 가진 것을 나누고자 결심한다면 그 순간부터 변화는 시작됩니다. 특히 남아공의 경우 사회 문제의 목록을 만든다면 정말 길고 긴 목록이 만들어질 것입니다. 그런데 그것들에 대해서 누구도 먼저 문제를 제기하려 하지 않습니다. 조금씩이라도 서로의 문제의식과 그것을 해결할 수 있는 방안들을 공유하다

꿈을
살다

보면 반드시 큰 변화를 이끌어낼 수 있습니다. 과학 교과서의 경우 전 세계적으로 조금씩 도움을 준 사람은 수백 명에 달하지만, 실질적으로 제작에 매진했던 사람은 80명 정도밖에 되지 않아요. 4,000만 남아공 국민에 비하면 정말이지 극소수에 불과하지요. 보다 많은 사람들이 참여하게 된다면 정말이지 큰 변화를 이끌어낼 수 있을 겁니다."

interview

공동체를 향해 서로 돕고자 한다면
반드시 변화는 일어난다

마크 : 이렇게 저를 만나러 이곳 남아공까지 와주셔서 정말 영광입니다.

용준 : 저희도 이렇게 만나뵙게 되어 영광입니다.

마크 : 시작하기 전에 잠깐 제가 배경을 설명해도 괜찮을까요? 아시다시피 저희 팀은 지난 2002년 제 친구들과 '무료 과학 교과서 만들기' 프로젝트를 시작했습니다. 교과서가 없는 학생들을 돕기 위해서였죠. 물리학 박사과정에 있는 동안 과학 박람회에서 발표를 한 적이 있습니다. 그런데 몇 명의 아이들이 공책과 펜을 들고 와서는 제가 발표에서 설명한 것들을 좀 써달라고 부탁하는 것이었습니다. 우리는 파동에 대해서 이야기하는 것부터 시작했죠. 그때 저는 짧은 기간 안에도 실질적인 변화를 이끌어낼 수 있겠다는 희망을 얻었습니다. 만약 물리학을 공부하는 다른 친구들이 더 많이 모인다면, 과학이 다루는 전반적인, 아니 거의 모든 것을 다루는 책을 쓸 수도 있겠다고 생각했어요. 그렇게 뜻을 모아 우리는 프로젝트를 시작하게 되었고, 지금은

마크
호너

거의 마무리 상태입니다. 이달 말이나 다음 달 중에 책 제작을 완료할 예정이에요. 책들은 화학, 물리학, 수학을 기본으로 하여 10, 11, 12학년용으로 나누어 책을 제작할 예정입니다. 한국에도 학제가 같은지 모르겠네요. (웃음)

그리고 여기 시설들은 셔틀워스 재단 소유인데요. 셔틀워스는 '.com' 사업 붐이 있던 시기에 유일하게 돈을 번 남아공 사람입니다. 그는 경영하던 회사를 수백만 달러에 팔고 박애주의적인 일들을 하기 위해서 이 재단을 세웠습니다. 이곳에서 그는 최신 IT 기술 등과 관련된 회사들을 관리하고 있어요. 또한 리눅스 무료 배포 사업인 우분투Ubuntu 사업도 진행하고 있습니다. 그것에 관해서 들어보신 적이 있는지 모르겠네요.

저는 2007년 10월부터 여기서 일하기 시작했고요. 셔틀워스 재단 측에서 FHSST 프로젝트를 큰 규모로 확장해서 진행해보는 것이 어떻겠냐고 제안했기 때문입니다. 지금은 또 다른 프로젝트를 시작하려고 하는데요, FHSST 프로젝트를 통해서 만든 과학 교과서와 같이 모든 학년에 걸쳐 모든 과목을 다루는 남아공 내의 교육매체들을 만들어볼까 합니다. 약 2년 안에 완성할 수 있기를 목표로 두고 있죠.

용준 : 굉장한데요.

마크 : 네, 우리에게 이 프로젝트는 굉장히 야심찬 기획 중 하나입니다. 아쉬운 점은 영어로 만들게 되었다는 점입니다.

(이때, 우리가 당신의 프로젝트에서 가장 훌륭하게 생각했던 부분은 이러한 광대한 프로젝트나 활동이 아니라 FHSST 프로젝트가 처음 시작했던 바로 그 순간임을 전달하라는 아람샘의 귀띔!)

원모 : 당신의 팀에 대한 기사를 읽어봤어요. 그중 가장 인상적이었던 부분은 당신이 이 프로젝트를 시작하게 된 계기였습니다. 박람회에서 만난 고등학생들의 열

정적인 눈빛들을 잊지 않았고, 그들을 비롯한 이 땅의 청소년들에게 도움을 주고자 이 프로젝트를 시작했다는 사실. 그것에서 우리는 우리와 당신의 어떤 공통점을 찾았어요. 그래서 오늘 이렇게 여기에 온 것이고요.

마크 : (웃음) 여기 남아공에서는 전통적인 의미의 교육 종사자가 아니더라도, 상대적으로 쉬운 방법으로 교육에 기여할 수 있다는 점이 매력적입니다. 만약 모든 사람이 함께 일한다면 더욱 빠르게 일을 진행할 수 있죠. 칭찬을 해주셨지만, 사실 제가 한 일은 그렇게 힘든 일은 아닙니다.

무료 과학 교과서는 대부분 자원봉사자들이 집필했는데요. 이 프로젝트를 위해 각자 시간을 내어준 거죠. 물론 이러한 방법은 다소간 비효율적일 수 있어요. 전체 과정으로 본다면 말이죠. 정확하게 말해서 교육자가 아닌 그 분야의 전문가 여러 명이 참여하기 때문에 용어와 형식들에 표준안을 잡고 통일성을 갖도록 수정하는 데 많은 시간이 들거든요. 하지만 적당한 수의 사람들이 함께 참여한다면 정말 훌륭한 걸 얻게 됩니다.

용준 : 한국에서 이곳 케이프타운까지 스무 시간 이상을 비행기로 날아서 도착하게 되었는데요. 우리가 보낸 이메일을 받았을 때, 그리고 지금 이렇게 직접 만나면서 어떤 느낌이 드는지 궁금합니다.

그리고 우리는 당신이 남아공을 대표하기에 모자람이 없는 분이라고 생각하고, 당신과 만나 이야기를 나누기 위해, 또한 곧 있을 인디고 유스 북페어에도 초대하기 위해 여기까지 온 것인데요. 혹시 스스로에게 이런 질문을 던진다면 어떻게 대답하시겠어요? 그러니까 한 명의 교육자로서 남아공을 대표할 만한 창조적 실천가로서 말이죠.

마크 : 우선 인디고 서원이 참 놀라운 단체라고 생각했어요. 매우 감동적인 실천들을 많이 해왔더군요. 이렇게 직접 와주신 것도 정말 놀랍고요. 우리는 그냥 교과서를 만들고 있을 뿐인데 말이에요. 그래서 뭐라고 말해야 될지를 모르겠습니다.

하지만 우리의 정신이 매우 매우 비슷하다는 생각이 들어요. 그래서 좋습니다. 제가 남아공을 대표하기에 적절한 사람인지는 정확히 모르겠습니다만, 무엇보다 우리가 행하는 작은 실천을 통해 이 사회가 조금이라도 긍정적인 방향으로 진보해갈 수 있다고 확신합니다.

용준 : 프로젝트 진행에 문제는 없었나요?

마크 : 우리가 처음부터 뭔가를 계획하고 프로젝트를 시작한 것은 아니었어요. 그저 영감을 받아서 시작하게 된 일이죠. 작은 일이기는 했지만 쉬운 일은 아니었어요. 기존 구성원들이 못하는 부분을 채워줄 봉사자들을 찾는 일에서부터 전반적인 프로젝트 진행까지 쉬운 일이 없더군요. 특히나 자원봉사자들이 왔다가도 홀연히 떠나버리곤 하기 때문에 그들을 다루는 법도 배워야 했고요. 많은 시행착오를 겪었답니다. 하지만 지금은, 거의 뭔가를 완성했기 때문에 기분이 좋습니다.

이제는 책도 공유할 만한 수준이 되었습니다. 남아공 국내에서뿐 아니라 미국, 영국, 나미비아, 짐바브웨 등에서 교과서를 구하고 싶다고 연락해오면 그저 우리는 책 한 권만 통째로 주면 됩니다. 그러면 그들이 각자의 전통에 맞게 텍스트를 수정해 사용하는 거죠. 처음부터 시작하는 것보단 훨씬 쉬운 일이 되겠죠.

원모 : 그것은 결국 세계를 향한 변화의 물결이 시작되는 것과 같은 의미가 있다고 생각합니다. 당신의 목표가 무료 교과서를 통해 남아공에 변화를 만들어내는 것이

꿈을
살다

라고 말씀하셨는데요. 이 교과서를 읽은 아이들이 남아공에 변화를 일으킬 거라고 말이죠. 그러한 변화의 구체적인 모습이란 어떤 것이 될 수 있을까요?

    마크   : 네. 제 생각에 이 교과서들은 오픈소스와 같이 저작권이 완전히 열려 있기 때문에 다양한 형태로 교육의 모습을 바꿀 거라 생각합니다. 먼저 큰 그림으로는, 정부의 교과서 관련 예산과 관련하여 이 책은 책의 편집자들에게 따로 돈을 낼 필요가 없어요. 만약 우리가 출판사를 통해서 이 책들을 잘 구성된 책으로 출판해 제작비만 거두는 식으로 상용화한다면 권당 가격은 20란드 정도가 될 거예요. 그래도 남아공의 다른 교과서들보다는 훨씬 싼 편이죠. 약 20퍼센트 정도는 저렴할 겁니다. 양질에 값도 저렴하다면 잘 팔릴 테고, 그러다 보면 교과서 시장의 평균 책가격을 떨어뜨릴 수도 있다고 봐요. 이에 다른 교과서 출판사업자들도 더 이상 게으르게 일할 수 없게 되겠지요. 경쟁이 치열해질수록 값싸고 질 좋은 교과서가 늘어나고, 전반적인 교육

환경이 향상될 거라 생각해요.

그리고 우리가 만든 책은 아무나 수정해서 사용할 수 있기 때문에 자기만의 버전을 만들어 공부할 수 있어요. 물론 선생님들에게도 유용하게 쓰일 수 있어요. 그 자체로도 좋은 자료이지만 자신의 필요에 가장 적합한 교육자료로 만들 수도 있으니까요.

남아공에 있는 대부분의 학교들이 매우 가난합니다. 그리고 그들이 사용하는 언어 또한 다양합니다. 이 부분은 항상 문제가 되는 점입니다. 만약 교과목에서 사용하는 언어를 이해하지 못한다면, 공부하는 게 굉장히 어려워지니까요. 그래서 이 자료들은 적절하게 번역이 되어야 합니다. 그런데 기존 교과서 출판사들은 다양한 언어 사용자들의 수준에 맞게 15개의 언어로 된 책을 만들어내지 않습니다. 반면 우리 책은 선생님들이 교과자료를 더 빨리 구체적인 필요에 따라 변화시켜 적용하도록 함으로써

언어적인 측면에서도 가능성을 열어둔다고 볼 수 있습니다. 따라서 학생들은 그들의 필요에 맞게 변화된 학습 자료를 받을 수 있게 됩니다. 구하기도 어려운 값비싼 일반 교과서를 가졌을 때보다 나은 학습경험을 할 수 있겠죠.

원모 : 당신의 프로젝트는 다른 개발도상국에서 진행되는 교육형태와는 다른 면모를 보입니다. 많은 개발도상국에서는 국가 발전을 위해 지식과 기술을 가진 강력한 리더를 빨리 빨리 만들어내고 싶어하죠. 그래서 그들은 엘리트 교육을 추진하기를 선호하기도 하고요.

마크 : 특수학교나 소수의 인재를 키워내는 학교들을 짓는 방식으로 말이죠?

원모 : 네, 그에 비할 때 당신의 프로젝트는 반대의 성격을 지니는 듯합니다. 그러니까 이 프로젝트는 보통 사람들에게 보다 나은 교육을 받을 수 있도록 하는 취지로 보입니다. 만약, 누군가 당신이 엘리트 교육에 반대되는 교육 방식을 선택한 의의를 묻는다면 어떻게 대답하시겠습니까?

마크 : 나는 그것이 규모의 문제라고 생각합니다. 말씀하셨듯이, 최고의 학생들을 찾아내서 특별학교에 보내면 우수한 교육을 받은 소수의 엘리트들을 만들어낼 수 있겠죠. 하지만 나는 소수의 사람들만이 큰 변화를 만들어낸다고 생각하지 않습니다. 물론 소수의 훌륭한 사람들은 변화를 만들어냅니다. 확실해요. 만델라 전 대통령을 봐도 알 수 있어요. 그는 남아공에 엄청난 변화를 만들어냈습니다. 하지만 지금의 남아공에는 대단한 지도자들뿐만 아니라 실용적인 기술을 지닌 사람도 필요합니다. 보건사업, 전기사업 등의 분야에서 효율적으로 잘 일할 수 있는 사람들이 턱없이 부족하거든요. 매우 복잡한 문제인 만큼 다양한 요인이 있겠지만 이는 무엇보다 대다수의 사람들이 경제를 유지하기 위해 필요한 기본적인 기술을 배울 만큼 충분히 교육받지 못한 데서 기인한다고 나는 생각합니다.

우리는 보편적으로 사회에 기여할 수 있는 중산층을 만들어내기 위해 노력합니다. 이미 엘리트는 충분히 많습니다. 역사적으로 정책이 앞장서서 엘리트를 양산해왔죠. 하지만 방향이 전혀 새롭게 바뀌고 있습니다. 이제 남아공은 보통 사람들이 발전할 수 있는 환경을 만들어가야 합니다. 국민들의 평균 교육수준을 개선할 필요가 있습니다. 전 그게 현 시점에서 가장 중요하다고 생각합니다. 비유하자면, 장군은 있는데 그가 일을 제대로 하기 위해 필요한 부하장교들이 없는 것이 지금의 현실입니다. 그래서 저는 이러한 교육방식이 매우 중요하다고 생각하고 있습니다.

저는 교육이 언제나 분배되기 때문에, 교육의 평균 수준이 높아진다면 언제든지 리더를 찾을 수 있다고 믿습니다. 모든 사람들이 교육받을 기회를 갖게 된다면 교육의 그 평균 수준도 자연스럽게 상승할 것입니다.

또한 많은 개발도상국의 문제점이기도 하듯, 엘리트 계층에만 초점을 맞춘 교육을 한다면, 그 엘리트들을 다른 나라에서 데려가버릴 가능성도 배제할 수는 없습니다. 물론 엘리트들이 스스로 환경이 좋은 다른 나라로 떠나버릴 수도 있겠죠.

용준 : 네, 맞습니다. 저희가 작년 6월 네팔에 다녀왔는데요. 그곳의 가장 큰 사회적 문제 중 하나가 바로 엘리트 학생들이 미국, 영국 등의 선진국으로 간 후 자국으로 돌아오지 않아, 결국 그 나라를 이끌 인재들을 수출하는 셈이 되어버린 것이죠.

마크 : 네, 맞습니다. 런던에 가보면 수백 명의 남아공 학생들을 찾을 수 있는데, 그들 중 대부분이 매우 우수한 교육을 받은 사람들입니다. 물론 세계로 나가 더 많은 공부와 경험을 해보는 그 자체는 좋은 일이라 생각합니다. 세계적인 감각을 키울 수 있고, 다양한 문화를 접하며 견해를 넓히고, 또 그것들을 조국으로 가져와 유용하게 사용할 수 있으니까요. 하지만 그들 중 다수는 자국내에서는 일이 잘되지 않을 거라고 걱정하고는 해외에 머무르게 됩니다. 그들은 자격을 갖추고 있고, 충분히 능력도 있기 때문이죠. 의사나 간호사들은 스카우트되기 쉬워요, 예를 들어 호주 같은 나라로 말입니다. 제게도 많은 젊은 의사 친구들이 있습니다만 자격증을 따서 호주와 뉴질랜드에서 일하는 경우가 대부분입니다. 이러한 문제들 때문에 평균 수준의 교육을 받은 사람들이 필요한 겁니다.

꿈을
살다

용준 : 저는 그것을 교육의 민주적인 형태라고 부르고 싶네요.

마크 : 네, 맞습니다. 그리고 만약 우리 서로가 지금처럼 계속 엘리트 교육에만 초점을 맞춘다면, 엘리트 학교들이 어떤 식으로 형성되는지에 따라 달렸지만, 만약에 엘리트 학교에 들어가기 위한 조건이 부유함이 전제되어야 한다면, 엘리트 학교는 또 다른 계층사회를 만들어낼 뿐입니다. 그러면 사회적 격차는 점점 벌어지게 되겠죠. 결국 문제만 더 커지는 거예요. 재능이 있는 가난한 사람들도 그 학교에 입학이 가능하다면 문제가 달라지겠지만 엘리트 교육과 돈이 얽힌다면 끔찍한 결과를 초래할 수도 있습니다.

원모 : 프로젝트를 진행하면서 남아공에서 교육에 관심있는 많은 사람들을 만나봤을 것 같은데요. 저희가 비록 그들을 직접 만나보지는 않았지만, 당신이 그들과 소통하면서 올바른 교육에 대해 느끼는 바가 있었으리라 봅니다. 교육에서 가장 중요한 점은 무엇이라고 생각하세요? 왜 교육이 중요하죠?

용준 : 더불어, 교육은 어떤 모습이어야 한다고 생각하는지도 궁금합니다.

마크 : 어려운 질문이군요. (웃음) 교과서를 가지고 프로젝트를 시작한다는 것이 좋은 이유는 교육과정에 대한 지침을 가지게 된다는 점입니다. 그러면 무엇이 효율적으로 돌아가고, 어떤 것이 그렇지 않은지 알 수 있게 되죠. 우리는 우리 교과서가 좋은 선생님이 없는 학생들에게도 도움이 되도록 만들고자 노력했습니다. 첫째로 책이 흥미 유발을 할 수 있게 쉽고 재미있게 만들고, 둘째로는 학생들이 스스로 공부할 수 있게 돕는 것을 목표로 합니다. 그래서 교과서를 만들 때 문제풀이에 주안점을 두었습니다. 실례를 통해 차례차례 단계를 밟아가면서 문제를 풀 수 있게 했습니다. 또한 우리는 학습 도우미라고 할 수 있는 학습 지침서를 추가하기도 했죠. 이를 통해 학생들은 공부하는 방법에 관한 조언을 얻을 수 있습니다.

교육에서 가장 중요한 부분은 학생이 자신이 배워야 하는 것을 스스로 발견할 수 있는 환경을 만들어주는 것이라고 생각합니다. 스스로 찾아낸 원리들은 절대 잊히지 않거든요. 그저 외운 지식이랑은 다르니까요. 스스로 원리를 찾아가면서 우리는 여러 번의 시행착오를 겪습니다. 실수를 하면서 배우게 되는 거죠. 그렇게 배우면 절대 잊지 않게 됩니다. 이런 것들이 정말 배우는 거라고 할 수 있습니다. 본질적인 발견이라고 부를 수 있는 것들입니다. 물론 학생들이 처음부터 이 책들을 이용해 모든 것을 혼자 찾기는 어렵습니다. 선생들이 아이들이 스스로 지식을 찾을 수 있도록 지도할 수 있다면, 그만큼 좋은 경우도 없겠지요. 남아공의 교육현장에서는 한계가 많으니까요. 그래서 선생들의 역할도 중요합니다.

용준 : 그렇다면 선생님들이 학생들 스스로 지식을 알아낼 수 있도록 격려하는 교육과정도 프로젝트에서 제공하고 있습니까?

마크 : 1학년에서 9학년에 이르는 아이들을 위한 책에서 우리는 더 많은 활동들, 즉 조사할 거리나 다 같이 또는 혼자서 할 수 있는 실험 등을 소개합니다. 그리고 아이들이 서로 모여 이야기하고, 서로에게서 배울 수 있도록 토론의 거리도 제공합니다. 토론이야말로 무언가를 배우는 데 있어서, 혹은 누군가에게 무엇가를 가르치는 데 있어서 최고의 방법입니다. 무언가를 스스로 발견하고, 또 그렇게 해서 찾아낸 것을 토론으로 교환하면서 서로에게 배움을 줄 수 있다면, 그게 궁극적으로 최고의 방법이 될 수 있는 거죠.

하지만 그런 교육과정을 위한 환경을 조성하기 위해서는 선생님들이 잘 훈련되어야 하고, 많은 부분이 조직화되어야 합니다. 남아공의 꽤 좋은 학교들에서는 그러한 환경을 갖추고 있는 것 같아요. 한 반의 인원수는 적고, 상대적으로 많은 자료와 컴퓨터 시설, 과학실에 실험도구도 충분하죠. 하지만 랑가 같은 지역의 학교들은 그런 시설들을 전혀 갖추지 못했어요. 그래서 우리는 모든 자료들을 인터넷을 통해서 접근할 수 있도록 하고, 싸게 인쇄할 수 있도록 만들 것입니다. 서부 케이프타운 지역의 학교들을 비롯해 남아공 내 80퍼센트 정도의 학교들이 컴퓨터실을 갖추고 있고, 앞으로 더 많은 학교들이 컴퓨터실을 갖추게 될 겁니다. 학생들은 보다 쉽게 인터넷에 접근할

꿈을
살다

수 있게 되고, 그렇게 되면 저희가 제공하는 온라인 자료들은 그 지역의 선생과 학생들에게 많은 도움이 될 것이라 생각해요. 나아가 우리는 온라인 자료들을 통해서 조사활동, 단체토론, 협의회의 같은 활동 등을 장려할 계획도 가지고 있고, 곧 그것들이 빛을 발할 수 있을 거라 생각합니다.

아람샘 : 제가 보기에 지금 FHSST의 경우 과학 교과서를 만드는 단체임에도 불구하고 여러분이 추구하는 목표, 의의, 또한 그것을 위해 취하는 교육방식 자체도 인문학적 발상과 민주적인 특징을 갖고 있는 듯합니다. 이러한 것을 어떻게 확립할 수 있었는지, 이것이 교육방법으로 얼마나 중요하다고 생각하는지 궁금합니다. 그리고 아프리카 교육현장에서 '평등'의 맥락을 정확하게는 묘사할 수 없겠지만, 지금 FHSST의 과학 교과서 무료 배포가 남아공 내의 교육 기회 평등에 기여하는 바는 어떤 것이 있고, 또 이를 보완하기 위해서는 어떠한 방법이 있을 수 있을까요?

마크 : 굉장히 좋은 지적입니다. 음, 글쎄요. 이렇게 조사하고, 함께 토론하고, 협의회를 만들어서 서로의 의견을 조율하고 하는 방식은 학생들이 무언가에 참여하고 긴밀히 관여하는 데 가장 좋은 방법이 아닌가 생각합니다. 엄격한 체벌이나 강압이 필요가 없게 되죠. 그 자체로 학생들이 흥미를 느끼게 될 테니까요. 누가 시키지 않아도 학생들 스스로 학습에 몰입하게 되죠. 결국 학생들이 스스로 흥미와 재미를 찾아갈 수 있는 방법이라 생각했기에 그러한 방식을 선택했습니다. 이는 어떻게 보면 지극히 자연스러운 선택이라고 할 수 있죠.

그리고 두 번째 질문이 개인적으로 굉장히 좋은 질문이라 생각하는데요. 늘 저희도 염두에 두고 있기 때문입니다. 앞서 말씀드렸지만 우선적으로 저희가 제공하는 모든 자료들은 무료입니다. 또한 풀뿌리 민주주의와 같은 형식으로 곳곳의 사람들에게 이 교과서 제작에 참여할 수 있도록 그 기회를 열어두고 있고, 네트워크를 형성해서 그렇게 참여하는 사람들로 하여금 다시 그들의 지역으로 돌아가 그 지역의 학생들에게 직접 지식과 배움을 나누어줄 수 있도록 합니다. 그들의 공동체로 다시 돌아가는 것이죠. 그래서 교육을 위한 경제적인 지원도 그 지역에서 자생적으로 받을 수 있으면 좋겠다는 의도입니다. 이러한 방식으로 그들이 직접 그들의 공동체를 구성하는 데 기여하게 되고, 그로 인한 책임감과 자부심을 가지게 된다면, 나아가 이곳 남아공의 교육의 질을 높이는 데도 반드시 기여하게 될 것이라고 생각합니다. 사실 교육에 기여할 수 있는 방식은 무궁무진합니다. 그렇기 때문에 세대를 거듭할수록 교육의 형태나 질은 진보해야 한다고 생각하는데요. 물론 이는 오랜 시간이 걸릴 것입니다. 또한 이 방식을 통해서 교육에서의 평등도 달성될 수 있을 것이고, 동시에 지역 공동체 내에서의 교육 기회 평등도 자연스레 이루어질 수 있습니다. 이렇게 조금씩 평등의 영역을 확장시켜 나가는 거죠.

아람샘 : 맞습니다. 교육에서 있어서 가장 중요한 것은 바로 기회의 균등입니다. 이 땅에 태어난 누구나 교육에 접근할 수 있어야 한다는 것이죠. 그런 의미에서 본다면 FHSST의 프로젝트는 그러한 목적을 달성하는 데 많은 기여를 하고 있다고 여겨집니다. 각 나라나 공동체마다 평등이나 정의의 개념은 조금씩 다를 수 있지만 이 평등한 교육 기회의 보장은 무조건적으로 이루어져야 하는 가장 근본적인 교육의 목적이어야 한다고 생각해요.

마크 : 네, 그렇습니다. 교육이야말로 가장 지속가능한 평등을 위해 노력해야 합니다. 교육 그 자체가 이 평등을 이루는 데 좋은 방법 중 하나이기 때문입니다. 어쩌면 유일한 방법인지도 모르죠.

아람샘 : 너무 어려운 질문들을 한 건 아니죠?(웃음) 이제 마지막 질문을 해야 할 것 같은데요.

마크 : 휴우~(웃음) 아닙니다. 쉽진 않았지만 저도 많은 것을 생각할 수 있었습니다.

원모 : 마지막 질문을 뭐로 하면 좋을지……, 당신의 삶에서 가장 중요한 가치는 무엇이죠?

꿈을
살다

마크 : 음, 마지막까지 어려운 질문이군요. (웃음) 글쎄요, 가치라는 것은 정확히 없지만 가장 중요한 사실은 모든 사람들이 변화를 만들어낼 수 있다는 점입니다. 누구든 서로를 돕고 또 나누고자 하는 의지만 있다면, 정말로 세상의 변화를 가져올 수 있습니다. 특히 남아공의 경우 사회적 문제의 목록을 하나씩 적어본다면 정말 긴 리스트가 만들어질 거예요. 하지만 그러한 문제들을 알고 있음에도 선뜻 실천하는 이들이 드물죠. 우리의 정보, 비전, 의견, 희망들을 공유하기만 한다면 거대한 변화를 이뤄낼 수 있다고 생각합니다. 공동체 의식을 갖고 서로를 돕고자 하는 의지만 갖는다면 반드시 변화는 일어날 것이라고 믿습니다. 이것이 제가 중요하게 생각하는 가치입니다. 공동체를 만들기 위해 노력하는 것. 우리는 모두 각자 다른 꿈과 목표와 방식들을 갖고 있지만, 함께 살아가고 있기에 합의를 이끌어내고 공동의 장을 만드는 것이 변화의 시작이라 생각합니다.

마크
호너

TAC & 노동자 미디어 센터

　　마크와의 유쾌한 인터뷰를 끝내고, 이번
여름 한국에서 만나기로 약속한 후 우리는 헤어졌다. 그
러고 나서 이동한 곳은 에이즈 치료 캠페인을 진행 중인 TAC^{Treatment Action Campaign}라
는 단체와 청소년이 직접 노동자의 권리를 주장하기 위해 라디오 방송 및 사회 운동을
이끌고 있는 노동자 미디어 센터^{Workers World Media Production}였다.

진정한 사회운동이란

어떤 모습이어야 하는가 이윤영　　●　●　●

　　에이즈 치료 캠페인 TAC는 남아프리카공화국뿐만 아니라 아프리카 전역의 중
대한 사회문제인 HIV바이러스에 대한 치료와 신규 감염을 통한 무분별한 확산을 예방

하고자 설립된 단체이다. 1998년에 설립된 TAC는 에이즈 환자로 하여금 적절한 가격에 치료를 받을 수 있게 하고, 나아가 사회적 복지와 치료를 받을 수 있는 법안을 추진 및 지원한다. 일곱 명 중 한 명꼴로 HIV감염자인 남아공 현실의 심각성을 인식하고, HIV바이러스 예방 및 치료를 위한 정부차원의 지원책 마련을 위해 모인 네 명의 사람들이 1,000여 명에게 서명을 받은 것으로부터 시작되었다. 그 네 명은 예순여섯 살의 할머니, 의과대학생, 인권운동가, HIV감염자로서 그들은 특별한 지위나 권력을 가지지 않은 아주 평범한 사람들이었다. 그렇게 시작된 TAC의 활동은 현재 남아공 정부의 정책 결정에도 영향력을 줄 만큼 사회적으로 인정받고 있다고 한다. 아프리카에서 HIV는 단순히 질병이 아니라 인권 차원의 사회적 문제이며, 이러한 HIV바이러스 및 에이즈AIDS 치료에 방해가 되는 불공평한 차별과 불균형적 접근성을 없애기 위해 그들은 서로의 지식을 공유하고 폭넓게 이해하며 책임을 다한다. 나아가 비슷한 목적을 가

진 단체들 간의 효과적인 연대를 조직해 캠페인을 전 지구적으로 벌이는 것을 목표로 여전히 투쟁 중이다.

'노동자 미디어 센터'는 TAC와 대중교육 프로젝트를 같이 진행하기도 하고, 노동자의 인권보장과 권리향상을 위해 청소년들이 직접 라디오 방송 및 잡지를 제작하여 사회적 문제의식을 제고하는 활동을 하는 단체이다. TAC와 노동자 미디어 센터는 젊은이들이 직접 나서서 자신이 속한 사회의 모순과 문제점들을 이슈로 제기하고 그것을 고쳐 더 나은 사회를 만들기 위해 역동적이고 적극적으로 일하는 단체라는 점에서 굉장히 닮았다.

일에 임하는 자세는 물론이고 그들이 일에 대해 느끼는 보람 그리고 그 일이 사회에 변화를 일으킬 수 있다고 믿는 자신감과 희망. 그 희망에서 우러나오는 열정이 인터뷰하는 내내 우리 팀원들의 숨을 막히게 할 정도였다. 그런데 한 가지 주목할 것은 사회에 변화를 일으키는 사회운동과 관련한 인터뷰를 할 때만 해도 역동적이고 적극적이었던 그들이, 정작 개인적으로 무엇을 좋아하는지, 무엇을 할 때 행복을 느끼는지를 물었을 때는 자신감 있게 말하지 못했다는 점이다.

그리고 당신이 지금 하고 있는 일에서 행복을 느끼냐고 물었을 때, TAC의 팀원 중 한 명은 "일하는 것이 그다지 행복하지 않지만 일에서의 보람은 매우 크다"라고 말했다. 우리가 물었던 '행복'은 한 인간이나 단체가 지향하는 가치를 실현할 수 있는 근원적인 힘을 의미하는 것이었는데, 그들은 '행복'의 의미를 사회적 문제에 대처하고 이를 통한 목적 달성의 성취감으로 이해한 것 같았다. 타인의 고통을 이해하고, 타인을 위해 죽음까지도 각오해야 하는 일을 하는 그들이, 그 일에서 즐거움이나 삶을 살아가는 원동력을 찾지 못한다는 것은 양립할 수 없는 가치가 아닌가 하는 생각이 들었다. 그들이 느끼는 '보람'과 '행복'은 스스로 옳다고 생각하는 바를 이루어내는 능력과 그의 성취를 통한 사회적 인정만을 의미하는 것이 아닐까. 그들은 과연 자신만의 내밀한 행복의 의미를 어디서 찾고 있는지 궁금했다.

개인의 행복은 매우 중요한 문제 중 하나다. 공동체가 함께 무언가를 지향할 때 더욱 빛을 발할 수 있어야 한다. 사회의 변혁과 발전을 위해 자신만의 안위를 위하기보다는 타인을 위해 앞장서서 봉사하던 이들이 훗날 권력을 갖게 되고 지위를 획득하게 되면, 처음 가졌던 소중한 가치들을 잃어버리고 자신의 동지들을 배반하는 사례들이 많기 때문이다. 이런 사례들은 개인이 스스로가 추구하는 가치에 대한 충분한 성찰과 반성을 하지 않고 주체성을 잃었기 때문이리라.

즉 '이론을 바탕으로 한 실천'을 의미하는 진정한 의미의 프락시스^{praxis}에 도달하지 못했기 때문이라 할 수 있다. 프락시스는 실천^{practice}의 어원을 의미하지만 이는 오직 실천^{practice}만이 아닌 '이론이 바탕이 된' 실천^{praxis}을 의미한다. 사실 TAC나 노동자 미디어 센터, 또는 우리나라 70, 80년대에 있었던 민주화 운동과 같이 자신이 옳다고 생각하는 신념을 사회적인 활동과 운동으로 행동에 옮기는 것은 결코 쉬운 일이 아니다. 이론은 쉽지만 행동이 어렵다는 것은 누구나 아는 사실. 그들의 역동적이고 적극적인 참여는 분명 높게 평가되어야 할 것이다. 그러나 반성적 이론을 기반으로 하지 않은 실천이 지속성을 유지하기란 어렵다. 이론은 그것의 뿌리가 되는 것이기 때문이다. 자신이 하는 일에 대해 스스로 의문을 제기하는 의식적 자기 성찰은 자기 정체성의 확립은 물론이거니와 자존감을 세우는 중요한 토대가 된다. 행복이란 자신을 똑바로 앎으로서 시작되는 것이다. 또한 열정^{passion}이 '수동적^{passive}'이라는 말에 그 어원을 갖는 것과 같이, 열정이 유지되기 위해선 자기 성찰적 거울에 비추어야만 그 정립이 가능하다는 생각이 든다.

이번 경험을 통해 사회의 변화를 꿈꾸고, 그를 위해 도전적이고 열정적으로 무언가를 이루고자 노력하는 사회운동에는 반드시 인문학적 성찰이 요구된다는 사실을 깨달았다. 인문학적 성찰이란 자신들이 추구하는 가치는 무엇이며, 어떤 소통을 위해 노력해야 하며, 우리의 자세는 어떠해야 하는지, 공유하고 연대한다는 것이 어떤 의미를 갖는지를 궁리해봄을 의미한다. 이러한 물음은 결국 인생의 행복이 무엇인지 또

꿈을
살다

한 그것을 지속시킬 수 있는 힘의 근원은 무엇인지를 묻는 문제의식과 그 맥락이 맞닿아 있다.

One Poetic moment
– South Africa 아람샘 ● ●

당신이 사랑하는 나무는 어디 있죠?

고요하고 나지막한 작가의 목소리는

남자인지 여자인지 알아채기 힘들었다.

물결처럼 둥글게 번져가는 그의 이야기들은

넓고 깊은 인간의 삶을 어렴풋이 만지게 해주었다.

그래서 물었다.

20년 동안 이 캠퍼스에서

당신이 사랑한 나무는 어디 있나요?

그 나무의 이름은 무엇이죠?

그 나무는 자신의 핏줄의 계보에서부터

땅 끝 아주 여린 뿌리까지 닿는 듯했고

하늘 끝까지 닿는 우주목 같았지만

그에게서 나는 그 나무의 이름과

그 나무의 집이 어디 있는지 듣지 못했다.

그의 이름은 사이초였다.

당신이 가장 좋아하는 것은 무엇이죠?

그녀는 페스티벌과 프로젝트의 팀장이었고

강건하고 힘 있는 목소리로 당당하게

자신의 일을 설명했다. 네팔의 만디라처럼.

그래서 물었다.

그녀가 제일 좋아하는 것은 무엇인지

뭘 하는 걸 제일 좋아하는지.

그녀 역시 'youth'의 희망이 되는 것이라 했다.

나는 식물 키우는 것을 좋아하고

사람을 사랑하는 것을 제일 좋아한다고,

나는 사랑하고 있다고 오직 한 사람을.

내가 왜 이렇게 질문했는지 생각해달라고 말했다.

그녀의 이름은 리사였다.

당신은 평생 몇 번을, 몇 명을 사랑했나요?

"나는 두 번 결혼했고 10명을 사랑했소."

그랬군요. 그리고 눈 맑은 노신사에게

소년은 물어달라고 했다.

평생 한 사람만 사랑하는 걸 어떻게 생각하는지.

"내 전 인생을 걸쳐 순수한 사랑은

단 한 번뿐이었소."

그리고 다음날 시인은 내게

'a copy of the love poem'을 보내왔다.

내가 오직 한 사람을 사랑하고 있다는 걸 알아본

그 시인의 이름은 제임스 마튜였다.

당신의 얼굴은 당신 영혼의 얼굴 그대로군요

온 마음과 온 정신과 온몸이 하나 되어 있는
그녀의 얼굴은 빛났다. 웃음으로 기쁨으로
넘치는 자유로운 영혼이다. 나도 그러하기를.
저렇게 아름다운 솔직한 맨 얼굴이기를.
저녁에 다시 만난 그녀는 내가 우는 걸 보았다.
삶이 한 편의 연극처럼 완결된 구조로 끝난다는 걸
이미 알고 있는 그녀는
매순간 자신의 삶의 순간에 전력으로 연기했다.
우리의 프로젝트가 피어야 할 순간에 피어난 꽃처럼
매 순간 나의 순간도 그렇게 'blossom' 한다고.
그녀, 삶에 충일한 배우,
그녀의 이름은 로시나였다.

다음날 우리는 가장 극심한 빈민가로 여겨지는 구글레투, 카엘리차를 지나 초
가라는 또 다른 흑인 빈민 구역을 들렀다. 비슷한 곳을 많이 보았기 때문일까. 그들의
힘겨운 삶이 안타까운 마음 한켠에 불편함으로 자리하기 시작했다.

초가 지역은 쓰레기 재활용을 통해 자신들의 삶을 꾸려나가는 새로운 유형의
마을로 영국의 찰스 왕자까지 다녀간, 의미가 깊은 곳이라고 한다. 이 지역 투어의 특
별한 점은 그들이 실제로 살고 있는 집 안 구석구석까지 들어가서 그들의 삶 그 자체
를 '구경' 할 수 있다는 점이었다.

좀 거친 비유가 될 수 있겠지만, 우리가 동물원에 돈을 내고 들어가 서 철장에

갇힌 동물들을 구경하듯, 그들의 삶은 낱낱이 우리에게 보이는 구조였다. 하지만 누구도 그것에 개의치 않는 듯했다. 이 불편한 발걸음을 끝내고, 우리는 다시 승합차로 돌아와 다음 여정으로 발걸음을 옮기지 못한 채 또 한 차례 긴 회의를 할 수밖에 없었다.

에코투어라는 이름의
초가 지역 순례 한지섭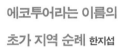

　　뭔가를 느끼도록 강요받은 지역. 우리가 초가 지역을 방문하게 된 까닭은 아파르트헤이트(인종차별 정책)에 따라 양산된 흑인 빈민 거주 지역이었던 곳에서 자생적으로 진행되는 환경운동에 대해 알아보기 위해서였다. 하지만 그곳에서 우리는 가난에 대해 가지고 있었던 기존의 입장을 바꿔야만 했다.

　　처음 우리를 안내해준 가이드는 이 지역이 환경 지역으로 설정되었고, 마을사람들은 자신이 맡은 지역을 책임감 있게 친환경적으로 가꿈으로써 지역의 환경과 경제를 동시에 살리는 데에 기여하고 있다며 마을 여기저기를 보여주었다. 하지만 그는 마을 사람들 서로가 책임을 지고 환경을 가꾸고 환경의 중요성에 대해 논의하는 그러한 곳이 아닌, 가난함 그 자체를 또다시 적나라하게 보여주는 곳으로 우리를 안내했다. 한 침대에서 한 가족 다섯 명이 서로 번갈아가며 잠을 자고, 발 디딜 틈도 없는 단칸방에서 여섯 명의 가족이 삶을 살아가는 모습을 보며 우리가 할 수 있는 일은 아무것도 없었다. 우리는 그들을 연민 어린 시선으로 바라보지 않으려 애썼지만, 그곳에서 우리는 끊임없이 가난을 '구경하는' 관광객의 역할을 강요받는 듯한 느낌을 지울 수 없었다. 우리는 고통을 '느껴야만' 했다. 그래서 우리가 그들을 불쌍히 여겨 관광의 마지막 순간 우리는 지갑을 열어 그들이 만든 컵과 쟁반, 목걸이와 기념품을 살 수밖에 없었다. 투어의 막바지에 나는 우리를 안내해주시는 분께 질문을 던졌다.

"사실 한국에도 이렇게 빈곤한 지역, 아니 이보다 더 극심하게 가난을 겪고 있는 사람들은 많습니다. 그런데 과연 우리가 이들의 삶을 구경하듯 바라보는 것을 그들이 어떻게 느끼는지 물어본 적이 있나요?"

가난함의 상품화. 내가 진정으로 보고 싶었던 모습이란 이러한 환경 속에서도 꿋꿋이 자신의 삶을 살아가는 아름다운 인간들의 모습이었다. 내게 감동을 주었을 모습은 자신의 가난을 보란 듯이 세상을 향해 열어두거나 가난 속에서 자신의 아픔을 호소하며 흘리는 눈물이 아닌, 삶을 극복하려는 의지 속에서 피어나는 빛나는 그들의 삶이었을 것이다.

나는 끊임없이 자문해본다. 나는 어떤 사람이 되어야 하는가? 가난을 보고 그저 물질적인 도움을 주는 사람이 되어야 하는가? 아니면 그들의 아픔을 근원적으로 치유하는 사람이 되어야 하는가? 그것도 아니라면 그들이 스스로 일어설 수 있도록 정신의 힘을 길러주는 사람이 되어야 하는가?

로시나,
꽃이 피듯 웃을 수 있는 용기 윤한결 ● ● ●

생명이 꿈틀댈 것 같은 검은 대륙 아프리카에서 내 표정은 의외로 매우 어두웠다. 사람은 누구나 죽는다. 이 단순한 사실을 어릴 때는 잘 몰랐다. 그래서 마냥 즐거웠고 아무 걱정 없이 해맑게 웃을 수 있었던 것 같다. 순수하고 근원적인 그런 웃음과

꿈을
살다

표정. 그런데 언젠가부터 나는 그런 자연스러운 표정들을 잃어버렸다. 얼굴에 그늘이 생긴 것이다. 아마 나도 죽을 거라는 생각을 하면서부터인 것 같다. 그 후로 나는 쭉 얼굴에 죽음의 그림자를 드리우고 살아온 것이다. 어쩌면 인간이 얼굴 속에 죽음의 그림자를 감추고 살아가고 있는 것은 아닐까.

여기 아프리카에 오기까지, 내가 가장 힘들었던 것은 아무런 의미도 목적도 없이 그저 존재하는 이 세계와 그 안에 덩그러니 내던져진 내 삶을 긍정하는 일이었다. 남아공 케이프타운에 도착한 첫날, 흑인 빈민 거주 지역인 랑가에서 음료수를 사러 어느 가게에 들어갔다. 아프리카 특유의 음악소리에 맞춰 사람들이 술을 마시며 꿈틀거리고 있었다. 그런 분위기에 익숙하지 않은 나는 다른 팀원들이 음료수값을 계산하고 있을 동안 카메라를 들고 가게 중간에서 뻣뻣하게 서 있었다. 가끔 몸을 움찔움찔 들썩여보기도 했지만 어색하긴 마찬가지. 그때 한 흑인 남자가 냉장고에서 음료수를 몇 개 꺼내들고 음악에 맞춰 몸을 들썩이며 내게 다가왔다. 그에게선 동물의 땀냄새 같은 체취가 느껴졌다. 그리고 그는 정면을 응시하며 목을 쭉 내밀었다 다시 넣는 동작을 하며 내 앞을 지나다가 고개를 돌려 다소 경계하고 있는 나를 바라보며 진지하게 속삭였다.

"걱정하지마, 친구. 내 가슴에 한번 손을 올려봐, 그리고 나의 숨결을 느껴봐." 그는 그렇게 한마디를 툭 내뱉고는 계속 춤을 추며 걸어가다 자리에 앉았고, 나는 그 말을 듣고 몇 초 동안 얼어 있다가 멋쩍은 미소를 짓고는, 스스로에게 물었다.

"나는 저 사람보다 행복할까?"

아프리카에서 나흘을 보내고, 우리 팀은 마지막으로 인터뷰를 하기로 약속한 로시나 라트남이라는 젊은 여배우를 기다리며 어느 카페에 앉아 있었다. 약간 얼이 나가 있던 나는 사흘째에 만난 일흔여섯 살의 할아버지 시인 제임스 마튜의 어린이같이 맑은 눈과 웃음이 떠올랐다. 그 늙은 시인은 어찌하여 어린이들이 어른들보다 지혜로운지 한 번 생각해보라고 말했던 걸까…….

그때 아이 같은 미소를 지으며 로시나가 우리를 향해 다가왔다. 로시나의 짙은 커피색 얼굴에는 그늘이 없었다. 밝고 맑게 웃기만 했다는 것이 아니다. 표정에 그늘을 만드는 벽이 없었다. 로시나의 얼굴에는 그녀의 마음이 그대로 드러났다. 로시나는 내가 갖지 못한 삶을 긍정할 수 있는 강한 용기를 가진 사람이었다. 순간순간 변하는 자신의 마음을 그대로 드러내는 로시나의 용기와 자연스러움이 아름다웠다. 그 얼굴을 보고 있으니 나도 얼굴에 저절로 웃음이 피었다.

그녀는 우리에게 어떻게 이 프로젝트를 처음 시작하게 되었냐고 물었고, 아람 선생님은 "양지바른 곳에 좋은 씨앗이 뿌려져서 물과 햇빛, 바람을 받으며 잘 자라서 아름다운 꽃을 피우듯이, 이 프로젝트도 그렇게 자연스럽게 피어났다"고 말씀했다. 그리고 "로시나, 당신의 모습도 순간순간 꽃이 피어나는 것 같다"고.

로시나는 "연극배우로서 어떤 연극을 하고 싶냐"는 우리의 질문에 "보통 사람의 일상을 연기하고 싶다"고 대답했다. 보통 사람들의 삶은 그 자체로 아름답기 때문이라는 이유도 있었다. 인생이 한 편의 연극과 같다는 로시나는 세계라는 무대에서 자신의 역할을 찾아내어 최선을 다해 연기하는 진실한 인간이었다. 그렇다면 나에게 주어진 역할은 무엇일까. 나는 그 역할에 나의 전부 던질 수 있을까. '그럴 수 있다, 그러고 싶다'라고 생각하며 나는, 삶을 긍정할 수 있는 용기를 그녀로부터 배웠고 그녀의 아름다운 미소를 따라 한번 씨익 웃어보았다. 행복했다.

　　케이프타운 메인스트리트의 한 카페에서 이루어진 우리의 대화는 짧았지만 강렬했다. 그녀는 결국 이 아쉬움을 달래기 위해 저녁에 그녀가 일하는 식당으로 우리를 초대했다. 언제나 그랬듯 우리는 이런저런 선물과 소개 인사를 나누고서 행복한 이야기꽃을 피웠다.

원모 : 우리가 여행을 떠나오기 전 당신에 대해 알기 위해 검색을 하다가, 당신의 기사를 봤는데, 당신이 '말하는 오페라*spoken opera*'를 한다는 것을 알게 되었습니다.

로시나 : 와! 그런 것까지 알아보셨어요?

원모 : 네. 그게 어떤 거죠?

로시나 : 그건 일종의 시 낭독 같은 거예요. 그러나 그냥 단순히 시를 보면서 읽는 것이 아니죠. 무언가 표현하고 싶은 것이 있으면 그것을 그 누구도 하지 않는 방법으로 표출하는 거예요. 지난 수요일에도 있었는데, 공연 초반에는 음악가나 시인들을 초대해 공연을 하고, 후반에는 누구든지 나누고 싶은 이야기를 하는 거죠. 많은 사람들이 여전히 정체성이나 인종, 범죄와 같은 문제들과 투쟁하는 이야기들을 하기도 하지만, 사랑과 행복에 대한 이야기도 나눈답니다. 그 시간은 너무나 즐겁습니다. 그곳에 참여하는 젊은 사람들의 이야기는 정말 놀라워서 잊히지 않아요. 솔직히 말하면 그 공연 무대에 선 지는 좀 오래 됐어요. 돌이켜보면 제가 무언가로 힘들었던 시기에 공연

에서 그 힘듦을 발산했던 것 같아요. 지금은 행복해서 안 하고 있는 걸 보면요.(웃음)

용준 : 그럼 그 공연은 자신을 사람들에게 열어보인 자리였다고도 할 수 있겠네요?

로시나 : 그렇죠. 자신을 위한 것이기도 하고 다른 사람들을 위한 것이기도 하고. 공연의 형태는 거의 힙합이나 랩과 같은 것들이에요. 사람들은 그를 외우진 못하지만 리듬을 느끼고 표현하죠.

용준 : 그 공연을 감독하기도 하나요?

로시나 : 기획에 함께 참여하기는 했지만, 혼자서 감독해본 적은 없어요.

용준 : 그렇다면 당신이 만약 감독을 한다면 어떤 이야기를 하고 싶으세요? 예를 들어 남아공 같은 경우 HIV 문제나 인종 차별 문제가 심각하기에, 그런 것들을 이야기 한다든지…….

로시나 : 부모님이 스리랑카 사람이에요. 부모님은 내가 태어나기 전에 잠비아로 망명 왔고, 저는 그곳에서 태어났죠.(그렇지만 남아공이 저의 고향이에요.) 처음 남아공에 왔을 땐 두려웠어요. 정치적으로 워낙 위험한 시기였기 때문에 어떤 일이 일어날지 모르니까요. 밤에 전기도 없었으니 더 무서웠죠.(웃음). 그때 저는 이 사회에서 무슨 일이 일어나고 있는지 전혀 알 수 없었어요. 참 답답했어요. 다른 사람들은 다 알고 있는데 나에게만 알려주지 않는 것 같았죠. 그래서 전 만약 공연을 하게 된다면 사람들이 자기 스스로의 신념을 재발견하도록 하고 싶었어요. 저 역시 불확실한 시대에 어떻게 하면 신념을 재정립할 수 있는가를 알고 싶었고, 표현하고 싶었기 때문이랍니다.

용준 : 그 말은, 사람들이 사회활동을 할 때에도 스스로 신념을 가지도록 해야 한다는 거죠?

로시나 : 맞아요! 전 누군가가 어려움에 처하거나 두려움을 느낄 때, 그것을 드러내고 이야기를 나누면서 극복할 수 있다고 봐요. 그것은 우리가 혼자가 아니라는 사실을 알려주죠. 전 그것이 변화를 만들 수 있는 유일한 길이라고 믿어요.

꿈을
살다

용준 : 바보 같은 질문이지만, 어떻게 하면 연기자로서 역할을 잘해낼 수 있죠? 제가 생각하기엔 연기자에게 가장 중요한 것은 그 역할의 감정을 얼마나 잘 표현하느냐에 달린 것 같은데, 어떻게 하면 우리는 우리의 감정을 잘, 그리고 진실하게 표현할 수 있을까요?

로시나 : 가장 중요한 것은 코미디라 할지라도 진심에서 우러나온 감정이라야 한다는 거예요. 진실해야만 정말 최고의 코미디를 연기할 수 있어요. 웃기게 보이려고 노력하면 안 된다는 거죠. 그 순간에 진정으로 살아 있어야 해요. 또한 다른 사람들이 하는 말에도 귀를 기울여야 해요. 그들이 무엇을 말하는지 진정으로 들을 수 있게 되도록 그럼 당신은 틀리지 않을 거예요. 다른 사람에게 진실하게 반응하고 진실하게 집중한다면 틀릴 수가 없죠. 그것이 자기 자신을 표현하는 최고의 방법이에요. 적어도 내게는요.

원모 : 그건 단지 무대에서만 그래야 하는 것이 아니라 삶에서도 마찬가지일 것 같네요.

로시나 : 맞아요. 삶에서 그래야죠.

원모 : 삶에서 우리는 많은 역할을 하고 있어요. 저도 학생이자 여기 팀원이기도 하죠. 만약 우리가 그 역할마다 집중해야 할 순간에 그러지 못한다면, 그것은 껍데기만 있는 것이 될 거예요.

로시나 : 맞아요. 하지만 순간마다 집중하는 일만큼 어려운 것도 없어요. 정말 어려워요. 그래서 노력이 필요하죠. 아니, 그런데 이 북페어 프로젝트는 어떻게 시작된 거죠?

아람샘 : 글쎄요. 언제라 할 것 없이 나의 삶 동안 천천히 자라난 꽃이 꽃봉오리를 피우듯, 그렇게 피어난 꽃이라는 말밖에 할 수가 없네요.

로시나 : 와!

아람샘 : 그리고 당신을 만난 지금이 바로 그 꽃이 피는 시간이고요.

로시나 : 멋진데요! (웃음)

원모 : 북페어에 초대할 분들은 비록 다른 대륙, 다른 나라에서 살고 있지만 모두 비슷한 생각과 가치를 추구하고 있어요. 혹시 저희 프로젝트에 관해 해주고 싶은 말이 있나요? 아니면 만약 당신이 참여한다면 어떤 행사가 열리길 바라나요?

로시나 : 여러분도 알겠지만 남아공의 역사는 너무나 많은 투쟁들로 가득 차 있어요. 그래서 전 남아공이 이제는 보통 사람을 이야기해야 한다고 생각해요. 이제까지 정치나 투쟁의 이야기들을 했다면, 이제 우리는 사랑과 같은 아주 기본적이고 근본적인 이야기들을 할 필요가 있어요. 전달하고자 하는 바가 무엇이냐를 따지기보다 일상을 끌어안을 수 있는 이야기들을 하고 싶어요. 지구 전체를 이야기하는 것도 중요하지만, 이웃에 대해 먼저 이야기하는 게 더 중요하다고 생각해요. 뭐든 반드시 큰 주제일 필요는 없으니까요.

외국기업이 남아공에 들어오면 그들은 남아공의 모습은 어떠해야 한다, 이것들은 반드시 극복해야 한다, 또는 남아공은 어떠할 것이라고 이야기하곤 해요. 그러나 그렇게 일반적인 이야기들은 도리어 우리에겐 생소해요. 어떨 때는 그것 때문에 갈등이 빚어지기도 하죠. 그래서 전 남아공에 대해 이야기할 때, 물론 HIV 문제도 있고 여러 문제들이 있지만, 우리 나라에도 다른 나라들과 똑같이 젊은 사람들의 꿈이 있고 열정과 행복, 사랑과 죽음이 있다는 것을 이야기하고 싶어요. 그냥 즐길 수 있고 행복할 수 있는 것들을 이야기하고 싶어요.

용준 : 일상성을 이야기한다는 것은, 우리 모두가 똑같이 평범한 사람이라는 거죠. 중요한 얘기인 것이, 대개 사람들은 아프리카에 대한 편견이 있죠. 저도 늘 그런 편견들에 휩쓸리지 않도록 노력해야겠다는 생각을 이번 여정을 통해서 하게 된 것 같아요.

그러한 맥락에서 이야기하고 싶은 것은, 우리조차 특별한 사람들이 아니라는 거죠. 우리 팀원 모두는 정말 평범한 사람들이죠. (웃음) 우리는 그냥 우리가 살고 있

꿈을
살다

는 조그만 공간을 더 좋은 곳으로 만들고 싶을 뿐이에요. 우리 주변의 사회, 우리 주변의 사람들과 함께요. 안타깝게도 주변의 사람들은 새로운 꿈을 잘 꾸지 않아요. 돈이나 명예 같은 것에 억눌려 내면적인 것들을 느끼지 못하죠. 그래서 그러한 것들을 되살리는 행사가 북페어가 되도록 노력하고 있어요. 당신도 이곳에서 그런 일들을 하고 있는 것 같아요.

원모 : 많은 사람들을 만나면서 그들의 열정과 기쁨이 우리 팀에게 긍정적인 영향들을 주는 것을 절실히 느끼고 있습니다. 당신은 우리 팀에게서 그런 기운을 느꼈나요?

로시나 : 물론이죠! 이런 만남일 거라고 기대하지 않았는데! 놀라워요!

아람샘 : 어떻게 그렇게 느끼는 그대로 얼굴에 그대로 드러나나요? 당신의 영혼이 그대로 드러나는 것이 정말 부러워.

로시나 : 고마워요.

용준 : 그게 쉬운 게 아니잖아요. 살다가 보면 감정을 숨겨야 하는 경우도 있고. 무언가를 이야기해야 하는 순간이 있는데, 못하는 경우도 많고. 표현을 잘하지 않는 것이 습관이 되어서 그렇게 드러내는 것이 쉽지 않은데, 당신은 있는 그대로 드러나기에 부럽네요.

로시나 : 가끔은 이것이 걸림돌이 되기도 해요. 사람들이 이런 표현을 감당하지 못하는 경우가 많아요. 당황해하죠. 하지만 난 이게 좋아요. 이렇게 표현하는 것이 좋거든요.

아람샘 : 화가 날 때나 슬플 때도 그렇게 표현하나요?

로시나 : 그럼요. 그렇게 다 토해내죠. 그러나 그때 그렇게 표현하고 나면 그걸로 끝이에요.

아람샘 : 당신은 몸과 영혼과 정신은 언제나 하나겠네요?

로시나 : 물론이죠. 그리고 그래야 한다고 생각해요.

실비아 음드넬라,

그녀의 삶의 존재 의미 박찬표 ● ●

　아직도 그녀의 노래가 귓가에 들리는 듯하다. 아프리카에서의 모든 경험들이 그랬지만 특히 실비아 음드넬라와의 만남은 마치 한 편의 아름다운 이야기가 눈앞에 펼쳐지는 것 같은 경험이었다. 실비아는 푸근한 이웃집 아주머니 같았다. 그녀는 때론 길에서 놀던 내게 사탕을 건네주고, 야단을 치며 오가는 자동차들을 조심하라고 말해줄 것 같은 따뜻함이 느껴지는 편안한 사람이다.

　그녀에게 음악은 인생의 전부였다. 그녀는 음악을 사랑했고, 그녀의 음악은 많은 이들을 치유하는 힘을 갖고 있었다. 그 음악을 통해 그녀가 얼마나 아프리카인들의 삶의 문제들을 고민하며 살고 있는지 알 수 있었다. 그녀는 우리를 위해 자신의 노래 한 소절을 불러주었는데, 그때의 떨림이 아직도 생생하다. 우리에게 노래를 불러줄 때 보였던 그녀의 표정과 몸짓을 보며, 나는 당신은 정말 아름다운 삶을 살고 있다고, 정말 행복해 보인다고 말해주고 싶었다.

　용준이 형이 실비아에게 물었다. "노래를 부르는 궁극적인 이유가 있나요?"

　"전 음악이 가득한 집에서 자라났어요. 제가 슬플 때나 기쁠 때나 늘 음악이 제 곁에 있었던 것 같아요. 성장을 하게 되면서 음악의 의미를 스스로에게 묻게 되었는데, 그때 생각했던 대답이 '소통'이었어요. 세상과 소통하는 창 역할을 하는 음악. 그리고 제가 쓰는 음악의 가사들이 사람들의 영혼에 닿을 수 있다고 믿어요. 뭐 단순하게는 스트레스를 풀어주는 효과도 있겠지요. 하지만 궁극적으로 음악이란 영혼의 울림이자 그것들 간의 소통이라 생각합니다."

　마지막으로 그녀에게 물었다. 그렇다면 음악을 통해 어떤 소통을 이 세계와 하고 싶은지, 또 어떤 메시지를 음악 속에 담고 싶은지.

　"당신이 어디에 있든지 음악은 당신을 그 무엇으로부터 해방시켜줄 겁니다. 가

꿈을
살다

난 속에 있든, 전쟁 속에 있든, 그 고통으로부터 음악은 당신을 안전하게 지켜줄 거라 믿어요. 또한 음악이 바로 남아공을 해방시켰다고도 말할 수 있습니다. 음악은 당신 안에 갇힌 그 모든 것을 밖으로 나아가게 하고, 당신을 미지의 그 어딘가로 데리고 가는 힘이 있어요. 라디오를 켜든, 길을 가다 들리는 음악을 듣든, 그 순간 당신은 자유 속에 있게 되죠. 그래서 저는 아프리카의 아이들에게 늘 이렇게 말합니다. '힘이 들 땐 음악을 들어보렴. 좌절하지 않을 수 있는 힘이 그 안에 있어'라고 말이죠. 음악은 영혼을 치유하는 약과 같은 거예요."

그녀의 노래를 여러분께 직접 들려드릴 수 없어 너무 안타깝지만, 나의 영혼 속으로 들어와 내게 큰 울림을 안겨준 그녀의 노래를 여기 이렇게 써본다.

우리의 아이들은 어디로 간거죠 Where are the children now

그들은 어디서 잠을 청할까요 Where do they sleep

우리의 아이들은 어디에 있죠 Where are the children now

길에서 자라고 있지는 않나요 They are lying in the street

그런데 우리의 아이들은 어디에 있나요 But where are the children now

부디 아이들을 불러 끼니를 해결하게 해요 Please call them eat

우리의 아이들은 지금 어디에 있나요 Where are the children now

아이들이 길에서 죽어가고 있어요 They are dying in the street

우리의 아이들은 지금 어디에 있나요 Where are the children now

일어설 수 있게 청해보아요 Ask them to arise ......

음악을 통해 아파르트헤이트 시절의 가난과 폭력, 차별의 고통을 말하는 그녀는 더 이상 아픔 속에 있지 않았다. 그녀는 이렇게 음악을 통해 우리에게 행복을 나누어주고 있었다.

매 순간 모든 것을 걸 수 있는 삶,
움부렐로 박재연 ● ●

처음 봤을 때 그의 강렬하고 인상적인 모습이 아직도 눈에 선하다.
움부렐로의 깊고 맑은 눈동자는 60그램이나 된다는 아프리카 타조의 눈동자와
비교할 수 없을 만큼 강렬했고 영롱했으며, 헤어스타일도 독특했다.
그의 내면은 안정되고 평온한 듯하면서도, 역동적으로 느껴졌고,
그의 음성은 슬픔으로 가득 차 있는 것 같았다.

영혼이 가득히 담겨 있는 듯한 그의 눈동자를 보면
가만히 있어도 그의 내면의 진실함이 느껴졌다.
차마 함부로 다가가기 힘들었던 그의 강렬한 음성, 깊은 눈빛에
난 아무 말도 할 수 없었다.

자리에서 일어나 그가 공연을 시작하고,
세 반주자와 함께 시를 읊조리기 시작한다.
하지만 나지막이 낭송하는 그런 시가 아니다.
온몸을 내던지고, 그의 전부를 걸어 읊조리는
아니, 가슴속 저 깊은 곳에서 들려오는 가슴 벅찬, 뜨거운 울부짖음이었다.

꿈을
살다

한 마리 사자와 같은 그의 포효와 함께,

달그락달그락 소리를 내는 전통악기,

땡깡땡깡 튕기는 기타소리, 두둥두둥 울리는 북소리.

그들은 음악과 시에 온몸으로 취하고 있었다.

난 조용히 나에게 물었다.

나도 저렇게 할 수 있을까?

나도 그들처럼 어느 한순간에 모든 것을 걸고 삶을 살아갈

수 있을까?

끊임없이 내게 되물었다.

하지만 내 안의 대답은 들리지 않았다.

그 순간 들려오는 내 마음 한 구석의 목소리.

지구 반대편 남아공까지 왔다고 해서 내가 한순간에 변할 수는 없는 법.

서서히 바꿔나가보자.

내 안의 이 외침을 잊지 않으려, 기억하려 애쓰는 이 순간.

나의 이 집중, 몰입, 순간의 진실.

절실해질 것.

이 삶이 그 자체로 행복일 수 있다는 것.

살아 있음의 행복.

또한 지금 그 옆에 있는 나는,

행복하다, 행복하다.

꿈을
살다

6

아름답고 소중한 가치, 생명Life

생태 · 환경

오세아니아

호주

2008. 2. 18 ~ 2008. 2. 22

하나의 생명, 하나뿐인 세계, 우리의 미래

지구를 지키는 사람들

Friends of the Earth

남아프리카공화국을 다녀온 지 일주일만에
우리는 프로젝트의 여섯 번째이자 마지막 목적지인 호주로
발걸음을 옮겼다. 우리는 호주를 생태·환경을 대표하는 국가로 선정하였다. 우리가
남아공에 있던 사이, 호주 담당 팀장 소연이는 그간에 분주히 자료조사를 진행했고 현
지에서 만날 사람들과 약속을 잡고 있었다. 이제 2008년 인디고 유스 북페어 팀의 마
지막 여정을 떠날 차례.

호주 멜버른,

따사로운 햇살과 푸른 나무들 이소연

드디어 도착한 호주의 2월은 햇살이 따사로운 한국의 늦여름을 연상시켰다. 우

리는 생태·환경을 주제로 자연 본연의 생명력을 간직하고 있는 호주에 여섯 번째 발걸음을 내딛었다.

　멜버른 공항에 내리자 하늘은 눈부셨고, 햇살은 따가웠다. 이러한 햇살을 받으면 으레 머릿속에 떠오르는 자외선 차단제! 하지만 자외선 차단제를 바르거나 하지는 않았다. 이번만큼은 나도 자연과의 합일을 꿈꾸겠노라! 물론 이 속에도 역설이 숨어 있긴 했다. 호주라는 대륙에서 진행되는 엄격한 오염 규제책에도 불구하고 호주 하면 생각하지 않을 수 없는 것이 바로 강한 자외선 문제였으니 말이다. 이 지구라는 '하나뿐인 세계'는 인간을 비롯한 모든 생명체가 서로 밀접한 관계를 맺으며, 긴밀한 영향을 주고받을 수밖에 없다는 생각을 이곳 호주까지 와서도 하지 않을 수 없었던 것이다.

　호주 멜버른의 하늘은 정말이지 드높았고, 눈앞에는 거칠 것이 없었다. 아름다운 꽃과 나무들, 사람들, 또 푸른 나무들……. 그러면서도 지나다니는 사람 한 명을 찾기가 힘든 호주가 조금은 적막하게 다가왔다. 어쨌든 우리는 호주 멜버른에 위치한 베이스캠프를 향해 발걸음을 재촉했다. 밴을 타고 이동하면서 호주의 전반적인 사회 분위기와 엄격한 법률과 시민들의 준법정신 등에 대해 이야기를 들으며, "우린 호주 체질은 아닌가봐. 이곳에 살면 갑갑할 것 같아"라는 말을 연발했다. 투표하지 않으면 과태료를 물어야 하고, 이웃주민들에게 미리 양해를 구하지 않으면 밤에는 마음대로 농구도 할 수 없을뿐더러, 차창 밖으로는 손을 내밀 수도 없는 이곳이 괜히 삭막하게 느껴졌던 것이다. 우리와는 사뭇 다른 그들의 사고와 삶의 방식에, 미처 경험해보지는 않았지만, 그저 생각만으로도 조금은 낯설고 불편했다.

　하지만 그것은 바꾸어 생각하면 우리네 삶이 얼마나 방만하고 또 불규칙적인가를 단적으로 증명하는 것이기도 했다. 우리는 한국 사회의 빠른 속도와 자유자재로 즐길 수 있는 쾌락적 유희에 너무 노출되어 있었기 때문인지, 예외 없이 오후 4시, 늦어도 오후 5시 30분이 되면 매정하게 모든 문을 닫아버리는 상점들 앞에서 두 눈을 껌벅거리며, 자본주의 논리와 맞지 않는 것이 아니냐, 소비자를 무시하는 것 아니냐면서

꿈을
살다

농담반 진담반 격의 자조적인 말을 내뱉고 있었다. 그 순간 하늘을 붉게 물들이던 태양은 누구에게나 같은 하늘이었을 텐데 말이다.

꽤 오랜 시간 동안 태평양을 건너 호주라는 대륙에 선 우리는 자본주의를 욕하면서도 어느새 자본주의에 깊숙이 물들어 스스로 능히 인간답지 못한 삶의 방식을 살고 있는 자신들을 그제야 발견하게 된 것이다. 자연과 타인에 대한 우리의 오만불손함, 환경의 중요성을 인식하면서도 스스로의 몫을 간과하고 쉽게 정당화해버리는 우리의 일상적 태도는 그때까지도 별반 차이가 없었다. 지구 반대편의 대륙으로 건너와도 삶을 혁명하려는 의지가 결여되어 있다면 그건 예전 그대로의 정체된 삶일 뿐이라는 생각이 들었다.

호주에서의 하루를 보내고 나서 나는, 처음으로 북페어 식구들과 같이 60시간 넘게 한시도 떨어져 있지 않았던 그 꿈만 같던 순간들, 생애 가장 치열하고도 뜨거운 밤을 보냈던 것을 회상해본다. 앞서 말했듯이, 우리 서로가 아무렇지도 않게 내뱉은 한마디, 한마디는 결국 호주를 따분하고 싱거운 곳으로 만들어버렸다.

무엇이 중요한 가치인지, 이곳에서 우리가 배울 것은 또 무엇인지, 중요한 문제의식들을 잊어버린 채, 우리는 한순간 중심을 잃었던 것 같다. "삶에 경탄하는 자.(앙드레 지드)" 매 순간 전부를 걸지 않는 우리의 수동적인 태도와 불평을 늘어놓는 오만한 태도는 진정한 배움과 사랑을 몸소 실천해야 할 북페어의 정신에 절대 수렴될 수 없음을 깨닫던 그 순간, 나는 매우 부끄러웠다.

그때까지만 해도 "북페어란 이것이다"라고 간명하게 말할 수 없었던 상태였지만 그날 밤 이후로 난 인디고 유스 북페어라는 손에 잡히지 않던 그 무언가를 어렴풋이, 또는 깊숙이 마음으로 느낄 수 있었다. 서로의 얼굴을 바라보며 이야기했던 그날 밤 나는 한 인간으로서 뜨겁게 우리가 추구하고 있는 가치들을 온몸으로 마주할 수 있었다. 어렵게만 느껴졌던 아람샘, 나는 아람샘을 선생님 이전에 사랑하는 인간 아람으로서 마음속에 들여놓을 수 있었다. 왈칵 눈물이 나기도 했고, 가슴이 뻥 뚫리는 시원함에 호탕하게 웃어보기도 했다.

"본질적인 삶만을 생각해." 아람샘

사실은 나도 느끼고 있었다. 그 거리에 내리쬐는 따사로운 오후 6시의 햇살을. 그러나 우리는 진심으로 소통하는 데 익숙지 않았던 탓인지 때론 서로를 아프게 하기도 했다. 그래서 배우고 알아갔다. 우리는 자신의 마음속 이야기들을 있는 그대로 진실되게 말해야만 한다는 것을. 우리는 서로를 사랑하는 만큼 서로 상처주지 않아야 할 뿐더러 언제나 자신을 배반하지 않는 삶을 살아야 한다는 것을.

"어떤 사람을 만나게 되면 당신은 당장 그 사람을 해석하기 시작한다. 그리고 그에 관한 관념을 만들기 시작한다. 그 관념은 그의 이미지이다. 그 사람은 중요하지 않고, 오직 그대의 관념만 존재할 따름이다. 그 사람은 멀리 가버린다. 관념은 점점 더 선명해지고, 인간은 잊혀진다. 그러면 그대는 그 관념과 더불어 살게 된다. 어떤 사람과 얘기를 할 때 그대는 그 사람이 아니라 그에 대해서 당신이 만들어놓은 관념과 얘기하는 셈이다." 오쇼 라즈니쉬

잊지 않겠노라. 중요한 것은 우리가 만들어놓은 관념이 아닌 '인간' 그 자체라는 것을 말이다. 타인을 사랑하고 있다는 내 감정을 사랑하기보다는 내 옆에 서 있는 사랑하는 사람을 그 자체로서 진정으로 사랑해야 한다는 것을. 비본질적인 것으로 가득찬 이 세상에서 '인간'이란, 가능성의 존재일 거란 믿음을, 제발 끝까지 관철하고 싶다.

꿈을
살다

나무들만이 깨어 있을 것 같던 아주 늦은 밤, 우리는 날이 밝으면 만나게 될 지구의 친구들, 콜링우드 농장, CERES(환경전략교육 및 연구 센터) 그리고 마지막 날 만나게 될 파이어스타터 팀과 피터 싱어 교수님의 생태윤리학에 대해 공부를 하고 있었다. 그 순간, 우리는 육체의 피곤함은 모두 잊은 채, 서로를 다독여가며 '환경을 대하는 우리의 태도는 어떠해야 하는지, 의지와 행동의 괴리는 어떻게 해결할 수 있는지, 하나뿐인 지구를 위한 윤리는 어떤 것이 될 수 있을지' 등의 문제들을 고민하여 북페어의 정신을 잊지 않으려고 애썼다.

환경 특집으로 마련된 《인디고잉》 6호를 읽어보니 "호킹 박사는 인류의 환경에 대한 무관심은 인간의 뇌가 소규모의 지형, 적은 무리의 친속, 미래의 두서너 세대만을 고려하도록 진화해왔기에 (인류의 환경에 대한 무관심은) 인간 본성 심연에서 유래하고 있다"라고 말한 문장을 찾을 수 있었다. 사실 수십 년 이후의 삶을 생각하며 산다는 것이 쉽지만은 않다. 그러나 호킹 박사는 "또한 100년 뒤 다른 행성을 찾아야 하는 인류는 너무 늦었다는 것을 깨달을 것"이라며 "타임캡슐 시청각 자료를 통해 과거에 존

재했던 놀라운 세계를 보여주고 유언으로 미래세대에게 사과하고 '부디 행운이 있기를' 바라며 작별을 준비하자"고 덧붙인다.

우리가 살고 있는 지금의 시대는 지구의 역사가 시작된 이래 어떤 시대적 모습으로 기억될 것인가? 호킹 박사의 말대로 우리의 타임캡슐을 본 미래의 지구인은 우리에게 어떤 말을 전할까? 인간은 유한한 존재이다. 그러나 우리가 보고 있는 별은 몇만 광년 전의 그것일 테다. 애런 우드 역시 자연이 갖는 이 공간성과 지속성*a sense of place and continuity*을 느낄 필요가 있다고 주장한다. 즉 자연이란 역사성을 갖는 것이며 그런 의미에서 우리의 사유는 지금*now*, 여기*here*를 초월하여 존재할 필요가 있다는 말이다. 현재는 과거를 반추하여 인식할 수 있으며, 미래는 현재를 근거로 한 예견을 통해 알 수 있다. 물은 변함없이 흐르고, 태양은 끊임없이 우리를 비춰준다. 우리는 유한한 존재이지만 무한으로 이어지고 있는 에너지를 섭취하며 살아간다. 그리고 우리 인간은 결국 다시 무한한 자연으로 돌아갈 것이다. 그러나 우리가 돌아갈 수 있는 곳이 사라진다면?

호주 정부는 비록 교토의정서에 뒤늦게 승인했지만, 그래도 환경에 대한 애착이 남다른 국가였다. 이 지구상에서 깨끗한 공기를 마실 수 있는 최후의 국가로 남아 있어야 한다는 사명감에서였을까? 차를 타고 달리는 내내 가로수가 가득해서인지 코끝에 시원함이 맺혔다. 그리고 온몸을 돌아드는 상쾌함을 한국에서도 더 많은 사람들과 함께 나눌 수 있다면 좋겠다는 생각이 머릿속에 내내 머물게 하는 곳이었다.

우리는 마지막 날, 잠깐 짬을 내어 멜버른 시내에 위치한 식물원에 들렀는데, 그곳에 두 팔과 두 다리를 뻗고 나무 그늘 밑에 누워 있으니, 대지의 호흡이 느껴지는 듯했다. 뭐랄까, 더 이상 나는 세계 속에 내던져진 무심한 수용체로서의 인간이 아니라 우리의 몸을 지구가 끌어당기고 있다는 느낌이었다. 그럴수록 북극에 살고 있는 북극곰들에게 미안하고, 투발루의 국민들에게도 죄송스럽다는 겸허한 반성을 하게 되었다. 우리는 대지모 사상, 온생명론, 가이아 이론 등을 지식으로만 배웠지 이 우주와의

꿈을
살다

소통이 주는 평온함은 느낄 겨를이 없었던 것이다.

> 진정한 발견이 있는 여행은
> 새로운 장소를 찾아가는 것이 아니라
> 새로운 눈으로 찾아가는 것이다 **마르셀 프루스트**

　　푸른 잔디에 누워 나에게 내리쬐던 뜨거운 태양. 태양은 모든 생명의 에너지 근원이리라. 그래서 지친 우리의 몸은 태양을 만나는 순간 알 수 없는 에너지를 얻는다. 우리의 온몸이 생동감과 평화로움으로 가득 차 있을 때 우리가 행복을 맛보는 것처럼, 자연, 즉 우주도 건강한 시간의 흐름 속에서 가장 완벽해질 수 있지 않을까. 우리가 최선을 다하지 않았을 때 우리를 억압하는 스트레스가 우리를 아프게 하듯이, 지구도 마찬가지가 아닐까. 지구의 한곳이 병들면 그 병이 지구 전체를 아프게 할 것이다. 손가락이 베어도 온몸이 긴장을 하게 되는 것과 마찬가지로 말이다.

　　그러고 보면 '지구의 친구들'이라는 이름의 단체를 찾은 것은 참 기막힌 우연이었던 것 같다. 지구의 친구라…… 친구가 아프면 나도 아프고, 친구가 기쁘면 나도 기쁜 것이 바로 이 우정이란 이름의 관계가 아닌가. 지구를 친구로 생각하는 이들이 과연 어떻게 지구를 함부로 파괴하고 또 오염시킬 수 있단 말인가. 멜버른에서의 두 번째 태양이 떠오른 아침, 우리는 '지구의 친구들'을 만나러 갔다.

지구의
친구들 정재윤　● ● ●

　　낯선 곳에 가니 모든 감각이 뾰족하게 섰다. 나는 오감, 아니 육감까지 이용하

여 내 몸의 모든 것으로 숨을 쉬고 있었다. 후끈한 열기, 이국적인 거리, 싱싱한 초록의 나무들이 주는 상쾌함을 깊게 들이마시고 또 내쉬면서 '지구의 친구들'을 만나러 가는 우리의 발걸음은 한결 가벼워졌다. '지구의 친구들'은 세계 72개국에서 활동하고 있는 환경단체로서 호주 내에서만 해도 12군데의 지부가 있을 정도로 그 활동의 범위가 넓다. 호주 내의 지부들은 서로 의견을 모아 자신들의 활동이 또 다른 형태의 활동을 재창조하기를 기대하면서《연쇄 반응 *Chain Reaction*》이라는 국제적 규모의 잡지를 발간하고 있기도 했다. 우리가 찾아간 멜버른의 지부는 다른 지역과는 달리, 독특하게도 환경 관련 서적을 파는 서점과 유기농 음식을 파는 식당, 그리고 지역 농장에서 직배송하여 싱싱한 야채와 과일 등을 파는 식료품점을 함께 운영하고 있다.

　　밖에서 보기엔 다른 옷가게들이나 갤러리들과 별반 다르지 않은 모습이었다. 하지만 그곳에 들어서는 순간엔 머리가 띵할 만큼 진한 향기가 풍겨나왔다. 어디서 나는 건지도, 또 무슨 향인지도 몰랐지만, 붉은 나무색 내부와 그 향은 기막히게 어울려서 마치 깊은 숲 속에 있는 듯한 느낌을 나에게 선사했다.

　　이곳에서 일하는 직원들 대부분은 자원봉사자이다. 환경을 위해 내가 하는 이 일은 마치 친구를 위한 일과 같아서 그것을 통해 돈을 받는 것은 아주 우스울 수 있기 때문이라는 것이다. '친구를 위해 맛있는 음식을 만들어주고는 돈을 받는다?' 그리고

꿈을
살다

보니 그것 참 우스운 일이 아닐 수 없었다. 하지만 우리는 우리의 친구인 지구에게 과연 무슨 짓들을 하고 있는가를 생각해보니, 한없이 부끄러워졌다. 이곳에서 일하는 친구들의 생각이 이러하니, 서점과 식당의 수익금이 환경활동을 위해 쓰인다는 것이 지극히 자연스러웠다. 1층에 위치한 서점에는 쉴 새 없이 사람들이 오갔고, 다양함과 생동감이 넘쳐흘렀다.

멜버른에 위치한 '지구의 친구들'이 특히 강조하는 것이 서적을 통한 환경운동의 확산인 만큼, 어린이들이 쉽게 읽을 수 있는 그림책을 포함해서 다양한 환경 관련 도서들이 한켠에 자리잡고 있었다. 거기엔 매우 독특한 서적도 많았다. 그리고 바로 그 옆에는 재활용이 가능하도록 가공처리된 원료들을 사용하여 만들어진 갖가지 친환경 상품들이 소박하게 진열되어 있었다. 좀더 안쪽으로 시선을 던지면, 유기농 과일과 채소, 곡물, 향신료, 소스, 비누 등 다양하고 건강한 먹거리들과 일상용품들을 찾아볼 수 있었다. 그런데 그곳엔 유독 눈에 띄는 것이 있었다. 일반적인 식료품 매장은 병이나 봉지 단위로 물건을 판매하는 반면, '지구의 친구들'은 물품을 구매하는 사람이 직접 상품을 담을 병이나 봉지를 가지고 와서 필요한 만큼만 가져가는 방식을 택하고 있었다. 우리가 이런저런 설명을 듣는 사이에도 여러 손님들이 들어와서는 아무런 거리낌 없이 필요한 만큼을 자신이 가져온 그릇에 덜어서 사갔다. 주방에서는 유기농 채식요리가 만들어지고 있었고, 테이블에서는 사람들이 서로 대화를 주고받으면서 식사를 하거나 커피를 마시고 있었다. 이런저런 이야기를 끝낸 후, 우리도 그곳에 앉아 정갈한 한 접시의 채식으로 그날 점심을 해결했다.

건물의 2층은 사무실이었는데, 빼곡히 쌓인 자료들과 포스터, 피켓, 회의기록을 정리한 화이트보드 속 글들, 캠페인 사진들이 담긴 액자들 등은 '지구의 친구들'이 얼마나 활발하게 활동하는지를 충분히 짐작할 수 있게 했다. 또한 이곳은 지역 내에서 누구나 참여할 수 있는 거리운동 또는 음악공연을 통한 환경보호운동들을 지속적으로 진행하고 있었다. 일반인들은 환경 관련 자료들도 얼마든지 열람할 수 있으며, 학생들이 필요한 정보를 얻으려 방문하는 경우도 꽤 많다고 한다. 청소년들이 직접 기획한 환경운동을 '지구의 친구들' 의 도움을 얻어 실행에 옮긴 경우도 많았다고 한다.

이곳저곳을 둘러보며 끊임없이 들었던 생각은 바로 편안함이었다. 나의 일상에서 어느 정도 거리감이 느껴지던 환경단체의 활동이나 캠페인 참여가 이곳에서는 전혀 멀게 느껴지지 않았다. 환경보호와 관련된 포스터가 붙어진 벽면 바로 옆 유리창에는 방을 구하는 전단지가 여럿 붙어 있는 등 이곳은 환경단체의 사무실인 동시에 멜버른이라는 사회의 일부이기도 했다. 사람들은 거리를 걷다가 벽에 붙은 전단지를 훑어보기도 하고, 들어와서는 간단한 식사를 즐기며 책을 구경하기도 하는 등 '지구의 친구들' 과 자연스럽게 동화된 모습이었다. 낯선 곳에서 만난 '지구의 친구들' 은 결코 이질적이지 않았고 오히려 오래된 친구 같은 친근감이 느껴졌다. 또 그들이 벌이는 즐거운 거리운동을 함께하다 보면 환경문제를 '너' 만의 문제가 아닌, 이 모든 경험을 함께 공유한 '우리' 의 문제로 자연스럽게 이끌 수 있을 거라는 작은 확신을 갖게 된 의미 있는 방문이기도 했다.

interview

'지구의 친구들, 멜버른' 사라

스미스 거리 312가, 콜링우드, 빅토리아 주

호주 여정의 두 번째 날이 시작되었다. '지구의 친구들' 의 사라를 만나러 가는 길, 베리 매닐로의 〈당신 없인 웃을 수 없어요〉가 흘러나온다.

드디어 도착이다. 북페어 팀원들과 '지구의 친구들, 멜버른'의 매니저인 사라와 서로 반갑게 인사를 나누었다. 우리는 '지구의 친구들' 한켠에 자리를 잡고, 이야기를 시작했다.

원모 : 네, 우리는 호주 내의 환경단체들을 찾고 있었고, 마침내 '지구의 친구들, 멜버른'의 인터넷 홈페이지를 발견할 수 있었는데요, 그래서 이렇게 만나 이야기를 하기 위해 이곳까지 오게 되었습니다.

사라 : 네. 저는 사라라고 하구요, 이곳의 매니저이기도 합니다. (웃음) 만나서 반가워요.

원모 : 먼저 짧게나마 '지구의 친구들'에 관한 소개를 부탁드려도 될까요? 제가 듣기로는 아주 큰 규모의 환경단체 네트워크라고 하던데요.

사라 : '지구의 친구들'은 기본적으로 넓은 네트워크 체제를 갖추고 있습니다. 하지만 거대한 조직체라고 하기보다는 그저 소박한 환경단체라고 소개하고 싶어요. '지구의 친구들'을 구성하는 각기 다른 대륙의 모든 단체들은 서로 독립적인 성격을 띠고 있어요. 그래서 우리는 스스로가 진행할 프로젝트를 선택할 수 있지요. 그것이 '지구의 친구들'의 신념과 일치하는 범위 내에서요.

기본적으로 저희는 환경문제가 사회문제와 떼려야 뗄 수 없는 연관성을 갖는다고 생각합니다. 그래서 모든 프로젝트는 환경문제와 사회문제를 결합시켜놓은 성격을 띠고 있어요. 이 '지구의 친구들'이라는 단체는 70여 개국에 널리 퍼져 있고, 호주만 하더라도 12개 그룹이 있어요. 이곳은 상점을 갖춘 곳으로 오래전부터 멜버른에 위치해 있었고요. 브리즈번에도 다른 그룹이 있는데, 그곳은 일반적으로 사람들이 쓰레기라고 생각하거나 불필요하다고 여기는 물건들을 쓸모 있는 것으로 변화시키는 장소라고 할 수 있죠. 예를 들어, 당신에게 편지 봉투 한 묶음 중 다섯 장이 남아 있는데, 쓸데가 없을 경우, 이 브리즈번에 있는 '지구의 친구들'에 들러 다른 사람들이 불필요하다고 판단해서 폐기한 나머지 것들을 모아 하나의 상품으로 패키지화할 수 있다는 것이죠. 한마디로 쓰레기통에 들어갈 뻔한 물품들이 재활용될 수 있는 기회를 제공하는 곳인 거죠.

소연 : 만나서 반갑습니다. 저는 이소연이라고 합니다. 이곳 '지구의 친구들'에 있는 물건들은 모두 어떤 문명의 때가 묻지 않고 자연과 닮아 있는 것 같아요. 제가 듣기로 당신은 주로 여행 중에 영감을 얻고, 그 지역의 유기농 물품들을 이곳에 가져다놓는다는 글을 읽을 수 있었는데요.

사라 : 우리는 기본적으로 세계 도처의 대량생산체제를 통해 판매되는 물품들에 대한 대안을 찾고 있다고 할 수 있습니다. 그래서 우리는 지역의 생산물, 수공예품, 친환경적 물품을 지지하고 또 후원하고 있어요. 공정무역은 말할 것도 없고요. 왜냐하면 공정무역이 친환경적 생산을 하는 사람들을 지지하는 것이니까요. 여기에 있는 많은 물건들은 모두 환경적으로 지속가능한 것들입니다. 생각해보면 이곳 멜버른에서만 하더라도 상당히 많은 사람들이 재활용을 통해 물품들을 생산해내고 있음을 알 수 있죠. 그래서 우리는 또한 그들을 지지하고 또 여러 도움들을 서로 공유하고 있습니다.

용준 : 그렇다면 누가 이런 모든 것들을 가져오죠? 이곳에서 직접 생산하는 것인가요?

사라 : 모든 것들은 다양한 곳에서 온답니다. 책 같은 경우에는 우리가 스스로 출간한 몇 권이 있습니다만, 그리 많지는 않아요. 우리는 주로 다양한 출판사들로부터 책을 구하고요. 태양력 발전과 같은 대안적 건축 등 환경을 전문적으로 다루는 규모가 작은 독립 출판업자들로부터 책을 구하죠. 옷 같은 경우는 각기 다른 곳에서 오는 편이고요.

용준 : 그렇다면 물건들을 받는다는 것은 기부의 형태를 말씀하시는 건가요? 아니면 물품을 그들로부터 직접 구입하신 후에 판매하시는 건가요?

꿈을
살다

사라 : 우선 모든 것들을 구입하는 형태입니다. 그러고는 모든 물품들이 합당하게 사용될 수 있게끔 판매합니다. 우리는 이 '지구의 친구들' 건물 전체의 임대비용을 부담하고 있는데요. 위층은 캠페인 운동본부이고 아래쪽, 그러니까 이곳 서점과 채식식당은 물건을 판매하고, 이를 통해 번 수익금을 통해 임대료를 부담하는 거죠. 즉 캠페인을 전개하시는 분들은 임대비용을 걱정하실 필요가 없지요.

원모 : 네, 그렇군요. 이렇게 '지구의 친구들'과 같이 현재 많은 나라들에서는 환경에 관한 다양한 논의들이 전개되고 또 여러 활동들이 활발히 이루어지고 있습니다. 그리고 환경에 관한 관심분야는 모두 다르게 나타나는데요. 저는 어떻게 '지구의 친구들'과 같은 네트워크가 가능했는지 궁금합니다. 각기 다른 이슈와 상황에서 말이죠. 기업에서 갖고 있는 수직적인 구조도 없고, 강요된 일들이 아닌데도 이렇게 잘 조직된 형태를 띠고 있는 것은 정말 놀라운 일이라 생각되는데요.

사라 : 제 생각에 호주인들은 대안적인 미디어나 환경문제에 대해 상당히 개방적이고 호의적인 성향을 띠고 있어요. 호주에서는 꽤 오랫동안 환경문제가 미디어에서 다루어져왔고요. 멜버른에 있는 이 '지구의 친구들'만 하더라도 벌써 30년이 다

되어갑니다. 다시 말해, 이러한 모든 기나긴 과정들의 결과는 모두 아주 사소한 것에서부터 출발되었다는 것이죠. 호주에는 아주 많은 환경단체들이 있다는 것이 이를 증명해주지 않을까요?

용준 : 사실 그러한 단체들이 너무 많은 것이 오히려 저희에겐 문제가 될 정도였습니다.(웃음) 저희가 리서치를 하면서 정말로 많은 환경단체들을 찾을 수 있었어요. 그래서 우리에게는 이 많은 단체들 중 한 곳을 저희 프로젝트의 '생태환경'을 대표하는 단체로 선정해야 한다는 것이 참으로 힘들었습니다.

사라 : 제 생각으로는 아마 호주에 있는 수많은 조직들이 각기 특정한 이슈들에 집중하고 있다고 생각합니다. 예를 들어, 어떤 곳은 사막화 반대 운동에 초점을 맞추어 벌목을 금지하자는 운동에 집중하고 있어요. 그런 점에서 볼 때 '지구의 친구들'은 하나에만 집중된 것이 아니기 때문에 특별한 의미를 가진다고 할 수 있죠. 아까 말씀드린 것과 같이 '지구의 친구들'의 활동은 환경 이슈에 관련한 그 어떤 것도 될 수 있거든요.

소연 : 그렇다면 호주에서는 어떤 환경문제들이 주로 논의되고 있나요? 호주인들의 환경에 관한 인식이나 관점이 궁금합니다.

사라 : 일반 시민들이요? 제 생각에는 호주에 있는 사람들의 상당수가 지나치게 편안한 것 같아요. 경제적으로도 말이죠. 호주인들은 그 어떠한 것도 사실 걱정할 것이 없어요. 이곳의 사람들은 모든 것을 있는 그대로 두는 것에 만족을 느낍니다. 그 어떤 사람도 환경문제가 그들의 삶과 죽음의 문제가 되지 못하기에 투쟁할 필요 또한 느끼지 못하는 경우도 많죠. 호주는 다른 나라와는 상황이 좀 다른 것 같아요. 하지만 호주에 있는 모든 사람들이 태평스럽다거나 경제적으로 풍요롭다는 뜻은 아니에요. 다만 사람들이 조금은 너무 안락한 삶을 살고 있는 것이 문제가 아닐까 하는 생각입니다.

소연 : 그렇지만 호주의 경우에는 정부에서도 환경에 관한 다양한 정책들을

꿈을
살다

펼치고 있다고 들었습니다. 호주 일반 우체국에서 편지봉투를 재활용하는 운동도 하고 있다고 하던데요.

사라 : 네, 맞아요. 특히 지난 1년 동안 환경에 관한 이슈들이 미디어에서 상당히 많이 다루어지기 시작했어요. 흥미로운 것은 에너지 절약과 같은 문제들이 지난 20년 동안 지속적으로 전개되었고, 제가 기억하는 바로는 10년 전에도 미디어에서 다뤄진 바가 있지만, 사람들은 지난 1년 동안에 급격히 그 중요성을 인지하기 시작한 것 같아요. 아마도 기후 변화 때문일 거라고 생각합니다만, 환경에 대해 좀더 많은 관심을 가질 책무를 느끼게 되었다는 것이죠. 과학자들이 재발견해낸 것들이 이미 오랜 그러해왔던 것인데도 불구하고 말이죠. '지구의 친구들'이 만들어진 지는 30년 정도 되었습니다만, 1년 동안에 일어난 이런 급격한 변화들은 우리가 새로운 국면으로 접어들었다는 것을 말해줍니다.

용준 : 그런데 이렇게 환경운동이 활발한데도, 일반 대중들은 자신들의 삶이 충분히 안락하기에 이러한 운동들이 그리 절박하게 다가오지는 않나봐요? 그래도 대안적인 움직임은 꾸준히 있는 것으로 보이는데 어떤가요?

사라 : 호주의 모든 도시에는 정말로 많은 교외지역이 있는데요. 그곳에는 상당히 강한 대안적 라이프스타일을 추구하는 사람들이 모여 살아요. 시드니에도 몇 군데가 있고, 멜버른 같은 경우에는 상당히 많은 '도시 속 공간'들이 있어요. 공동체 건설과 환경에 대해 비슷한 가치관을 가진 사람들이 일종의 허브를 형성하면서 모여 사는 것이지요. 아마 그러한 곳곳에 있는 지역들이 환경운동의 원동력이 되는 것 같습니다.

점심시간이 다가와 다들 배도 고프고 하여 '지구의 친구들' 1층에 있는 채식식당에서 음식을 주문하여 같이 식사를 하며 계속 이야기를 진행하기로 했다.

원모 : 개인적인 질문 하나 해도 될까요? 사라 당신은 어떻게 환경운동을 시

작하게 되었죠?

사라 : 글쎄요. 저는 대학에서 생물학을 전공했는데요. 한국의 과학(교육)은 어떤지 잘 모르겠지만, 호주에는 그때도 환경에 관심이 많았어요. 그래서 대학을 마친 후에도 환경과 관련된 가게에서 일을 했고, 호주의 토착 새들을 보호하는 환경단체에서도 활동했어요. 저는 고등학교에 다닐 때부터 환경문제들에 대한 관심을 가지고 있었어요. 우리 학교에는 환경단체 동아리가 있었거든요. 그때 역시 언론에서 지구온난화 문제를 다루는 것이 한창 유행이었고요. 저는 환경에 대한 의식을 그때부터 지금까지 이어오는 것일 뿐이죠.(웃음)

소연 : 음. 우리가 환경에 관해 쉽게 읽을 수 있는 것들은 없나요? 저는 특히나 어보리진Aborigines이라고 하는 호주 원주민들의 자연관이 궁금해요. 제가 고등학교에 다닐 때, 호주 원주민들이 자연을 '빌려온 것'으로 여긴다고 배웠거든요. 그래서 이러한 역사가 현재의 호주인들에게 미치는 영향도 있을 것이라고 생각하는데요.

사라 : 글쎄요. 아마 일부 사람들은 호주 원주민들의 삶을 받아들이겠죠. 하지만 초기 어보리진이 추구하는 환경의 가치가 호주인들, 처음 유럽 사람들이 호주 대륙에 들어왔을 때 모조리 쓸려나갔다고 보면, 그렇게 말하는 것에는 다소 무리가 있을 수도 있다고 생각해요. 사람들이 제자리, 즉 환경을 보살피는 삶으로 돌아오는 데에는 긴 시간이 걸렸어요. 그렇지만 상당히 많은 수의 호주 원주민들이 국립공원에서 일하면서 이 땅을 돌보고 있어요. 그런 의미에서는 방금 말씀하신 부분이 적용될 수는 있다고 생각해요.

소연 : 종이를 재활용해서 만든 크리스마스 카드가 특히 인상적이던데요. 당신의 블로그를 통해서 봤거든요.(웃음)

직접 카드를 보여주기 위해 카드가 진열되어 있는 곳으로 향하는 사라. 사라가 일어선 의자 등받이에는 호주 전통 원주민을 상징하는 스티커가 붙여져 있다. 천장을

꿈을
살다

둘러보니 다양한 종류의 환경 관련 티셔츠들이 보인다.

사라 : 네. 우리는 최근 들어 환경에 관한 사소한 정보들도 나눌 수 있는 손쉬운 방법으로 블로그를 만들기 시작했습니다. 블로그는 사람들에게 재사용될 수 있는 크리스마스 카드나 재활용된 물건들을 보여줌으로써 재활용에 관한 생각들을 끊임없이 상기시킬 수 있는 역할을 하죠. 사람들은 이곳에서 카드를 구입할 수도 있어요. 우리가 판매하는 모든 카드들은 재활용된 것입니다. 물론 이곳에 있는 거의 모든 것들이 그렇게 환경친화적으로 만들어졌지요. (카드를 열어 보이며) 이런 거예요. 여기 몇 장의 종이들이 있지요. 당신이 편지를 보내면 편지를 받는 사람이 그 종이를 빼냅니다. 그럼 그 밑에 새로운 종이가 나오겠죠. 그걸 다른 사람들에게 다시 보내는 방식입니다.

소연 : 이곳에서 이런 환경운동을 하는 데에도 어려움들이 있을 것 같은데요?

사라 : 한정된 자금과 자원 때문에 힘들지요. 또 여기에서 일하는 대부분의 사람들은 자원봉사자이기 때문에 가끔씩은 그런 자원봉사자를 찾는 것이 어려울 때도 있어요.

소연 : 그렇다면 무엇이 당신을 이곳에 참여하게 했나요?

사라 : 저요? 저는 코디네이터로 이곳에 지원했습니다. 그렇지만 사람들은 아주 다양한 이유로 이곳에 자원봉사를 하고자 합니다. 어떤 사람들은 공부를 하고 남는 시간에 환경에 관한 일을 하고 싶어 이곳에 지원하고, 또 어떤 사람들은 일을 통한 경험을 쌓고 싶어 이곳에 지원하기도 합니다. 그리고 이제는 나이가 많이 드셔서 더 이상 다른 곳에서 일을 할 수 없게 된 어르신들이 이곳에서 여가시간을 보내면서 자원봉사를 하고 계시기도 해요.

인디고 서원에서 만든 다이어리와 국제판 잡지, 《인디고잉》 6호(환경 특집) 등을 보여주며 '지구의 친구들'의 활동과 앞으로 함께 연대하여 무언가 하면 좋을 것 같

다는 말을 주고 받았다.

사라 : 와, 아주 예뻐요. 멋진데요. 인디고 서원에선 이 모든 것들을 판매하나요? 아니면 책만을 판매하나요?

소연 : 우리는 책과 다이어리를 팔기도 하고 손수 만든 다양한 물품들을 팔고 있어요. 당신들과 마찬가지로 우리 또한 '에코토피아'라고 하는 채식식당도 있구요.

사라 : 멋지군요. 정말 비슷한데요.

원모 : 우리는 네팔에서 가져온 차와 커피를 에코토피아에서 판매합니다.

사라 : (이 모든 것들이 놀랍다는 듯, 사라는 묻는다.) 이 모든 것들이 언제 시작되었죠?

원모 : (아람샘을 가리키며) 저분이 우리의 선생님이세요. 선생님께서는 항상 이런 일들을 생각해내시죠. 이번 프로젝트 역시 그런 생각들 중 하나라고 할 수 있어요.

사라 : 정말 놀라운 프로젝트예요. 우리 '지구의 친구들'이 그 길에 함께 한다는 것도 정말 기분 좋은 일이네요. 앞으로도 무엇이든 함께할 수 있다면 정말 좋을 것 같아요. 저희 다음에는 또 어떤 팀을 만나러 갈 건지 궁금한데요?

소연 : 저희는 내일 피터 싱어 교수님과 만나기로 약속했어요.

사라 : 와, 대단한데요! 저도 꼭 한 번 뵙고 싶었던 분인데 좋은 이야기 많이 나누길 바랄께요.

지난 4년 동안 인디고 서원에서 일어난 모든 것들을 바라보며 놀라움을 금치 못하는 사라. 《인디고잉》과 북페어 팀원을 바라보는 사라의 눈이 사뭇 진지해진다. 다음 행선지인 '콜링우드 어린이 농장'으로 향하기 위해 사라와 마지막 인사를 나눴다. 떠나기 전 다시 뒤를 돌아 마지막으로 바라보는 '지구의 친구들'이 따뜻하게 다가온다. 문을 열고 나오니, 비가 내린다. 호주 사람들은 비가 오면 차를 바깥에 놔둔다고 한다. 빗물이 너무 깨끗하기 때문에 따로 세차를 할 필요가 없기 때문이다. 한국과는 사뭇 다른 모습이다.

　　'지구의 친구들'에서 인터뷰를 마친 후, 우리는 콜링우드 어린이 농장을 들렀다. 도시인의 삶 속에 '자연-숲-농장'이 들어올 마음의 자리가 있을 수 있을까? 주말 농장이 성행하고 있지만, 결국 그것들은 우리의 삶 '밖'의 것이지 않은가. 농장을 또 하나의 도시 공공 디자인으로 건설해보는 건 어떨까? "내가 숲 속으로 들어간 것은 인생을 의도적으로 살아보기 위해서였다. 다시 말해서 인생의 본질적인 사실들만을 직면해보려는 것이었으며, 인생이 가르치는 바를 내가 배울 수 있는지 알아보고자 했던 것이며, 그리하여 마침내 죽음을 맞이했을 때 내가 헛된 삶을 살았구나 하고 깨닫는 일이 없도록 하기 위해서였다. 나는 삶이 아닌 것은 살지 않으려고 했으니, 삶은 그처럼 소중한 것이다"라는 헨리 데이비드 소로의 말처럼, 인생의 의미는 자연 속에 있음을 우리는 언제쯤 우리의 삶 '속'에서 발견할 수 있을까?

콜링우드

어린이 농장 이소연 ● ● ●

　　한국에서 8,000킬로미터 이상을 날아 호주 멜버른에 도착한 우리가 농장의 응접실에 들어서자 콜링우드 어린이 농장의 연장자 그룹에 속하는 빨간 나비넥타이를 맨 고양이 신사가 우리를 맞았다. 곧이어 빨간 립스틱을 칠한 듯 붉은 입술을 가진 두 마리의 닭과 아름다운 망토를 걸친 공작새가 우리의 방문을 환영해 주었다. 한 7분가량 흘렀을까? '영속성'의 개념을 도입하여 친환경적 삶을 사는 것을 뜻하는 퍼머컬처 permaculture(permanent+agriculture)를 전공한 원예가 토니 필립스 할머니와의 인터뷰가 시작될 때쯤 어디서 소문을 들고 왔는지 다양한 생김새를 한 농장의 동물 식구들이 하나

둘씩 응접실로 모여들기 시작했다. 이 농장은 1979년에 콜링우드 시의회의 지원으로 어린이들을 위한 농장이자 '도시 속 시골City Country'을 표방하는 비영리 커뮤니티로 자리잡았다. 그전에는 미혼모와 고아가 된 아이들에게는 안전한 쉼터를, 아픈 사람들에게는 치유의 공간을, 잘못을 저지른 사람들에게는 참회와 재활의 기회를 제공했던 그야말로 '공동체Community' 그 자체로서도 역사가 깊은 곳이다.

　　토니 할머니는 인터뷰 내내 편안한 웃음으로 우리를 대했고 콜링우드 어린이 농장의 역사를 비롯하여 농장에서 진행되고 있는 다양한 프로그램 전반에 대해 설명해주셨다. 또한 어떻게 한국의 청소년들이 '환경', '청소년', '지속가능한'이라는 키워드를 통해 멜버른의 지역 커뮤니티를 찾을 수 있었는지, 또 어떻게 이런 방문을 결심하게 되었는지에 대해 궁금해하시며 우리 팀의 프로젝트에 대해 놀라움을 감추지 못했다. 하지만 우리 역시 콜링우드 어린이 농장이 신기하고 놀랍기는 마찬가지였다. 우리가 인터뷰를 하는 동안에도 꽤 많은 학생들과 어른들이 농장을 찾아왔고, 너무나도 자연스럽게 농장 여기저기를 거닐며, 동물들과 벗하며, 풀 향기를 맡으며 삶의 여유를 즐기는 모습을 볼 수 있었다. 거기다가 우리가

토니 할머니를 인터뷰했던 곳 역시 조지 오웰의 『동물농장』에나 나올 법한 마구간에다가 의자는 조그마한 요구르트 상자였고, 그 위에 흙이나 동물들의 모이를 채운 쌀 포대 자루 책상이 전부였으니 말이다. 우리 역시 자연의 일부가 된 느낌이라고 할까?

　　토니 할머니는 확실히 긍정적인 에너지를 가진 분이었다. 한마디 말에 한마디 유머가 따라나올 만큼 말이다. 그래서인지 더욱이 우리는 오랜 시간 자연을 벗 삼아 살아온 토니 할머니의 자연관이 궁금했다. 우리의 물음에 잠시 생각하시더니 곧 밝은 목소리로 대답하셨다. "자연은 우리에게 정말 모든 것을 가르쳐줘요. 어떻게 나눔을 실천하는지, 어떻게 먼 미래를 보고 생각해야 하는지, 어떻게 타인과 소통하는지 등 좋은 삶을 살아가는 방법을 자연은 알고 있죠." 할머니의 말씀을 듣고 곰곰이 생각해 보니 자연만큼 공평하고 순리적인 것은 없었다. "뿌린 대로 거둔다"라는 말이 있듯이 자연은 요행을 바라지 않을뿐더러 과도한 욕심을 부린 적도 없는 것 같았다. 그렇기

때문에 가장 기본으로 돌아가는, 자연과 벗하는 지속가능한 삶의 방식은 미래에 태어날 후손들과 현재 살아가고 있는 모든 생명체들을 위해서도 우리 스스로가 할 수 있는 가장 기본적이고도 근본적인 책임을 다하는 것이라는 생각이 들었다.

농장을 한 바퀴 둘러보았다. 말들은 아무런 거리낌 없이 우리의 손짓에 저 멀리서부터 달려와 우리를 향해 얼굴을 내밀었고, 우리는 말을 쓰다듬어주었다. 피부가 거멓던 돼지들은 여물을 먹느라 정신없는 한때를 보내고 있었고, 닭들은 무슨 일이 생겼는지 몸을 좌우로 뒤뚱거리며 저 멀리로 뛰어갔다. 한참 길을 걷다 보니 염소들이 살고 있는 곳이 나왔는데, 그중에는 놀랍게도 다리가 셋밖에 없는 염소가 한 마리 있었다. 토니 할머니의 말에 의하면, 이 염소는 태어날 때부터 다리가 3개밖에 없었지만 아무런 문제 없이 잘 지내고 있을뿐더러, 온순하고 다른 양들과도 잘 어울려 몸이 불편한 아이와 어른들에게 "나도 할 수 있어"라는 희망을 주는 존재라고 했다. 한국에서

는 거의 속도전에 쫓기듯 살아온 우리에게 콜링우드 어린이 농장에서 보낸 그 잠깐의 순간은 평온함과 여유를 느끼게 했고, 다시 한 번 자연의 치유력에 감탄하게 했으며, 성공적인 커뮤니티의 공간에 대해 생각하지 않을 수 없게 했다. 다시 말해 콜링우드 어린이 농장이야말로 넓은 개념의 공공 디자인인 셈이었다.

콜링우드 어린이 농장에서 신발에 흙과 잔디를 한껏 묻힌 채, 우리는 또 다른 환경 공동체 CERES(환경 전략 교육 및 연구 센터)로 향했다. 이제는 보다 전략적인 방식으로 희망을 실천하는 단체를 만날 차례였다.

꿈을
살다

환경 전략 교육 및

연구 센터 김원모 ● ●

　"제3의 길을 찾는다"라고 말한다면 한 국가의 대통령이나 이념공동체만이 할수 있는 행위를 가리키는 것 같다. 하지만 제3의 길은 모든 사람이 찾아야 하는 것일지도 모른다. 모든 사람은 일상생활에서 종종 선택의 기로에 서게 되고, 보통은 명시적으로 제시된 몇 갈래의 길 중 하나를 선택하게 된다. 이런 상황에서 완전히 새롭고, 창조적이며 나뿐만 아니라 보다 많은 사람에게 이득이 될 수 있는 새로운 길을 개척한다면 그것이 바로 '제3의 길'을 찾았다고 말할 수 있는 것 아닐까.

　호주의 CERES는 바로 그러한 제3의 길을 찾은 사람들의 공동체였다. 원래 CERES가 위치한 곳은 의류 및 신발 공장들이 있던 곳이었다고 한다. 그러나 시간이 흐르면서 한국을 비롯한 아시아의 신흥 개발도상국들이 신발과 의류 업계에서 강한 경쟁자로 성장했고, 어느 순간 호주의 공장들은 문을 닫게 된 것이다. 하지만 그 지역의 사람들은 좌절하고 한탄하며 시간을 보내지 않았다. 그들은 모여서 끊임없이 대책을 모색했고, 그 결과 지방 정부의 도움으로 만들어진 것이 환경단체이자 지역 커뮤니티인 CERES이다.

　로마의 농업의 신을 뜻하기도 하는 CERES는 환경보호와 관련된 각종 기술들을 연구하고 공유하며, 발전시키는 공동체이자 지역이다. 그들은 환경보호와 관련된 문화인 퍼머컬처를 연구하고 확산시키며, 친환경 농장을 운영하며, 식물을 기르고, 자전거 재활용 공동체를 운영한다. 태양력 및 풍력 에너지를 이용하는 여러 방법을 연구하고 소개하기도 한다. 또한 CERES는 찾아오는 사람들에게 환경적인 지식을 소개하고, CERES 공동체 내에서 카페도 운영한다. 호주에서는 이미 CERES가 유명하기 때문에 이곳을 방문하는 손님들도 꽤 많은 편이다.

　CERES의 관계자는 자신들의 환경운동은 투쟁이라기보다는 미래를 향한 긍정적이고 창조적인 진보에 가깝다고 말했다. 다시 말해 경제와 환경의 이분법적 사고에 갇혀 사회와 싸우는 것이 아니라, 좋은 미래를 만들기 위한 노력의 일환으로 자신들의 삶 자체를 환경운동으로 살아가고 있다는 것이었다. 그러면서도 왜 환경운동을 하는 가에 대해서는 다음과 같이 답했다. "인간은 환경을 너무나 착취해왔다고 생각합니다. 오늘날의 오염은 과거의 실수의 결과라고 할 수 있죠. 이러한 상태로 가게 된다면 인류에게 내일은 없다고 봅니다. 그렇기 때문에 우리에게 선택의 여지는 없는 것이죠 There is no option. 그래서 저희가 삶 자체에서 환경운동을 실천하는 것입니다."

아직까지도 한국에서는 경제가 자본이라는 잣대가 많은 것을 좌우한다. 그래서 사람들은 거리낌 없이 산천을 파헤치고 바다를 메운다. 중국과 다른 후발 산업국에 생산공장을 빼앗기면, 환경에 대한 고려는 조금도 하지 않고 어떤 새로운 산업으로 돈을 찍어낼까 고민만 한다. 하지만 모든 문제를 경제문제로 환원시켜 효율적인 선택이냐 비효율적인 선택이냐만을 따지는 자본논리에는 근본적인 한계가 따른다. 효율적인 선택이든 비효율적인 선택이든 자본의 잣대로 내려지는 판단은 언제나 소비를 향하는 것이고, 그래서 효율성의 끝에는 언제나 필연적으로 자원과 생명의 고갈만이 남게 되기 때문이다.

오늘날 우리나라의 많은 제조업 공장들은 생존의 기로에 서 있다고 할 수 있다. 추격해오는 개발도상국의 경쟁기업들에게 단가경쟁에서 밀리고, 또 쉬지 않는 물가상승에 생산비는 끊임없이 오르고 있다. 제조업에 종사하는 사람들은 그들이 늘 그래왔듯, 다시 한 가지 기준으로 돌아와 고민한다. 어떻게 하면 효율적으로 생산하여 이 위기를 극복할 것인가. 자본의 논리다. 1980년대에 우리와 같은 선택의 기로에 섰을 때, 환경도 살리고 자신의 생계도 이어나가는 방식을 찾은 슬기로운 사람들이 호주에는 있었다. 미래를 위한 필수적인 선택이자 창조적인 제3의 길을 찾은 선택을 했다는 측면에서 CERES는 한국뿐 아니라 많은 나라의 사람들에게 모범이 되는 한 사례라 할 것이다.

물론 지속가능성이니 생태환경이니 하는 새로운 가치기준들은 아직까지는 자본의 가치보다 생소하게 들린다. 하지만 지구온난화와 봄날의 황사가 사회문제가 되는 오늘날의 우리 사회에 이러한 가치들을 결코 무시할 수 없는 상황에 봉착했음은 분명하다. 이제는 우리의 가치기준에도 환경을 위한 결단이 필요하다. 이러한 가치를 향한 결단은 사실 우리가 생각하는 것보다 비현실적이지 않다. 이미 이러한 가치를 좇는 사람들이 몸소 보여주듯이 제3의 길은 가까운 곳에 있다. 먼 땅 호주 사람들의 이야기이지만, 그들이 고민했던 바를 돌이켜보면 우리가 지니고 있는 고민들과 크게 다르지 않음을 알 수 있다. 그리고 그 문제들의 해답은 우리가 자본의 논리로 만들어진 아스팔트 대로가 아니라 가까이에 있는 자연 그대로의 오솔길을 어떻게 거닐고 보존할 것인가를 고민하는 데 있다.

　　더 이상 못쓰게 된 자전거 바퀴로 만든 CERES의 자전거 재활용 공간을 지나 마지막으로 CERES의 농원에서 꽃향기를 맡고 나올 즈음, 해는 뉘엿뉘엿 지고 있었다. 이렇게 멜버른에서의 하루가 지났다. 자연 속에서 보낸 우리의 하루는 도시에서 보낸 하루가 주는 피곤함이 아닌 평온함과 상쾌함을 선사했다. 자연은 이렇게 우리를 치유하는 힘을 그 존재 자체로 우리에게 보여준 것이다.

　　다음날 우리는 호주 방문의 첫 번째 계기가 되었던 청소년 환경교육단체 파이어스타터를 찾아나섰다. 그 후엔 고대하던 피터 싱어 교수님과의 재회가 우리를 기다리고 있었다.

애런 우드 & 파이어스타터

Arron Wood & Firestarter

　　호주에서 맞은 두 번째 날. 우리는 당초
파이어스타터의 디렉터이자 설립자인 애런 우드를 만나
기로 계획했었다. 그러나 안타깝게도 그는 우리가 호주에 도착하기 하루 전 호주 서쪽
편에 위치한 퍼스라는 지역에서 살인적인 스케줄을 소화해내는 중이라 멜버른으로는
도저히 돌아올 수가 없는 상황이었다.

　　파이어스타터의 공동설립자이자 디렉터이기도 한 애런 우드는 호주의 젊은 환
경운동가다. '2001년 올해의 젊은 호주인상(환경 분야) 수상' 및 2006년 뛰어난 개인
에게 수상하는 'UN 환경 분야 상'을 받기도 한 애런 우드는 환경 분야에 있어서 가히
독보적인 존재로 서른한 살의 젊은 청년이다. 그가 지구환경의 미래를 위해 강조하는
것은 다름 아닌 물의 중요성이다. 그것은 그가 여덟 살 때 그의 고장을 흐르는 빌라봉
강가에서 수영을 하다가 그 속에 녹아 있던 오염물질 때문에 자신이 피부병을 앓게 되
면서, 그것이 인간의 인위적인 환경파괴에 의한 결과라는 것을 하나의 충격적인 기억

으로 받아들인 데에 기인한다. 애런 우드의 대단한 점은 바로 어린 시절의 이 자각을 단순한 인식으로 끝내지 않고 어른이 된 지금까지 그에 합당한 실천으로 옮겨 변화를 추구하는 데 있다. 그리고 파이어스타터에 관해 거의 믿기 힘든 사실 중 하나는 파이어스타터가 호주 전역에서 실시되고 있는 국제적 차원의 7개 포럼과 컨퍼런스를 진행하고 있지만, 실질적으로는 애런 우드, 캐시 오크, 올리비아 그린웰이라는 3명의 젊은 운동가와 애런의 아버지인 리처드 우드를 주축으로 하여 모든 활동이 이루어진다는 점이다. 그런 만큼 '파이어스타터 팀을 만나지 못하면 어떡하지?' 하는 안타까움과 걱정도 커져만 갔지만, 다행스럽게도 올리비아 그린웰 양이 우리를 맞이해주었다.

우리는 그녀와 아침 9시에 만나기로 약속을 정했던 터라 아침 일찍 일어나 간단히 밥을 먹고, 마침내 파이어스타터에 도착했다. 많은 사람들이 일사분란하게 움직이고 있을 거라는 예상과는 달리, 파이어스타터는 한 건물 안에서 다른 회사 사람들과 사무실을 공유하면서, 평범한 책상 4개를 가지고 호주 생태환경운동의 새 역사를 쓰고 있었다.

우리는 대개 환경을 지켜야겠다는 막연한 생각은 하지만, 생각을 행동으로 옮기기까지 우리 삶에 있어 일정 부분의 편리함을 포기하고, 불편을 감수해낼 용기를 가지기란 쉽지 않다. 끝없이 치솟는 기온 그래프나 서서히 잠기는 투발루의 사진을 보고도 여전히 우리는 추우면 난방기를 켜고, 더우면 에어컨을 켠다. 그러나 파이어스타터의 디렉터인 애런 우드는 자연을 우리가 그것을 위해 무엇인가를 하지 않으면 안 되는 존재, 삶의 필수적인 요소로 여긴다.

애런이 제시한 포럼이나 컨퍼런스의 특징은 "어린이가 어린이를 가르치는Kids Teaching Kids" 방식을 취하고 있다. 행사에 참가하는 어린이들은 관념적으로만 알고 있었던 환경의 위기를 몸소 체험할 수 있는 기회를 스스로 마련하고, 서로를 향한 자발적인 교육을 통해 친구들이 좀더 명확하고 실질적으로 환경의 중요성을 느끼게 되는 계기를 만들며, 이로써 아이들은 자연의 일부로서 스스로 환경보호를 위해 무언가를 하지 않으면 안 된다는 메시지를 생성해내는 것이다. 애런은 말한다. "어린이들이 전

체 인구의 20퍼센트를 차지하지만 미래를 이끌어갈 100퍼센트의 인구입니다."

파이어스타터의 홈페이지 주소를 번역하면 "하나의 생명, 하나뿐인 세계 그리고 우리의 미래onelifeoneworldourfuture.com"라는 그의 명쾌한 철학을 알 수 있다. 우리는 지구 역사에서 한 점을 차지하고 있지만 이것은 누구에게나 똑같이 주어진 기회이자 하나의 삶의 공간이다. 지금 이 순간, 우리는 하나밖에 없는 초록별 지구에서 살아가고 있는 것이고, 앞으로 우리를 뒤이어 이 지구, 나아가 우주의 역사에서 한 점을 차지하게 될 어린 자손들이 자신들의 시대를 책임지기 전까지 우리가 맡은 책임을 다할 수 있어야 한다.

어린 시절의 경험을 잊지 않고 꾸준히 내 삶의 문제로 끌어와 끊임없이 고민하고, 우리의 미래라고 할 수 있는 어린이들을 교육함으로써 내 삶의 문제를 보다 많은 이들과 공유하며 지구의 문제를 해결하고자 치열하게 고민하는 애런 우드의 삶에 감동을 느끼며, '호주에서 벌어지고 있는 다양한 컨퍼런스를 우리나라에서도 조직적으로 개최하면 어떨까?' 하는 여운을 안고 파이어스타터 사무실을 나섰다. 애런을 다시 한국에서 만날 수 있기를 고대하면서.

파이어스타터,
서로를 일깨우는 교육의 현장 ● ● ●

여기서 파이어스타터의 활동을 엮은 책 『스스로 일깨우는 환경 교육―다가올 시대의 젊은 환경 운동가를 위해』(애런 우드 외, 파이어스타터 출판, 2003)의 일부를 소개하고자 한다. 환경 교육이 제도권 교육의 형태로 이루어지는 한 그 모습은 또다시 입시를 위한 도구로 사용될 위험이 있는 우리 사회에서 이들의 실천하는 교육은 그 자체로 새로운 가능성을 우리에게 제시한다.

물-공간성과 지속성을 일깨워주는 소중한 자산

2025년이 되면, 전 세계 물의 수요량이

물의 공급량을 56퍼센트나 초과할 것으로 예상된다.

(윌리엄 피네건, 〈비를 빌려오기〉《더 뉴요커》 2002년 4월 8일)

물은 우주의 다른 모든 행성들 가운데 지구를 특별한 곳으로 만들 정도로 인간이 살아가는 데 기초가 되고 소중한 자산이다. 물은 우리가 계속해서 생존하고 번영하며 건강하게 존재하는 데 필수적이지만 우리의 집단적인 각성이 필요할 정도로 물에 대한 우리의 자각은 매우 취약한 상태이다.

물에 대한 그 모든 소란은 왜 일어나는가? 여기에는 수많은 이유가 있다. 우리가 실제로 관심을 기울여야 하는 것은 석유가 아니라 물 아닐까? 우리가 기술발전시대에 동력을 공급하는 방식면에서 근본적인 전환이 필요한 현실에 직면해 있다는 것은 사실이다. 요컨대 우리는 석유 없이는 살 수 있지만 물 없이는 생존할 수가 없다. 현재 석유에 대한 대안을 찾는 연구에 수십억 달러가 소비되고 있지만, 동시에 세계 인구의 대부분은 마실 물을 찾지 못하고 있다. 평균 3만 명에 가까운 아이들이 매년 오염된 물을 마신 이유로 죽어가고 있다. 인간은 물 없이는 3일밖에 생존할 수 없지만 석유 없이는 한평생도 살 수 있다.

(…)

꿈의 시대 Dreamtime* 의 물

비가 올 때마다 사람들은 물의 중요성을 잊는다. 새롭고 신선한 물이 위에서 아래로 흐르며 대지를 소생시킨다고 생각하기 때문이다. 사람들은 그들이 물의 순환에 대해서 무엇을 배웠는지 잊고 있다. 비는 우리가 가장 분명하게 볼 수 있는 순환의 일부이다. 자연은 위대한 순환 시스템을 가졌다. 악취 나는 흙탕물은 증발하여 다시 깨끗한 물인 비가 되어 우리에게 흘러온다. 비는 또한 우리가 과거와 맺고 있는 연결에 대해 생각하게 하는 가치를 지니고 있다. 새로운 물은 없다. 우리가 맞고 서 있는 이 빗물은 우리의 할아버지의 할아버지, 그리고 또 그 할아버지의 할아버지로부터 재순환되고 있는 것일지도 모른다. 다음에 비가 내릴 때면 비에게 '안녕!' 하고 인사를 하자. 우리가 물에 대해 호주 원주민들과 이야기를 할 때, 우리는 그들이 사용하고 있는 물이 그들 조상들이 '꿈의 시대'에 경험했던 물과 동일한 것이라고 말할 수 있을 것이다. 이런 식으로 물은 이 세계 속에서 공간성와 연속성을 우리 모두에게 일깨워준다. 우리가 우리의 머리와 가슴과 손을 사용하여 지켜야 할 것은 바로 이러한 자연에 대한 감각이다. 우리가 지금 '우리가 있는 장소'에서 환경에 대해 무엇을 하느냐는 것은 당신이, 당신이 있는 장소에서 무엇을 경험하게 될지를 결정하는 중요한 문제이다. 물은 우리 모두를 연결시킨다.

(…)

자연환경에 대한 존중은 자연스레 장소에 대한 존중과 건강한 장소에 대한 욕구에 의해 우리 모두가 긴밀히 얽혀 있다는 생각으로 이어진다. 우리 모두가 함께 같은 운명 속에 있음을 알게 되면, 우리는 서로에 대한 존중을 향해 작은 도약을 하게 된다. 환경에 대한 존중은 우리의 동료 인간들과 우리 자신에 대한 새로운 가치인식을 낳는다. 이것은 단순한 생각이지만 실제로는 훨씬 더 복잡하다. 서로 다른 시대와 문화, 출신지역, 종교, 사회경제적 지위 등을 망라하면 사실상 아주 복잡한 용광로가 될 것이다. 아마도 깨끗한 물에 대한 욕구는 우리 모두를 결합시키는 공통된 이슈가 될 수 있을 것이다. 호주 원주민 어르신들이 이해한 바를 나누어주는 방식으로 우리는 노인 세대의 지식과 젊은 세대의 열정을 취하여 우리가 처한 환경 위기를 극복하기 위한 해결책을 향해 나아가야

★ 호주 원주민들의 신화에서 천지창조가 이루어지던 시대.

꿈을
살다

할 것이다.

　　"……우리의 새로운 보존 패러다임에서는 반드시 사람들을 그 보존의 심장
부에 위치시켜야 한다. …… 우리는 과학적 지식과 지역 기반 지식을 결합시키고,
원주민들, 부시 지지자들, 기업인들, 학자, 환경에 관심 있는 시민 등 사회 모든 부
문의 기대와 경험을 결합시킬 필요가 있다. …… 과학은 그것의 토대가 되어야 한
다. 그러나 최상의 과학이라도 공동체가 참여하지 않거나 그저 바보처럼 가만히 있
기만 한다면 아무런 쓸모가 없을 것이다." **피터 브리지워터 박사**

하나의 생명, 하나의 강, 하나의 미래

　　"지속가능성은 우리가 이 지구상에서 영원히 살 계획을 가지고 있는 사람으로서
우리 자신, 그리고 우리의 환경을 대하는 것을 의미합니다."

　　균형의 한쪽을 제거하면 우리는 그 재앙적인 결과를 피할 수 없게 된다. 우리는
포식자가 존재하지 않는 환경에 새로 도입된 종^{species}이 환경에 미친 결과를 여럿 목격해
왔다. 우리가 휴식과 일, 놀이가 균형을 이룬 생활을 필요로 하고, 균형 잡힌 식사와 일
정한 수준의 스트레스가 무기력보다는 활력을 촉진하는 것과 마찬가지로 우리 환경도 동
일한 양태를 보이는 것은 결코 우연이 아니다. 이러한 균형을 깨뜨리면 우리는 지속이 불
가능한 환경을 갖게 될 것이다. 물 사용과 환경 전체의 지속가능성은 우리의 모든 미래에
중추적인 것이다.

　　지속가능성은 우리가 이 지구상에서 영원히 살 계획을 가지고 있는 자세로 우리
자신과 우리 환경을 다루는 것이다. 미래 세대에게 단지 안정된 환경이 아닌 '개선된' 환
경을 남겨줘야 할 것이다.

　　우리는 우리의 일을 도와주는 사람들에게 화분을 선물로 줄 때가 있다. 일본의 전

통사회에서 화분을 선물로 주는 행위는 존경의 상징이었다. 화분이 수백 년간 자라날 수 있듯이 우리는 다음 세대에게 건강하고 향상된 삶을 물려주어야 한다. 그렇게 함으로써 이것은 삶의 연속성에 대한 심오한 인식을 갖게 해준다. 우리가 우리 환경에 접근하는 방식과 같은 풍조가 깊이 뿌리를 내려야 할 것이다.

그리하여 이 책은 주제에 따라서 '하나의 생명', '하나의 강', '하나의 미래'라는 세 부분으로 나뉜다.

하나의 생명 | 우리는 모두 함께 이 삶 속에 있다. 노인이건 어린이건, 젊든지 부자든지, 도시 출신이건 시골 태생이건 우리의 삶은 모두 건강한 환경에 의존한다. 우리가 환경을 위해 무엇인가를 실천하는 것이 왜 중요한지, 당신과 내가 왜 가장 중요한 사람인지 하는 것은 현재의 상황을 통해 알 수 있게 될 것이다.

하나의 강 | 하나의 강은 이곳의 강이나 혹은 지구 어디에나 있는 환경자원을 의미한다. 이것은 우리가 변화를 만들어내고자 한다면 우리는 전 지구적으로 사유하고 지역적으로 행동할 필요가 있음을 뜻한다. 그렇다. 당신은 당신이 중요하며 또 변화를 만들어낼 수 있음을 안다. 그러나 당신이 어떻게 그러한 일이 일어나게 할 수 있는가? 책의 이 부분에서는 학생들이 이끄는 환경 워크숍을 어떻게 발전시킬지, 소규모 혹은 대규모의 환경 이벤트를 어떻게 운영할지에 대해 살펴볼 수 있다.

하나의 미래 | 환경의 변화를 가져온다는 것은 이제 우리 자식들에게도 밝은 미래가 있음을 의미하게 될 것이다. 이제 우리가 밝은 미래의 존재에 대해 알고 있게 되었다면, 우리는 여기에서 어디로 갈 것인가?

"새로운 테크놀로지들이 급속도로 발전되어 왔다. 수천 갤런의 깨끗한 물을 담은 거대한 물탱크가 바지선barge들에 의해 지중해를 가로질러 운반되고 있으며, 알래스카에는 알래스카주의 깨끗한 물을 통해 얻는 수입이 석유에서 얻는 수입을 앞으로 압도하게 될 것이라고 믿는 사업가들까지 나타났다." (윌리엄 피네건, 〈비를 빌려오기〉《더 뉴요커》 2002년 4월 8일)

쾌활한 아이들이 가진 회복의 힘

이 모든 것의 진짜 핵심은 무엇인가? 간단히 말하면, 우리는 호주에서 학교가 환경운동의 가장 큰 추동력이 될 수 있다고 믿는다. 학교는 곳곳에 광범위하게 분포되어 있으므로 모든 학교가 소재지의 지역 이슈를 채택하게 된다면 우리는 자연스레 간절히 필요로 하는 환경분야의 일꾼들을 갖게 되는 셈이다.

그러나 환경지식은 우리가 아이들에게 줄 수 있는 가장 큰 선물인 쾌활함이라는 선물에 비하면 부차적인 것이다. 다섯 명의 호주 사람 가운데 한 명은 평생 어떤 형태로든 우울증을 겪는다고 한다. 청소년의 자살, 다섯 살짜리 어린이의 만성적인 우울증, 정신병의 기하급수적인 증가 등과 관련하여 우리는 우리 자신에게 다음과 같이 물을 필요가 있다. "오늘날처럼 급변하는 시대에는 무엇을 가르쳐야 우리 아이들이 생존할 수 있을 것인가?"

다행스럽게도 우리는 쾌활함에 대한 천성적인 능력을 가지고 태어났다. 이러한 능력으로 우리는 사회성과 문제해결기술, 비판적인 의식, 자율, 목적의식 등을 발전시킬 수 있다. 이러한 자질의 실현은 학생들을 특별하게 만든다. 두려움으로 가득 찬 성장배경을 갖고 있는 학생들에 대한 연구를 통해, 학교와 공동체가 관여하는 전략적인 교육방식으로 많은 학생들을 지속적으로 지원하여 이들이 사회에 훌륭하게 기여할 수 있도록 하는 희망을 가질 수 있게 된다. 우리에게 필요한 것은 바로 그러한 쾌활한 아이들이 스스로 자질을 기르는 데 집중하게 하는 것이다. 이러한 자질들이 학교와 공동체 조직들을 통해서 아이들에게 강조되고 내면화된다면 우리는 삶에 대한 부정적인 영향을 막을 수 있게 되는 것이다.

쾌활함의 발달은 우리 모두에게 상처를 줄 수 있는 해로운 메시지들로부터 아이들을 보호할 수 있게 해준다. 이러한 부정적인 메시지들을 쫓아낼 수 있다는 믿음은 자기 신뢰를 강화하는 원동력이 된다. 자기신뢰와 목표의식, 밝은 미래에 대한 믿음 등은 우리 자신의 행복을 위해서 중요할 뿐만 아니라 오늘날 환경적 재앙과 암울함의 시대에 있어 서 지구의 안녕을 위해서도 긴요하다. 우리는 하천 건강 프로그램을 수료한 학생들에게 서 자주 이메일을 받는데, 우리가 하고 있는 일을 계속해서 할 수 있도록 우리 모두를 격 려해주는 것은 바로 그들의 낙천주의와 환경에 대한 깊은 이해력에 기반하는 것이리라.

III. 우리의 미래

2장 하나의 생명, 하나뿐인 세계, 우리의 미래

- 마지막 메시지

불행하게도 이전까지의 행복 추구는 너무나 지극히 개인적이고 순간적인 만족에 집중되어 왔다. 행복은 삶의 도전과 성취로 얻은 보너스로 여겨져야 하지 일반적인 기분 에 기대어 평가되어서는 안 된다. 이제는 행복의 척도로서 개인에게 집중하기보다는 공 동체에 집중해야 할 때다. 우리는 개인적인 실패와 불만의 순환구조를 깨뜨려야 할 뿐만 아니라, 개인적 행복과 성공의 순환구조 역시 무너뜨려야 한다. 만약 사회의 많은 사람 들이 실패를 경험하고 있다면 그것은 아마도 개인의 능력 부족을 의미하기보다는 우리가 현재 보고 배울 귀감의 대상을 필요로 한다는 것을 의미할 것이다.

유명인사들은 때때로 그들이 이룬 성공이 도리어 그들 자신을 공허하게 하고 결 핍되게 한다는 것에 주목한다. 우리는 환상에 불과한 성공과 행복에 대한 관념들을 만들 어온 것이다. 유명인사들에 대한 숭배는 부, 권력, 그리고 사회로부터 인정받고 싶어하 게끔 하는 기초적인 예이다. 그렇게 만들어진 관념과 맹목적인 숭배현상은 사람들이 우 리네 삶에서 소중히 여기는 가치—안전, 충만, 우정, 사랑 그리고 공동체—들을 잊게끔 한다. 우리들은 대중적인 명성에 매혹되었으며 그로써 성공이 우리들 각자에게 어떤 의

꿈을
살다

미를 가졌었는지에 대한 기존의 생각을 잃어버린 것과 다름없다. 인간은 어딘가에 소속되어 있고, 협동하는 삶을 필요로 하는데 그것은 오랜 시간 인류 진화의 중대한 근거로 작용해온 것이다.

그러나 마치 나 자신의 행복과 같이, 자연세계와 그것의 변화를 부추기는 우리의 능력은 희망의 진정한 근거이다. 우린 이제 변화를 이끌어낼 수 있다. 아니 이미 변화는 시작된 것이나 다름없다! 당신은 화석연료로부터 자유롭기 위한 스웨덴의 목표를 알게 된다면, 진정한 의미의 낙관이 가능함을 알 수 있게 될 것이다. 이 예시의 가장 멋진 점은 스웨덴이 현재 다섯 손가락 안에 꼽히는 경제대국이라는 것에 있으며, 경제와 환경 중 하나를 고르라는 논쟁에 대해 거세게 반박하고 있다는 점이다. 우리는 둘 다 가질 수 있고 또한 반드시 가져야 한다. 나는 문화적 변화가 쉽다고 말하는 것이 아니다. 문화적 변화는 결코 쉽지 않다. 그러나 그것은 불가능하지 않으며, 우리 미래의 생사는 바로 그 변화에 달려 있다고 할 것이다.

세계는 불확실한 미래와 직면하고 있다. 우리는 우리의 집단적 대응법을 재구축하고, 환경과 사회적 이슈에 접근하는 방법을 달리해야 할 것이다. 우리의 교육 시스템은 정말이지 높은 수준의 학문적 성취를 기초로 하여 사람들을 평가한다. 그렇지만 이런 학교도 만들어볼 수 있다. 그룹에 속한 개인의 성취를 축하하고 또 그 성취를 즐기게 해주는 학교 말이다. 물론 그룹 전체의 성취는 말할 것도 없이 말이다. 협동작업과 그룹(집단)의 성공은 우리가 소속감을 가지는 데 필수적이다. 그룹 활동을 이어주는 "어린이들이 어린이들을 가르치는Kids Teaching Kids" 프로그램과 환경을 아끼는 단체의 성공은 그저 배움의 공동체를 형성하는 것이 아니라, 쾌활한 배움의 공동체를 형성하며 일의 전체적인 뼈대를 생성하는 데에서부터 시작하는 것이다.

우리는 물에 관한 의식을 시작으로 삼았다. 우리가 물과 기후 변화와 관련하여 직면하고 있는 어려움들은 우리들을 하나로 묶는 데에 이용되어야 한다. 이 세계적 문제는 우리가 하나의 단일한 목표에 집중하게 하고 공동체에 대한 감각을 기르는 데 필수적인 기회가 될 수 있다.

여전히 나는 우리의 미래에 대해 긍정적인 입장이다. 매일 아버지와 나는 우리를 고무시키는 학생들, 선생님들, 개인 사업가들, 공동체 구성원들 그리고 산업 대표자들과 함께 일하고 있다. 함께라면 우리는 많은 것을 성취해낼 수 있다고 믿는다.

오늘날의 많은 문제들은 무기력함과 공간성에 대한 인식 부족에서 빚어진 결과라 할 수 있다. 현재 우리는 고립되어 있으며, 개인은 아무런 변화도 만들어낼 수 없고, 우리가 살고 있는 이 세계에 아무런 영향도 미칠 수 없다는 생각이 널리 퍼져 있다. 우리는 우리의 젊은이들을 좀더 밝고 쾌활함으로 무장시켜야 할 책임을 지고 있다. 미래 환경에 대한 좀더 밝고 강력한 확신과 더불어 말이다. 또한 우리는 젊은이들이 지금 이 순간에도 미래를 만드는 중이며 그들 하루하루의 행동이 미래를 재구성하는 요소들로 작용하고 있다는 사실을 인식할 수 있도록 해야 할 것이다.

젊은이들은 그들 인생의 관찰자(방관자)가 되기보다는 반드시 능동적인 참여자가 되어야 한다. 환경은 우리 모두를 연결해준다. 젊은이들을 그들이 있는 장소와 다시 연결시키는 교육에 이 모든 것들을 사용하자. 지역의 문제들에 행동을 취하고 그로써 성공을 축하하고, 다양성을 존중하고, 산업과 학교를 잇고, 나아가 공동체의 소속감을 증진시킬 수 있도록 환경 운동을 증진시켜야 할 것이다.

'자기반성과 함께 사회 문제와 스스로를 끊임없이 관련시키는 노력의 통합으로 시작된 배움은 영원히 지속될 배움이다.' 젠슨

이러한 과정의 시작점으로 우리는 "아이가 아이를 가르치는" 접근 방식을 선택한 것이다. 왜냐하면 우리는 이 방법이 좀더 보편적이고 민주적인 방식으로의 교육에 도달할 수 있다고 믿었기 때문이다. 이와 같이 우리는 재능 있는 어린이들을 위한 프로그램이 열리고 있는 것을 세계 곳곳에서 찾아볼 수 있다.

꿈을
살다

이들이 지지하고자 하는 바는 재능 있는 아이들을 발견하는 것이다. 아이들의 재능을 인식하는 것, 즉 그 아이들에 대해 형식적이든 비형식적이든 따로 분류를 해두고, 계속적인 지원과 교육과정에 있어 자율적인 선택권을 줌으로써 그들은 이 사회의 필요한 일꾼으로 성장하는 것이다. 만약 우리가 모든 아이들을 위하여 이러한 관점을 믿고 또 실행한다면, '보충수업, 또는 동기부여방식' 같은 교육의 필요나, 일선 학교에서 발견되는 딱딱한 훈련체제의 교육은 사라질 수 있을 것이다.

(…)

전 지역적으로 이뤄지고 있는 프로그램 시험운영과 벤치마킹의 움직임은 단연코 우리의 교수법에 귀중한 자료가 될 것이다. 그러나 단순히 이것만으로 아이들이 소속감을 느낄 수 있는 능력을 지니게 되었을 것이라고 생각지는 않는다.

어떤 공간성을 자각하게 된다는 것은, 그것이 그룹 내에서건, 교실 내에서건, 학교에서건 상관없이, 교육, 특히 환경교육을 증명하는 가장 확실한 표시가 될 것이다. 우리는 어린이가 어린이를 가르치는 교육법이나 컨퍼런스 모델이 변화의 작은 출발이 될 것임을 믿는다. 공간성에 대한 인식 없이는 어떤 사람도 진정으로 그 공동체와 그가 속해 있는 환경을 온전히 책임질 수 없다. 결국 이것은 우리가 젊고 늙었느냐, 도시에 사느냐 시골에 사느냐, 부유한지 가난한지, 어떤 문화권에서 왔느냐 하는 문제와는 전혀 무관함을 의미한다. 우리는 모두 숨쉴 수 있는 깨끗한 공기와 마실 수 있는 상쾌한 물을 필요로 한다. 효과적이고 인내하는 교육은 삶의 본질적인 가치를 습득하거나 지속시킬 수 있는 열쇠로 남을 것이다. 환경이 건강하면 우리네 삶도 건강해진다. 건강한 환경 없이는 우리의 삶도 존속될 수 없다.

환경은 현재에도 미래에도 변함없이 '하나' 일 것이다.

– 하나의 생명, 하나의 세계, 우리의 미래.

피터 싱어

Peter Singer

실천 윤리학의 거장으로 알려져 있는 피터 싱어 교수와는 이번이 두 번째 만남이다. 첫 번째 만남은 작년 2007년 5월 17일, 그가 한국을 방문했을 때 이루어졌다. 그 당시의 만남에 관한 이야기는 《인디고잉》 6호(환경 특집)에 실렸던 아래의 글로 대신하고자 한다. 그는 또한 자신의 글을 기고하기도 하였다.

하나뿐인 세계를 위한 윤리

– 피터 싱어 교수의 강연을 듣고 이슬아 ● ●

2007년 5월 17일 오후 2시. 때마침 수업이 일찍 끝난 나는 수업이 마치자마자 열심히 뛰기 시작했다. 아직 점심을 먹지 못한 상태였지만 내가 향한 곳은 식당이 아닌 어느 대학의 강의실. 선배로부터 우연히 피터 싱어 교수님이 내한중이라는 소식을 듣고는 발걸음을 그리로 재촉했다. 헉헉거리는 호흡을 가다듬으며 강의실에 들어갔는데 다행히 식전행사를 하느라 싱어 교수님의 이야기는 시작되지 않았다. 강연 원고가 적힌 리플릿을 우여곡절 끝에 한 부를 구해 손에 쥔 채 싱어 교수님의 강연을 경청하기 시작했다.

강연의 제목은 '하나뿐인 세계를 위한 윤리'. 저명한 윤리학자인 싱어 교수님은 기후 변화의 문제와 빈곤의 문제를 전 지구적 관점에서 다뤘다. 전혀 다른 문제처럼 보이는 두 문제는, 지구 전체 인구를 포함하는 범위로 도덕 공동체의 경계를 확장한다는 측면에서 연관이 있다. 단지 나의 삶을 충실히 살고, 그 밖의 일에는 관심을 갖지 않는 것은 도덕적으로 용납될 수 없는 부분이며, 그것을 확장시켜 생각하면 우리는 전 지구적 문제, 예를 들면 기후 변화, 빈곤, 기아, 가난 등에 관심을 가져야만 하며 그런 문제들을 해결하는 것은 지구에 살고 있는 모든 사람의 일이라는 것이 강연의 요지였다.

싱어 교수의 말은 너무 이상적이며, 이 담론을 현실에 적용시키기 위해서는 세계정부와 같은 권력형의 단체가 필요하지 않겠냐는 패널의 질문에 싱어 교수는 세계정부를 넘어서는 것이 필요하다고 이야기하는데, 그것은 많은 나라가 협의를 통해 여러 가지 원칙을 정하는 형태인 '협치'라 할 수 있다. 세계정부를 만드는 것은 또 다른 세력을 형성하는 것이고 하나의 커다란 권력 아래 새로운 형태의 위계질서가 생길 수 있으므로, 제도적인 차원에서의 '세계-협치'의 형태가 필요하다고 답했다. 특히 환경 문제는 촌각을 다투는 시급한 일이므로 새로운 기구를 창설하는 것보다는 강제성을 띤 협약을 통하는 편이 훨씬 효율적일 것이라는 일리 있는 지적이었다. 싱어 교수는 강연 내내 교토의정서에서 합의된 탄소배출권에 관한 문제를 자주 언급했는데, 이에 관한 청중의 질문도 있었다. 물론 선진국과 개발도상국(어떤 척도로 나눴는지는 알 수 없지만) 사이에 차이는 있지만, 탄소배출권을 거래하게 되면, 개발도상국의 경우는 그것을 팔기 위해 오히려 산업화를 지연하게 되어 삶의 질이 향상될 기회를 놓칠 수 있지 않느냐는 것이었다. 싱어 교수는 이에 대해, 대개의 개발도상국들은 자신이 필요한 양보다 훨씬 많은 탄소배출권을 갖고 있으므로 팔아도 산업화에 크게 지장이 없을 것이라는 답변을 했다.

그는 이번 강의의 원고나 청중들에 대한 답변을 포함하여 평소 여러 저작들에서도 많은 통계 자료와 수치를 제시한다. 부국이 빈국의 성장을 가로막고 있고, 전 지구적 가난에 대해서 개별 국가가 과연 무엇을 하고 있는지, 그리고 이 많은 문제들이 해결 가능하다는 가능성을 보다 설득력 있게 보여주기 위해 그러한 방법을 사용한다고 싱어 교수는 부연했다. 실제로 그가 객관적인 자료들에 근거해 제시하는 해결책은 터무니없이 크거나 작지 않다. 경제적인 원조나 여타 활동들을 통해 가난한 이들을 가난에서 실제로 탈출시킬 수 있는지에 대한 의문이 제기되자, 인간은 완벽하지 않으며, 우리는 100퍼센트의 확신 없이도 과감히 인류를 위한 행동을 시도할 필요가 있다고 일축했다.

강연내용도 물론 좋았지만, 무엇보다 그가 많은 사람들, 그리고 심지어 동물들의 고통을 세심하게 느끼고 세상을 정확히 인식하면서도 희망을 잃지 않는 점이 나를, 그리고 많은 사람을 감동시켰다. 기독교가 2,000년 동안 "네 이웃을 사랑하라"라고 부르짖고 주위에 도움의 손길을 뻗으라고 주장했지만 독실한 신자들조차도 그런 가르침을 실천하지 않는 세상에, 이런 철학의 담론이 과연 어떤 힘이 있다고 생각하냐는 질문에 싱어 교수는 웃으며 답했다. 우리는 2,000년 전보다 훨씬 나은 삶을 살고 있고, 우리 몫에서 단지 조금만 나누면 된다는 것을 인식하면 남을 돕는 일은 더 쉬운 일이 되며, 마태복음에서는 왼손이 하는 일을 오른손이 알지 못하게 하라고 이야기하지만, 실제로는 좋은 일을 하는 것을 알리는 편이 낫다고. 많은 사람들이 서로의 이웃을 도울 수 있도록 격려하는 일에 도움을 주기 때문이라는 논리였다. 그는 작든 크든 전 지구적 문제에 대한 관심과 도움이 궁극적으로는 지구를 더 좋은 우주별로 만들고 많은 사람에게 행복을 가져다줄 것이라고 확신하고 있었다.

그의 이론의 실천 가능성과 현실적 문제점 등에 관한 열띤 논의가 여러 번 오가고, 싱어 교수의 답변에 연신 고개를 끄덕이던 나는 강연이 끝나자마자 앞으로 달려나가 그에게 인사했다. 좋은 내용으로 강의해주신 것 정말 감사하고, 가슴 깊이 새기며 살아가겠다고. 당신과 비슷한 문제를 공감하고 각자가 속한 사회에서 많은 고민을 하고, 아름다운 세상을 꿈꾸는 젊은이들에게 가슴 뛰는 이야기를 해주실 수 있겠냐고. 《인디고잉》의 이메일 주소를 드렸고, 얼마 지나지 않아 답장이 왔다. 그렇게 해서 번역한 것이 뒷장의 원고이다. 난데없이 작은 여자아이가 뛰어와서 서툰 영어로 하는 부탁에 진심으로 응대해주었던 그의 미소는 그 어떤 이론보다도 위대하고 따뜻했다.

집에 돌아와 가만히 생각해보니, 그 많은 문장들보다 나의 뇌리에 강렬히 남은 것은 다른 사람의 질문에 진심으로 집중하던 그의 눈빛과 정장이 아닌 편안한 옷차림에 맞추어 신은 진한 남색의 캔버스 운동화였다. 이렇게 타인의 아픔에 공감하고 그에 대한 의견을 펼칠 수 있는 가장 큰 힘이 무엇이냐고 질문받자, 타인(동물의 경우도 마찬가지)이 고통 받는 것을 보노라면 내가 더 큰 고통을 느끼게 되어서 그런 상황을 견디지 못하는 것 외에 큰 계기는 없었다고 미소 지으며 이야기하던 그의 얼굴이 떠오른다.

피터 싱어와

비빔밥 박용준 ● ● ●

모피 코트를 입고 소고기를 먹는 동물보호 운동가?! 길에다 쓰레기를 버리는 환경운동가?! 10원도 기부한 적 없는 빈곤구제 운동가?! 이러한 표현은 뭔가 이상한 느낌을 주는데, 이러한 것을 두고 우리는 모순 또는 이율배반이라 부른다. 세상의 많은 사람들은 자신의 신념을 세상을 향해 외치고, 또 자신이 옳다고 믿는 바를 행동에 옮기며 살아간다. 이것이 개인적인 단위에서 이루어지는 것을 '실천'이라 하고, 여럿

이 함께 모여 실천하면 그것을 '운동'이라 한다. 이 실천과 운동은 앎과 실천의 조화 곧, 배운 지식과 나의 삶이 잘 어우러지는 것을 의미한다.

고대 그리스 시대에 실천이라는 것은 '잘 행위하는eu prettein'것을 뜻했고, 이것이 결국 행복eudaimonia으로 이어진다고 생각했다. 결국 이 실천이라는 것은 연대solidarity 안에서 이루어지는 태도와 행동이며, 사회적으로 습득된 지식이 인간의 실천적 삶과 조화를 이루는 것을 지식의 존립 근거이자 또 토대로서 생각했던 것이다.

지난 2007년 5월 17일, 피터 싱어 교수가 방한해 숭실대학교에서 '하나뿐인 세계를 위한 윤리'라는 테마로 강연이 열렸다. 이 행사는 한국철학회의 주최로 열리는 '제10회 다산기념 철학 강좌'로서 세계적 석학들을 초대해 그들의 철학과 생각을 듣고 또 공유하는 것을 목표로 몇 차례에 걸친 강연으로 이루어지는 행사다. (이 강좌 외에도 '윤리적 본질에 대한 이해', '동물은 왜 도덕적 고려의 대상이 되어야 하는가', '생사판정의 도덕적 기준은 과연 무엇인가'라는 주제로 강좌가 3회 더 열렸다.) 나는 여기서 강연의 내용적 측면이 아니라, 밖으로 드러난 외부적 모습에 대해 한 명의 강연 참가자로서 '그들 또는 우리'의 행사 진행과정에서 발생한 문제점들에 대해 몇 가지 언급해보고자 한다.

먼저, 사유의 공유와 실천의 문제이다. 또는 배려의 문제. "서울대 호암관에서 …… 싱어 교수는 식사 중 달걀을 입에 대지 않았다. '달걀공장에 갇혀 있는 닭들의 고통이 느껴진다'며 도올에게 꼭 공장에 가보라고 권유했다."(《중앙일보》) 그렇다. 피터 싱어 교수는 채식주의자vegetarian이다. 그는 자신이 제안하는 세상을 바꾸는 세 가지 방법 중 하나로서 채식주의자가 되는 것을 꼽을 만큼, 그는 채식의 필요성과 중요성을 논리적이면서도 매우 설득력 있는 이유로 우리에게 제안한다. 즉, 그에게 채식을 한다는 것은 취향(기호)의 문제가 아니라, 생존의 문제다.

숭실대 강연이 끝난 후, 나는 친구와 함께 피터 싱어 교수를 따로 만나 잠깐 이야기를 나눌 수 있게 되었다. 하지만 피터 싱어 교수는 여기저기서 사진을 같이 '찍어야 한다'는 부추김에 따라 정작 우리와는 몇 마디 나누지도 못했다. 그리곤 교수님들의 '보호'를 받으며 강당을 빠져나갔다. 그리고는 '숭실대학교에서 마련한 것으로 생각되는' 저녁식사의 자리로 이동하는 길을 잠깐 동행하게 되었는데, 우리가 발견한 것은 'ㅅㄷ 갈비 타운'이라는 커다란 마크와 함께 시뻘건 고기 사진이 붙어 있는 승합차였다. (이 믿기 어려운. 아니 믿고 싶지 않은 이 사태의 확인을 위해 식당에 직접 전화를 하여 그들이 식사를 하고 갔음을 확인했다.) 채식의 절대적 필요성과 동물보호의 소중한 가치에 대해 두 시간이 넘는 강연과 열띤 토론 끝에 갈비라니.

이러한 상황은 피터 싱어가 주장하는 '하나뿐인 세계를 위한 윤리'에 관한 사유를 함께 공유하고 또 그를 통한 공감을 사회적 실천과 운동으로 확장하기 위해 초대한 그에게 최소한의 배려조차 하지 않은 것으로밖에 풀이되지 않는다. 나쁘게 이야기한다면, 결국 피터 싱어 교수는 전혀 설득력을 가지지 못한 이론을 우리에게 설득하려고 헛수고를 한 것과 같다. 그가 주장하는 채식주의란 기호와 취향의 차원을 넘어선 하나뿐인 세계를 위해 절대적으로 요구되는(인간 그리고 지구의 생존을 위한) 윤리 중 하나인데, 그럼에도 불구하고 그의 강건한 주장은 결국 공허한 메아리에 지나지 않는 또는 사소한 취향(선택)의 문제로 치부되어버렸다. 이것이 취향의 문제라면 위의 상황은 간단하게 이해될 수 있다. 동물보호를 외치고, 채식을 주장하더라도 곧장 고기를 먹고 계란을 먹어도 아무런 문제가 될 것이 없다. 하지만, 싱어 교수가 이곳 한국까지 와서 주장하고자 했던 것은, 또 싱어 교수를 이곳 한국까지 초대하여 우리가 공유하고자 했던 것은 위기를 맞은 지구 속에서 올바로 살아가기 위한 윤리의 절박함에 대해 함께 이야기하고, 또 실천에 옮길 수 있는 방안을 모색하고자 했던 것 아닐까? 우리의 이런 지식과 실천에 있어서의 모순이야말로 '이 시대에 윤리적으로 살아가기'라는 강연의 제목을 무색하게 만드는 주범이 아닐까?

설사 이것이 취향의 문제일 수도 있다고 가정한들 사정은 그리 달라지지 않는다. 입장을 바꿔 생각해보자. 당신은 달팽이를 먹어본 적도 또 먹고 싶지도 않다. 그런데 프랑스인 친구가 나를 대접한다고 프랑스에서 가장 유명한 정통 달팽이 요리집으로 데리고 갔다고 해보자. 당신은 어떤 기분이 들겠는가? 자기중심적이라고 해야 할까, 아니면 배려라고 생각해야 할까? 우리는 항상 윤리와 규범을 배우고 또 몸에 익히지만, 진정 윤리적으로 '살아간다'는 것, 또 생각한 것을 '실천한다'는 것이 얼마나 어렵고 또 소중한 가치인지를 다시금 생각하게 된 계기가 되었다.

그런데 문제는 여기서 그치지 않았다. 피터 싱어 교수는 매년 자신의 소득 중 20퍼센트를 옥스팜을 비롯한 기아해소 활동과 동물보호를 위해 기부하는 '행동하는 철학자'로 정평이 나 있다. 싱어 교수의 철학에 관심이 있어 그 자리에 참석할 정도의 사람이라면 옥스팜에 대해서는 누구나 충분히 알 수 있는 단체가 아닌가? 한 학생이 싱어 교수에게 질문을 했다. 옥스팜과 같은 단체에 대한 기부활동의 의미에 대해 물었는데, 통역자가 되려 질문을 던졌다. "저기 아까 예를 드셨는데, 그 기구 이름이 뭐죠? 옥스팜? 옥스팜이 뭐죠?" 옥스팜이 도대체 무엇인지도 모르는 사람이 '이 시대에 윤리적으로 살아가기—피터 싱어' 강연의 통역을 한다고? 통·번역은 단순한 언어능력의 문제가 아니라며 대한민국 인문학계에서 만날 불평불만을 늘어놓으며 전문 번역가의 필요성을 침이 마르게 강조하던 그들의 모습이 생각나 나도 모르게 피식 웃음이 났다.

부끄럽지만, 몇 가지만 더 이야기해야겠다. 단상 위에 앉은 패널 중 한 교수는 자신의 질문의 시작을 "사실 어제 싱어 선생님의 글을 읽었습니다"라는 말로 입을 열었다. 원고를 어제 읽었으니 질문이 좋을리 만무하지 않느냐? 실제로도 청중들의 질문이 훨씬 탁월하고 좋았다. 그 교수의 질문은 싱어 교수의 원고 첫 문장도 제대로 읽지 않은 듯한 느낌을 여지없이 드러내주었다. 그 내용은 이렇다.

"이 강연에서 나는 …… 이 문제들을 해결하기 위해서, 우리는 우리 자신의 국가 구성원들뿐만 아니라 우리 지구의 전체 인구들을 포함하는 경계들을 확장할 필요가 있다."(제2강연, 〈하나뿐인 세계를 위한 윤리〉 중에서)라는 문장으로 시작하는 원고에 대해 이 패널 교수는 "한국 정부가 미국의 카트리나 피해자들에게 300억을 지원하던 때에, 국내의 결식아동을 위해서는 146억의 예산을 지원하는 것을 이해할 수 없었으며, 전혀 모르는 사람들total stranger인 국내의 '우리our own people' 아이들에게 왜 더 작은 돈을 지원하는지 이해할 수 없다."며 싱어 교수에게 물었다. 피터 싱어의 대답은 명백했다. "나는 당신이 그 결식아동 중 도대체 몇 명이나 알고 있는지 오히려 묻고 싶으며, 당신이 말하는 전혀 모르는 남total stranger의 정의가 종족주의tribalism적으로, 또는 인종주의적으로 정의가 내려지고 있는 듯하다면서, 그것들을 뛰어넘는 범주의 윤리를 나는 주장해왔고, 또 지금도 주장한다"고 답했다. 여러분은 여기서 어떤 생각이 드는가? '준비되지 않은 패널'은 '길에다 쓰레기를 버리는 환경운동가'와 같은 어색한 형

용사와 명사의 결합과 마찬가지 아닌가. 이 모순이 우리의 자화상이 되어버릴 수도 있을 거라 생각하니 괜히 우울해졌다.

이것 외에도 많은 것들이 나에겐 불만스러웠지만, 이렇게 몇 가지만 간략하게 지적하고 끝내려 한다. 이 글이 나의 개인적인 푸념으로 끝나버리는 것을 나는 결코 용서할 수 없을 것 같다. 귀한 지면을 빌려 이렇게까지 내가 글을 쓸 수밖에 없었던 것은, 나의 이 비판과 반성이 결코 공허한 메아리에 그쳐서는 안 된다는 내 양심의 목소리에 귀기울이고자 한 스스로에 대한 배려이자 곧 실천이다.

누가 환경오염을 책임질 것인가?
-변화를 일으키는 세 가지 쉬운 방법 피터 싱어 ● ●

더 나은 세계를 만들기 위해 뭔가를 하고 싶으세요? 여기 세 가지 방법이 있습니다.

1 │ 세계의 가장 가난한 사람들을 위해 무언가를 하라

정말로 도움이 필요한 사람들을 돕기 위해 당신의 수입 중 남는 일부를 기부하라. 나의 경우 옥스팜Oxfam을 지속적으로 후원한다. 옥스팜은 후진국들의 지역의 풀뿌리 단체들과 직접적으로 연대하여 함께 일하고, 부정부패와 자본의 남용이 일어나지 않도록 후원금이 사용되는 과정까지도 감독하는 단체다. 많은 나라들이 활동하고 있는 옥스팜 단체로 연결되는 링크가 있다. 옥스팜은 호주, 벨기에, 캐나다, 프랑스, 독일, 영국, 홍콩, 아일랜드, 네덜란드, 뉴질랜드, 스페인, 미국, 그 밖에 언급이 안된 여러 국가에서 활동하고 있다. (http://www.oxfam.org)

2 │ 동물을 위해 무언가를 하라

대규모 공장식 축산을 함으로써 동물들이 겪는 고통만큼 커다란 고통을 불러일으키는 시스템은 인간사회 내엔 존재하지 않는다. 지금 이 순간에도, 몇십억 마리의 동물들이 사지를 뻗지도, 몸을 돌리지도 못할 정도로 작은 우리에 갇혀 있다. 동물들은 커다란 우리에 수만 마리씩 갇혀서는 신선한 공기나 햇빛조차 한 번 느껴보지 못한 채 갇혀 있다. 이러한 무자비한 생산구조에 대한 반대운동을 하라. 대규모 공장식 축산의 방식으로 생산된 고기, 달걀, 유제품을 사지 말고, 더 나아가 채식주의자가 되라.

3 │ 지구의 환경을 위해 무언가를 하라

개개인이 배출하는 이산화탄소 양을 줄이자. 공공교통을 이용하고, 가능한 한 걷거나 자전거를 타라. 만약 정말로 운전을 해야 한다면, 연료 효율이 좋은 차를 타라. 그리고 공장식 축산법은 엄청난 양의 화석연료를 사용하면서 자연을 황폐화시키는 생산방식이라는 것을 기억해야 한다. 그러므로 동물들을 먹지 않는 것은 화석연료 방출량을 줄여줄 것이고, 그것은 당신의 책임이 미치는 범위 내의 일이다.

이 세 가지 지적은 모두 윤리적인 책임을 다하는 삶의 방식에 관한 것이다. 꼭 시도해보길 바란다. 그러면 이것들이 당신의 인생에 더 깊은 의미를 준다는 것을 알게 될 것이고, 지루함을 없애는 데도 크게 도움이 될 것이다. 이 세상에는 해결되어야 하는 일이 언제나 많이 존재한다. 그리고 다른 이들에게 당신이 무엇을 하고 있는지 알려라. 하지만 설교하려고 하거나, 자신만이 옳다는 태도를 가져선 안 되며, 그것을 맹목적으로 밀어붙여서도 안 된다. 그런 태도는 거부감을 느끼게 할 뿐이다. 하지만 그러면서도 모범을 보이는 것에 대해 부끄러워하지 말고, 당신이 무엇을 하는지 다른 사람들이 알 수 있는 기회를 만들고 그것을 이용하라.

2008년 2월 21일, 오후 2시 30분, 호주 멜버른 대학교 교정

피터 싱어(이하 싱어) : 다시 만나서 반가워요.

박용준(이하 용준) : 네 다시 뵙게 되어서 정말 반갑습니다.

멜버른 대학에 가기 전 시장에 들러 꽃 한 다발을 사갔다. 지섭이의 센스!

싱어 : 모두 반가워요. 오, 꽃을 주다니 정말 고마워요. 호주를 돌아다니고 있다고 그랬죠?

용준 : 네, 보다 정확히 말하면 세계를 돌아다니고 있다고 말하는 것이 더 적절한 표현일 것 같습니다. 호주는 저희 여정의 여섯 번째 방문 국가이구요, 오늘 밤 다시 한국으로 돌아갑니다. 사실 오늘이 정확히 저희가 이 여정을 시작한 지 1년이 되는 날이에요.

싱어 : 어서 빨리 집에 돌아가고 싶겠어요? (웃음)

용준 : 네. (웃음) 자, 그럼 어디 가서 앉아서 이야기하면 어떨까요?

싱어 : 그래요. 어디가 좋을까요? (푸른 나무 아래 그늘진 곳을 가리키며) 저기 어때요?

피터 싱어 교수님께 선물을 드렸다.

그러고 나선 잡지를 보여드렸는데, 표지 그림이 너무 좋다며 반가워하셨다. 우리가 가져갔던 《인디고잉》 6호의 표지 그림은 윤호섭 선생님의 작품 티셔츠('고래 포획 금지Stop Whaling'라는 문구가 그려진 티셔츠가 찍힌 사진)가 담겨 있었다. 북페어에 관한 소개를 하고, 그 과정에서 브라이언 파머 교수를 만났다는 말씀에 더욱 즐거워하셨다. (피터 싱어 교수는 브라이언 파머 교수가 하버드 대학교에서 진행하던 '개인의 선택과 전지구적 변환'의 강의에 초대되었다.) 또 이번 호주 방문에서 만난 환경운동 단체들을 소개했더니 흥미 있어 하셨다. 그리고 우리가 가져갔던 책에 사인도 해주셨다.

용준 : 요즘도 바쁘시죠? 책도 쓰시고 하셔서 바쁘시겠던데요?

싱어 : 그렇죠. 세계 빈곤과 그에 대한 우리의 대처는 어떠해야 하는지에 관한 책을 쓰고 있습니다. 꽤 바쁘게 지내고 있어요.

용준 : 사실 이 북페어의 여정이 쉽지만은 않은데요. 지구 곳곳에 숨겨져 있는 혁명가들을 찾아나서기 때문이지요. 또한 그들은 사회적 명성과 권력을 지닌 지도자이기보다는 옳고 정의로운 일을 함에도 권력과는 거리가 먼 사람들이 많았는데요. 그래서 그들의 움직임이 결코 수월하게 이루어지는 것만은 아니었습니다.

물론 사회가 그들을 완전히 저버렸다고는 할 수 없겠지만, 그들이 마음껏 꿈을 펼칠 수 있는 기회를 사회가 혹은 지구가 전폭적으로 지지해주지는 않았습니다. 그런 의미에서 사람들로 하여금 이러한 일들이 왜 중요하며, 왜 반드시 요구되는 것인지를 알리고 설득하는 것이 쉽지만은 않다는 것을 느꼈습니다. 그런 의미에서 이 인류 전체를 대상으로 환경 운동의 필요성을 설득할 수 있는 가능성이 있을까요?

싱어 : 제 생각엔 그 문제에 대한 마술 같은 해결책은 없겠지요. 하지만 우리는 우리가 할 수 있는 무언가를 할 필요가 있다고 생각합니다. 환경문제에 대해 이야기하고, 글을 쓰고, 또 정치적인 실천이나 환경운동 등을 생각해볼 수 있을 것 같습니다. 이것은 지속적인 투쟁입니다. 쉬운 해결책은 없다고 생각합니다.

용준 : 네, 맞습니다. 하지만 그러한 투쟁 속에서도 일종의 소통의 방법이 있어야 하지 않나 생각하는데요. 예를 들면, 지구온난화라는 환경문제는 지금 아주 명백히 벌어지고 있는 사실임을 누구나 쉽게 알 수 있습니다. 그런데 그와 관련한 움직임들을 찾기란 쉽지 않다는 것이 문제가 아닌가 합니다. 모두가 인식은 하고 있지만, 충분히 많은 사람들이 그러한 운동에 동참하고 있다고 보기는 어려운 것이 사실입니다.

싱어 : 그래도 이 지구상의 어떤 누군가는 반드시, 혹은 어떤 정부적인 차원에서도 변화를 이끌어내고자 하는 움직임이 있다고 생각합니다. 지난해, 이곳 호주에서는 선거가 있었는데요, 호주 정부는 이제야 교토의정서에 서명했습니다. 이러한 움직임은 지구온난화와 관련지어 생각해본다면 매우 긍정적인 움직임이라 할 수 있습니다. 그리고 미국 대선에서 맥케인, 오바마, 클린턴 중 누가 되더라도 현 부시 정부보다는 환경 문제에 대해 훨씬 많은 관심을 기울일 거라는 추측이 가능합니다. 이런 식으로 우리는 현재 많은 진보를 이루어내고 있다고 생각합니다. 물론 보다 많은 사람들이 환경보호운동에 참여해야만 하는 것은 분명한 사실이지요. 옳은 이야기입니다.

용준 : 그렇다면 환경 문제를 예로 들자면—여기 우리 팀이 호주에 온 이유도 환경운동가를 찾아서 온 것이기도 한데요—환경오염이라는 것은 분명 전 지구적인 문제임에도 환경운동은 국지적으로 일어나는 경우가 많은 것 같습니다. 그래서 그것이 전 지구적인 운동으로 확장되어야 할 필요성에 대해서는 어떻게 생각하시는가요?

싱어 : 그럼요. 하지만 호주인들은 전반적으로 기후 변화에 많은 관심을 가지고 있다고 할 수 있습니다. 왜냐하면 아무래도 근래에 있었던 심각한 가뭄 때문일 수도 있겠죠. 그래도 충분히 많은 사람들이 전 지구적 차원에서 환경문제를 보고자 하는 의식을 가지고 있다고 생각합니다. 기후 변화가 전 지구적 차원의 문제임은 누구도 의심할 여지가 없다고 생각합니다. 그렇기 때문에 누구든지 그 문제에 대해서는 무언가를 해야 하는 거죠. 나아가 모든 국가들이 함께 변화를 만들어가는 것도 필요합니다.

아람쌤 : 문제의 범위를 환경의 범위보다 조금 넓혀서 보자면, 저희가 지난주에

남아공 케이프타운에서 머물면서 시간을 보냈는데요. 그곳엔 정말 극명한 빈부의 차이가 있었고, 동시에 사회참여에 있어서 기회 불균등 문제도 심각하였습니다. 물론 저희가 갔었던 프랑스, 콜롬비아, 네팔 등 각각의 사회는 그들만의 문제 상황이 있었죠. 그런데 우리가 놓인 상황은 이렇게 다 달랐지만, 우리가 추구하는 '휴머니티'라는 것에 포커스를 맞춘다면 어떤 것이 저희 북페어에 가장 중요한 논점이 될 수 있을지, 또 교수님께서 제기하고픈 문제의식이 있으시다면 제의해주실 수 있는지요.

싱어 : 제가요? (웃음) 음, 제가 제안을 한다면 『실천윤리학』을 비롯한 여러 저서들에서도 언급한 바 있지만, '모두를 위한 평등한(균등한) 관심'의 철학적 개념 정립을 들 수 있겠습니다. 그래서 이것을 일종의 키워드로 활용할 수 있다고 생각합니다. 물론 이런 개념적 정립 못지않게 중요한 것이 사람들을 끌어들이고 또 변화를 일으킬 수 있도록 하는 것이 중요한 것이겠지요.

아람샘 : 그러면 선생님께서 갖고 계시는 '평등한 관심'의 개념적 정의를 내려주신다면요?

싱어 : 저에게 '평등한 관심'은 가장 기본적인 철학적 원칙입니다. 물론 그것이 모두가 같이 평등하게 된다는 것을 의미하지는 않습니다. 방금 아프리카에서의 빈부격차를 말씀하신 것처럼, 모든 인간이 완전하게 평등하게 될 수 있다고 생각하지 않아요. 하지만 중요한 것은 극도의 가난에 처한 이들로 하여금 그러한 극심한 상황으로부터 최소한 벗어날 수 있도록 돕는 것입니다. 인간의 가장 기본적인 삶의 조건들을 의미하는 것들이기 때문이죠.

사실 모든 인간에게 있어 타인에게 관심을 기울이는 것은 쉽지 않은 일임은 분명합니다. 우리는 각자의 생존 이외에 것들은 일종의 짐으로 여기기 때문이죠. 하지만 평등의식이라는 것이 사람들의 의식 속에 있게 된다면, 변화가 시작될 거라 생각합니다. 그래서 모두가 실질적으로 똑같은 삶을 영위할 수 있게 하기 보단, 극도의 가난에 있는 사람들을 그 상황으로부터 벗어나게 하는 최소한의 노력이 필요하다는 입장

꿈을
살다

입니다.

용준　：　그렇다면 상대적인 맥락에서의 평등은 용인하는 것이라 할 수 있나요?

싱어　：　글쎄요. 상대적 평등을 용인하는 주장이라고는 생각하지 않습니다. 왜냐하면 호주에도 아주 극심한 상대적 불평등은 있어요. 하지만 모든 사람들이 최소한의 생존수준을 넘어서는 삶을 살고 있죠. 이곳엔 극도의 가난 속에 살아가는 사람은 없다고 생각합니다. 그러한 맥락에서 절대적인 기준에서 볼 때 극도로 가난한 삶을 살아가는 사람들에게 기초적인 필요조건들을 충족시켜주는 데에 초점을 맞추자는 주장이라고 볼 수 있습니다. 음식, 거주지, 기본적 의료보험 그리고 교육에서의 권리 등과 같은 본질적인 요소들에 관심을 기울이자는 것이죠.

아람샘　：　선생님이 지난번에 한국에 오셔서 강연하신 내용에서, 지구환경을 보호하는 방법 중 똑같은 호수를 파이처럼 쪼개서 각자의 역할을 맡아가는 방법이 실질적으로 전 지구적인 법제화가 가능하려면 우리 젊은이들이 어떤 것에 초점을 맞춰야 할까요?

싱어　：　젊은이들은 나와 같이 이전의 나이든 세대들이 양산한 실수들의 결과들을 경험하면서 살아가게 될 사람들입니다. 그리고 아마 이런 실수를 용납하기도 쉽지 않을 겁니다. 나아가 우리와 같은 이전 세대의 사람들이 또 다른 변화의 발자국을 내딛기까지 이 시대의 젊은이들이 10년, 20년 기다려야 할 필요도 없는 것이지요. 왜냐하면 이 지구의 미래라는 것은 바로 그들이 살아가고, 거주할 곳이기 때문입니다. 그래서 젊은이들은 우리와 같은 이전 세대 사람들을 향해 지구를 오염시키지 말고, 깨끗하게 물려달라고 말할 권리가 있는 거죠. 그렇게 자신들의 목소리를 내기 위해서는 시급하고, 강력한 실천이 요구될 거라 생각합니다.

아람샘　：　마지막으로 우리 같은 젊은이들이 이렇게 국제적인 북페어와 전 지구적 연대를 준비하는 팀에게 격려의 말씀을 해주신다면요?

싱어　：　타인을 위한 실천을 실행에 옮기는 것은 정말 중요하다고 생각합니다.

여러분이 그들을 직접 가서 만났고, 또 그들이 가진 여러 생각들을 공감하고 또 공유하는 것도 중요하지만 그 다음이 더 중요하죠. '함께 모여서 어떠한 변화가 일어날 것인가?' '타인을 위해 우리는 무엇을 할 수 있을까?'와 같은 문제 의식인거죠.

제가 작년에 한국을 방문해서 한 여러 강연에서도 언급한 바 있지만, 한국이라는 나라가 해야 할 일들은 이제 정말 많아졌다는 겁니다. 한국은 이제 경제력이 충분히 강해졌고, 그러면서 그러한 빈곤한 계층을 위한 원조의 차원을 보다 넓혀서 환경문제에도 관심을 갖고 변화를 만들어내야 한다는 거죠. 그래서 여러분들도 북페어에 전 세계의 많은 이들을 초대하는 것과 함께 실천적인 발자국을 내딛는 데에도 힘써서 세상을 바꾸는 데 큰 역할을 해주길 바랍니다.

용준 : 오늘 귀한 시간 내주셔서 감사드립니다.

싱어 : 이렇게 멀리까지 와서 저를 만나다니, 저도 영광입니다. 감사합니다.

멜버른의 기억,
아름다웠던 그 별밤, 그리고 보름달 정재윤 ● ● ●

차 경적 소리도 없고, 오토바이 소리도 없고, 번쩍대는 간판도 없던 고요한 한밤중, 용준 오빠, 지섭 오빠, 그리고 소연 언니랑 조용조용히 내일 있을 인터뷰 준비를 위해 자그만 방에 모여, 공부했던 그 순간이 떠올라요.

너무 잠이 와서 정신 놓기 1초 전에 팀장님이 외치는 소리, "할 수 있어, 할 수 있어어~."

북페어 1차 준비의 마지막 코스인 호주 멜버른의 여정을 마치고 한국으로 돌아온 오늘. 지금 저는 배리 매닐로의 〈당신 없인 웃을 수 없어요〉를 들으며 후기를 씁니다.

이 노래는 저한테는 일종의 호주 로고송이나 다름없네요, 시원한 바람을 맞으면서 탁 트인 멜버른 도로를 달리는 기분이에요.

멜버른은 조용하고, 한적하고, 느긋한 도시여서, 처음엔 짜고 맵고 화끈하기보단 조용하고 고요한 그곳이 낯설어서 쉽게 '재미없다, 심심하다'는 말만 늘어놓았는데, 우리들의 그런 한 마디 한 마디가 서로의 에너지를 빼앗고 있었다는 걸 몰랐던 것 같아요. 그날 밤 선생님이 하셨던 말씀 듣고 많이 반성하고 또 후회도 했어요.

멜버른의 호흡에 맞춰 내 숨을 가다듬고, 그 흐름이 점점 내 몸에 딱 맞춰질 때쯤엔 이미 공항으로 갈 준비를 하고 있었지요. 보름날, 하늘을 뒤덮은 밝은 달도 너무 예뻤지만, 조그만 별들이 더욱 따뜻하게 아름다웠던 그 별밤은 정말 잊지 않을래요.

저녁 바비큐 파티 뒷정리를 다 끝내고 다들 즐거워서 부산스러울 때, 소연 언니랑 원모 오빠랑 셋이서 북페어 얘기를 하다가 "지금 행복하니?" 하고 오빠가 물었고 나는 "네?" 하고 되물었죠.

"아니면 행복했었니?" 하고 오빠가 다시 물어봤었죠. 어물어물 대답도 제대로 못하고 순간이 지나가긴 했지만, 그 짧은 순간에 이상하게 아무 소리도 들리지 않았던 기억이 나요

멍 했어요 그냥. 그날 오후엔 말로만 듣던 피터 싱어 교수님을 만났고, 마침 제가 꽃을 들고 있어서 직접 인사를 하며 꽃을 드렸고 캠퍼스에서 짧게 인터뷰를 했죠. 《인디고잉》과 '하나뿐인 세계를 위한 윤리'라는 강의 프린트를 통해서만 만났던 피터 싱어 교수님. 편안하지만 힘이 있는 표정을 계속 보고 있으니 좋은 사람이라는 확신이 들었어요. 정말 멋진 할아버지였어요!

잔디밭 위에서 맘껏 뒹굴고, 물새들한테 포도랑 피스타치오 연신 던져주고, 카메라로 팀원들 장난치는 사진도 찍고, 엄청나게 큰 정원에서 뛰놀던 순간들, 너무 즐거웠어요. 맨발로 잔디 밟는 느낌이 오- 이런 것이었다니!

그리고 그 전날엔 CERES를 한 바퀴 돌며 인터뷰를 했고, 비가 많이 내릴 때쯤

피터
싱어

엔 콜링우드 어린이 농장엘 갔었죠.

커다란 새가 푸드덕거리면서 날아오르고, 새끼고양이를 바로 옆에서 쓰다듬기도 하면서 너무나 유쾌하고 즐거운 할머니와 인터뷰를 했어요.

말이 사는 곳에 쳐진 울타리에서 손을 내밀자 말들이 아무렇지 않게 내 쪽으로 다가오고, 그중에서 제일 작은 말의 머리를 쓰다듬어 줄 때의 행복한 느낌이란! 다른 말들이 다시 먹이를 먹으러 되돌아갔을 때도, 그 작은 말은 우리가 다 갈 때까지 물끄러미 그 자리를 지키며 우리를 바라보고 있었죠. 그 크고 맑은 눈망울이 아직도 떠올라요. 호주 가기 전 『걸리버 여행기』를 읽어서 그랬는지는 잘 모르겠지만 그 순간은 그냥 나도 어린이가 된 것 같았죠.

독특한 향이 인상적이었던 '지구의 친구들'을 만나러 서점에 들어갔을 땐, 멜버른 사람들이 그냥 편안하게 그곳을 들러 유기농 채식 식사를 하며 책을 읽기도 하고 친환경 물건을 구경하기도 하고, 또 사가기도 하는 모습이 너무 보기 좋았어요.

적다 보니 여정이 거꾸로네요.

콜롬비아나 남아공과는 달리 너무나 평화로운 호주에서는, 글쎄요, 불타는 열정? 온몸으로 느껴지는 절실함? 이런 것들이 느껴지지 않아서 '이곳은 아픔이 없는 점이 아픔'이라며 농담하기도 했지만, 대체 무슨 이유로, 대체 어떤 운명의 장난으로 호주의 누군가는 하고 싶은 공부를 하며 가족과 오랜 시간을 즐겁게 보내는 데 쓰고, 한국의 누군가는 새벽부터 한밤중까지 원하지 않는 경쟁의 한가운데에서 괴로워하고, 콜롬비아의 누군가는 아무런 죄도 없이 가족을 눈앞에서 잃고 또 폭력과 불안 속에서 살아야 하는지, 이런저런 생각이 많이 났던 것 같아요.

함께 호주에 다녀온 사람들 모두 수고하셨습니다. 쉴틈 없이 계속 해외를 다닌 팀원분들은 특히 더요.

호주 여정 내내 상큼한 민트색, 그리고 너무 예쁜 파란색이셨던 아람샘. 장난스럽게 함부로 내뱉는 말과 행동이 때로는 타인을 더 아프게 만든다는 것, 그래서 더

꿈을
살다

조심하기. 신중하게 표현하기. 샘이 하신 말씀 잊지 않을게요. 저도 진심이 아닌 표현은 하지 않을래요. 매사에 매순간에 모두에게 진심으로 살게요.

천하무적 소화기관 팀장님 용준 오빠. '할 수 있어! 할 수 있어!' 그리고 '음식 남기는 건 죄악이야 죄악!'이라는 말, 계속 귀에 맴돌아요. 왠지 항상 든든한 우리들의 팀장님, 정말 고맙습니다.

유쾌함과 진지함의 오묘한 조화, 지섭 오빠. 피터 싱어 교수님 드리려고 챙긴 필통에서 비닐포장 뜯어낸 센스! 다들 무심했을 사소한 것 신경 쓰신 것 정말 멋있었어요.

호주 여정 통해서 더 많이 알게 된 원모 오빠. 오빠의 진지한 이야기들이 크게 다가온 순간이 많았던 이번 여정.

거의 모든 시간 대부분 같이 다닌 소연 언니. 키만 큰 어린이 하나 데리고 다닌다고 수고 많으셨어요. 난 언니가 힘들어할 땐 그냥 옆에 가만히 있어주는 것 말고는 할 수 있는 게 없어서 죄송했어요. 밝고 즐겁고, 그래서 만나면 기분 좋은 소연 언니, 나도 언니에게 그런 동생이었으면 좋겠어요.

한결 오빠는 웃는 게 너무 좋아요. 보는 사람에게 전염되는 웃음인 것 같아요.

꾸벅꾸벅, 잠이 오네요. 짧고 굵게 쓰고 싶었는데 자꾸만 할 말이 생겨서 결국 엄청나게 긴 글이 되었네요.

모두 정말 고마워요

호주 멜버른,
정말 좋았어요. 많이많이

닫는 글

2007년 2월 1일, 그 시작

2006년의 크리스마스 파티를 즐겁게 마무리하고 난 이틀 뒤 12월 17일 수요일 저녁 8시. 우리 모두는 아람샘 집에 다시 모였다. 아람샘 졸업생들로 이루어진 주주총회의 모임이 있었기 때문이다. 그날 아람샘께서는 중대한 발표가 있을 것이니 마음의 준비를 단단히 하고 오라 하셨다. 하지만 사실 연말이기도 했고, 또 크리스마스 파티도 신나게 치렀던 터라, 우리는 크리스마스 파티 뒷풀이에 오듯 가벼운 마음으로 하나 둘 모여들었다.

그래, 아람샘의 폭탄선언이 있었던 것은 바로 이날 저녁 아람샘 집 식탁에서였다. 나는 그때 스파게티를 만들고 있었던 것 같다. 그러던 중 아람샘은 난데없이 인디고의 이름으로 국제적인 북페어(그 당시 우리는 북페어의 정확한 개념조차 몰랐던 상태였다)를 열자고 제안하셨고, 우리는 어안이 벙벙했다. 마치 영화 속 한 장면처럼, 나는 스파게티 면발을 볶다 말고, 지섭이는 냉장고 문을 열다 말고, 또 슬아는 물을 마시다 말고 서로를 멀뚱멀뚱 쳐다만 보았다.

북페어라면 책을 사고파는 박람회 같은 국제적인 행사일 것인데, 왜 이러한 상업적인 행사를 갑자기 하자고 하시는 걸까. 도대체 북페어란 무엇이며, 우리는 이 세계적인 행사를 왜 하려고 하는가. 우리는 그날 결국 끊임없이 제기되는 의문들에 대한 해답을 찾지 못한 채 헤어졌다. 북페어라는 커다란, 그리고 묘연한 환상만 머릿속에 간직한 채.

그때 우리 손에 하나 둘씩 들려 있었던 책은 『평행과 역설』, 그리고 『돈키호테』.

닫는 글

새해가 밝았고, 그 사이 한 번 더 있었던 회의를 통해 우리는 그 의미와 형태는 아직 불투명하지만 이 새로운 프로젝트에 함께하고자 하는 사람만 다시 모이자 약속했다. 그렇게 시간은 흘러갔지만 우리는 여전히 입 속에서 '북페어, 북페어, 북페어'만 되뇌고 있었다. 그리고 한 달 후, 2월 1일 목요일, 우리는 주주총회를 통해 다시 만났다. 이날의 안건은 주주총회라는 이름이 가진 모종의 권력으로부터 벗어나 어떻게 하면 주주의 이름으로 자체적인 생산성을 갖고, 창의적인 행사들을 만들 수 있을 것인가에 대한 '주주총회의 미래'에 대한 고민에서 시작된 것이었다.

이때 모인 인원은 총 6명. 군건한 의지와 열정으로 모인 우리는 적은 숫자였지만 나름대로 정예의 멤버라며 서로를 격려했다. 그리고 시작된 회의. 우리는 인디고 서원이 앞으로 나아가야 할 모습을 그려가다 자연스럽게 북페어에 관한 이야기로 넘어왔다. 뭐랄까, 이것은 마치 운명과도 같은 시간이었다. 누구도 그 이유를 찾고자 하지 않았고, 그럴 이유도 느끼지 못했던 것 같다. 한 사람과 사랑에 빠지게 될 때, 이유를 묻지 않는 것과 같이. 하지만 이것만큼은 분명했다. 우리는 열정에 가득차 있었고, 세상을 바꿀 만한 그 무언가가 이 세상에 반드시 새로 태어나야만 한다는 것에 대한 희망과 신념을 공유하고 있었다. 돌진하는 돈키호테의 아이들처럼.

그래서 우리는 구체적으로 그림을 그려나갔다. 하나씩 하나씩 그리고 천천히. 우리는 이곳 대한민국 부산에서 『돈키호테』, 『어린왕자』, 『모리와 함께한 화요일』 등의 책을 읽고 함께 토론하면서 지구 반대편의 친구들은 어떤 책을 읽고, 어떤 꿈을 꾸고 있을까, 그 친구들이 좋아하는 책은 무엇일까? 그들이 아름답다고 여기는 삶의 방식은 어떤 것일까? 등 수없이 쏟아져 나오는 질문들 속에서 우리에게 주어진 마지막 질문은 바로 "그렇다면 우리는 과연 무엇을 할 것인가?"였다.

선별된 책을 분류하고 나열해서 그것들을 사고파는 자본 중심적인 시장Fair이 아니라 인간의 문화와 정신을 서로 교통하고 또 공유하는 새로운 소통의 장에 대한 **열망**. 어느 누구도 경험해보지 못한 인문학적 소통의 그라운드를 창조적 열정creative passion 하나로 만들어보자는 **의지**. 우리처럼 건강한 젊은이들이 두려워할 것이 뭐가 있겠냐며, 이 창조적 열정만으로도 불가능을 실현시키는 사건을 한 번 만들어보자는 **용기**. 그래서 이렇게 평범한 우리가 불가능한 꿈을 이룬다면 우리야말로 세상의 많은 이들에게 희망의 증거가 될 수 있지 않겠느냐는 **소망**. 나아가 이 프로젝트를 통해 각자의 삶이 아름다운 하나의 예술 작품이 될 수 있다면 얼마나 좋을까 하는 **꿈**.

이러한 우리의 목소리들이 서로 어우러져 세상에 없던 하나의 꽃을 피워내고, 전 지구적인 변화의 물결을 만들자는 원대한 꿈은 이렇게 탄생했다. 그래서 우리는 한 글자 한 글자 우리 프로젝트의 기획 의도와 진행 방식을 또박또박 적어 내려갔다. 물론 시간이 흐르면서 그 내용과 방향은 사람살이와 같이 새롭게 변화하고 진화했지만, 처음 그때의 강렬했던 의지가 담겨 있던 이 문장들은 거칠고 투박하지만, 그 열정만은 순수하게 녹아 있다.

머칠 후, 2월 18일

우리는 짐을 싸서 무작정 일본으로 떠났다. 미래의 운명은 오직 우리의 발걸음이 향하는 곳에 맡기고서.

2007년 2월 20일 화요일, 저녁 식사를 하며

우리는 6개 대륙을 각자 나누어 맡았고, 우리가 만나고 싶었던 사람들의 이름을 하나씩 하나씩 적어보았다. 윌리엄 코퍼스웨이트, 프랜시스 무어 라페, 토비 놀란, 르 클레지오, 노엄 촘스키, 오르한 파묵, 리처드 용재 오닐, 대니얼 바렌보임, 얼 쇼리스, 파스칼 키냐르, 피터 싱어, 아룬다티 로이, 마튜 르 루, 마크 라이너스, 미하일 칙센미하이, 대니 서 등. 하지만 이후 우리는 선정 기준을 다시 정비해야만 했다.

2007년 2월 24일 토요일 낮 12시, 인디고 서원

일본을 방문한 뒤 가진 첫 번째 회의. 이번 여정은 정말이지 맨땅에 헤딩하기였지만 그럼에도 불구하고 운 좋게 의미 있는 만남과 성과들을 가져올 수 있었다. 그렇다면 우리가 이보다 많은 준비를 하고 세상을 향해 나아간다면 얼마나 큰 의미를 발견할 수 있단 말인가. 이제 우리는 본격적으로, 또 구체적으로 준비를 시작해야만 한다.

13평 작은 서점에서 이런 커다란 기획을 하는 것은 누가 봐도 무모한 일임이 분명하다. 그렇다면 우리는 어떻게 이 기획을 성공적으로 완료할 수 있을 것인가. 우리의 결론은 단순했다. 나에게 주어진 이 시간을 지배할 것, 끊임없이 나의 한계를 뛰어넘을 것, 인생의 의미는 어떻게 발현되고, 또 내 삶에 가장 가치 있는 일이란 어떤 것인지를 분명히 아는 것. 이것이 오늘 우리의 화두였다.

그러고 나서 우리는 『오늘의 세계적 가치』를 스터디 텍스트로 정하고 헤어졌다. (그런데 여기

서도 우리의 우연은 결국 필연적인 만남으로 전환되었다. 이 놀라운 인연의 끈이란! 이 책을 읽고 우리는 브라이언 파머 교수님께 편지를 보냈고, 두 달 후, 우리는 스웨덴에서 브라이언 파머 교수와 만났다.)

2007년 3월 3일 토요일 저녁 7시, 인디고 서원

『오늘의 세계적 가치』에 담긴 가치들은 과연 세계적 의미 범주를 내포하고 있다고 할 수 있는가? 미국적인 것이 세계적인 것인가? 과연 세계적이라는 말은 무엇일까? 세상의 중심은 어디에 있는가? 중심이라는 것이 있기는 한가? 창조의 근원지가 있다면, 그곳이 세상의 중심일 것이다.

2007년 3월 13일 화요일 오후 2시, 부산상호저축은행

프로젝트 기획서를 들고 부산상호저축은행을 무작정 찾아갔다. 새로운 세대의 신선한 감각과 젊은이들의 순수한 열정이 흥미롭고 아름답다며, 《인디고잉》을 지원해주신 대표님은 이번에도 흔쾌히 프로젝트의 지원을 승낙하셨다. 새 시대가 시작될 때마다 꿈을 꾸는 젊은이들에게 반드시 희망을 주어야 하고, 또 당신도 그런 어른이고 싶다는 말씀. 메세나 운동 없이는 인류의 아름다움은 탄생할 수 없다는 신념과 함께, 마음껏 우리의 꿈을 펼쳐보라며 지으신 그 미소와 함께 우리의 꿈은 새롭게 도약할 수 있게 된 것이다. 순수한 열정만으로도 세상은 충분히 살아갈 만하다. 아니, 순수하지 않고, 열정적이지 않고 어떻게 세상을 살아갈 수 있단 말인가.

2007년 3월 18일 일요일 저녁 7시, 인디고 서원

우리의 꿈이 여기서 그쳐서 될 것인가.

세상을 변화시키는 주체가 되어야 하지 않겠는가.

인간적 가치들이 소멸하는 바로 그 지점에서, 우리는 문제를 제기하고,

또 그 가치들을 발현하는 아름다운 공동체가 될 것.

그것을 향한 접근 방식 또한 입체적이고 창의적일 것.

새로운 가치를 제시할 수 있을 것.

타인에 대한 책임의 문제.

『평화를 위한 글쓰기』와 『틱낫한에서 촘스키까지』를 다시 읽을 것!

2007년 3월 28일 수요일 저녁 7시, 서강대학교 세미나실

서울에서 학교를 다니는 우리는 매주 수요일 저녁에 만나 밤샘 토론을 계속했다. 때론 잠에 취해, 때론 꿈에 취해, 우리는 우리 안에 있던 고민과 생각들을 토해내곤 했다.

우리의 이 시도는 대안인가? 아니면 본질인가?

대안은 없다. 오직 본질만이 있을 뿐. 본질을 사수하라. 그것을 위한 투쟁.

하지만 그 본질은 너무 거대한 듯 보여서 손댈 수 없는 문제들처럼 보인다.

그래서 생기는 이 무력감을 우리는 어떻게 해결할 것인가.

"인생을 결정하는 것은 우리의 환경이 아니라 그에 대한 우리의 태도이다." 넬슨 만델라

우리가 이런 무모한 시도를 하는 것은 오직 그것이 그곳에 있기 때문이다.

알바트로스의 숙명과도 같이, 산이 거기에 있어 오른다는 산악인의 운명과도 같이.

그렇다면 우리의 숙명은 끊임없는 혁명이다.

새로운 우주의 지표를 찾아 추구하고 방황하는 것.

그 속에서 없던 길을 창조해내는 것.

그렇게 지표를 창조하여 세상을 개척해나가는 이들과의 만남.

이는 또 다른 권력의 형태가 아니라 오직 인간적 연대로서만 가능할 것이다.

우리의 이 혁명은 당위가 아니라 욕망이다. 오직 순수한 욕망이어야만 한다.

사람들이 더 이상 추구하지 않는 가치들을 찾아나설 수 있는 용기, 또는 무모함.

이것이 바로 우리가 잃어버린 본질이라 부를 수 있는 것들이 아닐까?

새로운 삶을 창조하며 '살아' 가는 사람들.

우리는 '꿈을 꾸지' 만, 그들은 꿈을 '살아' 간다.

이들이 희망의 증거가 아니고 무엇이겠는가.

그들을 찾아 떠나보자. 그래, 발견해보자.

닫는 글

진정성이란 말과 행동과 신념이 일치하는 것.

절망의 나락에서도 힘의 원천을 스스로 창조하고,

부정한 기운을 떨쳐내고 일어서는 것.

본질적인 것을 사수하라. 아니, 재창조하라.

2007년 4월 5일 목요일 저녁 8시, 아람샘 소행성 B612호

드디어 흩어져 있던 팀원 모두가 모였다. 지섭이는 군대에서 외박을 나왔고, 지홍이는 휴가를 받아 나왔으며, 서울 팀은 모두 부산으로 기차를 타고 왔고, 아람샘이 함께 했다. 이날 회의는 저녁 8시에 시작하여, 아침이 밝을 때까지 이어졌다. 지나고 보니 그날의 치열했던 순간들이 다시금 풋풋한 풀향기를 풍기며 마음속에 뜨겁게 떠오른다.

밑그림이 어느 정도 그려져서, 이제는 색깔을 칠하면 되는 과정을 지나고 있는 지금과는 달리 그 당시는 도대체 스케치북은 어디에 있는지, 연필을 써야 하는지 또 크레파스를 써야 하는지, 무엇을 그려야 하는지 등 아무것도 아는 것이 없었다. 오직 우리의 이 결단이 기필코 성공적으로 꽃을 피워야 한다는 무모한 열망밖에 없었던 그때. 우리는 함께 아침 해를 맞았다. 그리고 그날은 우연인지 필연인지, 이 대지에 한 그루 나무를 심어야 하는 식목일이었다. 우리는 실제로 씨를 뿌리고, 나무를 심지는 않았지만, 그날 밤, 모두가 함께 한 그루의 나무를 지구 어딘가에 심고 있었다.

우리는 앞으로의 여정의 가장 근본적인 틀이 될 수 있는 본질적인 가치들을 하나하나씩 찾아 나갔다. 인디고 서원의 6개 서가 분류 순서에 따라 그에 적합한 가치들을 접목시키는 방식으로. 1년이 지난 지금 2008년 6월. 사실 우리는 이날, 놀랍게도 지금 우리가 심화시킨 화두의 거의 모든 근본 토대들을 이미 검토했었다. 아주 거칠지만 분명하게.

진정성이란 무엇을 의미할까. 우리가 말하는 가치들은 훼손되었기 때문에 회복해야 하는 것인가, 아니면 우리는 새로운 가치를 창조하여 세상에 던질 수 있어야 하는 것인가. 물질이 아닌 정신을, 그리고 우리의 자존과 존엄은 어떻게 정립되고 또 지속될 수 있을 것인가. 인문 정신이란 무엇인가. 세상의 중심은 어디인가. 중심이란 과연 있어야 하는가. 또 진실함이란 무엇인가 등.

꿈을
살다

인간, 사랑 – 문학

창조, 상상력 – 철학

혁명, 진보, 네트워크 – 역사 · 사회

평등 – 교육

평화 – 예술

생명 – 생태 · 환경

이렇게 진행된 밤샘 회의 중 제기된 많은 논의들 속에 우리가 반드시 지켜야만 하는 가치가 있다면 그것은 오직 '진실함'이라는 것에 모두 동의했다.

꾸밈이 없을 것. 내면의 목소리에 귀 기울이고, 진정으로 타인을 배려하고 또 소통할 것. 모든 문제의식의 바탕에는 진실함에 대한 우리의 갈망이 깔려 있었다. 지금 돌이켜 보건대, 이 진실함이 없었다면 우리는 이 많은 사람들과 소통하고 교감하는 데 결코 성공할 수 없었다는 생각이 든다.

건강한 정신으로 오직 진실만을 추구할 것. 정의를 향해 나의 전부를 걸어 돌진하는 돈키호테가 될 것. 깨어 있는 정신으로 세상을 창조할 것. 이것이 바로 우리의 밤샘 토론이 도착한 정신의 착륙지였다.

『세상을 바꾼 대안기업가 80인』

『나비의 꿈이 세계를 만든다』

『가난한 사람들을 위한 은행가』

『에코토이, 지구를 인터뷰하다』

『가자에 띄운 편지』를 다시 읽을 것!

2007년 4월 7일

제대로 하라 그리고

성실하지 않으면 언제고 책임을 져야 할 것이다

가치와 의미에 합의하지 않으면 그만두라

4월 5일 회의 팀원 중 지섭의 성실함과 겸손함에 찬사를 보낸다. 아람샘

2007년 4월 8일

회의는 즐겁다.

밤샘 회의는 더 즐겁다

뜨거운 태양이 우리를 맞이해주니 더더욱 즐겁다.

사실, 우리-사이-서로라서 즐거운 거다.

선생님을 안 지는 벌써 10년이라는 세월이 흘렀지만,

날이 갈수록 위대함을 느낀다.

위대하다는 말을 써서 나는 또 혼나겠지만, 참말로 용하다.

10년 전 선생님의 모습을 나는 오직 검은색 민소매 티셔츠를 입은 젊은 한 여인으로 어렴풋 기억하고 있지만, 매순간 마음을 사로잡고, 영혼을 움직이고, 눈길을 휘어잡는 선생님의 포스. 말 그 대로 En＋Thus＋isastic(들어오다＋神＋스럽다).

그리고 함께 역사를 창조하는 우리.

2007년 4월 7일 토요일 새벽 2시

그렇게 격렬한 밤샘 회의를 마치고 이틀 뒤, 팀원이 공유하는 인터넷 카페에 수영이의 글이 올라왔다.

"현재 우리 사회를 둘러본다. 골프 선수 타이거 우즈가 나이키 모자를 쓰고 경기에 나 간다는 조건으로 하루에 받는 돈은 5,500만 원. 하지만 그 모자를 만드는 태국의 노동자들이 하루에 받는 돈은 4,000원. 타이거 우즈의 일당 5,500만 원을 모으기 위해선 태국 노동자들의 경우 38년이라는 시간이 걸린다는 계산이 나온다. 자신들의 생존을 위해, 정말 죽지 않고 먹고 살기 위해 그들이 필사적으로 버는 돈은 부자들이 애완견을 치장하기 위해 쓰는 돈보다 적다. 이런 예는 극단적이지만 대부분의 사람이 이러한 기준에서 자유롭지 않다. 대부분의 사람들은 연봉을 늘리기 위해 노력하고, 많은 돈을 벌기 위해 노력한다. 그럼으로써 자신의 존재 가치를 더 높일 수 있다 생각하고 그에 매진한다. 혹은 매몰되는 것인지도.

자본이라는 하나의 가치기준에 보다 부합하는 인물이 되기 위해 우리는 서로 경쟁한다. 이런 소모적이고 무가치한 노력들은 개인의 시간을 잠식하여 결국 개인의 존엄을 빼앗을지 모른다. 단순히 자본의 기준뿐 아니라, 노동과 삶의 질을 기준에 비추어볼 때, 일반적인 중산층의 사람들이 38년 동안 시간을 쏟아 일한 일이 타이거 우즈가 하루 동안 모자를 쓴 일보다 가치 없다고 느끼게 된다면?

청소년들이 처한 상황도 위와 비슷하다. 성적으로 매겨진 개인의 존엄에 대한 서열화는 결코 개인을 행복하게 할 수 없다. 삶의 방향과 목적까지도 성적순으로 판단하고 결정할 수밖에 없으니, 자신이 진정 하고 싶은 일을 당당하게 말하는 것은 쉽지 않다. 설사 한 개인이 자신의 일에 가치를 느낀다고 하더라도, 거대한 권력과 자본 앞에서 개인은 자신이 할 수 있는 일은 하찮은 것이 아닌가 하는 회의에 빠지기도 한다.

우리가 했던 수많은 토론 끝에 느끼던 이와 같은 무력감들. 우리의 시도가 그냥 지나가는 한 번의 눈보라로 이 세상에 흔적조차 남기지 못하면 어쩌나 하는 회의. 그럼에도 불구하고 우리는 개인의 존재 그 자체에 존엄한 가치를 부여하고, 이 사회를 변혁하기 위해 현재 통용되고 있는 가치판단의 기준을 뒤흔들어야 한다는 결론에 도달했다. 가치의 전도. 현재와 같은 가치체계 속에서는 개인이 행복을 느끼고, 자신의 존엄을 체감하는 것은 쉽지 않으므로, 이 가치체계 그 자체에 의문을 제기해야 한다. 새로운 가치 창조를 향한 도전.

우리가 주목하는 것은 현재 우리가 잃어버렸거나, 혹은 아직 발현되지 않은 '인문정신'이다. 그렇다면 무엇이 인문정신인가? 그것은 지금으로선 무엇이라고 딱 잘라말할 수는 없다. 하지만 정말 많이 고민했다. 또 고민할 것이다. 인문학이란 무엇인가. 왜 우리는 인문적(인간적) 가치를 추구하는가. 어째서 우리는 보이지도 않고, 당장 그 효과도 느껴지지 않는 그 무언가가 있을 것이라 믿고 있는가.

인문학, 그것은 결국 행복을 찾는 길이라고 했다. 뭔가 그 해답이 너무 간단하여 다들 어리둥절해할지 모르겠다. 하지만 이 말을 듣던 그 순간 내 정신에 작은 불꽃이 일었다. 인문학 없이는 돈을 버는 사람도 돈을 벌면서 행복함을 느끼기 어렵고, 무언가를 추구하는 사람도 행복함을 느끼기 어렵다. 방황하는 사람도 인문학 없이는 방황이 무의미해지게 될 것이리라. 인문학은 사랑, 순수, 용기, 진실, 열정, 꿈이 세상을 이길 수 있는 힘이 되게 해주는 열쇠임을 알게 해준다. 오로지 나의 권력은 용기와 순수, 열정이라고 말하는 사람들이 있다. 이들을 만나고 또 연대하게 하는 것. 이것이 우리가 전 지구적 유대를 이루려고 하는 이유일 게다.

　　꿈꾸지 않는 자는 청년이 아니다. 하지만 꿈꾸며 살지 않는 이가 얼마나 많은가. 나 또한 떳떳하지 못하다. 하지만 전 세계에 꿈을 꾸며 살아가는 이는 또 얼마나 많겠는가. 그리고 그러한 꿈을 꾸고 또 끊임없이 행동으로 옮겨 그 꿈을 직접 '살고' 있는 이는 또 얼마나 있을까. 우리는 그러한 꿈을 살고 있는 이들을 만나고 싶은 것이다. 그들이 꿈을 살게 된 것에는 어떠한 힘이 작용했는지. 우리는 그들을 만나서 그 열쇠에 대해 이야기하고, 열정을 불태우고, 그렇게 서로에게 함께 가자고 말할 것이다. 그렇다면 왜 우리의 지역사회에서 연대를 꿈꾸지 않고, 세계로 나아가려고 하는가. 우리가 '세계적인' 연대를 꿈꾸는 것은 그 세계라는 단어가 지역과 '대비되는' 의미로서의 세계가 아니라, 지역을 '포용하는' 세계이기 때문이다.

　　'추구하는 자 방황하리라' (괴테)라는 말이 생각났다. 우리는 전 세계를 방황하여 무언가를 추구하는 프로젝트를 진행하려고 한다. 그것은 아직은 어렴풋한 인문정신의 언저리에 있는 그 어떤 것일 게다. 그것을 추구하기 위해 우리에게 요구되는 것은 진정성. 우리가 앞으로 추구하려는 이 신념을 거짓 없이 순수하게 유지하는 것이다. 이것이면 충분할 것이다. 우리의 말과 행동과 신념이 일치하는 것으로서의 진정성. 나의 행동이 말뿐인 공허한 메아리는 아닌지. 얼마나 우리가 순수하게 신념을 굳게 믿고 있는지, 그리고 그 신념이 얼마나 우리의 삶에 투영되는지. 이번 프로젝트의 과정은 바로 이 진정성을 추구하고 고민하는 과정일 것이다.

　　솔직히 고백하건대 내가 살아온 태도는 진정성과는 거리가 멀었다. 언제나 한 발 뒤로 물러서 있었고, 내 생에 모든 것을 걸지 못했다. 어쩌면 그 한계가 결국 나의 모든 것이 되어 있는 건 아닐까 하는 우려에 두렵기까지 하다. 하지만 나는 무임승차하지 않을 것이다. 이번에도 결국 또 말만 하는 것은 아닌지. 정당성에 대한 잔꾀를 부리기 위해 내가 고심하고 있을 때, 아람샘은 앞으로의 '행동'만이 정당성을 만들어준다 하셨다. 이제 내 삶에 남은 과제는 진정성 회복과 신념의 실천이다. 오직 이것만이 내 삶에 의미를 줄 것이리라."

2007년 4월 8일 일요일 저녁 7시
『가자에 띄운 편지』를 쓴 발레리 제나티 발견! 그리고 편지 발송!

닫는 글

권력으로부터 스스로를 해방시킬 것.

특권의식을 버릴 것.

늘 처음처럼, 그리고 또 마지막인 것처럼 매순간 최선을 다할 것.

진심만을 전달하고, 상대를 깊은 눈으로 바라볼 것. 그리고 경청할 것.

스스로를 혁명할 것.

"가만히 생각해보면 여러분, 혁명이란 말을 들으면 어떤 생각이 떠오르나요? 참 무서운 말이죠? 매일같이 어제의 세포들이 죽고 새로운 세포가 매일 아침 태어납니다. 새로움을 향한 변화가 바로 혁명입니다. 내 마음, 내 몸, 내 삶을 혁명하지 않으면 우리는 언제까지나 어제에 얽매여 있는 것입니다." (안영민, 『스무 살, 너희가 별이야』 중에서)

김양 대표님께서 하신 격려의 말씀.

"실제로 한국의 금융계는 세계 10위쯤 됩니다. 그런데 그 주축이 되는 사람들의 생각은 절대 그 10위보다 앞서나가질 못해요. 세계경제회의에 참석하거나 그 사람들을 만나 보면 '10위권만큼만 할래, 이 정도면 됐지 뭐, 대한민국이 이 정도면 대단한 것 아냐, 난 이 정도만 하고 돈 많이 벌 수 있으니 이제 됐어.' 이렇게 생각하는 사람들이 많다는 것입니다.

그렇기에 앞으로 다가오는 세계에서는 오직 10대만이 세계 1위가 될 수 있는 가능성을 가지고 있다고 할 수 있습니다. 젊은이들은 겁이 없기 때문이죠. 세계 1위가 될 수 있을 거라는 용기와 무모한 도전을 그들은 오직 10대라는 이유만으로 할 수가 있어요.

저희가 인디고 서원에게 거는 기대도 바로 이러한 것입니다. 전 세계의 석학들에게 주눅들 필요도 없이, 오히려 그러한 세계의 석학들이 인디고 서원의 가치를 추종하고 따라다닐 수 있게 할 수 있는 그러한 전 세계적 가치를 구현할 수 있어야 한다고 봅니다. 바로 그 가능성을 저희는 믿는 것이지요."

2007년 4월 19일 목요일 오전 8시 30분

『에코토이, 지구를 인터뷰하다』의 저자 올리비에에게 편지 발송!

2007년 4월 21일 토요일 밤 12시 20분

발레리 제나티의 답장이 도착했다. 이스라엘로 휴가를 다녀와 답장이 늦었다며. 떨리는 마음으로 그녀에게 전화를 걸어 약속 시간을 잡는다. 자, 이제 우린 발레리를 만나러 간다.

2007년 4월 23일 월요일 저녁 7시, 일본 나고야 도요쿠 호텔

뜻하지 않은 곳에서도 희망은 언제나 싹을 틔운다. 열정만 있다면.

2007년 4월 30일 월요일 새벽 1시 1분

행복했던 두 번째 여정이 끝나고, 아람샘이 카페에 남긴 글.

"여러분 수고 많았습니다. 행복하다 못해 가슴 찌릿한 순간이었습니다."

2007년 5월 3일 목요일 저녁 7시, 서울 대학로 오설록 카페에서

물질적 안위를 보장받고 있는 우리의 목소리가 몽상적인 꿈의 담론이 되지 않으려면 우리는 과연 어떻게 해야 하는가. 자유와 책임.

2007년 5월 9일 수요일 새벽 5시, 서울의 한 PC방에서

여느 때와 같이 우리는 수요일 저녁에 함께 모였다. 오늘은 기필코 무언가 찾아내고 말리라는 굳은 의지로 PC방으로 향했다. 다 같이 인터넷을 하며, 함께 이야기할 수 있는 곳이라고는 사실 PC방밖에 없었기 때문이기도 했다. 그러던 중 밤이 지나, 새벽이 밝아올 때쯤, 네팔의《투데이스 유스 아시아Today's Youth Asia》 발견! 놀라운 순간이었다.

2007년 5월 13일 일요일 저녁 7시, 인디고 서원

우주적 시각에서 본다면 우리 개체 생명들은 무한한 세포들과 같을 것이다.

닫는 글

그리고 이 지구는 건강한 세포들이 모인 하나의 '몸', 즉 우주가 된다.

2007년 6월 5일 화요일 저녁 7시, 서울 대학로

오늘 ㅈ교수님과 ㄴ출판사에 후원과 관련하여 전화를 드렸다. 하지만 어느 쪽에서도 전혀 답을 주지 않았다. 현 상황에서 우리는 홈페이지 관련 지원을 받아내야만 하는 상황임에도 불구하고, 상황은 더 악화되는 듯하다.

하지만 곰곰히 생각을 해보니, 올리비에가 '에코투어'를 하기 위해 그랬던 것처럼, 실뱅과 마튜가 '세상을 바꾸는 대안기업가 80인-프로젝트'를 위해 그랬던 것처럼, 이제 우리는 발 벗고 나서서 우리의 프로젝트에 대한 경제적 지원을 우리의 힘으로 받을 수 있는 능력을 가져야 하는 시점. 즉 프로젝트에 대한 스스로의 정당성 및 당위성에 대해 충분히 숙지하고, 그것을 바탕으로 두둑한 배짱과 끈기로 많은 사람들을 설득하고 또 이끌어내야 할 시기가 다가온 것이다.

쉽지만은 않을 것이다. 우리는 오로지 진실과 꿈과 희망의 이름으로 후원을 요구할 수밖에 없다. 이제 프로젝트가 비로소 진짜 시작되는 것 같아, 한편으로는 이때까지 뭐했나 하는 자괴감과 이제 진짜 시작하는구나 하는 희망이 공존한다. 자, 이젠 세상과 얼굴을 맞대고 싸우고, 소통하고, 이겨내고, 극복할 것. 진심은 반드시 이긴다는 신념을 끝내 관철시킬 것.

2007년 6월 21일 목요일 오전 10시

안나푸르나의 정령들을 만나러 떠나기 직전, 한국에 도착한 잡지 《투데이스 유스 아시아》는 참 감동적이었다. 아직 가보지 못한 그곳에서 세상의 정의를 향해 투쟁하는 그들의 노력이 담긴 잡지를 보자 가슴이 뜨거워졌다.

2007년 6월 29일 금요일, 네팔 카트만두 마나슬루 호텔에서

내 생에 일주일이라는 시간을 온전히 남을 위해 쓴다는 것.
이곳 친구들의 삶의 시간 속으로 우리는 침범한다.
그리고 우리가 함께한 기억은 내 가슴 속 깊숙한 곳으로 침잠하게 될 것이다.

꿈을
살다

2007년 7월 1일 일요일, 포카라로 가는 흔들리는 차 안에서

이곳 네팔은 영성이 살아 있는 곳임에 틀림없다. 기독교의 영성과는 다른 형태로. 그래서 그런지 하나하나의 사물도 그냥 쉽게 지나칠 수가 없다. 그 모든 것들에 작거나 큰 의미가 담겨 있기 때문이다. 하늘을 품고 사는 나라, 네팔. 장엄한 히말라야 앞에 서면 세상 누구나 살아간다는 것의 의미를 겸허히 다시 묻게 된다.

2007년 8월 19일 일요일

이제 우리에게 남은 건 '인문주간'이다. 멋지게 치뤄낼 것.
Flow 할 것. 욕심 부리지 말 것.
진심을 다해 준비하면, 무엇이든 못할 것은 없다. 이제 몰입하는 일만 남았다.

2007년 10월 7일 일요일 오전 8시

이제, 인문주간 행사 준비도 끝이 보인다. 카페에 남긴 아람샘의 한마디.
"고맙다. 순간을 결정적으로 즐기기 바란다. 나는 미친 듯이 행복하다."

2007년 10월 28일 일요일

행복했던 내 생의 일주일, 인문주간 행사가 끝난 후, 우리에겐 일련의 사건들이 있었다. '사건'이라는 표현이 적합한지는 모르겠으나 팀원 중 일부가 팀을 나가게 되었고, 우리는 다시금 팀 전반을 재정비해야 했다. 그 자세한 사정은 생략하고, 아픔, 그리고 새 출발의 흔적을 간략하게나마 그대로 적어본다. 그 속엔 하나의 팀을 꾸려나가는 데 필요한 여러 가치와 생각들이 담겨 있지 않을까 하는 생각으로.

이미 시간이 너무 많이 흘러버린 것 같습니다. 문제의 해결점을 찾지 못했기 때문일 수도 있을 테고, 또 그만큼 간단한 문제가 아니었기에 이만한 시간이 필요했던 것일 수도 있겠지요. 그래서 문제를 보다 속히 해결했어야 하는 아쉬움과 함께, 이제는, 이 오래된 문제들이 이해되고, 수긍되고, 용납되어, 해결되기를 바라는 강한 희망과 의지를 다시금 다져봅

니다.

　글은 토씨 하나만 틀려도 너무 많은 오해과 곡해를 낳기 때문에, 글을 쓰고 있는 지금도, 글로 이야기하기보다는 만나서 대화하기를 갈구하고 있는데요. 그래도 최대한 저의 생각이 이 글을 통해 잘 전달되었으면 하는 바람으로 한 자 적어봅니다.

　몇 가지 꼭 생각해봐야 할 문제들을 언급하고자 합니다.

1. 당위, 그리고 의지적 선택

　지난 봄, 서울에서 팀원들과 함께 밤을 새며 토론을 하던 것이 생각납니다. 북페어를 성사시키는 것은 당위인데, 당위는 이유가 없기에, 설득은 불가능하고, 무조건적으로 수긍되어야만 하는데, 그렇게 되면 또 반발을 사기 쉽고, 하지만 당위의 합당함은 어떤 식으로든 정당화되어야 하는 모순.

　저는 이 문제에 대해 이렇게 생각합니다. 저는 아직도 세상에 대해 아는 것이 많지 않은데요. 하지만 정당한 사회적 책무가 나에게 부과되었을 때, 그것을 성사시키는 것은 바로 나 자신이고, 그 성패는 저 자신의 의지와 욕망에서 비롯된다고 생각합니다. 그렇다면 의지는 과연 어떻게 발생하는가를 살펴본다면, 큰 대의와 나의 의중이 딱! 하고 맞아떨어져서 본질이 몸 안에 체화되었을 때, 바로 굳건한 의지가 탄생할 수 있다고 생각합니다.

　우리 공동체는 다른 공동체와는 다르게 많은 일들이 아람샘의 생각과 또 아람샘을 정말 좋아하고, 또 따르는 마음으로부터 시작되는 것이 사실입니다. 저 또한 선생님을 뵌 지도 벌써 11년째인데요. 이제는 진짜 가족같이, 때로는 친구처럼, 때로는 멘토로서 소중한 관계가 아닐 수 없지요. 하지만, 이 관계가 공적인 일의 관계 차원에서도 적용되는 것은 아닙니다. 선생님께서 많은 아이디어들을 던져주시지만, 그중 저 스스로의 의지가 생기지 않는 것들은 하지 않았고, 또 해서도 안 되는 것이 분명하겠지요. 저 자신에게서부터 비롯된 자기 근원적인 의지가 아닌, 외부로부터 비롯된 것은 어떠한 결과를 낳든 간에 온전한 충족감은 줄 수 없는 것이 사실이니까요.

　여러분은 어떤지요. 공적인 북페어 프로젝트를 함께하는 것이 과연 이제는 내 안의 의지로부터 샘솟는 것인가요, 이것이 진정으로 나 자신의 일로 여겨집니까, 아니면 여전히

꿈을
살다

외부로부터 부여된 의무나 책임의식, 또는 관계로부터 부과되고 있는지요. 그래서 우리에게는 나쁜 위계가 있다는 논의까지도 이어지고 말아야 한다고 생각합니까.

2. 관계, 그리고 배려, 그리고 존경

관계 속에서는 수많은 역할이 동시에 요구됩니다. 뒤섞여 있는 이 관계 속에서 발생하는 책임관계가 각자에게 혼동을 주는 경우도 있겠지요. 하지만 그 속에서 과연 우리는 하나의 관계적 입장만을 선택할 수 있을지는 의문입니다. 관계란 원래 다층적인 것 아닐까요. 다만 그 속에서 여러 가지 입장들을 스스로, 또 서로 조화롭게 이끌어나가는 것이 중요한 것 아닐까요.

우리는 하나의 팀으로서, 각자의 팀원들에게 부과되는 관계적 역할과 책임이 분명히 있을 것입니다. 이 새로운 관계로부터 부과된 새로운 역할과 책임에 대해 저 자신은 그것의 성공적인 수행에 실패한 것이 아닌가 생각이 드는데요. 선생님께서 처음 이 팀을 꾸리셨을 때, 가장 먼저 언급하신 것이 바로 팀워크입니다. 기억하시죠?

하나의 집단, 무리, 공동체 속에서 평등한 관계를 정립하고, 또 그 속에서 자아를 찾고 또 의미와 가치를 발견하는 것이 과연 어떻게 가능하고, 또 그것은 어떠한 의미를 지니는지 생각해봅니다. 개인의 현실적 괴로움과 고민들, 그리고 자기중심적인 생각과 자아를 서로 간에 어떻게 조화시킬 것인지, 어떤 체계를 만들어야 하는 것인지, 끈끈한 단결력과 연대감을 만드는 것은 어떻게 가능할 것인지. 이 모든 것의 근원에는 상대에 대한 배려, 그리고 존중만이 자리하고 있어야 하겠지요.

3. 냉철함과 따뜻함

우리의 문제는 그리 단순하지 않습니다. 아니 단순하게 여겨질 수도 있습니다. 하지만 그저 따뜻하게 서로를 껴안을 수 있게 되는 것이 우리의 문제에 해답을 주는 것은 아니라고 생각합니다. 따뜻함으로 감싸안는 것과 현실을 직시하고 문제를 끄집어내어 잘못을 짚고 넘어가는 것은 다른 성질의 것들이니까요. 과연 우리는 서로에게 얼마나 따뜻했었는지를 다시금 저 자신에게 되묻게 됩니다. 우리의 문제는 서로간의 따뜻함이 부족한 데도 원인이 있겠지만, 팀을 위한 냉철한 비판과 함께 발전적 비전을 함께 찾고자 하지 않은 문제도 있다고 생각합니다.

우리가 대면하고 있는 문제의 본질은 감정의 격함이나 표현의 부적절함을 뛰어넘어 서로에게 가슴 깊이 공유되고 또 발현되었어야 하는 프로젝트 본질에 대한 믿음과 겸허함, 그리고 책임감을 아우르는 것이라고 생각합니다. 스스로에 대한 비판은 정말 아플 만큼 냉철하되, 타인에게는 따뜻해야 한다고 생각합니다. 또한 이 따뜻함은 머리로만 이해되는 것이 아니라, 마음으로 이해되고 몸으로 실천되어야 하는 것이라고 생각합니다. 우리는 과연 서로에게 따뜻했었는지, 그 따뜻함의 이유를 우리는 각자 충분히 이해하고 있었는지 냉철함과 따뜻함의 조화로운 상태를 꿈꿔봅니다.

4. 대의와 본질 그리고 개인의 태도

개인의 희생이 없는 대의의 발현은 있을 수 없다고 생각합니다. 다만 그 희생을 각자가 어떻게 받아들이는 것인지가 문제가 되겠지요. 또한 개인의 욕망 또는 욕심과 공적인 책임과 의무는 부딪힐 수도 있겠지요. 하지만 어느 하나 힘들지 않은 사람은 없고 각자의 생에 최선을 다하며 살아간다고 생각합니다. 이제 북페어의 일은 단순히 우리의 관계의 문제나 개인의 고민으로 영향을 받을 만한, 또 그래서도 안 되는 문제입니다. 이러한 것을 우리는 공적인 것이라고 부르는 것이 옳은 표현이겠죠?

문제는 우리가 하나의 팀이기 때문에 발생하는 것들이라고 생각합니다. 일은 누구나 잘 할 수 있지요. 배우면 되고, 또 익히면 되니까요. 하지만, 이것은 일을 통해서 극복될 수 있는 것이 아니라, 꼭 짚고 넘어가야 할 문제라 생각합니다. 이것도 사람의 일인지라 개인의 인격, 성품, 태도, 마음가짐 등이 서로에게, 또 팀 전체에 영향을 미치기 때문이지요. 서로의 마음의 본질을 안다면, 표현의 미숙함도 또 거침도 충분히 이해되겠지요. 그럼에도 우리는 여전히 하나의 팀이고, 서로를 위하고, 또 팀을 위한다면, 자신만의 아집과 스타일을 때론 버리고 상대에게 맞춰줄 의무도 있다고 생각합니다. 수영이가 우리와 더 이상 함께할 수 없었던 것도 이런 이유가 아닐까 생각하는데요. 이 점에 대해서는 각자의 반성과 자중이 충분히 이루어졌고, 또 그래서 변화의 가능성을 믿고자 합니다.

꿈을
살다

5. 정당성 확보와 기회 균등의 문제

우리의 시작은 굉장한 우연이었다고 생각합니다. 필연이었다고도 정의내릴 수 있겠죠. 하지만 '6프로젝트' 자체의 공적인 성격으로 인해, 우리는 우리에게 주어진 기회에 대해 정당함을 부여해야만 할 것입니다. 앞으로 우리와 함께하게 될 많은 새로운 팀원들에게도 마찬가지겠지요. 연유야 어떻든, 우리에게 주어진 이 기회의 정당성은 앞전에도 말씀드렸듯이, 투.기.─전부를 던지는 것─하는 것으로 정당화될 것입니다.

기회균등을 생각해본다면, 우리는 민주적인 과정을 거친 것이라고 할 수 있을까요? 그렇다면, 우리는 과연 어떤 태도와 자세로 이 일에 임해야만 하는지 생각해봐야 하지 않을까요? 일종의 모순도 발생할 수 있죠. 우리는 밟아오지 않은 절차를 우리가 요구하게 되는 상황. 체계를 잡아가고, 또 틀을 견고히 하는 차원으로서는 그것이 의미가 있겠지만, 그 어떤 것보다도 우선되어야 하는 것은 주어진 기회에 대한 감사함과 겸허함이 아닐까 생각해봅니다. 이것이 느껴지지 않는다면, 그것은 오만함일 수 있고, 또 타인의 기회를 내가 박탈당하게 하는 것일 수도 있지 않을까요?

그리고 우리는 과연 남들보다 뛰어난 능력을 가지고 있기 때문에 이 자리에 있는 것일까요? 그래서 우리는 당연히 누려도 되는 것들을 누리고 있는 것입니까? 우리는 치열한 경쟁 없이 이 기회를 가졌는데, 마치 승리자인양 행동한 것이 아닐까요? 바로 이 부르주아적 오만함이 저 자신에게도 있는 것 같아, 너무 부끄럽고 또 스스로를 자책하지 않을 수 없습니다.

6. 변화가능성

무엇보다도 현재로서는, 한 인간 존재의 총체적 변화가 우리 팀원 모두에게 요구된다고 생각하고, 또 각자의 절실한 문제상황으로도 다가올거라 생각합니다. 우리는 늘 변화, 발전해야 하는 존재들이니까요. 자신의 잘못을 인정하는 태도는 철저하게 아집을 버려야만 이루어질 수 있습니다.

아프겠지요. 하지만 그 아픔을 극복할 때만이 변화는 다가올 것이며, 또 그러면서 우리는 성장하는 것이겠지요.

생각을 글로 정확하게 옮기는 것은 결코 쉽지 않다는 것을 또다시 느낍니다. 하고 싶은 말들, 해야 할 말들, 다하지 못해 아쉽습니다. 만나서 할 수 있겠지요. 각자 깊이 생각한 후에, 금요일에 만납시다.

아픔 뒤에 성숙한다는 말처럼, 우리 팀은 그 후 더 행복하게 순간순간을 맞이할 수 있게 되었고, 더 세심하게 서로를 아끼게 되었으며, 또 더 열정적으로 프로젝트에 매진하게 되었다.

2007년 11월 2일 금요일 오후 2시

오늘은 엊그제 나온《인디고잉》8호와 네팔 전 수상에게서 온 축하 메세지를 들고, 부산상호저축은행에 갔다. 구 이사님과 김양 대표님의 따뜻한 환대에 여전히 감사했고, 또 지금보다 더 열심히 해야겠다는 굳은 결심을 할 수밖에 없는 순간들이었다. 늘 영감을 주시는 김양 대표님의 말씀도중 나온 '투기'라는 단어의 의미.

일반적 의미의 '투기'란 부정적인 의미를 내포하고 있지만, '자신에게 주어진 기회를 결코 놓치지 않고, 무조건적으로 온몸을 던진다'는 의미의 '투기(던질 투, 나 기)'. 내던져진 인간 존재의 (미래)지향적 '존재 가능'을 하이데거는 '기투企投'라는 단어로 표현하기도 했다.

미래를 향해 내 온몸을 던진다는 것은 그것이 무조건적이고 절대적인 것으로 나에게 다가올 때, 온전히 그 의미가 있지 않을까. 그리고 '이해'라는 말은 '그것을 할 수 있다'라는 의미를 함축한다는 말처럼, 나의 신념과 꿈의 진정성을 이해했다면, 나는 이제 그것들을 삶의 현장 속에서 실천하는 일만 남겨둔 것이 된다. 무엇을 '할 수 있는지'를 생각해야 할 순간.

본질적인 문제를 간파한 후, 그 어떤 불평도 잘못도 비난도 실수도 아픔도 모두 이겨내어, 내 생을 '투기'할 것. 오늘도 쉽게 잠들 수 없는 밤이 될 것 같다.

2007년 12월 18일 화요일 저녁

'다시, 시작 – 지상의 양식, 삶의 한가운데'라는 제목으로 카페에 올라온 아람샘의 글.

"저녁을 바라볼 때는 마치 하루가 거기서 죽어가듯이 바라보라.
그리고 아침을 바라볼 때는 마치 만물이 거기서 태어나듯이 바라보라.

꿈을
살다

그대의 눈에 비치는 것이 순간마다 새롭기를. 현자란 모든 것에 경탄하는 자이다."

(앙드레 지드, 『지상의 양식』 중에서)

니나는 마치 폭풍에 좀 부서지긴 했으나 드넓은 바다에 떠서 바람과 마주하고
있는 배와도 같았다. 그리고 안목을 가진 사람이라면 누구나 그 배가 어디든
원하는 곳으로 갈 수 있으며 새로운 대륙의 해안에 도착해 큰 성공을 거두리라는 것을.

(루이제 린저, 『삶의 한가운데』 중에서)

매순간 죽을 듯이 울고 넘어지며 웃고 그렇게 아프고 행복했지만
그 모든 순간이 이제 기억의 창고에 갇혀버렸으니
나는 오직 현존하는 지금 이 순간 절정에 전부를 걸겠다."

2007년 12월 20일 목요일, 콜롬비아 가기 전 회의

『꿈을 빌려드립니다』

『연극과 기억』

『파블로 네루다 자서전』

『가르시아 마르케스』

『이야기하기 위해 살다』

『이것이 인간인가』

가브리엘 가르시아 마르케스의 나라 콜롬비아.

우리는 콜롬비아에 대해 무엇을, 얼마나 알고 있는가?

2007년 12월 24일 월요일, 콜롬비아로 가는 비행기 안(밴쿠버행)

콜롬비아 카르타헤나로 간다.

아람샘, 지섭, 한결 그리고 나.

새로운 시작이다.

이제는 서로 아픈 일 없기를.

그러기 위해서 난,

늘 정직한 화법으로 말할 것.

오직 진실만을 추구할 것.

욕심 부리지 말 것.

지금보다 더 겸손해질 것.

보다 친절할 것.

낙관과 비관 속에서 균형을 맞출 것.

아니, 신념으로 낙관할 것.

믿음을 잃지 않을 것.

배신하지 않을 것.

더 부지런하게 순간을 맞이할 것.

그리고 더욱 깊고 뜨겁게 사랑할 것.

2007년 12월 25일 크리스마스 새벽 3시, 캐나다 토론토 홀리데이인 호텔

'몸의 학교' 알바로 선생님을 만나기 전 준비회의.

모든 인간은 자신만의 고유한 방식으로 존재를 드러낸다. 예를 들면, 춤, 글, 그림 등등. 그렇다면 개인들은 어떻게 자신의 존재성을 드러낼 수 있을까? 내가 아름다운 존재임을 증명해내는 삶의 방식과 그것의 구현으로서 예술은 어떤 관련이 있을까? 삶의 미학적 존재 양식으로서 예술이 자리할 수 있는가?

인간은 고통을 극복하여 생의 충만, 즉 행복에 맞닿고자 한다. 그런데 삶의 고통을 몸짓으로 구체화하는 건 우리의 삶을 행복으로 승화시킬 수 있는 방법일 수 있는가? 고통을 더 깊고 깊게 느낄수록 치유의 길을 지나 행복에 맞닿을 수 있는가?

왜 타인의 고통을 느끼려하는가? 자발적 아픔. 나는 아프지 않아도 남의 아픔을 같이 아파하는 것. 이것을 느끼는 것이 인간의 가장 고귀한 모습이라 할 수 있는가? 가치 있는 인간으로 살아가는 것은 타인을 향한 존재임을 실천하는 것과 같은 것인가?

꿈을
살다

2007년 12월 27일 목요일 카르타헤나 구시가에서

위대한 한 개인, 알바로 선생님을 만나다.

한 인간이 주는 감동이란 이런 것일까?

2007년 12월 30일 일요일 낮 12시 카르타헤나 호텔 산타클라라 카페테리아

나에게 주어진 이 생을 충만하게, 또 온전하게 누리고 산다는 것의 의미. 어쩌면 우리에겐 정말 살아 있는 것 외에는 아무것도 필요하지 않은 것인지도 모르겠다. 완벽하게 살아 있다는 것. 나는 알바로 선생님의 삶에서 이러한 삶에의 각성을 배웠다. 늘 깨어있을 것. 그리고 늘 살아 있을 것.

히말라야의 숭고함 아래에서 마다브라는 분께서 교육의 신을 모시고 학교를 짓는 꿈을 함께 하기로 약속하고 온 우리. 지구 반대편 카르타헤나에 와서 알바로라는 한 위대한 인간이 학교를 짓는 꿈을 꾸고 있음을 발견하게 된다. 일종의 데자뷰. 이 두 개의 경험은 단순한 우연의 산물이기도 하지만, 그 속엔 어떤 필연적인 운명의 끈이 놓여 있는 것 같았다. 이제 우리는 이곳 카르타헤나에서 같은 꿈을 꾸는 사람을 다시 만났다.

2008년 1월 3일 목요일 밤 10시 20분, 보고타 공항에서

이제 콜롬비아를 떠난다. 2008년을 나는 이곳 카르타헤나에서 맞이했다. 이제 다시 나의 일상, 인디고의 삶으로 돌아간다. 올 한해, 나는 다시 어떤 꿈을 꾸고, 또 그 속에서 울고 웃을 것인가. 또 사랑할 것인가.

이곳에서 보고, 듣고, 느낀 것들은 어떻게 내 삶에 녹아들어 나를 재창조하는 밑거름이 될 수 있을 것인가. 시간의 흐름은 오직 존재의 발전적 변화로서만 정당화될 수 있을 것이다. 나 자신을 바로 그 긍정적 변화의 흐름 속에 놓아둘 것. 변화와 재창조가 없이는 죽은 삶과 같다. 이제 나에게 남은 건 자기 극복. 그리고 내 존재의 지평을 타인에게까지 확장하는 것.

2008년 1월 6일 일요일 밤 10시

콜롬비아를 다녀와서. 거대한 지구 속 변화의 물결은 언제나 위대한 한 인간 존재로부터 시작되는 것 같다. 마하트마 간디, 넬슨 만델라, 그리고 체 게바라가 그랬던 것처럼. 하지만 이러한 당

대의 영웅들의 공통점 중 하나는 바로 내가 만나볼 수 없다는 사실. 하지만 이번 콜롬비아 여정을 통해 우리는 세상의 변화를 자신의 삶의 대지ground에서 꾸려나가고 있는 살아있는 영웅을 발견하고 또 만났다. 가브리엘 가르시아 마르케스가 살고 있는 카르타헤나에서 만난 알바로 레스트레포 선생님. 지난 여정에서도 우리가 만났던 위대한 개인들은 황폐한 사막과도 같은 세상에 희망의 나무 한 그루를 심고 또 가꾸고 있는 우리 시대의 숨겨진 영웅들임이 분명했지만, 이번의 경우에는 특히나 형언할 수 없는 감동이 있었다. 그것은 아마도 알바로 선생님이 가진 아이들에 대한 진심어린 사랑, 마약과 전쟁으로부터 그들을 보호해야 한다는 신념, 자신의 프로젝트가 이 땅의 청소년들을 새로운 변화로 이끌어갈 수 있다는 믿음에서 비롯된 것일 터이다.

"이 세상에서 사회적 관심으로부터 제외되었을 뿐 아니라 인간의 존엄 그리고 존재의 이유 그 자체까지도 빼앗긴 존재들, 그리고 극도의 가난 상태보다도 더욱 심한 정도의 생의 굴욕 속으로 빠져본 사람들, 오직 이들 만이 진실을 말할 수 있다. 나머지는 모두 거짓이다."(시몬느 베이유)는 말처럼 우리가 상상조차 할 수 없는 가난과 위험에 노출된 삶을 살고 있는 '몸의 학교' 아이들에겐 알바로 선생님이 세상의 유일한 희망의 구원자일지도 모른다는 생각이 들었다. 하지만 분명한 사실은 아직도 그들의 선한 눈동자 속에는 희망에의 믿음이 사라지지 않았다는 것. 그들과 함께 역사적 변화의 순간을 함께할 수 있다는 것만으로도 나는 가슴이 뛴다. 그리고 10년 후, 새롭게 완성되어 있을 '몸의 학교' 새 부지에서 그들과 함께 또 다른 꿈을 꾸는 그날을 상상해본다.

2008년 1월 19일 토요일 저녁 7시, 인디고 서원

새해를 맞아 우리는 팀을 재정비했다. 새롭게 합류한 동지들을 우리는 진심으로 환영했다. 그리곤 괜히 든든했다. 사람이 주는 편안함이라고나 할까.

"여러분, 찾으세요.
내가 무엇을 하고 싶은지.
내가 무엇을 할 수 있는지.
내가 무엇을 해야 하는지.
일반적으로 하나의 프로젝트 여정을 준비하기 위해서는 최소 한두 달의 빡빡한 준비가 선행

꿈을
살다

되는 것이 일종의 원칙임을 알려드립니다. 또한 이렇게 해외 방문의 일정을 잡을 때에는 최소한 두 달 전에 먼저 연락을 취하고, 대략적인 약속을 잡아두는 것이 세심한 배려임을 기억해주세요. 열심히 공부하고, 열심히 자료를 모아야 하며, 열심히 배워야 합니다.

하루 24시간의

1/4은 잠자는 데 보내고,

1/24는 씻는다고 보내고,

1/12은 식사하는 데 보내고,

1/12은 또 어영부영거리다 흘려보내고,

또 1/12는 이동한다고 길바닥에서 허비하고……

하루의 절반을 우리는 이렇게 소모적인 시간에 쏟아부으며 살아갑니다.

물론 소모적인 것은 아니지요. 다만, 생의 절반이 이렇게 소비됩니다.

그러니 살아 있기도 바쁜 것이 우리의 삶인 것이죠.

이제 다음 여정은 아프리카.

하루하루가 정말 미치도록 아깝고 또 아섭습니다.

소중한 기회, 한순간도 헛되이 보내고 싶지 않습니다."

『넬슨 만델라 평전』

『검은 피부, 하얀 가면』

『페다고지』

『아프리카 탈식민주의 문화론과 근대성』

『탈식민주의와 아프리카 문학』

이제 우리에게 남은 대륙은 아프리카 그리고 오세아니아.

새로운 대륙의 발견에 가슴 뛰는 나날들이다.

닫는 글

2008년 1월 20일 일요일 새벽 1시

아프리카 연구 중 카페에 올린 윤영이의 글을 적어본다. 우리가 아프리카를 교육이라는 카테고리로 구분한 이유를 잘 설명한 글이다.

『페다고지』를 통해 나의 교육, 삶, 그리고 우리 북페어의 의미를 한방에 찾은 것 같아, 좋은 책을 아주 절묘한 시점에서 만난 것 같아, 나만 읽기엔 가슴이 두근거려서 이렇게 글을 써봅니다.

어제 회의에서 말했듯, 자본이 억압할 수는 있지만 자본이 결코 창조할 수 없는 사랑과 행복과 진실이라는 인간의 가치. 이러한 것들이 있을 수 있게 하는 가장 근본은 바로 '인간' 그 자체라 생각합니다.

『페다고지』에서 인용한 한 사례와 같이, 인간 없이도 새와 나무와 물이 존재할 수 있지만, 그것을 세계라 인지할 수 있는 인간이 없다면, 그 세계는 존재할 수 없는 것이지요. 물론 이때의 세계는 사랑과 행복과 진실, 즉, 인간이 죽음을 맞이하기 전에 생각나는 아주 본질적이고 본능적인 것들로 이루어진 세계입니다. 그리고 인간은 자기 자신만을 위해서도 아닌, 타인을 위해서도 아닌, 타인과 함께 살아가고 소통하는 인간人+間이겠죠. 우리가 북페어를 하는 의미는 바로 인간이기 때문입니다. 인간은 늘 변화하는 미완성의 존재입니다. 모든 생물들과 존재들이 불완전하고 미완성의 개체들이겠지만, 자신이 미완성이며 불완전하다는 것을 인지하는 것은 인간뿐이며, 그 불완전함과 미완성의 부분을 새롭고 창조적으로 메꾸어 나갈 수 있게 하는 것이 바로 인간에게 있어 배움이자 교육이 아닐까요.

하지만 문제는 인간이 참된 개체로 존재할 수 있도록 하는 교육이 현재는 이루어지지 못하고 있고, 단지 주입식 교육, 혹은 입시 경쟁을 위한 도구로 전락하여 새로운 가능성을 꿈꾸지 못하게 하고 있습니다. 자신이 늘 변화해야 하는, 그리고 비판적이고 역동적으로 늘 변화해야 존재할 수 있는 인간임을 망각하게 하는 현실에서 우리는 언젠가 이 현실이 바뀌고자 바라고 있다면, 그것은 진정한 인간일 수 없다고 생각합니다.

우리가 자주 '혁명'이라는 단어와 마주치게 되는 것은 본디 인간이란 새로운 만남과 새로운 것들의 창조를 통해 자신의 불완전함을 극복하려 하고, 미완성의 현실을 채워나가려

하기 때문에, 그 자체로서 늘 혁명을 해야 하는 존재이고, 우리는 바로 그 본질을 향해 있기 때문이라는 결론을 내려봅니다.

사실 이제까지 나는 왜 인디고 서원과 《인디고잉》과 아람샘이 '혁명'이라는 단어와 어울리는지 제대로 이해하지 못했거든요. 사람들은 혁명이라 함은 아주 거대하고, 격렬하고, 또 대규모의 것이라 생각하지만 알고 보니 인간의 본능인 것을 알겠더군요. 그리고 한 가지 더 중요한 것은 인간이 늘 변화하고 혁명해야 하는 존재인 것은 맞지만, 그 혁명의 방향은 늘 타인과 '함께' 해야 함을 인지해야 한다는 것입니다. 자신만을 위한다면 그것은 '이기적으로 보다 많이 소유하려는 비인간화'로의 길이고, 타인을 위한다면 그것은 타인보다 우월한 위치에 있는 억압자의 위치에 서게 되는 것이기에 '함께' 해야만 완전한 인간성을 확립할 수 있는 길이라 생각합니다. 그래서 바로 '인간Human'이라는 우리의 큰 주제가 교육과 아프리카와 북페어 전체를 관통할 수 있는 연결 고리인 것이죠.

"은행 저금식 교육은 인간과 세계를 이분화한다. 이 교육에 따르면 인간은 세계 속에 있는 것이지, 세계나 타인들과 함께 있는 것이 아니다. 즉 개인은 구경꾼이지 창조자가 아니다. 이러한 견해에서는 인간이 의식적인 존재가 아니라, 일개 의식의 소유자일 뿐이다. 즉 세계의 바깥으로부터 현실의 저축물을 수동적으로 받아들이는 공허한 '정신'일 뿐이다. 그러므로 진정한 휴머니스트와 혁명가는 비판적 사고와 상호 인간화를 추구해야 한다. 또한 민중과 그들의 창조성에 대한 크나큰 신뢰를 가지고 있어야 하며, 이를 위해 그는 학생들과의 관계 속에서 학생들의 동반자가 되어야 한다. 따라서 저축물을 만드는 교육의 목표를 버리고, 대신 세계와의 관계 속에 있는 인간존재의 문제를 제기해야 한다. (…) 이러한 교육에서 학생과 교사 모두 인간이 추상적이고, 고립적이고, 독자적이고, 세계와 무관하다고 여기지 않는다. 또한 세계가 인간과 유리된 실체로 존재한다고 여기지도 않는다. 민중은 문제제기식 교육을 통해 자신들이 세계 속에서 존재하는 방식을 비판적으로 인식하게 되며, 세계와 더불어, 세계 속에서 살아가는 자신의 참 모습을 발견하게 된다. 또한 세계를 정태적인 현실이 아니라 과정 속에 있는, 변화 속에 있는 현실로 보게 된다." (『페다고지』 중에서)

이어지는 지섭이의 답글.

"그 누구도 너에게서 너의 본 모습을 빼앗아가지 못하게 해라, 아가야."

(『남아프리카공화국 이야기』 중에서)

    사람은 누구나가 자신의 '본 모습'을 지니고 있다. 그것은 어떠한 자본의 논리나, 사회적인 요구에 의해 이루어지는 것이 아닌 인간의 가장 자연스러운 본 모습이다. 하지만 자본의 논리가 지배하는 세상 속에서 사람들은 그들의 '본 모습'을 잃은 채, 자본의 논리에 의해 서로가 서로에게 상처를 입히고, 그 상처를 치유하고자 하지 않는다.

    하지만 모든 인간의 숙명인 죽음. 인간은 누구나 죽음을 맞이한다. 하지만 그 누구도 자신의 죽음 앞에서는 자신의 지난 생에서 그렇게도 집착하던 물질적·금전적인 것에 대해서는 더 이상 욕심 부리지 않는다. 인간은 죽음 앞에서 가족을 생각하고, 연인을 생각하고, 자신의 주변을 둘러싼, 즉 자신을 이루고 있는 많은 타자들과의 관계와 소통을 그리워하고 또 그것에 대해 후회하거나 눈물을 흘린다.

    우리가 하는 일은 이러한 '본 모습'에 의한 성찰인 동시에 사회 전체를 지배하는 자본의 논리가 돌아보지 못한, 또는 치유하지 않은 채 방치하고 있는 상처에 대한 '치유'이고 그러한 '상처'들에 대한 '예방'이다.

    우리 사회는 자본의 논리로 하여금 물질적 풍요를 얻었지만 그 이면에는 타인의 아픔에 대해 무감각해진 자신의 본 모습을 잃은 '인간'을 탄생시켰다. 우리는 이제 타자의 아픔을 이해하고, 함께 치유하고자 하는 장을 열고자 한다. 이 새로운 장 속에서 우리는 서로가 서로의 상처를 함께 느끼고, 함께 치유해 나갈 것이다. 아픔을 지닌 타인을 동정하는 것이 아닌, 그들의 아픔을 이해하고 함께 '인간'으로 이름으로 이러한 아픔을 치유하고자 한다.

    손가락이 칼에 베이면 손가락에만 고통이 느껴지는 것이 아니라 우리 몸 전체에 그 고통이 전해진다. 우리는 이제 '우리'라는 범위를 전 지구적 범위로 확장하여 지구가 한 인간의 몸이라고 생각하고, '우리'가 지니고 있는 아픔을 함께 소통함으로써 치유해가고자 한다. 그 소통의 중심은 인간에 대한 사랑. 인간에 대한 이해. 즉 인문학이 자리매김하게 될 것이다.

꿈을
살다

자본주의의 물결, 자본의 물결이 진정 우리가 피해갈 수 없는 물결이라면 이제 우리는 그 물결들이 파괴해놓은 인간의 본질들을 돌보고, 그 상처를 보듬으며, 함께 그 길을 걸어 나가고자 한다. 그리고 자본이란 물결이 더 이상 상처가 되지 않도록 우리는 인문학을 중심으로 상처를 예방할 것이다.

우리의 이런 발걸음은 우리 사회의 새로운 걸음이다. 사람들은 누구나 새로운 것을 두려워하고, 더군다나 그것이 일반적 사회의 통념에 어긋나는 것이면 그것을 제대로 이해하지도 않은 채 거부하려 한다. 하지만 우리는 확신이 있다. 사람들은 누구나 '본질'적인 것을 갈망한다. 다만 자신이 원하는 그 '본질'적인 것을 사회가 요구하는 것에 맞추어 억제하고 탄압하고 있는 것이기에 우리가 하는 이러한 본질적인 의미의 축제는 사람들 모두가 무관심했던 것에 대해 다시금 관심을 가지게 하는 계기가 될 것이며, 이러한 축제야말로 누구나가 좋아하는, 또 즐길 수 있는 행사가 될 것이라고 확신한다.

2008년 1월 31일 목요일 새벽 2시

지금 정말 머리는 깨질 것 같고, 뒷골은 찌릿찌릿.

온몸은 우리하니, 욱신거린다.

눈은 시뻘개서 엄청 시리고, 편도선은 부어서 침 삼키기조차 힘들다.

근데, 거 참 습관이라는 것이 무서운 게,

누워 있어도 잠이 안 온다.

'몸의 기억'. 빌어먹을.

왠지 지금 이 시간이면 나는 파머에게 전화를 하거나, 산토시에게 메일을 보내야 할 것 같다.

아니면 책을 뒤적거리며, 생각의 숲을 거닐어야만 할 것 같다.

몸은 갈수록 안 좋아지는 게 느껴지는데,

정신은 그 고통에 대해 그리 개의치 않는 것 같다.

나의 몸과 나의 정신인데.

결코 하나도 내 마음대로 되는 게 별로 없다.

사랑하는 마음도 그렇겠지?

파농의 책을 읽으며, 혁명의 의미를 생각한다.

몸의 기억으로부터 인식의 단절.

학대받고, 천대받고, 고문당했던 검은 몸에 대한 기억.

그리고 그로부터의 인식의 단절.

혁명은 그 자체로 항상 새 출발을 꿈꾼다.

새로운 것이란 과연 무엇일까?

전에 없던 것을 세상에 태어나게 하는 것은 오직 사랑인데,

그렇다면, 사랑=혁명인가?

p : Love → Creation

q : Creation → Revolution

∴ Love → Revolution

"새로운 휴머니즘을 위하여"

파농은 이렇게 말한다.

"타자를 만지고 타자를 느끼며 동시에 그 타자를 나 자신에게 설명하려는

그런 단순한 노력을 왜 그대는 하지 않는가?

바로 '당신'이라는 세계를 건축하도록 나의 자유가 나에게 주어진 것은 아니었을까?"

이 단순한 노력.

왜 우리에겐 이렇게 어려운 것일까?

이번 네팔 여정은 또다시 나에게 문명화의 문제와 역사적 진보의 문제를 되묻게 했다. 그들은 과연 문명화의 길을 원할까? 미래에의 희망이란 과연 무엇일까? 희망찬 미래란 문명화의 길과 일맥상통하는 것일까?

히말라야 산맥 아래에서 하루 종일 태양 볕을 쬐는 사람과 하루가 다르게 급변하는 세상의 흐름에 적응하기 위한 생존 경쟁을 하는 사람의 삶을 우리는 어떻게 평가할 수 있을까? 인간의 삶이라는 것이 과연 비교 가능한 대상이기는 한 것일까?

2008년 2월 9일 토요일 새벽 1시

이번 네팔 여행에서 휴대전화를 잃어버렸다.

그 작은 휴대전화 하나가 없어진 것인데도 참 많은 것을 잃은 느낌이 드는 건 왜일까? 이를 흔히 문명에 길들여진 인간상을 예로 들어 설명하기도 하지만, 이는 그리 단순한 문제만은 아닌 것 같다. 상실감이 크게 느껴지는 건 무엇보다 그 휴대전화라는 한 문명의 산물 속에 '사람'의 흔적이 담겨 있었기 때문이리라.

특히 이번 방문에서 나의 머릿속에서 떠나지 않았던 문제의식, 바로 문명화의 과정과 인간 정신(또는 의지)의 가능성에 관한 것. 그리고 이 물질 문명이 인간을 얼마나 황폐하게 또 딱딱하고 무미건조한 존재로 길들이고 있는지, 그리고 그렇게 길들여진 나의 육체와 눈빛, 그리고 마음 씀씀이들을 숭고한 히말라야의 자연 앞에서 반성하면서 참 무서운 생각이 들었다.

하루에 8시간씩(법적으로) 전기가 들어오지 않는 곳,

차에 기름을 넣기 위해 길게는 하루를 줄을 서야 하는 곳,

시골도로에는 가로등이 없고, 또 집안에는 전등이 없어

해가 지고 나면 암흑 같은 밤을 지새야만 하는 곳.

문명에 길들여진 나 같은 인간에겐 참으로 불편하기 짝이 없는 곳이라는 생각.

휘황찬란한 간판들, 오히려 밤에 나를 더 눈부시게 만드는 자동차의 헤드라이트들이 없는

그곳은 정말 눈이 부시도록 아름다운 별들이 밤하늘에서 빛나는 곳,

자본이 빼앗아가버린 '뜨거운 가슴^thymos (아리스토텔레스)' 이 살아 있는 곳,

인간의 아름다운 본성, 착하고 선량한 마음씨를 가진 사람들을 곳곳에 만날 수 있는 곳,

노을이 질 때 붉게 물드는 히말라야의 장관을 눈앞에서 볼 수 있는 곳.

나도 이제 촉각을 곤두세워,

물질과 소유 그리고 집착에 길들여졌던 나의 몸과 마음을

선하고 부드럽게 자연스러운 본성을 되찾도록 노력할 것.

노을이 지던 바로 그 순간의 태양의 붉은 빛을 온몸으로 빨아들여

저 스스로를 붉게 물들이는 지구에서 가장 높은 지상의 거처,

히말라야의 그 순수함과 경건함을 뒤로한 채

온갖 조야한 물질문명과 자연의 흐름을 거역하는 이들이 많은

이 땅으로 돌아오는 길에 내가 물질문명의 상징인 휴대전화를 잃어버린 것은

에베레스트가 나에게 준 감사한 교훈이지 않을까?

에베레스트가 못난 나에게 이런 따끔한 교훈을 주었다면,

아람샘께는 상을 주었다. 이번 여정의 이유였던 에베레스트 어워드.

소박하면서도 진실한 마음이 느껴졌던 시상식이었다.

참 감동적인 순간.

2008년 2월 10일 일요일 오후

남아프리카공화국 케이프타운에 도착했다. 우리는 이곳에서 또 어떤 새로움을 경험하게 될까.

"경험은 절대적으로 인간을 성장하게 한다."

이것이 지난 1년 간의 여정을 통해 내가 체득한 하나의 진리다.

남아공을 다녀온 후, 원모가 남긴 글을 통해 이 진리를 다시금 확인한다.

"지나간 내 삶의 어느 순간 내 인생의 만성적인 멀미는 시작되었다. 그것은 '인간도 왜 살아가나?' 라는 근원적인 물음 앞에서 나는 대답을 찾지 못했기 때문이었다. 내 삶 그 자체의 허무함에 대해서 나는 할 말을 잃었다. 나는 피부로 느끼는 삶의 실재감과 내 이성이 느끼는 허

꿈을
살다

무감 그 사이의 모순에서 극심한 멀미를 느꼈다.

고등학생이 되어서야 나는 그 구토감을 피하는 것이 해결책은 아니라는 것을 깨달았다. 이 고통은 내가 괜히 만들어낸 다른 종류의 자기 한계들과 다르게, 내 본질에 깊숙이 내재되어 있는 문제이고, 내가 아무리 피해봐도 나를 따라다닐 문제였기 때문이다. 그래서 나는 이 질문에 답을 찾기 위한 노력을 아직까지도 하고 있는 것 같다.

북페어 프로젝트를 함께하는 요즘. 지난번 아프리카로 향하는 길에 홍콩 공항에서 가졌던 회의를 통해 나는 그동안 이 일을 하면서 느꼈던 모든 감정들과 경험들을 이성으로 정리할 수 있게 되었다. 그리고 그것들이 정리되자 내 안에서

1. 북페어의 가치가 확립되었고

2. 내 근원적 물음이 뭔지 알게 되었고

3. 내 멀미에 대한 치유를 찾게 되었다.

내 질문의 "왜 사는가?"라는 언어는 내가 어떤 주체로 살아갈 것인가에 대한 물음이 아니었고 이 세상에 내가 던져진 이유는 무엇인가에 대한 것이었다. 그리고 그 대답은 내가 알고 있던 바였다. 아무 이유도 없다. 사랑, 믿음 그 모든 가치들은 내가 존재 이후에 갖다붙인 것들이다. 어쩌면. 가장 근원적인 존재 자체에 대한 이유는 없다. 나는 본능적으로 그 사실을 알았지만 인정하지 않았고, '나'에 대해 빠져들면 '나'의 심연에는 그 존재 이유가, 어떤 존재적 사명이 있을 줄 알았다. 하지만 아프리카에서 만난 연극배우 로시나, 그리고 시인 제임스 마튜 할아버지에게서 배운 것은 바로 그런 건 없다는 것이었다.

정말로 작위적이지 않은 방법으로 행복하기 위해서는 로시나와 같이 허무감을 이겨내고 나의 신념을 재발견하는 것이라 생각한다. 모순 덩어리인 삶의 본질 자체를 수용하는 것이다. 이것은 내가 아프리카에서 배운 가장 큰 가르침이었다.

행복에 대한 새로운 발견.

삶, 허무, 행복, 주체성. 이 네 가지 키워드는 결국 오늘에야 하나의 이야기로 모일 수 있게 되었다. 24시간 비행기를 타야 갈 수 있는 검은 대륙에 다녀와서야 나는 '나'를 정리한 것이다. 아마 그래서 나는 여행을 본능적으로 원하고 있었던 건지도 모른다. 그리고 그 열망은 내 멀미에 대한 치료약으로서 탁월했던 것 같다. 나는 답을 찾았고, 멀미는 말끔히 해소되었으

니까. 그리고 이 발견(찾아내고, 새로이 만든다는 의미의 발견)과 같은 본질적인 발견이 어디엔가 새로운 장소에서 더 찾아지리라는 희망—어린왕자의 언어를 빌리자면 "사막 어딘가에 우물이 있을 거라는 그런 종류의 희망 때문에 나는 아직도 여행을 열망한다."

2008년 2월 16일 토요일 저녁 8시, 인디고 서원

각각의 삶의 켜와 결들이 아름답게, 자연스럽게 빚어진 모습.
양분이 많은 땅에 좋은 씨앗을 정성스럽게 뿌리고, 사랑으로 그 씨앗들을 키워, 꽃을 피우고 그 꽃망울이 피어나듯이 생겨난 우리의 북페어.
꽃 안에 또 다른 씨앗들이 있는 것처럼, 끊이지 않는 우리의 소통의 장이 될 것.

2008년 2월 21일 목요일 오후 2시, 호주 멜버른 대학 교정에서

피터 싱어 교수님을 다시 만난 오늘.
오늘은 북페어 여정을 시작한 지 정확히 1년이 되는 날이다.
휘영청 보름달을 보고 팀원 모두는 각자의 소원을 빌었다.
음력 정월 대보름, 달이 꽉 찬 그날 밤.
하늘이 너무 환해 눈물이 날 것 같았다.
어쩌면 지난 1년 동안의 여정이 끝난 날은 보름밤이기까지 한가.

2008년 3월 2일 일요일 새벽 3시 48분

"환대 행위는 시적일 수밖에 없다." 자크 데리다

아름다운 음악과 따뜻한 시선, 보드라운 몸짓과 상냥한 인사.
이 시적인 환대는 언제고 사람을 다시 돌아오게 하는 힘을 가졌다.

2007년 3월 4일 화요일 새벽 2시

무엇을 할 것인가.

꿈을
살다

"나는 내가 무엇을 하고 있는지 정확히 인식할 필요는 없다고 생각합니다."

(미셸 푸코, 1982년 미국 버몬트 대학에서의 인터뷰)

내가 생각과 사유라는 것을 할 수 있게 된 후,
나의 첫 번째 철학적 스승이라 할 수 있는 사람, 미셸 푸코.

"인생과 일에 있어 가장 큰 흥미는 바로 이전과는 다른 새로운 존재로 변화한다는 데에 있습니다. 만약 책을 쓰기 시작할 때 결론에서 무엇을 말하게 될지를 안다면 여러분은 과연 그 책을 쓸 수 있는 용기를 가질 수 있을 것 같습니까.

글쓰기나 사랑 관계에서의 진실은 또한 인생에서의 진실이기도 한데요. 그것은 게임이 우리가 그 결과를 알 수 없는 한에서 그 가치를 지니는 것과 같은 이치지요."

(푸코, 같은 인터뷰 중에서)

바로 이 '알 수 없음' 을 두려워하지 않는 것.
이 '알 수 없음' 의 무한한 가능성에 열려 있는 것.
방황과 추구만이 있을 뿐, 결과나 이유는 없다.

"저는 이곳에 우리의 일상적인 일들을 이야기하기 위해 왔습니다."

(푸코, 같은 인터뷰 중에서)

바로 이 일상성에 관한 그의 말.
로시나의 일상성Normality과 같은 맥락이다.

거창한 이론도, 위대한 사유도, 훌륭한 사상도 사실 모두 우리의 '일상적' 인 삶을 위한 것 아닌가. 그 자체로 목적인 것은 우리의 '삶' 밖에 없다.

그러니 우리 이 북페어도 우리의 '삶' 일 수밖에 없는 것일 테고.

닫는 글

지난 2월 25일 서강대학교 철학과 강영안 선생님을 만났다. 인간과 타자에 대한 우리의 끝없이 이어지던 회의 끝에 만난 임마뉴엘 레비나스. 레비나스는 이제 세상을 떠나서 만날 수 없기에 우리는 『타인의 얼굴』의 저자, 강영안 선생님을 뵙고 '인간'의 의미와 '타인'의 의미에 대해 여쭈었다.

인간이라는 말은 150년 전쯤 생겨난 말이고, 그리고 人이라는 글자도 두 사람이 기대어 서로 의지하는 형상이어서 이 글자에 이미 타인과 나, 즉 '우리'라는 개념이 들어 있다고 하시더라구요. 제가 이제까지 생각해왔던 완전한 '人間=human'의 개념은 사실 '人'이라는 한 글자에도 들어 있었던 거죠. 그러므로 人間=human-between(among)은 '우리'들의 사이 관계, 즉 공동체간의 연대를 의미하는 것으로 우리가 하려는 북페어랑 더욱 비슷한 것 같다는 생각을 했어요.

강영안 선생님은 이런 개념을 통해 좋은 말을 만들어보시려고 흰 종이와 펜을 빌리시더니, '인간은 사이 존재', '서로 존재', 'being-between' 등 여러 가지를 쓰시다가 결국 생각해보겠다고 해주셨어요.

레비나스와 타인의 철학에 관해선 현대 사회의 많은 문제점이 바로 이 '타자의 배제'에서 나온다고 생각해요.

'타자의 배제'란 곧 소통의 부재. 소통은 저와 강영안 선생님이 한 것.

할아버지, 교수라는 벽을 소疎하고 눈을 마주 보며 통通한 것.

그래서 들리지 않는 이야기들을 많이 한 것.

인간의 존재감을 나누는 행위.

지금 우리 사회에는 그것이 너무 부족하다고 생각해요

그걸 하면 저절로 서로간의 책임과 의무가 생겨요. 절대적으로.

그 책임과 의무를 이행하기 위해 하는 행동들은 그것이 고통스럽고 힘들어도

너무나도 본질적이고 존재에 깊숙히 진입한 행위들이기 때문에

진심으로 할 수밖에 없다구요.

'윤리'라는 것은 어떻게 살 것인가에 대한 답으로서의 행동 방식 또는 존재 방식인데

강영안 교수님은 윤리라는 개념은 '타인의 고통'이라는 것을 전제한 개념이라고 말씀하셨어요.

그런데 저는 그럼 만나는 모든 사람들이랑 그렇게 깊게 관계 맺어야 하나.

그런 윤리는 좋겠지만 또 너무 힘들겠다, 라고 생각했는데 꼭 안 그래도 될 것 같아요.

사실 그럴 수가 없죠.

가까운 가족이나, 우리 팀끼리, 아니면 단 한 사람이라도, 열렬히 사랑하면

내가 한 사람이라도 '이해'할 수 있다면

저는 그것이 타인에 대한 윤리로 확장될 수 있다고 믿어요.

마치 '몸의 학교' 아이들이 춤을 통해 자신의 몸과 친해지면서 타인을 존중하게 되었다고 말했듯이 말이죠.

사랑하면 그 사람의 노예가 된다고들 하잖아요.

레비나스가 말한 타인을 섬긴다는 것도 그것과 다르지 않다고 생각해요

뭐, 결국 사랑하라는 거죠.

사실 그것 말곤 살면서 할 수 있는 게, 하고 싶은 게 별로 없는 것 같기도 해요.

진심으로 무엇인가와 관계 맺는다는 것(사랑의 다른 이름)이 참 중요한 것 같아요.

그렇다면 행동과 실천의 문제는 크게 걱정하지 않아도,

그 마음이 진심이라면 그것이 흘러 넘쳐 스스로 몸이 움직이니까요.

2008년 3월 7일 금요일 새벽 3시

북페어의 진정한 의미를 존 러스킨의 『나중에 온 이 사람에게도Unto this last』를 통해 결정적으로 정리할 수 있게 되었다. '북페어' 중 '페어Fair', 즉 교환의 의미에 대해 사실 우리는 오랫동안 고심해왔다. 기존의 명칭이 갖고 있는 고정된 의미가 우리가 하고자 하는 북페어의 근본 뜻과 부합하지 않았기 때문이다. 하지만 그 본연의 의미까지도 전복적으로 재창조하자는 의견에 의해 고수해왔던 이름. 그 뜻을 한결이의 글을 통해 재확인한다.

"오늘 학교에서 계획한 공부를 모두 끝내고 자율학습 시간에 이번 주 북페어 스터디 텍

스트인 『나중에 온 이 사람에게도』를 보며 거기 나온 개념들을 연습장에 그리고, 서로 연결해 가면서 아람샘에 다니면서 쌓아왔던 우리 현실에서의 '가치'의 문제에 대한 많은 생각들을 정리할 수 있었습니다.

그리고 그 생각들이 지금 우리가 하려고 하는 북페어라는 행사와 바로 맞닿아 있는 것 같아 저는 오늘 일종의 환희라고 해야 하나, 마냥 기분이 너무 좋았습니다. 지금 그 느낌 그 생각들이 부디 잘 전달되기를 간절히 바라면서 여기 글로 풉니다.

우리는 '자본주의' 시대에 살고 있습니다. 그렇다면 '자본'이라는 것은 무엇일까요? 『나중에 온 이 사람에게도』에는 자본이라는 개념이 이렇게 설명되어 있습니다.

'자본'을 뜻하는 영어 'capital'은 '머리, 근원, 원료' 등의 의미를 갖고 있다. 그것은 파생적이거나 이차적인 재화를 생산하는 재료다. 따라서 그 자체와는 다른 것을 생산할 때에만 진정한 의미의 자본—(죽은 자본 caput mortuum 이 아니라) 살아 있는 자본 caput vivum 이다."

우리는 살아 있는 자본을 통해서 무엇인가를 생산합니다.

왜?

소비하기 위해서이죠.

그럼 왜 소비하나?

그건 바로 살기 위해 즉, 러스킨의 말을 빌리자면 '생명을 위해' 소비하는 것입니다.

"소비가 생산의 결과이자 목적인 것처럼 생명은 소비의 결과이자 목적이기 때문이다."

우리는 무엇인가 가치 있는 것을 생산하고 소비합니다.

"'가치 있는' 것은 '생명에 유익한' 것이다."

그리고 그 가치는 '생명' 즉 살아 있다는 것에 기여하는 것입니다.

무엇인가를 생산하는 활동을 우리는 흔히 노동이라고 부릅니다.

러스킨은 노동을 이렇게 정의하고 있어요.

"노동이란 인간의 생명이 그 반대쪽 상대와 싸우는 것이다. 이 '생명'이라는 말에는 인간의 지력과 영혼과 체력이 포함되어 있고, 그것이 의문이나 곤란, 시련이나 물질력과 싸운다."

노동과 생명이 그 반대쪽 상대, 즉 죽음이랑 싸우는 것이라면,
바로 우리의 삶 자체가 노동인 것이죠.

"거의 모든 노동은 결국 긍정적인 노동과 부정적인 노동으로 간단히 분류할 수 있다고 나는 믿는다.
긍정적인 노동은 생명을 생산하는 노동이고, 부정적인 노동은 죽음을 생산하는 노동을 말한다."

부정적인 노동은 노동의 본질적인 의미에 의하면 노동이라고 불릴 수도 없겠지만 문제는, 우리 주위에는 위에서 말한 죽은 자본을 통한 부정적인 노동들이 너무나도 만연해 있다는 것입니다. 그 이유는 사람들이 '부유' 해지는 것이 자본을 축적하는 것이라고 믿고 있기 때문입니다. 하지만 러스킨은 자본의 증식 그 자체는 아무 쓸모가 없다고 말합니다.

"자본은 생명에 유용한 어떤 물건을 공급하느냐, 생명을 보호하는 어떤 구조물을 짓느냐? 그런 일을 전혀 하지 않는다면, 자본 자체의 증식은 아무짝에도 쓸모가 없다. 그런 자본은 아예 없느니만 못하다. (자본은 생명을 유지할 뿐만 아니라 파괴할 수도 있기 때문이다.)"

그렇다면 러스킨이 말하는 진정한 '부' 는 무엇일까요?
"생명을 제외하고는 어떤 부도 있을 수 없다."
"부유하다는 것은 유용한 물건을 많이 가지고 있다는 것."

그렇다면 유용하다는 것은?
"어떤 물건이 유용할 수 있으려면, 물건 자체가 유용성을 가지고 있을 뿐만 아니라 그

것을 유용하게 쓸 수 있는 사람의 손에 있어야 한다. 즉, 정확히 말하면 유용성이란 용기 있는 사람의 손에 있는 가치인 것이다. 때문에 우리가 방금 보았듯이 이 부의 학문을 축적의 학문으로 보았을 때는 물질의 축적만이 아니라 능력의 축적도 같이 연구하는 학문이고, 분배의 학문으로 보았을 때는 절대적인 무차별적 분배가 아니라 상대적인 차별적 분배를 연구하는 학문이다. 즉, 모든 물건을 모든 사람에게 분배하는 것이 아니라 적당한 물건을 적당한 사람한테 분배하는 것을 연구하는 학문이다."

그렇다면 가지고 있다는 것(=소유)은?
"소유, 즉 '가지고 있다'는 것이 결코 절대적인 힘이 아니라 단계적인 힘이라는 것, 그리고 그 힘은 그 소유되는 물건의 분량이나 성질에만 있는 것이 아니라 (그보다는 오히려) 그것을 소유한 사람에 대한 적합성과 그것을 사용하는 사람의 활력에도 있다는 것."

따라서 진정한 부는,
"우리가 사용할 수 있는 유용한 물건을 소유하는 것"입니다. 여러분은 부자인가요?

우리에게 유용할 수 있는 것, 우리가 축적해야 하고 분배해야 하는 것은 물건뿐만 아니라 생명에 유익한, 즉 가치 있는 모든 것이죠. 우리의 시장경제 사회는 우리가 가지고 있는 것들을 서로 교환함으로써 돌아가는 사회입니다.

그렇다면 교환이라는 것은 무엇일까요?
"교환에 관해 먼저 주의해야 할 점은, 교환에는 이윤^{profit}이 존재할 수 없다는 것이다. 이윤은 오로지 노동에만 존재할 수 있다. 교환에는 단지 이익^{advantage}이 존재할 뿐이다."

이윤^{profit}과 이익^{advantage}을 구분 하는 것이 중요합니다.
이 둘을 쉽게 구분하기 위해서 존 러스킨이 든 예를 쓰겠습니다.
"어떤 사람은 씨를 뿌리고 수확하여 곡식 한 되를 두 되로 만든다. 그것이 '이윤'인 것이다. 또 어떤 사람은 땅을 파고 쇠를 불려서 삽 한 자루를 두 자루로 만든다. 그것도 '이윤'이다. 하지만 곡식 두 되를 가진 사람도 땅을 파고 싶어질 때가 있고, 삽 두 자루를 가진 사람도 때로는 곡식을 먹고 싶어한다. 그래서 그들은 각자가 번 곡식과 삽을 교환한다. 이 교환으로 둘 다 형편이 좋아진다. 그런데 이 거래에서 이익은 많이 있겠지만 이윤은 조금도 없다. 즉, 새로 만들어진 것도 없고 생산된 것도 없다.

(…)

'획득'이라는 것도 존재할 수 있지만, 그것은 전혀 별개의 것이다. '갑'이란 사람이 거의 힘들이지 않고 만든 물건을 '을'이란 사람이 아주 힘들게 일해서 만든 물건과 교환할 수 있다면, 갑은 을의 노동이 낳은 생산물의 일정량을 '획득'하게 된다. 그리고 갑이 획득하는 만큼 을은 손실하게 된다. 이렇게 획득한 사람을 상업 용어로는 '이윤을 얻은' 사람이라고 부른다.

(…)

이윤, 즉 물질적 이득은 건설과 발견에 의해서만 얻을 수 있고 교환에 의해서는 얻을 수 없다. 교환으로 물질적 이득을 얻는 경우에는 언제나 그 '플러스'에 대해 정확히 똑같은 양의 '마이너스'가 반드시 존재한다."

이윤은 우리가 노동을 통해 만들어내는 가치이고 이익은 그 가치를 그 가치가 유용한 사람과 교환하는 것입니다. 하지만 중요한 것은, 그 가치가 물건일 때 우리는 그것을 교환할 수밖에 없지만 그것이 다른 어떤 것일 때, 우리는 그것을 나눌 수 있다는 것share입니다. 그리고 바로 그런 가치들을 나누는 장이 우리의 북페어 행사인 거죠. 우리가 북페어에 초청한 팀들은 모두 각자의 땅에서 긍정적인 노동을 하고 있는 사람들입니다. 그래서 제가 생각하는 프로그램은 시장처럼 '삶의 장'을 여는 것입니다. 우선 메일로 각 팀들에게 그들이 가장 본질적인 의미에서 어떤 노동을 하고 있는지, 어떻게 생명의 반대쪽 상대(죽음, 의문이나 곤란, 시련이나 물질력)와 싸우고 있는지를 묻는 것입니다. 그리고 그 노동의 산물, 즉 '삶'을, 전 세계 사람들이 모인 인디고 유스 북페어 '삶의 장'에 와서 어떻게 나눌 수 있을지에 대해서도 물어야겠습니다. 그들만의 방식으로. 물론 서로간의 노동의 산물은 모두에게 유용할 것입니다. 왜냐하면 우리가 그런 팀들을 찾아 선택한 분들이니까요. 말하자면 마이너스(–)는 없고 플러스(＋)만 있는 *none profit but advantage* 교환의 장을, 나눔의 장을 여는 것입니다. 죽은 자본을 통한 부정적인 노동에 의해 파괴된 것들을 치유하는, 가장 본질적인 '삶의 장 *life ground*' 을 말이죠.

2008년 3월 29일 토요일 저녁 8시, 인디고 서원

소로에 관한 박홍규 선생님의 책, 『나의 헨리 데이비드 소로』.

소로의 책은 언제나 그렇듯 생의 의지를 바로 잡게 하는 글들로 가득 차 있다. 이렇게 생을 다시금 열심히 살게 하는 책들은 늘 곁에 두고 가까이 해야만, 정말 그래야만 제대로 된 삶을 살아갈 수 있을 것만 같다.

소리내서 읽어보자.

마치 소로가 되어 소중한 나의 친구에게 이 말을 전하듯.

사치품들과 소위 생활의 편의를 위한 물품이라 하는 것들은 대부분 인간의 삶에 있어 없어서는 안 될 것들이라기보다는 인간의 고결함에 있어 실질적인 장애물이라 할 수 있다. 호화스러움, 그리고 안락함과 관련하여 현명한 사람들은 진짜 가난한 사람들보다 더 검소하고 빈약한 삶을 살았다. 고대의 철학자들, 현자들, 힌두, 페르시안, 그리고 그리스인들은 외면적으로는 부자인 사람들보다 가난하면서도, 내면적으로는 부자인 사람들보다 누구보다도 더 풍요로운 부류의 사람들이었다. 우리는 그들에 대해 많이는 알지 못한다. 하지만 놀라운 것은 우리가 그들을 알고 있다는 것이다. 즉, 근대의 많은 개혁가들과 많은 은혜를 베풀었던 사람들도 그들과 같은 부류의 사람들이었다. 우리가 '자발적 가난' 이라고 불러야만 하는 이 우세한 지평에서만 우리는 정의롭고 현명한 삶의 관찰자가 될 수 있다. 농업이나 상업, 문학이나 예술에서는 그 호화스러운 삶의 열매들은 사치일 수 있다. 그러나 오늘날에는 철학 교수들만이 있을 뿐 철학자는 없다. 아직도 실은 사는 것보다 때론 가르치는 것이 더 칭송받고 있는 시대다.

철학자가 된다는 것은 단지 심오한 사유를 한다거나 학파를 만든다는 것을 의미하는 것이 아니라, 간소한 삶, 독립성, 관대함 그리고 신뢰라는 삶의 원리들에 따라 살 수 있는 지혜에 대한 사랑을 의미한다. 이는 오직 이론적인 삶의 여러 문제들만이 아니라 실천적으로 그것들을 해결하기 위함이다. 위대한 학자 그리고 사상가로서의 성공은 일반적으로 성공인 듯 보

꿈을
살다

이는 것들에 불과하지, 진정으로 당당하고 인간다운 것은 아니다. 그들은 자신의 아버지가 실질적으로 그랬던 것처럼, 단지 그것들과 유사하게 삶으로서 그럭저럭 살아가며, 인간이라는 숭고한 집단의 선구자들에 대해서는 전혀 아는 바가 없다. 하지만 인간은 왜 이토록 타락한 것인가? 무엇이 가족을 파괴하였는가? 국가를 파괴하고 무기력하게 만든 이 사치스러움의 본성은 무엇인가? 진정 우리의 생에 나의 것이란 없는가? 철학자는 자신의 생의 모습에 있어서도 자신의 시대를 앞서 있다. 그는 당대의 여느 사람들과 마찬가지로 배불리 먹고, 편안히 자거나, 좋은 옷을 입고, 또 따뜻하게 지내지 않는다. 다른 이들보다 보다 나은 방식으로 자신의 생기 넘치는 열정을 유지하지 않고서 어떻게 한 인간이 철학자가 될 수 있겠는가?

(『월든』〈첫 번째 이야기 – 삶의 경제학〉 중에서)

생의 역동성을 유지할 것.
그리고 검소하고, 관대하고, 당당하게 살 것.

2008년 4월 12일 토요일 저녁 7시, 인디고 서원
북페어 회의 D-130.

"나는 삶이 아닌 삶을 살고 싶지 않았다" 윌리엄 모리스

"뭐? 자네는 그럼 살아 있지도 않았단 말인가? 자네의 소임 중에 가장 빛나는 것, 바로 삶 그 자체라네." 몽테뉴

북페어 키워드 : 인간, 타인의 얼굴, 연대, 네트워크, 본질, 생명, 소통, 삶

가슴 뛰게 하는 말, 꿈DREAM
또 하나의 세계, 책BOOK
진실한 사람들의 만남, 네트워크NETWORK
모든 것의 근원, 인간HUMAN

닫는 글

창조적 실천가들의 삶, 희망HOPE

아름답고 소중한 가치, 생명LIFE

2008년 5월 26일 월요일 새벽

《인디고잉》3호에 실린 지젝에 관련한 글을 1년이 지난 후 다시 보니, 내가 그때 무슨 말을 썼던 것인지 사실 가물가물하다.

지금은 새벽 3시 44분.

16분 후면 오늘도 어김없이 서원 문을 나서서 부산역으로 향하겠지.

그런데, 이렇게 새벽 공기를 마시며 만나는 부산역도 2~3주 후면

조만간 다시 갈 일은 없을 듯하다. 요란한 서울도 이제 당분간은 가지 않아도 된다.

아무튼.

책을 쓰다 도저히 머리가 안 돌아가서 인터넷을 검색하다 찾은 뉴스 하나.

인디고에는 정말 알 수 없는 모종의 선견지명力이 있는 듯.

우리는 과연, 왜, 어떻게, 지젝의 글을 받고, 그와 소통했던 것일까.

참 신통한 일이 아닐 수 없다.

북페어를 준비하는 지금.

그와 관련하여 난, 신문 기사 하나.

그의 사상이 간략하게나마 소개되어 있는 이 기사를,

머리도 식힐 겸 해서 한 번 읽어본다.

우리도 그의 말처럼 기존의 북페어의 틀을 '전복' 적으로 재창조하고,

새로운 모습의 '유토피아를 발명' 하고자 하지 않는가.

유.토.피.아.의 발.명.

그리고 지젝이 보기에 이러한 (기존의) 운동의 한계는 보편성이 결여된

'단일 이슈 운동' 이라는 데 있다.

꿈을
살다

곧 사회적 총체성과 연관되어 있지 않다는 것.

그런 의미에서 우리의 북페어가 가진 보편성은? '근본적인 선택'일 수 있다.

근.본.적.인. 선.택.

2008년 6월 6일 금요일 오후 3시, 인디고 서원

'온생명론' 장회익 선생님을 '제33회 주제와 변주'에서 만나다.

생명의 의미. 낱생명과 보생명, 그리고 온생명Global Life.

2008년 6월 14일 토요일 새벽 1시

『희망의 경계』를 팀원 모두 함께 읽고 심장이 터질 듯한 감동으로 우리 프로젝트와의 연관성을 소연이가 정리해주었다. 이 책을 읽고 우리는 북미의 마지막 초청자로 안나 라페를 선택하였다. 삼고초려 끝에 그녀는 바쁜 일정을 조정하여 우리를 만나러 오기로 했다.

질문 │ 굶주림에 대해 30년 동안 연구하게 되었어요?

-당신은 어떻게 굶주림에 대해 연구하지 않을 수 있습니까? 프란시스 무어 라페

알바로 선생님의 재치 있는 발언: 고등학교 퇴학과 소와 관련된 이야기.

교사 │ 너처럼 쓸모없는 인간은 시골에 가서 소나 키우러 가!!

-어떻게 소 키우는 일이 아무짝에나 쓸모없는 인간이 할 수 있는 일인가? 알바로 레스트레포

11~12쪽 : 희망을 선택하는 것은 의식의 모험이다. 그것은 우리를 지배하는 관념을 똑바로 들여다보아야 한다는 것을 의미한다. '생명보다 더욱 소중한 것이 있는가'와 같은 질문은 매우 어려운 질문이다.

-이것이 가장 중요한 질문이다!

우리의 마음속의 욕구와 실제 세상 사이의 단절을 인식해야 하고, 정당화하지 말아야

할 것을 정당화하고 있는 나 자신의 신념체계가 무엇으로부터 잘못 되었는지를 생각해보아야 한다. 나 개인으로서는 절대 용납할 수 없는 것을 사회에서는 어떻게 용납되는가.

-식량의 결핍이 아닌 민주주의의 결핍의 문제를 발견한 이러한 인식이 마크 호너가 프로젝트를 시작한 것과 같은 동기를 찾을 수 있다.

35쪽 : 인간은 자신이 상상하지 못하는 것은 할 수가 없다.

-인디고 서원에서 가능하다는 것을 보여준다면 인문학은 상아탑에 갇히지 않을 것이다. 새로운 정신적 지도를 그리는 라페 모녀.

- 가장 아름다운 것은 어느 지도에도 없다. (김명인의 〈여강〉 중에서)

우리가 해왔던 프로젝트가 더 시적이고 감동적인 길이었다.

54쪽 : 부조화의 순간! = 새로운 출발점!=가장 가능성의 순간!

부조화를 깨닫는 것! 그 순간

부조화를 자세히 들여다보고 새로운 방식으로 바라보는 도약을 할 수 있어야 한다.

55쪽 : 자신의 삶의 행동들, 운동들이 '첫사랑' 같았다!

-북페어에 모이는 사람들은 정의와 진실, 선, 아름다움을 삶으로 그렇게 사는 것으로 타인에게 기쁨과 내면에 각성을 갖게 하는 사람들!

56쪽 : 두려움에 맞서기 위해 강한 동기가 필요한데!

-자신의 마음에서부터 시작, 간절한 열망이 나타나는 그런 진정한 공동체의 효율성에 대해서 욕망하기 시작해야 한다.

290쪽 : 누군가에게는 환희의 눈물을 쏟게 하는 나무가

다른 이의 눈에는 거추장스러운 푸른 물건으로 보일 따름이니.

어떤 이는 자연을 형편없이 불완전하다고 하고, 어떤 이는 자연을 아예 못 본다네.

꿈을
살다

하지만 상상력이 풍부한 그대의 눈에는 자연은 상상력 바로 그것이지.

인간은 저 생긴 대로 볼 수 있을지니. 윌리엄 블레이크

-부조화의 순간에 새롭게 출발! 그리고 그 스스로 새로운 지점에 우리를 가져다놓을 수 있는 의지! 그런 관념의 함정에서 빠져 나와서 이러한 정신적 지도에 균열이 나게 하여 새로운 정신적 지도를 그릴 수 있는 힘!

460쪽 : 서로에게 감동을 준다는 그 자체만으로도 희망의 원천이 될 수 있습니다!

마음을 넓히는 용기!

463쪽 : 마음이 넓어진다는 것은 어떤 종류의 용기라고 할 수 있다. 마음의 용기란, 무서운 경험을 하더라도 냉혹해지지 않는 것, 너무나 많은 나쁜 소식을 듣더라도 무감각해지지 않는 것, 너무나 많은 참담한 현장을 보더라도 무너지지 않는 것이다.

2008년 6월 28일 토요일 새벽 1시

늦게 팀원으로 합류한 김미현 실장님은 늘 회의에 열정적으로 참여하고 또 실질적인 진행에 힘을 실어준다. 그녀의 회의록 정리와 아람샘 에세이를 끝으로 에필로그를 마무리하고자 한다. 그러나 북페어가 시작될 그날까지 우리의 뜨거운 회의는 끝내기 힘들 것 같다. 매순간 새롭게 피어나는 의미들, 형식의 전복적 변환들. 이 모든 순간이 우리 삶의 과정이자 목적 그 자체이듯이.

닫는 글

2008년 8월 1번 프로그램: 시작을 알리며

인人+간間.

인간이 서로 함께일 수밖에 없는 이유는 우리의 불완전함에 근거한다. 그래서 우리는 소통하고, 나눈다. "사람에게 위대한 점이 있다면 그것은 그가 목적이 아니라 하나의 다리라는 점이다."(니체) 즉, 우리는 인간과 인간을 진정으로 이어주는 다리로써의 인간. "스스로를 창조^schaffendes Selbst"할 줄 알고, 또 "자신을 넘어설 줄 아는^uber sich hinaus" 존재로서의 인간. 타인의 고통을 자신의 고통으로 느낄 수 있는 인간. 이 '인간'의 진정한 의미를 묻는다. '인간은 무엇인가'를 묻는 것이 아니라, '어떠해야 하는가'를 묻는 자리.

희망의 시작은 오직 '함께' 할 때 더 큰 힘을 가질 수 있다. "인간人+間이라는 것은 곧 관계-인간^To be human is to be interhuman"이라는 말처럼(정화열) 우리는 '너'와 함께 존재함으로써만 온전해질 수 있다. 또 행복해질 수 있다. 선한 희망의 시작을 함께 하게 된 우리는 그래서 행복하다. 이제 그 행복을 모두 함께, 한 자리에서 나눌 시간이다. 부산 인디고 서원에서.

2008년 8월 21일 2,3번 프로그램: Dream, Human

가슴 뛰게 하는 말, 꿈^Dream

새로운 세상을 그리며 창조적 열정으로 꾸는 꿈. 그 꿈이 허공에 흩어지기 쉬운 몽상이 아니라 우리가 발붙인 세계에서 실현가능한 꿈이 될 것이라고 용기를 주는 문학의 힘. 우리는 문학을 통해서 조금 더 선명하게 꿈을 보고, 느끼고, 경험한다. 그리하여 우리 마음속에는 '미래를 창조해내는 열정의 근원'으로서 꿈이 반드시 이뤄질 것이라는 분명한 확신이 피어난다. 인디고 유스 북페어의 첫 번째 오픈 행사에서 우리는 발레리 제나티를 만날 것이다. 어린 시절 100개의 꿈 목록을 만들었던 소녀는 이제 소설가가 되어, 문학의 힘을 빌어 국경마저 뛰어넘는 전 지구적인 희망을 노래한다. 그리고 우리는 북페어의 첫장을 펼치며 그녀의 희망이 우리와 연결되어 있음을 보고, 느끼고, 경험하여 더 큰 열정으로 보다 원대한 꿈을 꿀 것이다.

꿈을
살다

모든 것의 근원, 인간 Human

꿈을 통해 각자의 열정과 새로운 세상에 대한 희망을 발견한 우리. 우리의 꿈은 무엇을 향할 것인가. 지금 보다 아름다운 세상을 만들기 위한 꿈이라면 우리가 이야기할 아름다움이란 무엇인가. 여기 인간의 '몸'을 통해 진정한 아름다움을 이야기하는 이가 있으니 그의 이름은 알바로 레스트레포. 몸이라는 보다 감각적이고 직접적인 매개물로 메시지를 던지는 그는 그 누구보다도 인상적이다. 지금 우리는 대한민국이라는 작은 땅 덩어리 위에서 먹고 마시고 자고 있다. 그러나 그런 단순한 구획을 벗어나면 우리는 우주 안에 있고, 아시아라는 대륙 안에 있으며, 그 다음으로 국가에 그리고 그 안에 부산이라는 작은 도시에 있다. 도시 안에는 나의 집이 있고 그리고 결국 부인할 수 없는 실체로서 나의 육체가 가장 마지막에 온다. 이 세계와 우주 그리고 너와 내가 공존하는 나의 육체를 통해 아름다움을 표현할 수 있다면 그것은 무한한 의미를 담고 있는 것. 모든 것의 근원으로써 누구나 아름다운 존재가 되어 교감하는 장을 만들어가는 이가 바로 알바로 레스트레포이다. 우리는 그를 통해 진정한 의미의 예술과 우리 모두가 가진 인간다운 인간으로서 아름다움을 이야기하고자 한다.

2008년 8월 21일 4번 프로그램: Party

생명의 장을 꿈꾸며

꿈과 인간이라는 가장 본질적인 키워드부터 시작한 인디고 유스 북페어의 첫날. 인간다운 인간으로서 '미래를 창조해내는 열정의 근원'인 꿈을 이야기한 우리는 공식적인 첫날의 행사를 마감하며, 앞으로 사흘간 이어질 생명의 장으로서 북페어에 대해 이야기한다. 45명의 창조적 실천가들이 말하는 가치가 오직 '생명에 유익한 것'이길. 그리하여 타인으로서 '그들'이 아니라 타인의 고통을 온몸으로 느끼고 소통하는, 서로 이어진 존재로서 '우리'가 되길. 그러한 '우리' 안에 너와 내가 되어, 서로가 주는 영혼의 떨림을 북페어라는 장을 통해 생명의 떨림을 교환하는 장으로 변주하길 희망한다. 그리고 가슴 떨렸던 첫날을 마무리하며 45명의 아름다운 개인이 저마다 생각하는 '생명의 장'을 이야기한다. 그 소통의 방식은 노래, 춤, 대화 어떠한 것이라도 가능한, 진실한 만남의 시간이 될 것이다.

아름답고 소중한 가치, 생명 Life

진실한 사람들의 만남, 네트워크 Network

창조적 실천가들의 삶, 희망 Hope

지난밤 우리는 북페어에서 나누는 가치들이 오직 생명에 유익한 것이길 희망하며 소통의 시간을 보냈다. 박경리 선생님은 생의 마지막에 쓰신 글에서 생명을 일컬어 '다만 존재 그 자체로 표현되는 것'이라고 말씀하셨다. 북페어의 둘째 날, 우리는 '존재하는 것'의 영역을 풀 한 포기, 꽃 한 송이로까지 확장시킨 사람들을 만난다. 매일 쓰고 버리는 물에서 가장 유한한 자원으로서 생명성을 다시 발견하고, 미래의 주역이 될 청소년들이 주체가 되는 환경프로그램을 진행하고 있는 애런 우드가 그런 이들 중 하나이다. 그리고 지구 곳곳에서 자신이 속한 사회를 친환경적으로 만들기 위해 노력하는 사람들을 찾아 '에코토이'라고 이름 붙인 자동차를 타고 세계 일주를 한 올리비에 프뤼쇼. 2년간 36개국을 방문한 그의 여정은 그 자체로 꿈꾸는 자들을 잇는 새로운 별자리가 되었다.

하늘, 땅, 바다 같은 자연의 개체로서 생명뿐만이 아니라 존재 그 자체로 숨쉴 수 있어야 함에도 대부분의 시간을 강요된 교육제도 안에서 고통받고 있는 청소년에 대한 이야기도 생명의 틀 안에서 논할 수 있을 것이다. 가난한 아프리카 아이들을 위해서 무료 과학교과서를 만드는 마크 호너, 네팔의 불안한 정치 상황 속에서도《투데이스 유스 아시아》라는 청소년이 직접 만드는 국제잡지로 전 지구적인 연대와 소통을 꿈꾸는 산토시 샤흐. 이들은 권력을 멀리하며 자신이 뿌린 내린 곳에서 삶의 문제를 고민하고 그 속에서 꿈과 용기를 이끌어냄으로써 진정한 의미의 연대-네트워크를 창조하는 이들이다.

마지막으로 전 세계에 흩어져 있는 창조적 실천가들의 아름다운 움직임을 포착하여 글로써 세상에 알린 『희망의 경계』의 저자 안나 라페와 함께 우리는 희망을 꽃피우는 생명체로서 연대의 장을 펼칠 것이다.

2008년 8월 22일 7번 프로그램: 해운대 달맞이 어울마당 공연

존재 그 자체로 숨 쉬는 시간, Poetry Night

전 세계 6대륙에서 모인 45명의 창조적 실천가들이 꿈Dream, 인간Human, 생명Life, 네트워크Network, 희망Hope을 키워드로 이야기 나눈 이틀 동안의 시간을 마음에 새기며 음악과 시가 어우러지는 아름답고 소중한 밤을 함께 나눈다.

2008년 8월 23일 8번 프로그램: 정세청세

정세청세와 삶에 대한 의식의 시간

'정의로운 세상을 꿈꾸는 청소년 세계와 소통하다' 라는 이름으로 2년여에 걸쳐 토론 행사를 진행해온 우리나라의 청소년들과 프랑스와 네팔에서 청소년들이 주체가 되는 다양한 프로그램을 진행해온 올리비에 프뤼쇼, 산토시 샤흐가 만난다. 서로 소통하고자 하는 마음과 열정으로 만나 삶의 영역을 확장시키는 설레는 만남이 될 것이다.

2008년 8월 23일 9번 프로그램: '몸의 학교' 공연

바다의 신A Dios el mar-은밀한 레퀴엠

몸을 통해 모든 것의 근원으로서 인간을 이야기한 알바로 레스트레포. 그는 전쟁, 가난, 마약으로 고통 받는 콜롬비아의 청소년들을 위해 '몸의 학교' 를 세웠다. 이곳에서 아이들은 몸으로 자신의 마음과 생각을 표현하면서 잃어버린 생의 주체성과 자율성을 다시 꿈꾼다. 아이들이 추는 춤은 난해하고 모호한 현대무용이 아니다. 삶의 터전에서 문제의식을 발견하고 그 속에서 창조적인 실천을 시작한 다른 실천가들처럼 고통과 신음으로 얼룩진 자신의 삶을 진정한 아름다움으로 승화시킨, 우리가 놓쳐버린 본질을 기억하는 원초적인 몸짓이다.

우리가 되새겨야 할 가치들을 중심으로 이야기한 북페어의 지난 3일을 마감하는 밤, '몸의 학교' 아이들이 선사하는 공연에서 우리는 삶, 꿈, 예술로 교감하는 새로운 연대 그리고 모든 것의 근원으로서 인간 그 자체를 볼 수 있을 것이다. 이제 공연이 끝나면 이 모든 가치를 아우르는 희망의 물결이 가슴 가득 차오를지도 모를 일이다.

또 하나의 세계, 책 Book

다시, 인간 人 + 間

북페어의 마지막 날. 우리는 다시, '인디고 유스 북페어'라는 거대한 프로젝트가 시작된 출발점을 떠올린다. 무한하고 영원한 세계인 책 안에서 우리가 꿈꾸던 빛나는 길을 찾은 순간, 북페어는 시작되었다. 이제 6일간의 모든 일정을 마무리하며 그동안 우리가 걸어온 길이 진정 아름답고 가치로웠는지를 되묻는다. 전 세계 6대륙에서 모인 창조적 실천가 45명과 인디고 아이들이 펼친 소통의 장이 삶을 혁명하는 변화와 실천을 만들어낼 수 있을 것인가. 새로운 생명의 장을 꿈꾸며 시작한 북페어가 서로 이어진 존재로서 '너'를, '우리'를 만나게 했는가. 모든 가치를 관통하는 근본으로서 다시 '인간'을 생각한다. 그리고 북페어를 마치며, 각자의 일상으로 돌아가 어떻게 새로운 삶의 주제를 만들어낼 것인가, 또 그 주제를 어떻게 타인과 변주할 것인가를 뜨겁게 이야기할 것이다. 늘 그러했듯, 본질적인 삶의 장을 꿈꾸며.

꿈을
살다

또 하나의 닫는 글

새로운 오월이다. 1차 프로젝트를 끝내고 두 달이 지났다.

그 두 달 동안 깊은 기침으로 나는 숨을 쉬기도 힘든 아픈 시간을 보냈다.

늘 그랬듯이 글을 쓴다는 것은 삶의 시간을 잠시

글을 쓸 수 있는 속도에 맞출 때 가능하다.

'가능하다'라고 쓰는 4초의 시간이 있어야 나는 가능하다를 쓸 수 있다.

서술하는 시간과 서술되는 시간의 일치. 그것을 가지기가 쉽지 않았다.

생각보다 몸이 앞서는 나는 '해야지' 하는 순간 이미 하고 있는 나를 볼 때가 많다.

사진을 고르고 회의를 하고 책을 읽고 그러는 사이

또 많은 새로운 것들이 생성되어 의미망이 확장되었기에

미루고 미루어 글을 써야만 하는 어떤 시간을 이제 만나게 된 것이다.

아프리카에서 로시나가 내게 물었다.

어떻게 이 멋진 일을 기획하게 되었냐고, 그때 처음 생각했다.

질문에 답하기 위하여 어떻게 내가 이 일을 시작하게 되었더라…….

30초쯤 지나 나는 답할 수 있었다.

내가 아주 오래전 양지바른 땅에 알찬 씨앗을 심었는데

거기 적당한 바람과 햇빛 그리고 물을 주어 씨앗이 싹을 틔웠다고.

올곧은 줄기는 잘 뻗어나갔고 잎들도 푸르게 번졌다고.

그리고 꽃이 피기 시작했는데 북페어는 그중 가장 향기롭고 아름다운 꽃송이라고.

내 삶이 늘 그러했듯이.

진정 이것이 사실이다. 스무 살 아람샘을 시작했을 때도

4년 전 인디고 서원을 열었을 때도 2년 전 《인디고잉》을 만들 때도

1년 반 전 북페어를 떠올릴 때도

그때그때 자연스럽게 피어나는 꽃처럼

나는 그 꽃향기에 취하고 탐하여 그 순간을 놓치지 않았을 뿐이다.

oh, blossom! my beautiful moment!

다행히도 우리는 모든 삶의 순간에 성실한 기록을 남겼다.

글과 사진 그리고 영상으로.

나는 그것들을 믿지 않는다.

그것들이 내 기억보다, 내 온몸에 새겨진 그 삶의 체취들보다

미덥지 않음을 고백한다.

내 눈에 새긴 말할 수 없는 그 아름다운 것들을

본 대로 기억한 대로 쓴다는 것은 처음부터 안 될 일이다.

내가 느낀 바람과 햇살과 아름다운 사람들의 영혼의 얼굴을

어떻게 종이 위에 그려낼 수 있단 말인가.

내 심장과 촉각은 아직도 펄떡거리고 예민한 촉수로 그 순간을 되뇔 수 있다.

그럼에도 불구하고 우리는 함께 쓰기로 한다. 쓴다. 써야 한다.

내게 그토록 간절했던 숨 막히던 아름답고 진실한 것들을

꿈을
살다

적어도 이 글을 읽을 수 있는 바로 당신과 나누고 싶기 때문이다.

마른 꽃잎에도 여전히 짙은 향기는 남아 있다.

그렇게 이 책을 향기 맡듯 안아주길 바란다.

이 향기로 나비를 만나고 또 꽃을 피우고 아름답게 다시, 살았으면 좋겠다.

2008년 7월

허아람

꿈을
살다

1판 1쇄 펴냄 2008년 7월 25일
1판 5쇄 펴냄 2013년 12월   5일

지은이 박용준과 인디고 유스 북페어 프로젝트 팀

주간 김현숙
편집 변효현, 김주희
디자인 이현정, 전미혜
영업 백국현, 도진호
관리 김옥연

펴낸곳 궁리출판
펴낸이 이갑수

등록 1999. 3. 29. 제300-2004-162호
주소 110-043 서울특별시 종로구 통인동 31-4 우남빌딩 2층
전화 02-734-6591~3
팩스 02-734-6554
E-mail kungree@kungree.com
홈페이지 www.kungree.com

ISBN 978-89-5820-132-8   03300

값 23,000원